殷墟甲骨文書法探賾

卷一　综论

贾书晟　主编

文物出版社

图书在版编目（CIP）数据

殷墟甲骨文书法探赜 / 贾书晟主编. —北京：文物出版社，2017.10（2019.3 重印）

ISBN 978-7-5010-5206-6

Ⅰ.①殷… Ⅱ.①贾… Ⅲ.①甲骨文—书法—研究 Ⅳ.①K877.14②J292.1

中国版本图书馆 CIP 数据核字（2017）第 206820 号

殷墟甲骨文书法探赜

主　　编：贾书晟

扉页题签：秦永龙
责任编辑：张　玮
特约编辑：付艳晖
封面设计：程星涛
责任印制：梁秋卉

出版发行：文物出版社
社　　址：北京市东直门内北小街 2 号楼
邮　　编：100007
网　　址：http://www.wenwu.com
邮　　箱：web@wenwu.com
经　　销：新华书店
印　　刷：北京京都六环印刷厂
开　　本：889mm×1194mm　1/16
印　　张：42.75
版　　次：2017 年 10 月第 1 版
印　　次：2019 年 3 月第 2 次印刷
书　　号：ISBN 978-7-5010-5206-6
定　　价（全三册）：230.00 元

编撰委员会

主　　编：贾书晟

卷一　综论

撰　　稿：贾书晟　李颖伯　肖兴华　齐　陆
　　　　　赵洪喜

审　　订：贾书晟　李颖伯　肖兴华　齐　陆
　　　　　王长远

卷二　甲骨文常用字书体分类字编

编　　录：宋连运

审　　订：宋连运　李其煌　贾书晟

图表制作：宋乐燕　王树梁

图版制作：刘丽萍　王长远　李争艳　宋乐燕
　　　　　李德英　郭世祥　张伍林　王树梁

卷三　甲骨文常用字书体分类拓片萃编

编　　录：贾书晟　李颖伯　肖兴华　齐　陆
　　　　　赵洪喜　付艳晖

审　　订：贾书晟　付艳晖

图版制作：付艳晖

目　录

序

2016年1月下旬，贾书晟先生来电话希望我能给他主编的《殷墟甲骨文书法探赜》一书作序，由于我对甲骨文书法未作过深入研究，又不会写甲骨文，故未敢应允。后来，我阅读了贾先生送来的书稿以后，被年事已高的编者，以超人的毅力，潜心研究甲骨文书法并取得可喜的成绩感动，所以不敢再推辞了。

殷墟甲骨文是我国目前发现较早的有一定规律、一定体系的较成熟的文字，内容十分丰富，涉及商代的政治、经济、文化、科技、社会生活等各个方面，对我国商代史、先秦史、考古、科技史等的研究都有重要的价值。

甲骨文的形体古朴、典雅，不但是一种实用文字，同时又是一种艺术文字。它具备刀笔之技巧，字的结体、章法富于变化，多姿多彩，对中国书法史的研究有重要意义。由于甲骨文富有艺术魅力，故在上世纪二十年代初，甲骨学者罗振玉先生最先将它引入到笔墨书法中来，出版了《集殷虚文字楹帖》，使古朴深奥的甲骨文，成为人们可以欣赏的艺术品。以后，一些集契文的著作陆续出版，便于书法爱好者学习、临摹。但在二十世纪八十年代之前，书写甲骨文书法的人不多，且多是学者、文人、雅士。

近三十多年以来，随着殷墟甲骨文不断有新的发现，新的甲骨著录和研究著作以及普及读物相继问世，促进了甲骨学的发展。甲骨学的繁荣，促使不少书法家投入到甲骨文书法创作中来。与此同时，社会上不同职业、不同年龄（包括老、中、青、少）的甲骨文及甲骨文书法爱好者的队伍也不断壮大。他们迫切希望学习甲骨文及甲骨文书法。为满足社会的需要，贾书晟与张鸿宾先生于2005年出版了《汉字书法通解・甲骨文》，这是我国第一部较系统地分析和论述甲骨文书法的教材。该书出版后深受读者欢迎，不久便售罄，但求书者仍不绝。有鉴于此，贾书晟先生又与甲骨书法研究院的同志编纂了这套《殷墟甲骨文书法探赜》，本书在前书的基础上对甲骨文书法的理论问题作了全面深入的探研。它的出版将对甲骨文书法的研究起推动作用。

在书中，编者对甲骨文书法提出不少独到的见解，主要有如下几点：

1. 对甲骨文书法的历史和存在问题分析得较透彻。书中谈到，现在写甲骨文书法的人不少，但在甲骨文书法作品中普遍存在错字、随意造字的状况，在一些作品中“很少或根本没有商代甲骨刻辞的风貌和韵致”，甚至在一些非常著名的甲骨文书法家的作品中亦或多或少地存在着上述问题。究其原因是长期以来甲骨文书法家没有对甲骨文书法的特征进行认真地研究，归纳出其中带有规律性的若干准则。作者进一步指出，上述问题的解决是“书法界走与专家相结合的道路。一是多与专家交流，二是学习一些甲骨学知识，随时吸收专家的最新研究成果。”我认为作者对甲骨文书法的历史和存在问题的论述切中肯綮，解决的办法也是可行的，在这里我们希望甲骨文专家也应多关注甲骨文书法的理论问题，主动多与甲骨文书法家交流。相信在双方共同努力下，甲骨文书法艺术会在正确、健康的轨道上向前发展。

2. 按卜辞组别来研究甲骨文书体。殷墟甲骨文存在的时间长达二百数十年，在这段较长的时间内，从早期到晚期存在着不同的卜辞组，其书体是各有特点的。但长期以来，甲骨文书法家不注意对甲骨文进行分期、分组，笼统地将甲骨文按笔法或风格分成数类（如分三、四、五、八类），以致于一些人的甲骨书法作品中，出现早晚各期字体混杂在一起的局面。本书的作者，吸收了甲骨学界对卜辞分期断代研究的成果，选取了殷墟甲骨文的七组卜辞字体（包括甲骨文的早、中、晚期）进行研究，分析各组文字笔画特点、字的结体、章法等。这样的研究，较前人深入。

3. 研究甲骨文字形体使用的方法较科学。过去，甲骨学者或甲骨文书法家都是通过观察甲骨文拓片、摹本或甲骨实物上的字的形态而归纳出甲骨文字形体的特征。此书的作者，除了认真观察甲骨文字形体外，还用了数学、物理学的方法。如通过对不同组别的多个字体的长度与宽度的比例进行统计，得出宾组（指典宾）、出组、历组（指历二）、黄组字体的长与宽的比例是2倍、1.5倍、3倍、1至2倍的看法。再如，在研究历组字体时，测出多个字的重心，绘制成字的坐标图，再量出各字重心的坐标值，然后进行统计，从而得出“该类字体的重心基本上在中心略偏上一点的地方。”这就使我们能更好地理解这类字体的特点。如何对我们研究的对象进行科学分类和解析，是实现创新的前提，作者在这方面作了有益的探索。当然，作者对甲骨文书法的这些独到见解，还需要在甲骨文书法创作的实践中得到检验。

还应当指出的是本书的第九章临习与创作。叙述了学习甲骨文书法的途径：即要学习甲骨文的基础知识，认识足够数量的甲骨文字；认真对照甲骨文拓片进行临习；待打好基础之后用甲骨文已释的字独立创作诗词联语。这三点是贾书晟先生多年学习和进行甲骨文书法教学实践的体会，也包含了本书其他几位编者学习甲骨文的心得，是行之有效的学习方法。

书法艺术的提高，要继承传统，立意创新，不仅体现技法层面的风采多姿，更要蕴含深刻的文化素养。我相信，有志于学习甲骨文书法的读者，按照书中指出的途径，踏踏实实地刻苦学习，持之以恒，必定能创造出翰墨之妙，文义之深，展示甲骨文书法之美的优秀作品。

本书第二部分《甲骨文常用字书体分类字编》收录了甲骨文中常用的已识字1130个，其字形全部从原拓中截取，保持了殷墟甲骨文字的原貌。第三部分《甲骨文书体分类拓片萃编》，是书中所论的七种书体的甲骨文拓片选集，计 201 片。这两部分内容，为甲骨文书法爱好者的学习、临摹提供了方便。

总之，本书对甲骨文书法的叙述，简明扼要、深入浅出、文字流畅，是学习甲骨文书法的一本极好的教科书。书中对甲骨文书法理论进行探赜，新意迭出，是甲骨文书法研究的力作，相信研治甲骨文或甲骨文书法的学者，也会从中受到裨益。

刘一曼

2016 年 6 月

绪　言

目前，全国出现了一股甲骨文书法热。据不完全统计，全国各省市的甲骨文学会或其他名称的甲骨文书法社团，已达37家之多。近几年，几乎每年都有各种全国乃至国际性的甲骨文研讨会和书法大展。参加人数及应征作品之多，也是令人赞叹的。凡是涉足此领域的人，无不对祖国灿烂的古代文明感到自豪，对古代先民们的艺术创造力由衷地钦敬。参与甲骨文书法创作的人，从十多岁的少年到耄耋老人，绝大多数都是怀着一颗敬畏的心，试图再现三千年前先民的艺术风貌，来表达对祖国古老文化的热爱之情。

随着科技的进步和印刷技术的发展，过去只有少数人才有机会看到的甲骨文原始资料如照片、拓本等大量出版，使大多数书家有机会接触更多的商代甲骨文契刻书作。人们发现，现在人们所创作的“甲骨文书法作品”，很少或者根本没有商代甲骨刻辞的风貌和韵致。如果说前几代的书家还比较注意保持甲骨文的基本字形，那么，近十余年来在以肢解汉字为能事的流行书风的影响下，使得本来就比较难认的甲骨文字，在书法家的笔下就更加令人难以辨认了。因此，一些比较关心甲骨文书法健康发展的有识之士，努力探索甲骨文笔墨书法发展的历史，分析甲骨文书法所走过的道路，提出了许多有见地的中肯意见。

2010年11月28日在京师大学堂甲骨文书法研究院成立大会上，研究院的首席顾问、中国社会科学院历史研究所研究员（现为荣誉学部委员）王宇信先生，就曾大声疾呼“甲骨文书法家要回归甲骨”。他说：“有人说甲骨文书法无法可依，其实是有法的。这个法就是甲骨文拓片。甲骨拓片就是甲骨文书法的法帖。只有回归甲骨，再走出甲骨，才能真正写出既有甲骨风韵，又有个人风格的甲骨文书法作品。不能想象，一个连甲骨卜辞都不能读的人，会成为甲骨文书法家。”几年来，我们正是秉承王宇信先生的这一指导意见，对《甲骨文合集》《小屯南地甲骨》和《殷墟花园庄东地甲骨》数万片甲骨拓片，从书法的角度进行了探赜钩沉。在这几年的探索时间里，除了本院内部的学术讨论之外，我们还分别邀请本院的顾问、首都师范大学教授黄天树先生来院作了《甲骨文的分类》的学术报告，邀请本院顾问、中国社会科学院考古研究所研究员、《中国书法全集·1甲骨文》主编刘一曼先生来院作了《甲骨文书法精粹赏析》的学术报告，还邀请了本院顾问、中国社会科学院考古研究所研究员、《殷墟花园庄东地甲骨》整理者曹定云先生来院作了《殷墟花园庄东地H3甲骨的发现、整理及其意义》的学术报告。此外我们还利用出席吉林省通化市甲骨文学会成立大会之机，与通化市甲骨文学会、吉林市甲骨文学会的同道们进行了学术交流。在这些学术活动的基础上，组织了本院的十多名成员并特邀吉林市甲骨文学会会长赵洪喜先生一起，合作撰写了这部《殷墟甲骨文书法探赜》。

本书共分三卷：

卷一：**综论**

本卷是理论论述部分，共有十章。第一章，甲骨文书法概述，主要讨论了殷墟甲骨刻辞是不是书法，是一种有什么特点的书法；甲骨文笔墨书法的发展历程和存在的主要问题；甲骨文分类与断代研究对甲骨文书体分类的启示。第二章至第八章，则是从黄天树先生对殷墟王卜辞所分的20类当中，挑选出书法特点比较显著的五类，即宾组（即黄氏的典宾类）、出组（即黄氏的出二类）、何组（即黄氏的何一类）、历组（即黄氏的历二类）、黄组（即黄类），并将宾组中特点比较突出的粗笔圆体单独划分出一类，暂以“宾组圆体”简称“宾圆”命名，再加上花园庄东地非王卜辞（简称“花东”），共七类，就书法的本体分别进行了分析挖掘。第九章对临帖和创作进行了讨论。我们主张临习拓片，要原原本本照原拓片进行临摹，要“察精拟似”，筑牢根基。创作要“所本有自”，个人风格的形成要有一个探索的过程，不可求之过急。第十章则是对甲骨文书法用字问题发表了我们的看法。我们认为借字和造字终非良策，关键是要提高文学修养，能用有限的可识字写出高雅的诗词联语。同时也介绍了一些认字和记字的方法。

卷二：**甲骨文常用字书体分类字编**

现在市面上大型的甲骨文字书、字表很多，刘钊主编的《新甲骨文编》（增订本），李宗焜编著的《甲骨文字编》，收字都比较全，而且所选字形都进行了分类，《甲骨文字编》收字截止于2010年，分类也更细，但这些书由于已识字和未识字都收录，所以部头都很大，翻检起来比较麻烦。陈年福的《甲骨文字词表》和马如森的《甲骨文实用字典》虽都是已识字，但所引字形较少，对按照书体分类的初学者，字形不够丰富。我们这次编纂的《甲骨文常用字书体分类字编》，一是选录的都是常用的已识字，舍弃了一部分已经考释出来的冷僻字，二是每一字的甲骨文字形，尽可能收录本书所论的七种形体，并且全部都是从原拓片中截取的，基本不失真，这就便于读者按书体进行学习和临写。

卷三：**甲骨文书体分类拓片萃编**

甲骨文的分组分类与断代，经过近三十年的讨论，虽然在主要方面取得了较多的共识，按字体进行分类的原则，在理论上也得到承认，但是在实际操作上仍然存在诸多困难。因为大多数学者面对的是甲骨拓片，很少人能接触到甲骨实物，即使有条件接触甲骨实物的人，其所接触的实物的数量也是有限的，在进行分组分类时，主要还是面对的甲骨拓片，用拓片来进行“笔迹”鉴定，是不能完全可靠的。因此，目前出版的甲骨学关于分类断代的专著，对现有著录中拓片的归类，存在较大的差异。台湾学者杨郁彦倾数年精力将《甲骨文合集》中41956片拓片悉数按李学勤、黄天树、彭裕商等学者论述的分组分类标准进行了归类，但她的《甲骨文合集分组分类总表》公开出版之后，即有不少学者提出了异议。这当然是很正常的现象。我们在编纂《甲骨文书体分类拓片萃编》时，收录的标准依据以下三条原则：一是多数学者公认属于该类的拓片；二是体现该类书法特征比较明显；三是拓片比较清晰便于临写。至于该拓片刻辞内容的史料价值如何，则未予特别注意。每一类拓片所选的数量也不均等。考虑到这部分资料是供读者作为临习的法帖使用，因此数量不宜太少，我们每一类大约选录了20至30片左右。由于宾组拓片本来数量就很多，所以宾组的拓片较其他组要多一些。而宾组圆体，总共也就只有十多片，只好全部选录。

甲骨文的书体分类，并不是一个新的课题。早在1933年，董作宾先生在他的《甲骨文断代研究例》中，就对他所划分的五期的书风作了高度的概括，即第一期“雄伟”，第二期“谨饬”，第三期“颓靡”，第四期“劲峭”，第五期“严整”。1937年郭沫若先生在其《殷契粹编》的序言中，基本上肯定了董先生的看法，只是对第三期的“颓靡”说，作了修正，他说“固也间有草率急就者，多见于廪辛、康丁之世，然虽潦倒而多姿，而也自成一格。”

我们知道，殷墟甲骨文的分期断代研究，近三十年来，取得了很大的进展，但董作宾先生的五期说并未被推翻，后期的研究成果，只是对董说的补充和修正。至于对五期书风的概括，由于当时董先生还没有认识到同一王世的刻辞存在不同的书法风格，而同一种书风可能跨越几代王世，所以他的概括是不全面的。但就他所举的例片而言，他概括的几种风格也基本上是成立的（第三期由于选用了习刻片做例，所以“颓靡”说似难成立。可参阅《中国书法》2012年第6期刘一曼先生所写的《略论甲骨文书体》一文）。问题是，董先生的概括使用的是欣赏论的语言，而且每一期只用两个字概括，这对于辨识刻辞的分期，只具有辅助作用。若用这样笼统的风格特征来进行甲骨文书法的研究，显然是远远不够的。

后世也有不少人试图对甲骨文书法进行分体研究，据赵诚先生介绍“有人以为可分为四体，即武丁时为一体，非王卜辞为一体，董氏所说‘劲峭’者为一体，黄组卜辞为一体。也有学者以为按笔法可分为三体，一体为‘求线条圆转均衡有类金文’者，如《殷契佚存》427；一体为‘求刀刻意趣笔画瘦硬劲挺锋利峭拔’者，如《殷墟书契续编》五·二·二；一体为‘求毛笔书写效果用笔顿曳分明轻快劲媚’者，如《佚存》516，等等。”① 笔者还看到张宗方先生在《甲骨文书法例说》中将甲骨文书体分为“工楷型”“行草型”“劲峭型”“雄浑型”“疏放型”“紧固型”“流线型”“凝结型”② 八种类型；顾音海先生则将甲骨文书法分为五种类型，即“一是劲健雄浑型”“二是秀丽轻巧型”“三是工整规矩型”“四是疏朗清秀型”“五是丰腴古拙型”③；王本兴先生主张分为八种类型，即“奇肆雄浑型”“宽绰舒朗型”“俊秀遒丽型”“尖利奔放型”“方整内敛型”“婉转流畅型”“挺拔修长型”“率性随意型”④。以上各家的分类，一个基本缺陷就是没有断代，各期刻辞混在一起，即使风格相同，也各有其不同的

---

① 见赵诚《启功书学思想探索》，载秦永龙主编《第二届启功书法学国际研讨会论文集》，北京师范大学出版社，2006年。据赵诚先生讲，后一种是张桂光先生提出的。

② 载《纪念王懿荣发现甲骨文一百周年论文集》，齐鲁书社，2000年。

③ 见顾音海《甲骨文——发现与研究》，上海书店出版社，2002年。

④ 见王本兴编著《甲骨文拓片精选——书体分类和临摹指要》，天津人民美术出版社，2005年。

书法特征，甚至字形都有不同，不能算作同一书体。其次这些分类，都是从欣赏论出发，按所谓“风格”来分类，实际上不管是五类或八类，这些类型之间的界限并不是很明显，“雄浑”和“奔放”有时就很难严格区分，所以在他们归类的拓片中，作者自己都时有混淆，有的拓片在不同类型中重复出现。有的作者甚至把伪刻当成了范本，这就映射出作者的甲骨学基础知识尚嫌不足。

我们这次所讨论的七种书体，是吸取了近年来甲骨学界分类与断代的研究成果，但又不是全部照搬。一方面考虑到学术界对分类过细有不同意见，另一方面我们的着眼点在于其书法特点要比较突出，易于辨别，所以出组、何组、历组只选了其中的出二、何一和历二（这些名称源于黄天树先生的分类），而宾组的典宾类数量极大，其中的粗笔圆体在书法上完全可以自成一体，所以我们把它单独划为一体，非王卜辞只选了花东一组。这样处理，我们是基于以下三方面的考虑：一、基本与董作宾先生所划分五期相对应；二、董先生当时没有认识到同一时期存在不同书风，特别是第一期历时较长，发掘的甲骨也最多，所以我们这次除了典宾之外，又加上了宾圆和花东非王卜辞，补充了董先生认为只有一种书风的不足；三、“历组”的时代，目前学界存在两种不同的意见，以李学勤先生为代表的一方，认为应是武丁晚期至祖庚时期的卜辞，即属于董氏的第一期，而以肖楠为代表的一方，则认为是武乙、文丁时期的卜辞，即董氏的第四期。双方的意见迄今仍然相持不下，无论将来的结论如何，实际上所谓“历组卜辞”，正是董氏当年划为第四期的卜辞，如果这一批卜辞被证实确应属于第一期的话，那么从目前现状来看，也就没有几版真正属于第四期的卜辞了。所以我们认为，我们现在选择的这七组卜辞，是比较全面的。当然，这绝不是说，甲骨文只有这七个书体，更不能说，我们对这七种书体的书法规律的挖掘，是穷尽了的。我们热切希望有更多的同道关心这个问题，对我们的挖掘进行补充和修正。我们的工作只是抛砖引玉而已。

本书的写作，实际是全院的集体的创作，直接参与撰写和编纂者有十多位，许多人即使没有参与具体工作，其平时在实践和研讨中提出的一些有见地的意见，也被执笔者广泛吸收。

（贾书晟）

第一章　甲骨文书法概述

在这一章中，我们不打算对甲骨文书法作全面的论述，只是就与本书将要重点探讨的甲骨文书体分类有关的几个问题，做一些简要的讨论。通过这些讨论，来说明甲骨文书体分类的必要性和可能性。

第一节　甲骨刻辞是不是书法

殷墟甲骨刻辞究竟是不是书法，这个看似不成问题的问题，现在却成了一个绕不开的问题。因为不论是甲骨学界还是书法界，目前存在着两种截然不同的意见。一种意见认为殷墟甲骨刻辞是书法，是目前所能看到的中国文字最早的书法。另一种意见，则认为“有意识”的使书写艺术化，供人们欣赏，最早也只能追溯到春秋战国时期，甚至说中国书法史的起点始于汉代。殷墟甲骨刻辞当然不能称得上是书法。

有趣的是，这两种意见，都能从郭沫若先生的著述中找到依据。

持第一种意见的人，经常引用郭沫若先生1937年在其《殷契萃编》自序中的一段话：“卜辞契于龟骨，其契之精而字之美，每令吾辈数千载后人神往。……凡此均非精于其技者绝不能为。技欲其精，则练之须熟，今世用笔墨犹然，何况用刀骨耶？……足知存世契文，实一代法书，而书之契之者，乃殷世之钟王颜柳也。”既然是“法书”，其作者又相当于后世之“钟王颜柳”，所以说殷墟甲骨刻辞是书法，则是言之有据的。类似的论述，还可以从郭沫若先生发表于1972年1期的《考古学报》上的《古代文字之辩证的发展》一文中找到。他在该文中说“契刻甲骨文字的人无疑是当时的书家，而且有篆刻的高度技巧”。又说“殷代的甲骨文和殷、周金文，有好些作品都异常美观。留下了这些字迹的人，毫无疑问，都是当时的书家，虽然他们的姓名没有流传下来”。

在上引这段话的后面，作者紧接着写道：“但有意识地以文字作为艺术品，或者使文字本身艺术化和装饰化，是春秋时代末期开始的。这是文字向书法的发展，达到了有意识的阶段。作为书法艺术的文字与作为应用工具的文字，便多少有它们各自的规律。”这段话便成了持后一种意见者的立论依据。持不同意见双方各自按自己的需要，从同一篇文章中引述对自己立论有利的片段来看，双方的分歧，并不在于甲骨刻辞本身是否具有书法艺术美，而是刻辞的作者对这种美的追求，是否是“有意识的”。

怎样来判断古代书家对美的追求，是不是“有意识地”，持后一种意见的人，不是从书法的本体出发，对古人留下的刻辞进行分析，而是寻找从什么时候出现了讨论书法美的文字遗存。与其说是寻找书法史的起点，毋宁说是寻找书论史的起点。

其实，大量发掘出来的习刻刻辞，已经足以说明古人是在“有意识地”追求美。否则，把字刻对了就可以了，何必下那么大的功夫呢。最典型的，莫过于郭沫若先生在《殷契萃编》中对萃1468的分析，老师示范，徒弟习刻，“师徒二人蔼然相对之态，情如目前”。

至于说是否为了供人欣赏，那就更不能作为判断是否称得上是书法的标准。王羲之的《兰亭序》和颜真卿的《祭侄稿》，都不是为了供人欣赏而写的，都是实用的文稿，其中多处还有涂改，可是这却是千余年来公认的天下第一、第二行书。据说，事后王羲之曾“有意识地”想把兰亭序重写一遍，结果总也不如原作，最后不得不作罢。这当然是传说。但是，颜真卿在写祭侄稿的时候，胸中除了悲愤之外，决不会“有意识地”想到将来要供别人欣赏。所以，“作为书法艺术的文字”与“作为应用工具的文字”，一般来讲，固然有所不同，但两者绝不是对立的。《阁帖》里所收的古人信札，无疑都是实用文字，但又是后人习书的法帖。

殷墟甲骨刻辞，究竟是不是书法，无须费神去推测古人是否“有意识地”追求美感，也不在于刻辞本身是实用文字。我们应该从书法的本体出发，看看甲骨文是不是符合中国书法的定义。说到书法的定义，对于国人来说本来也是个不成问题的问题。可是近年来由于国外美学理论的冲击，什么“抽象的艺术”“具象的艺术”“线条的艺术”等等，弄得中国人自己都说不清自己的书法究竟是什么了。我们还是抛开那些舶来的词汇，看看中国人自己对书法是怎样定义的。《辞源》① 里是这样说的：

> 汉字的书写艺术。

《辞海》② 里说得更具体一些：

> 中国传统艺术之一。指毛笔字书写的方法，主要讲执笔、用笔、点画、结构、分布（行次、章法）等方法。

《中国大百科全书》说得更为具体：

> 文字的书写艺术。特指以毛笔表现汉字的艺术。它是中国文字在书法家审美观的长期运用和发展形成的特有艺术。书法既有语言文字所具有的实用价值，也具有其欣赏性的艺术价值。它是中华民族优秀传统文化之一，公元前后流传到日本等国，至今不衰。
>
> 书法成为一门艺术，与通常写字有一定的区别。书法必须具备用笔、结构、章法、墨

---

① 《辞源》四卷合订本，商务印书馆，1988年。

② 《辞海》三卷本，商务印书馆，1979年。

法等艺术表现手段。①

图1－1

上引各书之定义，虽然详略不同，但有三个关键词是共同的，这就是“汉字”“毛笔（或书写）”“艺术”。统观甲骨刻辞，除了以刀代笔以外，中国书法所具有的诸要素都存在，而且具有一种特殊的美感。让我们看一个具体的例子。图1－1是一张宾组刻辞的拓片，在《甲骨文合集》（以下简称《合集》）的编号为8644。为了看得清楚，我们用电脑进行了处理，将字迹以外的杂乱麻点去掉了，但未伤及字迹。本片有两条卜辞：上面一条的释文是：

癸巳卜，方其受又（祐）？五月

下面一条辞残，仅存“方不受”三字，依文例应为：

方不（其）受（又）？

显然，这是两条对贞卜辞，贞问“方”（部族或方国）能否受到保佑。我们只看上方这条完整的卜辞，正文七个字，纵行右行，三二二排列，穿插错落，恰到好处。合文“五月”独占一行。所有的字，都是取向右下方的斜势，仿佛有风从左上角向右下方吹似的。在同期的卜辞中，“巳”字可以写作，“方”字可以写作，“受又”二字可以写作，“五月”合文可作。如果这些字都换成向左下方取势，还会有这种效果吗？可见，这篇卜辞的章法，作者是做了精心安排的，就连“其”字上方的两个小短横，都有意地刻得偏向右侧，而且左端藏锋右端露锋，这样就使整篇刻辞有了动感，使得每个字都活了起来。东汉著名书法家、书法理论家蔡邕，在其《笔论》中有一段被书法界经常引用的论述：

为书之体，须入其形。若坐若行，若飞若动，若往若来，若卧若起，若愁若喜；若虫食木叶，若利剑长戈，若强弓硬矢；若水火，若云雾，若日月，纵横有可象者，方得谓之书也。②

用这个尺度来衡量上述这段甲骨刻辞，难道不可以说是一篇难得的优秀书法作品吗？

由此可见，说甲骨刻辞是书法，应该是毫无疑问的。启功先生在其《题中国历史博物

① 《中国大百科全书》美术Ⅱ卷，商务印书馆，1992年。

② 《历代书法论文选》，上海书画出版社，1999年。

馆藏历代法书影印册》六首诗的第一首开篇便写道："书艺首殷商，刻辞肇其妙。"[①] 启功先生并不是"书法与文字同期论"者，"周原甲骨出土之后，启先生曾表示，这类文字很难自成一体"[②]。所以"书艺首殷商，刻辞肇其妙"绝不是一般的泛论，而是经得起论辩的科学结论。

但是，我们不能回避的一个问题，就是上述三个关键词中的"毛笔（或书写）"。殷商甲骨刻辞是古人用"刀"（究竟是玉刀还是青铜刀，迄今也无确定的结论）镌刻在龟甲和兽骨上的。虽然在甲骨上偶有"毛笔"书写的朱书或墨书的文字，也有一些大字刻辞可能是先书后刻的（因为有书而漏刻的现象存在），但学界普遍认为，绝大多数刻辞是直接用刀刻上去的。而今天的书法则是用毛笔书写在纸上的（在纸张发明以前是写在简帛上的）。从工具到载体都完全不同。于是，问题又回到了原点，甲骨刻辞究竟能不能称其为书法。

为了正确理解启功先生"书艺首殷商，刻辞肇其妙"的论断，以及这两句话的精确含义，必须从启功先生的著作中寻找答案。翻开《启功丛稿·论文卷》，有一篇重要文章，题目是《从河南碑刻谈古代石刻书法艺术》。首先，在题目中，启功先生就建立了一个新的概念——"石刻书法艺术"。文中简要介绍了古代碑刻的写和刻的过程，而后写道："无论哪一种类型的刻法，其总的效果，必然都已和书丹的笔迹效果有距离、有差别。这种经过刊刻的书法艺术，本身已成为书法艺术中的另一品种。"在介绍了各种书体的碑刻之后，先生又写道："某一个艺术品种的风格，被另一个艺术品种所汲取后，常使后者更加丰富而有新意。举例来说：商周铜器上的字，本是铸成的，后人把它用刀刻法摹入印章，于是在汉印缪篆之外又出了新的风格。又如一篇用笔画在纸上的图画，经过刺绣工人把它绣在绫缎上，于是又成了一种新的艺术品。如果书家真能把古代碑刻中的字迹效果，通过毛笔书写，提炼到纸上来，未尝不是一个新的书风。"[③] 至此，我们也就可以理解，所谓"书艺首殷商，刻辞肇其妙"的"书艺"，并非一般意义下（笔写的）的书法艺术，而是"书法艺术中的另一品种"。为了更明确起见，我们可以仿照启功先生指称碑刻为"石刻书法艺术"那样，将殷墟甲骨刻辞，称之为"甲骨文契刻书法"，而把甲骨上的"字迹效果，通过毛笔书写，提炼到纸上来"的墨迹，称之为"甲骨文笔墨书法"。

通过以上讨论，我们不仅解决了殷墟甲骨刻辞是不是书法，是什么性质的书法的问题，更重要的是，使我们明确了学习甲骨文书法与学习今文字书法应有所不同。这就是，首先要对甲骨文契刻书法，进行深入细致地调查研究，区分出不同风格的书体，对我们有兴趣的各类书体，从书法本体出发，进行深入的调查、挖掘，总结归纳出带有规律性的若干准则。然后，才能"通过毛笔书写，提炼到纸上来"，形成甲骨文笔墨书法。所以，这不是一个简单的概念问题，实际上是学习和发展甲骨文书法的一个带有纲领性的问题。

---

① 启功：《启功赘语》，北京师范大学出版社，1999 年。

② 赵诚：《启功书学思想探索》，《第二届启功书法学国际研讨会论文集》，北京师范大学出版社，2006 年。

③ 启功：《启功丛稿·论文卷》，中华书局，1999 年。

第二节　甲骨文笔墨书法发展的简单回顾

在这一节里，我们不打算对甲骨文笔墨书法的发展历程做全面的论述，也不打算对甲骨文笔墨书法史上做出过贡献的每一位书法家的得与失做全面的评价，仅仅就甲骨文书法的发展有重大影响的几个问题，提出我们的一些看法。

一、甲骨文笔墨书法的先驱罗振玉

众所周知，第一位把殷墟甲骨文引入到笔墨书法中来的，是著名的甲骨四堂之一的雪堂罗振玉先生。由于他在1921年出版了《集殷虚文字楹帖》，所以人们习惯上把此书的出版作为甲骨文笔墨书法起始的标志。其实罗振玉的甲骨文笔墨书法实践活动，是在该书出版之前。据罗随祖先生介绍，当时河南发生了水灾，在一次赈灾义卖活动中，罗振玉第一次用甲骨文书写作品。由于这种新型字体入书受到欢迎，才促使他利用工作之余，“取殷契文字可识者，集为偶语，三日夕得百联，存之巾笥，用佐临池。”① 后来罗的朋友章钰、高德馨、王季烈相继也有甲骨文集联之作，罗自己也对《楹帖》有所增订，1925年（乙丑）“拟合章、高、王三家所集，手缮重印行，乃以事不果。丁卯（1927）岁暮，始以五日之力成之。”② 这就是1927年东方学会石印出版的《集殷虚文字楹帖汇编》。书中所收联数如下：

	四言	五言	六言	七言	八言	九言	十言
章　钰	26	53	8	22	22	2	1
高德馨	12	34	5	20	14		
王季烈	6	4	4	6	4		
罗振玉	8	53	5	67	44		
合　计	52	144	22	115	84	2	1

《集殷虚文字楹帖汇编》（以下简称《汇编》）的出版，对甲骨文书法的推动很大。当时一般人很难见到甲骨文的拓本，这本书，既有联语偶句，又是罗振玉亲手缮写的，无疑是一本很符合爱好者需求的甲骨文字帖。这本书不仅受到国内甲骨文爱好者的欢迎，甚至影响到邻邦日本。1961年旅日学者欧阳可亮在其东京春秋书院将《汇编》整理印行，1986年日本内山知也将《汇编》进行了译注，由木耳社以《甲骨文墨场必携》为书名正式出版，该社又于1990年出版了《甲骨文墨场必携》袖珍本。“吉林大学古籍研究所亦对罗氏《汇编》做了整理，1985年3月由该校出版社影印出版，书前增罗氏原件手迹影件9对，书后附罗氏后裔继

① 《集殷虚文字楹帖》，贻安堂石印，1921年。

② 《集殷虚文字楹帖汇编》，东方学会石印，1927年。

祖跋文及姚孝遂校记，对当今甲骨文书法艺术的欣赏和普及，应有俾补，唯书名归用初先《集殷虚文字楹帖》，删‘汇编’两字，有失视闻，恐更违罗氏当初不没同好之量度。”① 其实该书不仅删掉“汇编”二字，还将编次作了调整，将罗氏原排在最后的集联调到了最前。2006年，在南京举办的“纪念殷墟 YH127 甲骨坑南京室内发掘70周年国际学术研讨会”上，罗琨先生（罗振玉孙女）发表了《读〈集殷虚文字楹帖校记〉》② 一文，对姚氏的《校记》进行了评论，将《校记》中对110联147处的60字分成了三类，第一类，校改意见可从者计23字；第二类，《校记》提出的意见不无道理，但是《楹帖》所书字形有据，字义可备一说者10字；第三类，校改不完全正确，或《楹帖》不误者27字。《汇编》从1927年正式出版到2006年，整整跨过了80个年头，420副对联，共计5112字（实际是字次）中，真正需要改动的字只有23字（未计重文），其生命力由此可见一斑。须知，在那个时代，甲骨文考释出来的字只有500字左右。用如此少的可用字写出420副对联，说明作者们具有何等高超的文学修养。现在甲骨文的可识字已近两千，如果从自己的文学修养上下功夫，就无须想方设法地借字造字。

现在，让我们把注意力集中到书法上来。对于罗振玉的甲骨文笔墨书法，社会上的评价除了都肯定其开创之功外，几乎走入两个极端。褒之者谓其深得殷人刀笔意趣，贬之者谓用小篆体写甲骨文字。我们认为这种抽象的肯定或否定，都不利于我们从前辈的实践中吸取有益的养分，也不利于从前人的实践中吸取真正应该吸取的教训。我们认为还是应该具体问题具体分析。

首先，让我们看一幅罗振玉先生的临作。图1－2所示是一张成扇的照片，原载于《中国名家法书（13）·罗振玉法书集》（文物出版社，1997年12月），整个扇面是临的四条甲骨卜辞，原篆和释文相间，释文的字略小并下沉一字书写，主次分明，整个画面清秀典雅，落款和用印也很讲究，是一件难得的艺术品。现在，让我们将罗氏临写的四条卜辞和原拓拼接在一起加以比较（图1－3）。拓片下方的数字是《合集》的编号。

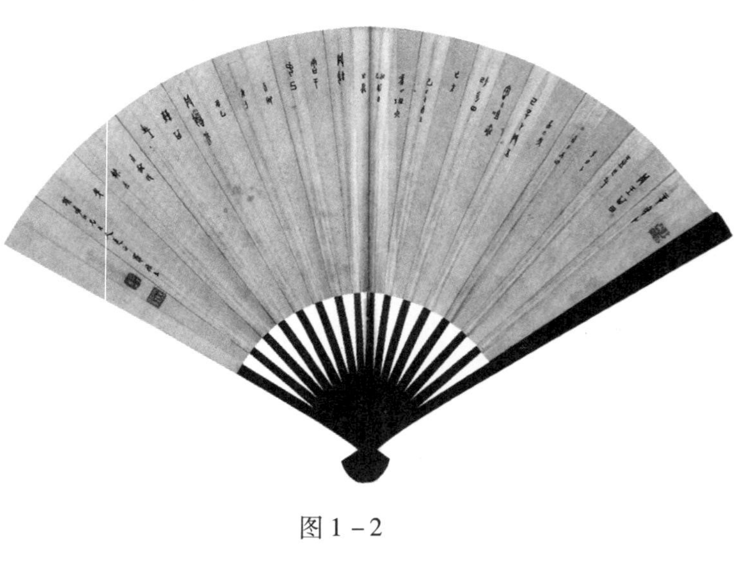

图1－2

① 宋镇豪：《甲骨文书学发展简说》，《中日书法史研讨会论文集》，文物出版社，1994年。

② 《纪念殷墟 YH127 甲骨坑南京室内发掘70周年论文集》，文物出版社，2008年。

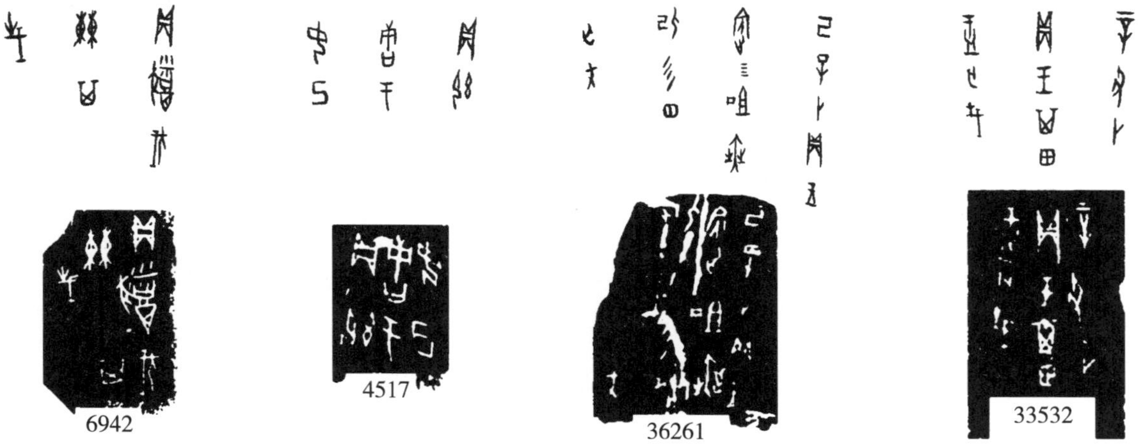

图 1－3

从原拓片的风格不难看出，右边两条是无名组和黄组卜辞，左边两条则是宾组卜辞，两者的风格有明显的不同。而临作较好地保持了原拓的神韵，且行款也保持了原貌（只有第三条由右行改为左行，以求全篇统一），可以说为我们临习原拓树立了榜样。值得称道的是作者对刀痕转换为笔画书写方面作了有益的探索，给后人提供了可资借鉴的用笔方法。这从图 1－4 的放大图中可以看得更加清楚，如“辛”字上方的两横，起止处的锋芒含而不露，坚实而不板滞，竖画顺锋直下，虽出锋而不漂浮。“丑”字的两笔弯画，前者顺锋圆转，后者逆势涩行，使整个字的结体富有张力。

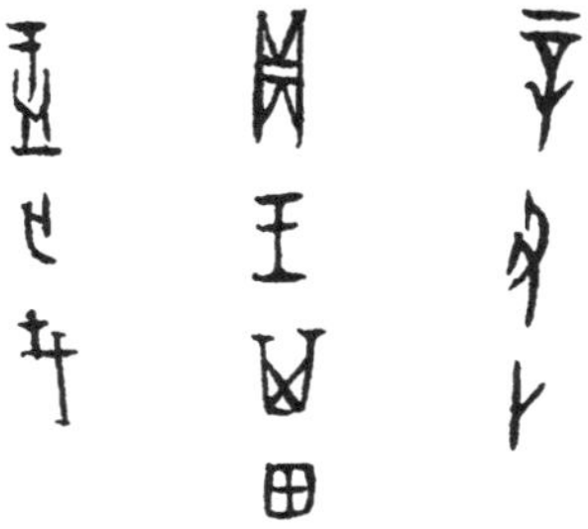

图 1－4

在罗氏缮写的《集殷虚文字楹帖汇编》中，虽是自运，却仍然保持着这种用笔特点（图1－5），所以有人说罗振玉是用小篆笔法写甲骨文，是不符合实际的。

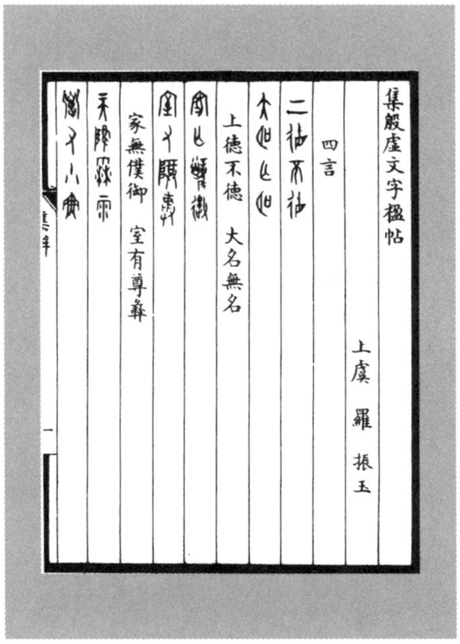

图 1－5

当然，不容忽视的一个问题是，在二十世纪二十年代初，甲骨卜辞尚未分期断代，罗振玉也未曾专门对甲骨文的书法特征进行分体分类的研究，他是把历时两百多年的甲骨刻辞，当作一个整体来对待的。由于不同时期字体有差别，每条卜辞在刻写时又采取了不同的取势，因此我们从甲骨拓片上看到的甲骨卜辞，其结体取势和章法布局，可以说是千姿百态，气象万千。罗振玉在使用这些文字进行书法创作时，便有意无意地进行了一番“规范化”处理。一个最明显的现象是，甲骨文中有许多字，其文字的构形本是对称的，但在实际的刻辞中，这类字几乎没有一个是刻写得完全对称的，如等。可是在罗振玉的作品中这些字都写得完全对称，这就使得甲骨刻辞中原有的那种生动、质朴、率意甚至野逸的美学因素被大大地削弱了。图1－6是罗氏一幅甲骨文横披，“临写”了五条卜辞，所对应的《合集》编号分别为5097、6689、34117、14831和14875。读者如有兴趣，可找来原拓比照一下，就可发现他的确对甲骨文进行了“规范”，在行款上也开了竖成行横成列的先河。客观地说，那时的所有古文字书法都采用这种款式，金文如此，石鼓文如此，小篆更是如此，这是由于这些字体本身的特性决定的。我们知道，青铜器的铭文，在商末和西周早期，字数都很少，款式是有行无列，后来大量的钟鼎铭文都是竖成行横成列，不同器物上的铭文，字体也不尽相同，所以人们总是从同一篇铭文当中，选出若干字，集成对联的形式，来进行书法创作。后来虽然打破了器物的界限，混合使用不同铭文中的字，组成长篇的诗词，但在作者的笔下，字体的风格必须趋于一致，款式则保持行列整齐。这种习惯也自然地影响到甲骨文的书法创作中来。这就造成甲骨文笔墨书法，从一开始便“先天不足”，没有开辟出一种适合甲骨文书法创作的崭新的形式。

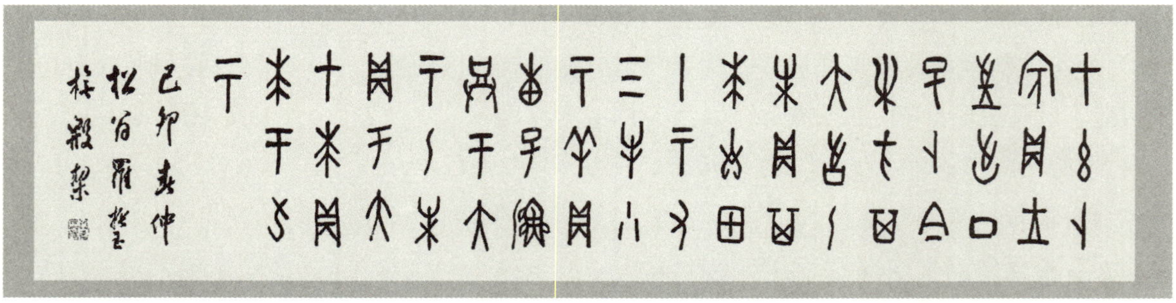

图1－6

二、董作宾留给我们的启发和遗憾

董作宾，字彦堂，不仅是甲骨学奠基者“四堂”之一，同时也是一位甲骨文书法的积极推动者和著名的甲骨文书法家。他的一生，可说是与甲骨朝夕相伴，摹写过大量的甲骨刻辞。1956年他在其《甲骨文书法》一文中写道：“我因为研究甲骨学已三十余年，起初是欢喜用玻璃纸摹写借来的拓本，摹写日久，写出来能够得其形似，因此朋友们要我写字，我也乐得藉他人的纸，作自己练习。”①据参与安阳殷墟科学发掘的石璋如院士介绍，“董先生喜欢书写甲骨文对联，1930年前后，便有相当兴趣，不过在那个时候写的东西并不多。1938年到了昆明龙头村

① 《万象甲骨文诗画集》，台北伟灵企业有限公司，1996年。

之后，每于公余之暇，借写甲骨文对联以自娱，并临摹殷墟文字精华成条幅、横披等。在初书阶段，兴趣极高，常把写好的东西送给来访的朋友，后来能成为甲骨文书法名家，就是在龙头村时代打下的好基础。"①台静农先生在《平庐的篆刻与书法》中也谈到，"他对于甲骨文字艺术的风格，体会得最为深切。他说'谈到作风，便应该摩挲原版，才可以欣赏到书写与契刻的艺术，不得已而看影片，其次拓本'"。②

董作宾的甲骨文书法作品，可以说是有求必应，甚至不待他人乞求，自动送上门去。旅美期间，因为用宣纸书写装裱不易，他便用各种图画纸和颜料书写，馈赠友朋，所以他一生在华人圈内留下了大量的书法作品。

笔者认为董作宾先生的甲骨文书法作品，最值得称道的是他的临作。因为他一生都跟甲骨实物打交道，对甲骨文观察得极为审细，可以说抓住了甲骨文艺术美的精髓。用毛笔写到宣纸上，既保持了原刻辞的章法布局，又开辟了中堂、条幅、条屏新的"画面"，可以说是开了书法作品的新面貌！图1－7是一组四条屏，每一幅下方的数字，是原拓在《合集》中的编号。读者有兴趣，可以与原拓进行一下比较。可以毫不夸张地说，真正做到了形神兼备。更值得指出的是，不仅每一幅的字参差错落，生动活泼，四幅之间又毫无雷同，通观全局，又有一种整体感，呈现出一种统一的和谐之美。

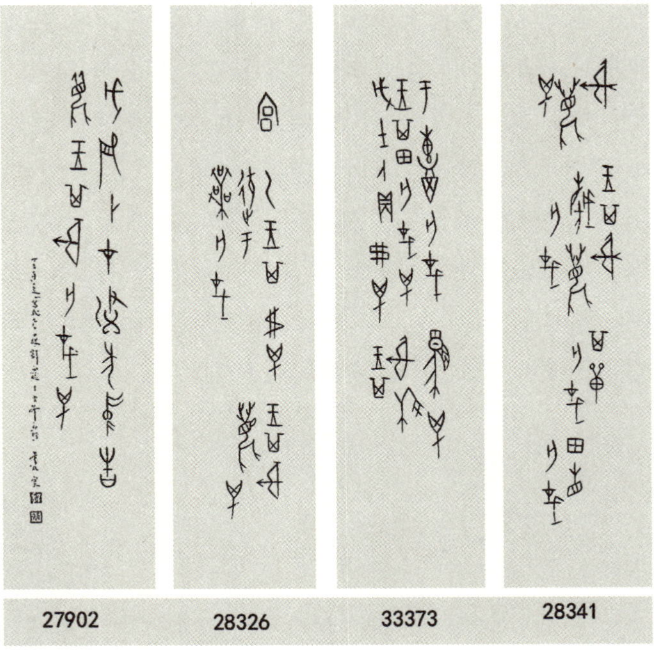

图1－7

董先生有时还将几版拓片临写在一幅作品中（图1－8）。对照图1－7可知，此幅中下方两组字，与图1－7后两幅同，即《合集》的28326和27902，只是28326中少写了一个"禽"字，这样，就留出了一块空白，使画面更美观。上方两组，分别临自《合集》的28318和28391，前者左下方延伸，正好插在后者右下方的空白处。再纵观右方的四组字，中间两组（其中"宫"字是另外一条卜辞）布局有些类似，有承上启下之感。最后一组写成两纵行，避免了整体的零乱。可以说这四版组合在一起，正好达到了国人"起、承、转、合"的审美习惯，由此可以看出作者的独具匠心。

①② 董玉京：《甲骨文书法艺术》，大象出版社，1999年。

现在，让我们再回过头来重新审视一下图 1－7。这四条屏临写的刻辞，都是田猎的内容，没有先后的次序。但是，我们发现，只有这样排列，才给人一种美感。如果重新“洗牌”，随意排列组合，绝对没有现在这样的艺术效果。无怪乎作者在每一幅的右上角，用小字标出了“一”“二”“三”“四”，正是防止收藏者把次序弄乱。而这些数字，又像是刻辞的“兆序”，不会给人造成突兀感。

董先生很擅于将不同版的刻辞临写到一幅作品中，而且有的一再书写。比如被很多人赏析过的对《合集》10229 正反两版的临写，据笔者所见，至少有两个版本，如图 1－9 所示。原版的拓片见图 1－10。可以看到，拓片的字迹并不十分清楚，特别是背面划痕较多，如果不是对照甲骨实物，很难辨别出是哪些字。董先生有他得天独厚的条件，可以目睹甲骨实物，所以刻辞的文字可以辨认出来。令人佩服的是，他把正反两面的刻辞，调度到一幅作品中来，反面刻辞用较小的字写在下方，正面刻辞写在上方，“韋贞”的一条是朱书，“亘贞”用墨书，整个画面非常美观。而且图 1－9 左边一幅的落款，打破常规写在右侧。

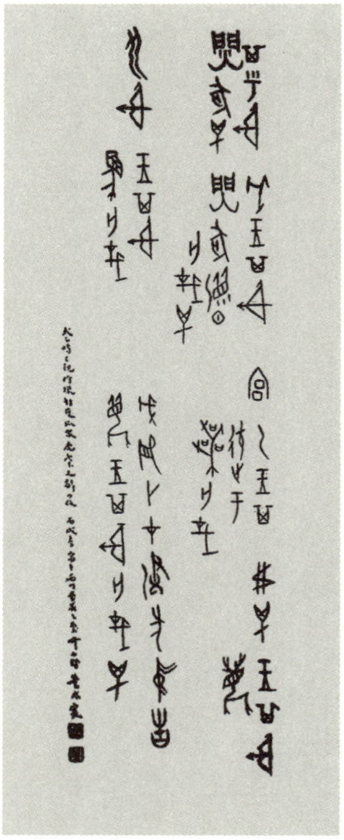

图 1－8

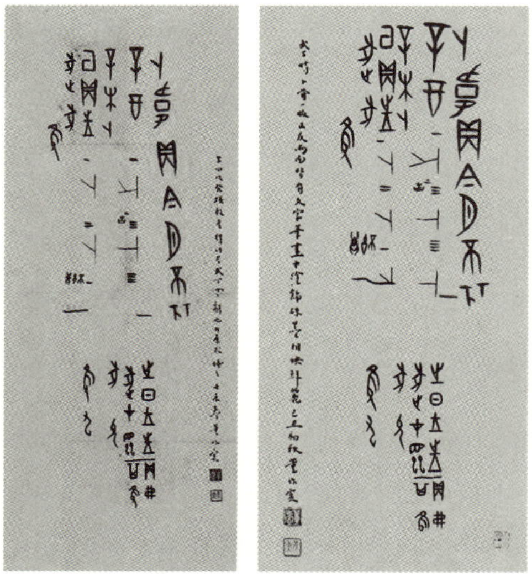

图 1－9

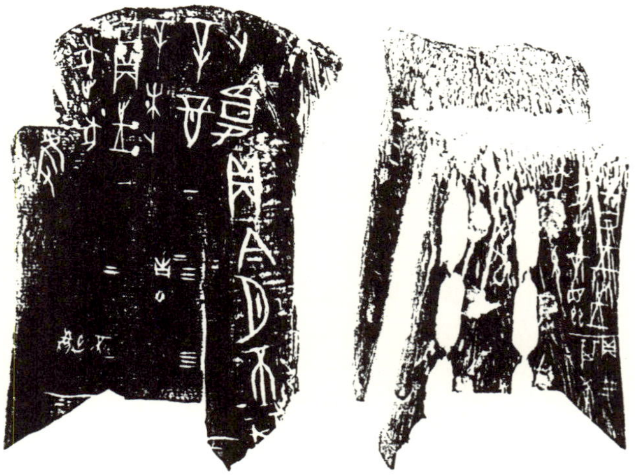

图 1－10

这一切，都给我们这些后来的学习者提供了很大的启发。我们应该广泛地搜集董先生的临作，汇集起来，分析品味，从中吸取甲骨文书法的艺术营养。

从上面我们介绍的董先生的临作可以看出，如果董先生坚持这种风格与形式，发展下去，将大大推动甲骨文书法向前发展，使中国书法的百花园中增添一种靓丽的奇葩。非常遗憾，旧的习惯势力，束缚了董先生的手脚，他最终未能跳出旧的框框。他的大量作品，不是对联，便是竖成行横成列的摆算子的老形式，甚至临写的刻辞也不能不“就范”，又走到30年前的老路上去。图1－11是1952年临写的甲骨刻辞，取材于《合集》17492和10229正、反，与图1－9对比，差别很大。

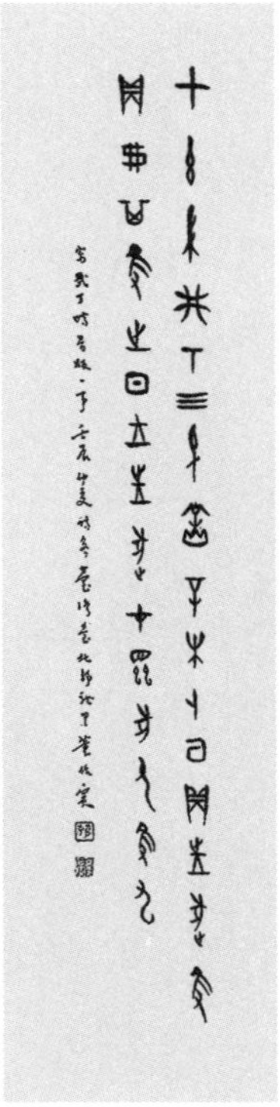

图1－11

再看几幅董先生自运创作的对联和条幅。图1－12是董先生常写的励志联。联语是：

依礼义为安宅，
弃名利如土苴。

右边一副是1956年书赠中外画报社的，左边一副书于1963年，是自用的，后曾印在《董彦堂先生甲骨文法书集》中董先生肖像的两侧，显然有自励或自况的意味。图1－13是1954年代朋友书写的贺寿中堂，内容选自董先生与汪怡合作编撰的《集契集》中的“忆江南”词，内容是：

无尽好，
载酒对林泉。
燕舞花下鱼自乐，
朝游川上暮言旋。
人月喜同圆。

图1－12

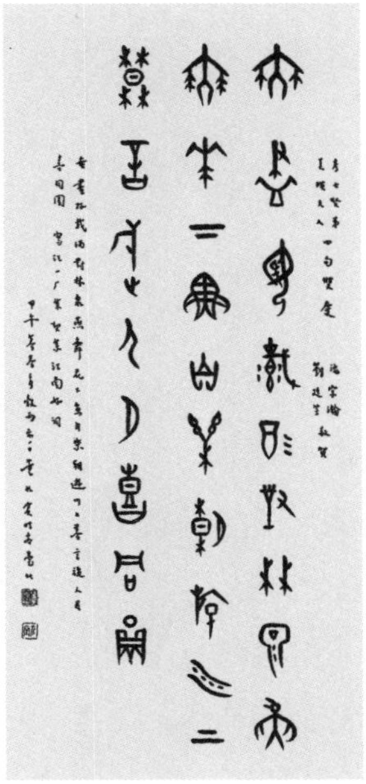

图1－13

这些作品与前面我们看到的临作相比，从书法的用笔、结字到章法布局，都有很大的差距。当然，对书法的欣赏，“见仁见智”，各有不同的喜好。以下意见只是本文作者的看法，并无要求读者强同之意。

这些作品的整体布局，又回到其他古文字书法的老路上去是不争的事实，此其一。其二，用笔与结字也失掉了临作的意趣。董先生曾说过，武丁时期的书契文字，“气魄宏放，技术娴练，字里行间，充满了艺术的自由精神，绝不是其余各王朝所能比拟的，所以我也喜欢写这一派。”① 所谓武丁时期的书契文字，就是我们现在通常说的宾组刻辞。我们从董作宾自运作品中选出了六个字，分别与从宾组拓片中找出对应字作一比较，见图1－14。由图可见，拓片中凡是垂笔或斜笔“出锋”的笔画，董先生全都做了弧形处理。当然这可解释为个人风格，学习任何书体都不应“墨守成规”。笔者认为，问题在于，这些笔画的用笔，没有力达锋梢，是靠笔尖“甩”出去的，加之弧度过大，这就不免给人以“轻飘”的感觉（读者不妨对照图1－4与罗振玉的用笔作一比较）。与“宁拙毋巧”恰恰相反，实是“巧”多于“拙”，结果只能是“弄巧成拙”，使“气魄宏放”的视觉效果荡然无存。“壶”字简直就是“画”出来的，而不是“写”出来的。

董作宾书

宾组字形

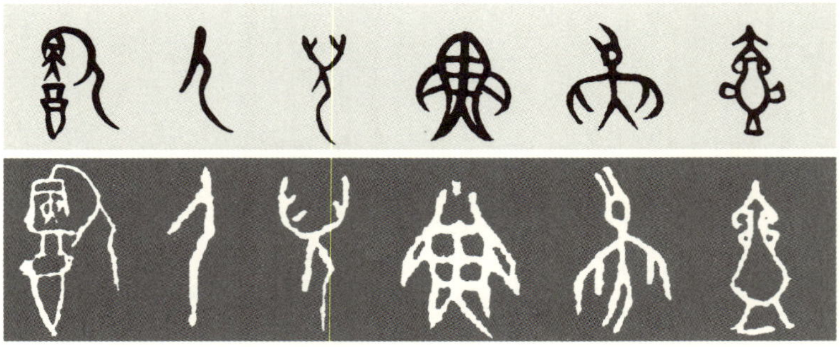

图1－14

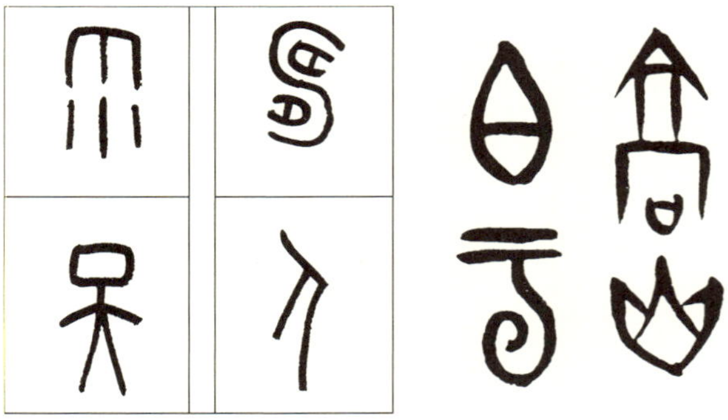

罗振玉　　董作宾

图1－15

我们不妨将罗、董二氏的用笔作一简单比较，见图1－15。图中的字都是从原作照片中直接截取的，不是拼凑在一起的。不难看出，罗氏的甲骨文书法用笔，虽被有些人贬为以小篆笔法写甲骨文，但笔者认为“小篆笔法”这一说法并不科学，以清代篆书大家而论，邓石如、吴让之、徐三庚、赵之谦、杨沂孙、吴大澂等用笔各有不同。罗振玉的大字甲骨文书法，基本上是笔笔藏锋，因而被误认为是“玉箸篆”，但用笔沉稳有力，劲健遒润，有力透纸背之感。而董作宾的用笔，却给人一种捉管不牢，“拖”多于“运”的感觉，因而缺乏遒劲和张力。

① 董作宾：《甲骨文书法》，《万象甲骨文诗画集》，台北伟灵企业有限公司，1996年。

董先生留给我们的遗憾，还表现在他的书法用字不够严谨上。1956 年董作宾先生在香港大学东方文化研究院发表《甲骨文书法》（收入《万象甲骨文诗画集》）提出“书法只是美术品之一，不能够用学术立场加以限制。现在甲骨可识的字，虽有一千五百字，可是不绝对可靠的还不少。即如可靠，古今用法不同，有些字须借用‘初文’，有些字又须利用‘假借’，有些字须只从‘一家之言’。……‘海’字仅从叶玉森之说。若严格地加以指摘，便使书家们不敢下笔了。”这段话，原则上是正确的，问题在于实践。上文所说的“海”即字。1923 年叶玉森在《殷契钩沉》中认为，该字中上部所从为“午”，曰“或古人已知午为潮生之候，故制海字……”，1932 年叶本人在其《殷墟书契前编集释》中说：“予曩疑为海之初文（《钩沉》），亦觉未信”。实际已经收回前见。此字于省吾在二十世纪四十年代提出应释“淄”，为水名，于卜辞可通，后多从之。1956 年董先生还认为“海”字仅从叶玉森之说，这是很不恰当的。如果说，因为甲骨文中至今没有发现“海”字，权且用叶氏旧说，还有可商之余地的话，那么，一些早就考释出来的常用字，如“好”“利”“如”等字，这些字的构形几千年来一直未变。可是在图 1－13 的词中，董先生却偏偏不用甲骨文中大量存在的从女从子的“好”字，却用了个字，此字 1959 年被金祥恒释出是“乳”字。1915 年罗振玉在《殷虚书契考释》中释出是“利”字，而在图 1－12 的两副对联中，董先生都用了至今尚未确释的两个字形充当“利”字。更加令人无法理解的是，早在 1924 年叶玉森在《揅契枝谭》中已释出、是“讯”字，和“如”字不同，1934 年唐兰在《殷虚文字记》中再次补证。而在图 1－12 中，董先生都把它们当成“如”字来用。说实话，这三个错字（指“好”“利”“如”）出在董先生这样一位甲骨学大家笔下，着实使我辈后人倍感痛惜。事实上，图 1－12 和图 1－13 中的“苴”和“花”也都是不恰当的用字。

三、甲骨文书法走出学者书斋之后

罗振玉和董作宾都是奠基甲骨学的大学者，罗氏首倡甲骨文入笔墨书法，董作宾大力推广甲骨文书法，都对甲骨文书法影响很大，对他们留给后人的经验（包括某些不足），都应当认真整理与汲取。后来的一些甲骨学者，也有兼擅书法者，而且也有一些优秀作品存世。限于篇幅和本书的主题，不可能一一介绍。

实际上，在罗、董之后，甲骨文书法逐渐走出了学者的书斋。一大批热爱古文字的书法家，也开始涉足于甲骨文书法的创作。总的来看，这支队伍中，真正研究过甲骨文，或者说真正懂得甲骨文的人是不多的。加之在 1999 年以前，甲骨资料还比较匮乏。一个总的趋向是，甲骨文笔墨书法，离甲骨文契刻书法，越来越远。尽管如此，我们认为，这些人的创作实践，不论是成功的，甚或失败的，对于寻觅甲骨文书法健康发展的道路，都是一笔宝贵的财富，都是值得认真分析和总结的。

继罗振玉《集殷虚文字楹帖汇编》之后，西泠印社创始人之一丁仁先生于1928年由上海聚珍仿宋印书局出版了《商卜文集联（附诗）》（2000年由西泠印社重新出版），1937年由墨缘堂出版了《观水游山集——集商卜文》（2003年上海书画出版社以《丁辅之集甲骨文观水游山诗》为名重新出版），对书法界影响很大。丁氏诗书画印均有很高造诣，但不是治契学者，未对古文字做深入研究，因此两书中错字较多，如他把“风”字写成，把“好”写成，把“如”写成等，加之他把甲骨文写成方块字，如“鸣”字写成，象形的意味完全丧失。所以后世学习他的写法的人很少，但他集的诗和联，至今仍有书家借用。此处不拟赘述。

应该说，自罗振玉以降，几代甲骨书家对甲骨文书法的发展，都做出了一定的贡献，社会上也都有比较公允的评价。但也有一些该肯定而未肯定（或肯定不够），该否定而未否定（甚至把错误的当正确的来宣扬）的现象存在。这里牵涉到三位有名的书法家，这就是简经纶、沙曼翁和潘主兰。让我们来做一些简要的介绍和分析。

1. 简经纶

简经纶（1888 ~1950），书法篆刻家。字琴石，号琴斋，广东番禺（今属广州）人。1936年夏，利用在莫干山避暑之机，就当时已经考释出来的甲骨文字，在古人诗作中寻觅合适的诗句，集成联句（四至十二言）138对，诗37首（五绝16首、七绝18首、七律3首），1937年2月由商务印书馆石印出版，书名为《甲骨集古诗联上编》（未出下编）。至1939年4月出至三版，后未见再版。此书当时影响很大。然而，董作宾的哲嗣董玉京在其所著《甲骨文书法艺术》① 一书中，谓“简琴斋的《甲骨集古诗联》以裒辑古人成句为主，自己没有创见”。并指出有两首诗为直接截取，不能称为“集”，还指出了一些字的错误。他可能没注意到董作宾“东边日出西边雨”的条幅即取材于此。其实，对于古典文学底蕴不足的现代人（不包括古典文学专家）来说，能“裒辑古人成句”已属不易，既要保证甲骨文中有这些字，又要使集诗集联合律，如果头脑中不“储存”足够的古诗，仅靠翻书查找，恐怕是做不到的。当然，简氏的贡献并不局限于“集句”上。著名书法家叶恭绰在为此书写的序中指出“余以为纂组成文和声合律，本非甚难事，此亦不足以重琴斋。独琴斋书法浸渍于古者日以深，其点画神态间，不期然上追三代之遗。其既也，将融会贯通，别启涂辙，不复为往者之檠栝所限，于书法浸有推陈出新之望，将缘是而启其端，此则吾人所为深企者。”后来，沙曼翁先生正是取法于简琴斋，刘顺又学习沙曼翁，于是逐渐形成了甲骨文书法界的所谓“河南书风”。如今世人只知道刘顺——沙曼翁，很少有人知道简琴斋，岂非咄咄怪事。

2. 沙曼翁

沙曼翁（1916 ~ 2011），生于江苏镇江，满族人，姓爱新觉罗，长期寓居苏州。获第三届

① 董玉京：《甲骨文书法艺术》，大象出版社，1999年。

"中国书法兰亭奖终身成就奖"。1979 年《书法》杂志举办了全国群众书法征稿评比，沙先生获一等奖，从此重返书坛（沙先生 1957 年受过不公正的待遇）。

1980 年《书法》杂志第一期刊登了沙先生的获奖作品的照片。这幅作品其实不是沙先生的原创，而是临写的罗振玉《集殷虚文字楹帖汇编》（以下简称《汇编》）中罗氏所集的对联（图 1—16），图中右方是沙曼翁的临作，中间是《汇编》中罗氏的原作，所书各字，从结构到体势，完全模仿原作，如"田"字上面横画的下垂。"车"字的构形，罗氏选自《铁云藏龟》63 · 2，该片是一残辞，原书不清，摹写不够准确，又仅此一见，后世多不用此形，沙氏照抄不误。唯一不同的是他写错了"归"字（见图左方，后来他重写此联时作了改正）。

2002 年，为了纪念中日邦交正常化三十周年，由我国文化部和日本的日中友好会馆、朝日新闻社联合主办了一次《中国现代书法二十人展 · 日本现代书法二十人展联展》，沙曼翁先生提交的作品，亦非原创（图 1 – 17），而是临的简琴斋的《甲骨集古诗联上编》中第 45 页的集古诗（图 1 – 18）。由图可见，结构、体势，悉从原作。"心"字在当时已释出，此处仍用旧释。另外，诗的第一句选自高适的《赠别晋三处士》，原诗为"知己从来不易知"，简琴斋写作"不易得"，不知是版本不同还是简氏误写，沙氏亦从简氏。

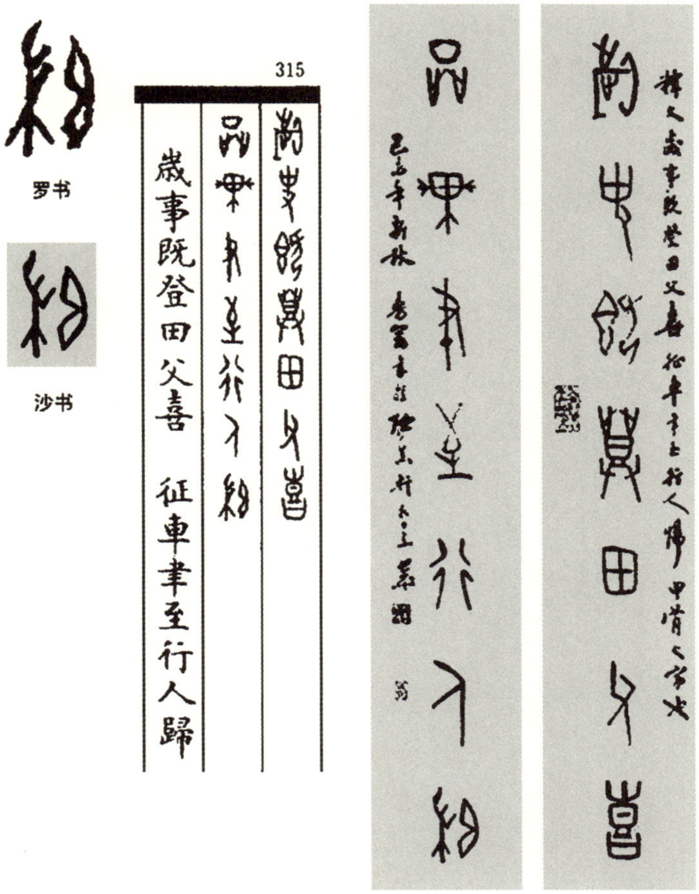

图 1 – 16

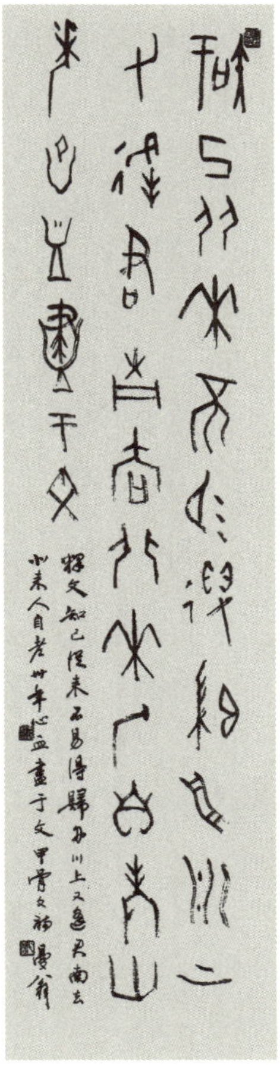

图 1 – 17

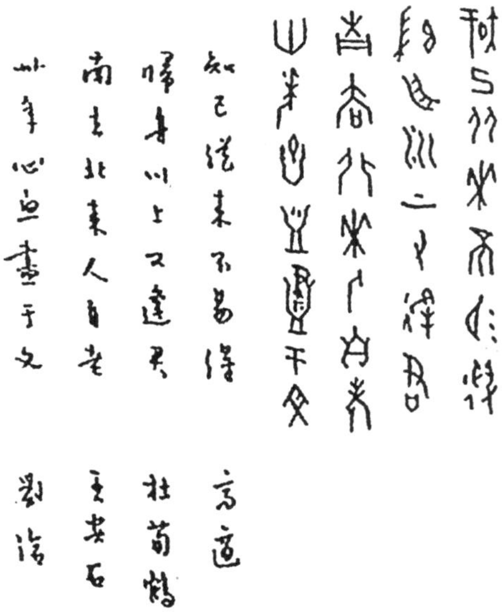

图 1－18

就笔者目力所及，沙曼翁先生的甲骨文书作，基本上都是临作，多数临自简氏《集古诗》，少量临自罗氏《汇编》。而且从来不注明出处。有的甚至还有跋语，使人误以为是他个人所集。比如有一副对联：“好风出幽谷，初日明高林。”这是《汇编》中高德馨所集，沙氏却在对联的跋语中写道：“岁在庚申年初冬，灯下无事集甲骨文联曰：好风出幽谷，初日明高林。书甲骨宜浑厚中见骨力，非于书道有深功者，莫能为也”（图 1－19）。对于不熟悉罗氏《汇编》的人来说，看了这段跋语，必然会以为是沙氏自己所集。

按一般常规，参展或应邀提交的书法作品，都应当是自己的原创。如果采用古人或当代人的文辞，理应注明原作的姓氏，这一方面体现对原作者的尊重，也体现书者的谦和礼貌。

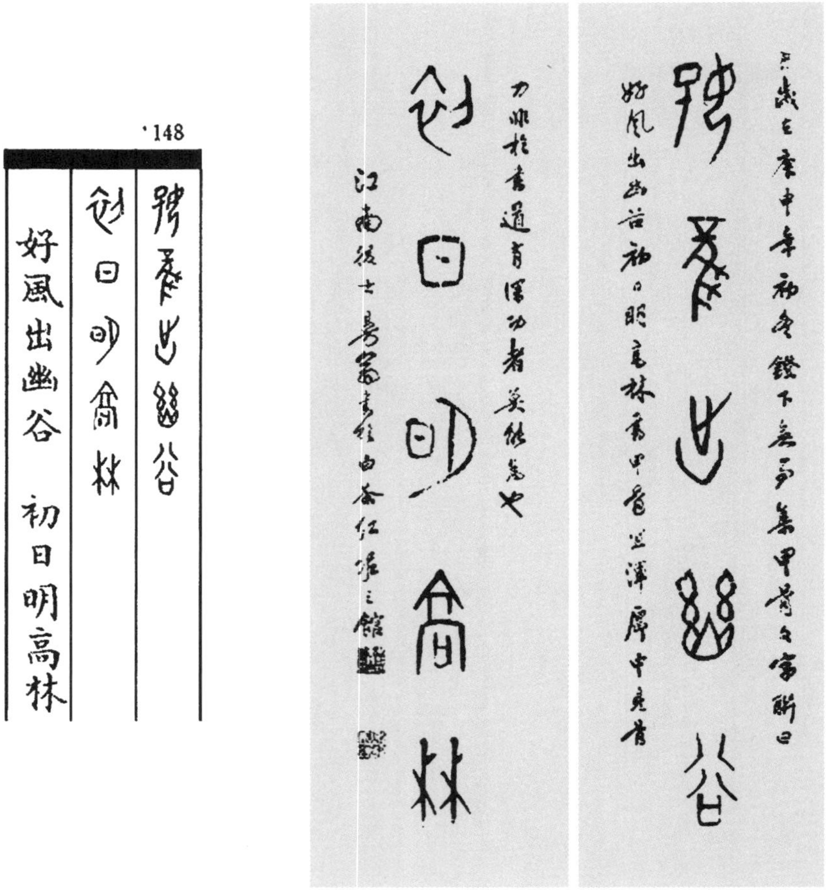

图 1－19

近见《纪念王国维先生诞辰 140 周年——全国古文字书法篆刻大展及论文与文献展》新闻稿中，明确提出“发现临摹、抄袭已在公开出版物发表的古今作品（含古代碑帖集字、集联）不予评审”。这是非常规范的。

3. 潘主兰

潘主兰（1909～2001），福建长乐人。首届“中国书法兰亭奖终身成就奖”获得者。潘先生的甲骨文书法在社会上得到广泛的好评，特别是他强调学习甲骨文书法要认真临习甲骨拓片，不要怕别人说“依样画葫芦”，他的书作在章法上也有新的突破。

他热衷于写长文，这就遇到了一个甲骨文可释字“字少难适”的问题。为此他提出了一个“四不一老”的理论。潘先生也已驾鹤西归，本可以不再议论此问题。但 2012 年 06 期《中国书法》又重新发表了潘先生的《谈甲骨文书法》，其中就包括“四不一老”问题，因此有必要对此作一些剖析。

潘先生的原文是这样的：

> 甲骨文已释定之字不为多，我曾把几种甲骨类书里彼此不互见的字摘录出来，不管其字有无争论，我考究同意的，予以采用。又于各家书中未经考释而列为“存疑”“待考”“待问”“附录”之字，时加寻绎，只要不违戾“六书”，不臆造，不武断，也不妄自菲薄，老老实实地据形释义，反复参稽，不能不许我“千虑一得”①。

这段话，实际包含两个意思，一是“不管其字有无争论，我考究同意的，予以采用。”第二层意思，说白了就是自己考释。这是很危险的。潘先生已经作古，他的主张无论对错，都是一种历史。问题是我们今天是否有必要去践行他老先生的主张。

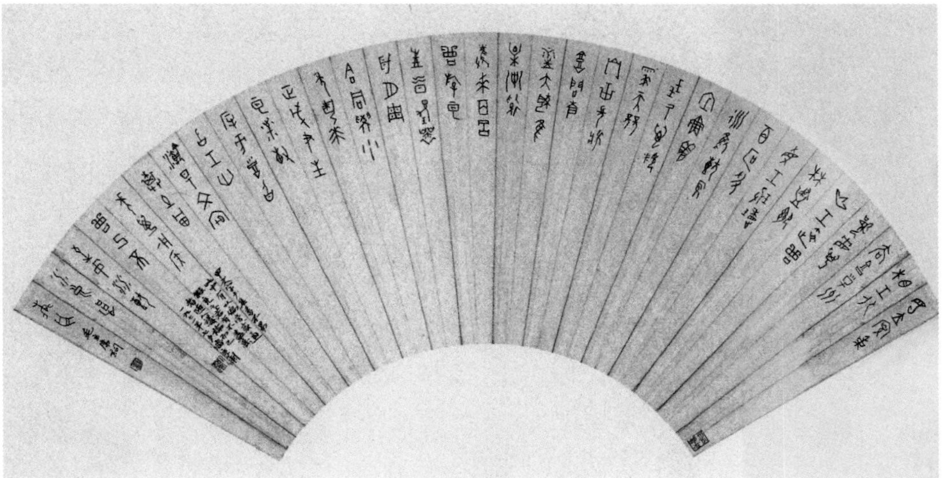

图 1－20

① 《潘主兰甲骨文书法》，福建美术出版社，2002 年；《中国书法》，2012 年 06 期。

今天，我们学习和研究甲骨文书法，就是要传承和发扬中国的传统文化，对先民留下的早期汉字瑰宝，必须存敬畏之心，尽可能准确地学习和使用它们。否则，便会扰乱传统文化的继承与发展。

实践是检验真理的唯一标准。让我们从潘老先生留下的大量甲骨文书作中，来看一看他的这一指导思想究竟是否可取。

图 1－20 是潘先生用甲骨文书写的扇面，内容是毛主席的《沁园春·长沙》。笔者见到潘先生写这首词的扇面有两件，一是收在《潘主兰甲骨文书法》中的 1971 年的作品，一是《中国书法》2012 年 06 期刊载的 1966 年的作品。我们选的是时间较晚的 1971 年的作品，因为按常理较晚的用字应该会比较早的更准确些。

《沁园春》词总共 114 字，在这幅作品中，无误的字只有 38 字，占总数的 1/3，用半边偏旁代替的（有些不能算通假字）13 字，占 11%。这些字虽然不完全正确，但还是真正的甲骨文。这两项合起来，只占总数的 44%，不足一半。其余的 56% 中，有些是用的错字，比如字，本是“宓”，潘先生用作“空”，又如（氒、厥），他用作“底”，还有（衍或侃）和（林），他都用作“流”，本是“梦”字，他用作“廖”等等。更多的则是他主观臆造的假甲骨文，也就是说，甲骨文中根本没有这个字形，并不是他所说的别人还没考释出来的字，如（他用作“碧”），（透），（头），（地），（挥），（击），（激），（类），（茫），“遍”字在这儿造了一个，在另一幅作品中又换成。读者可以自己去辨别，此处不一一列举了。令人不解的是，本来甲骨文中有的字，他却另造一个，如“户”字，他另造一个，“风”字他另造一个，“曾”另造一个。所有这些都不是他所说的“各家书中未经考释而列为‘存疑’‘待考’‘待问’‘附录’之字”。在这 114 个字中，只发现了一个字形可能是当时还没考释出来的字（现在已释出是“市”），就是，他在这里用作“气”。其实甲骨文中的“乞”字，也可作“气”和“迄”，可是偏偏他弃而不用。

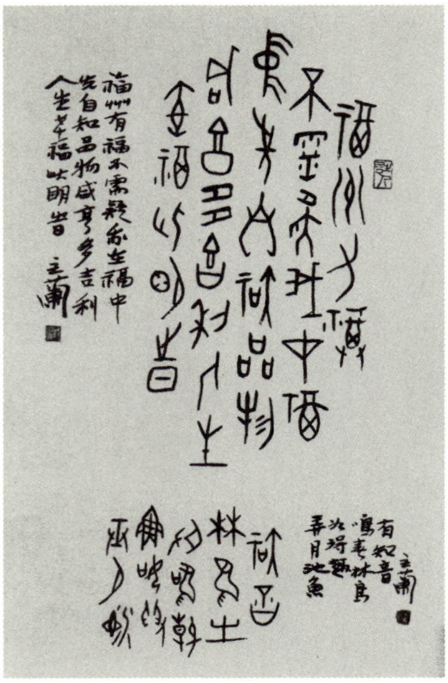

图 1－21

让我们再来看看潘先生 1993 年写的条幅（图 1－21）。这幅作品的构图也很美，可以作为初学者的范本。拙作《汉字书法通解·甲骨文》即向读者作了推荐。但是，文中有两个字错得实在太不应该。一个是上部第二行的“需”字。开始笔者很不理解，为何将释成“需”，后来查阅徐中舒的《甲骨文字典》，才恍然大悟。《字典》1248 页，（见 1－22）“需”和两个字头紧相邻，“需”

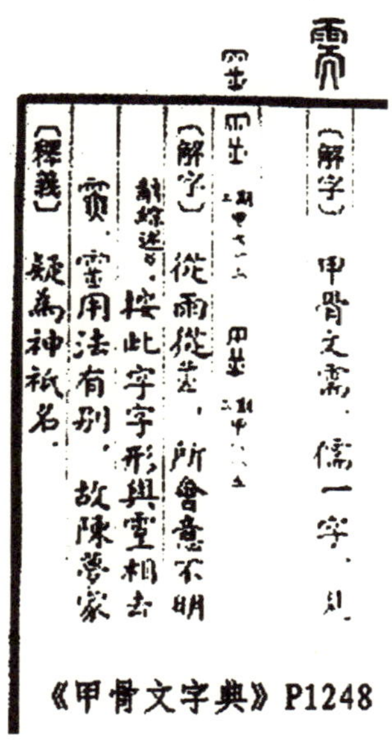

图 1－22

字的字头用的小篆，字因为“所会意不明”，所以字头用了原形。两字之间间隔一行，查字的时候，误将两者混同了一字。所谓“反复参稽”，只能是一种愿望，对一位书画家兼诗人的潘老先生来说，繁忙得很，实际上很难做到。

第二个错字就是末行的第一字，这个字在很多字书中隶定为“㚔”或“幸”，读音为“niè”，是一种刑具。凡从它的字，都与犯罪有关，如报的繁体字“報”，执的繁体字“執”，还有“圉”等，其中的“幸”都读“niè”，与幸福的“幸”（xìng）毫无关系。幸福的幸是后起字，《说文》解析为从夭从屰，会意字（按：有学者据睡虎地秦简提出异议）。这两个字隶变后都写成了“幸”。所以，缺乏古文字知识的人，看到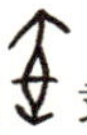隶定为“幸”，便误认为是幸福的幸（xìng）。

今天，当我们总结这些经验教训的时候，心情是极为复杂的。既为前辈的失误感到惋惜，更觉得这也是前辈书家留给后人的一笔宝贵财富，使后辈警觉可以少走许多弯路。

第三节　当前甲骨文笔墨书法发展所遇到的问题

回顾近百年的甲骨文笔墨书法所走过的历程，使我们不得不面对一个严酷的现实，这就是，甲骨文笔墨书法，从一开始就没有从甲骨文书法的本体出发，总结和提炼其本质特征，按照甲骨文书法固有的规律，将其提炼到笔墨书法中来。只是几位具有深厚书法底蕴的甲骨学者，利用甲骨文字，按照其他古文字书法的习惯来书写作品。董作宾的临作，因为要忠实于原作，留下了不少具有甲骨文原汁原味的书法作品，但也只限于临作。当他自运创作时，便又回到固有的习惯中去。这就说明他也没有自觉地吸取甲骨文书法固有精髓。至于后来的一些非甲骨学界的书法家，基本上就是靠一支笔和某些甲骨字书来书写甲骨文作品，字不敷用便借或造字充数。因为条件的限制，有些人恐怕连甲骨拓片浏览得都不多。

尽管如此，我们也必须看到，几代甲骨文书法家或书法爱好者，在探索甲骨文书法的过程中，都做出了一定的贡献，也留下了不少的优秀作品，虽不能说是地道的甲骨文书法，至少是含有甲骨文元素的艺术品。就是那些劣等作品，我们也应该把它看成是前人留下的一笔财富，因为它从另一个侧面给我们提供了鉴戒，使我们不再重走那些弯路。多一些借鉴总比少一些要好。

近二十年来，随着甲骨文书法热度的增高，不少人大胆尝试开创甲骨文书法的新路，有的用流行书风的方法写甲骨文。流行书风一个很大的特点，就是“肢解”汉字，人们熟悉的今文字，都弄得难于辨认。甲骨文本身就难认，把它肢解了，就变得更加怪异。

也有人专门在用笔上动脑筋。甲骨文是刀刻的，如何用笔写，的确是一个值得研究的问题。

现在的问题是，人们不是在研究甲骨文本身的点画特点的基础上寻找用笔的方法，而是或者用写金文的笔法写甲骨文（其实金文本身是铸或刻出来的，所谓金文的笔法也是后人“制造”出来的，也没有一定的成法），或者用现在正“时髦”的楚简的笔法来写。那么，这样写出来的“甲骨文”还是甲骨文吗？还有的干脆写“草书甲骨文”，更有甚者竟然写“隶书甲骨文”。其结果自然也就是不言而喻的了。

也有的人在“墨法”上进行探索，这也是一个应该研究的课题。甲骨文是古人用刀在甲骨上刻出来的文字，实际上就是一些刀痕，墨拓的拓片，则是黑底白字，没有“墨色”的变化。用纸笔把它提炼出来，自然要发挥笔墨的优长，其笔画自然应该有干湿浓淡的墨色变化，处理得好，当然可以强化甲骨文的艺术效果。但是，如果置甲骨文本体的艺术特点于不顾，单纯地“玩墨法”，其效果必将适得其反。特别是有的人单在涨墨上做文章，弄得一些相邻的笔画浸润成一片黑疙瘩，看不出这一片墨渍到底是隐含了哪些笔画，这就必然影响到观者对它的识读。图1－23是从一幅甲骨文书法作品中截取的几个字，其中的错字，可以不去管它，不知读者是否能猜出这是哪些甲骨文字？

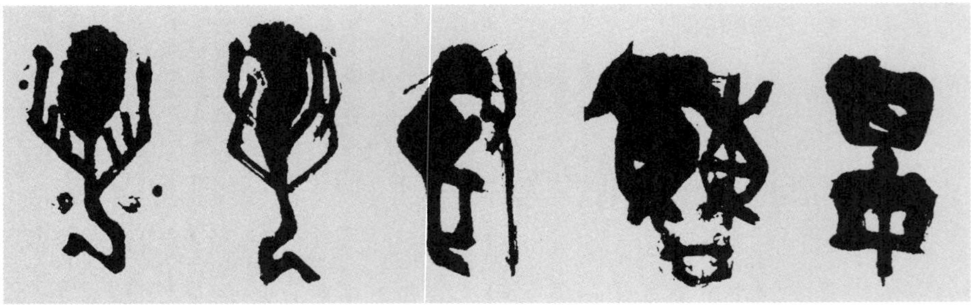

图1－23

正是这些现象，唤起了人们的冷静思考：到底什么是真正的甲骨文书法，甲骨文书法应该走一条什么样的道路？

一些有识之士，开始从源头上找原因。2008年谭杰氏先生发表了一篇颇有影响的论文，题目是《甲骨文书法的现代演绎三段论》，该文指出

> 甲骨文以书法作品表现于世，曾几何时还是当作考据学问以外的余事对待的。其在肇始，即使那些称为最有成就的大师先驱们，今天看来也不免存在认识和实践的双向局限。到目前为止，人们还是愿意习惯性地将整个甲骨文时代的书法目为一体。实际通常所谓殷墟甲骨文的使用时间下限为周代，它不是一段短的历史跨度。由于甲骨文可识可用的字相对甚少，可替可借者也极其有限，某些程度内绝对约束了现代甲骨文书法的发挥机制。为了权作变通统一，只好对一些明明差异很大的东西视而不见。

作者在文章的最后指出：

> 形而上的法、形而下的法，全不离一个“形”字，形是落实传承、创新与个性的总载

体。当前，“甲骨文书法家”与“书法家写甲骨文”仍然各行其是，这个问题的解决，需要甲骨文学界和书法界双方多层面的交汇提携，需要一批实力派创作高手的引领指导，需要观展公众的审美品位和接受习惯提升拓展……

2012年2月22日《书法导报》上发表了刘云鹏先生的《谈甲骨文书法的创作》，该文指出，甲骨文书法的学习和创作中面临两大困难，一是创作经验积累的贫乏和理论研究的薄弱。二、是甲骨文释读带来的困难。在分析第一个困难时，作者指出：

甲骨文学家只是将甲骨文引入到书法领域，在甲骨文书法创作上有开辟山林、筚路蓝缕之功，但站在纯书法艺术的角度对甲骨文书法技法和理论的深入研究很少，难以与其他书体相比。后人沿着这些先贤们的开辟道路向前走时，越走越窄，甲骨文书法几乎成为小篆的一种变体，失去了甲骨文书法独立的品格。

进行甲骨文书法学习和研究时又会遇到甲骨文学研究状况的限制。如文字考释造成了书法创作中书写文学内容的限制，卜辞排谱和分组的困难造成书风研究的困难，商代历史和文化研究广度和深度的有限限制着对甲骨文书法文化、哲学深层的理解，等等，而这些问题要靠书法界的力量来解决几乎是不可能的。

上引二文都指出了甲骨文笔墨书法从一开始就没有对甲骨文的书法特征进行挖掘和研究，致使甲骨文书法走过了将近一百年的历程，却越来越“失去了甲骨文书法的独立品格”。二文也都指出，这个问题的解决，单靠书法界的力量几乎是不可能的。但是，现实的情况是，甲骨学界的专家不可能拿出精力来研究书法问题。比较现实的办法是书法界走与专家相结合的道路。一是多与专家交流，二是学习一些甲骨学的知识，随时吸收专家的最新研究成果。我们认为，这是一条比较可行的道路。作为一名古文字书法家，如果不具备一定的古文字学功底，将踟蹰难行，甚至会闹出许多笑话。事实上把专家的研究成果接收过来，随时更新知识，是完全可以做到的。特别是现代科技的发展，给收集资料，查阅文献带来了极大方便。本书正是按照这一思路，借助甲骨学界最新的研究成果，试图就书法本体做一些探索。这些探索，毫无疑问只是极为初步的，我们希望有更多的有识之士进一步挖掘探索，使甲骨文书法的理论体系逐步建立和完善起来。

第四节　甲骨文分类与断代研究对甲骨文书法研究的启示

殷墟出土的十五万片有字甲骨，只有理清了它们各自所对应的时代，才具有真正的史料价值。所以甲骨文的断代研究，一直是甲骨学研究中的重要课题。

一、甲骨文断代研究的历史回顾

最先注意到甲骨断代的是王国维先生。早在1917年他在其《殷卜辞中所见先公先王考》

中，便根据世系和称谓确定了几条卜辞所对应的时代分别是武丁和祖甲时期①。

全面系统地进行甲骨文断代研究的，则是董作宾先生。1929 年殷墟第三次科学发掘中出土了著名的“大龟四版”。董先生对其中第四版（即《合集》的 11546 版）重点进行了研究，于 1931 年发表了《大龟四版考释》。这一版全部是“贞旬”卜辞，即贞问未来十天的泰否。从前一年的十月（该年尚有一闰月）到次年的五月，历时九个月。卜辞内容全同，都是“干支卜，×贞，旬亡𡆥”。其中“×”，共有六个不同的字，董先生通过论证，排除了这六个字是地名或官名的可能性，断定它们是命龟者的名字，称之为“贞人”。贞人的发现，被郭沫若誉之为“顿若凿破鸿蒙”（《卜辞通纂·序》）。董先生认为，既然这六名贞人在同一块龟版上进行占卜，说明他们供职于相同时代。那么，利用同版系联，就可找到更多的同时代的贞人。在此基础上，再利用其他一些条件，便可对甲骨文进行分期断代。1933 年董作宾先生发表了在甲骨学史上具有划时代意义的力作《甲骨文断代研究例》，文中提出了分期断代的十项标准，即 1. 世系，2. 称谓，3. 贞人，4. 坑位，5. 方国，6. 人物，7. 事类，8. 文法，9. 字形，10. 书体。根据这些条件，将盘庚迁殷至帝辛灭亡八世十二王历时二百多年的殷墟甲骨文分成了五个时期，在逐项介绍十项标准时，将各个时期的甲骨文书法风格进行了概括（如表 1－1 所示）。

表 1－1　董作宾五期断代表

期　别	对 应 王 世	书法风格
第一期（二世四王）	武丁及其以前（盘庚、小辛、小乙）	雄伟
第二期（一世二王）	祖庚、祖甲	谨饬
第三期（一世二王）	廪辛、康丁	颓靡
第四期（二世二王）	武乙、文丁	劲峭
第五期（二世二王）	帝乙、帝辛	严整

这便是著名的董作宾甲骨文五期断代，《甲骨文合集》就是按照这一体系编纂的。

二十世纪五十年代，陈梦家在董氏研究的基础上，对甲骨文的分期断代又作了进一步的研究，后都收入了他的《殷虚卜辞综述》（中华书局，1988 年）中。读者如有兴趣可以查看原著，也可以参看有关综述论著②。陈梦家是在董作宾研究的基础上深化断代研究的，他把分期断代的标准按作用的程度划分为三类：第一类是世系、称谓和占卜者；第二类是字体、词汇和文例；第三类则是占卜的事类。他试图将断代的分期在保留董氏五期的基础上再细分为九期，在不能细分时则采用更粗的早、中、晚三期。陈氏的分期断代如表 1－2

① 王宇信：《中国甲骨学》，上海人民出版社，2009 年。

② 赵诚：《二十世纪甲骨文研究述要》（上），书海出版社，2006 年。

所示：

表 1－2　陈梦家甲骨文分期断代表

<table>
<tr><td>一</td><td>武丁卜辞</td><td></td><td>1</td><td>一世</td><td rowspan="3">早期</td></tr>
<tr><td rowspan="2">二</td><td rowspan="2">庚、甲卜辞</td><td>祖庚卜辞</td><td>2</td><td rowspan="2">二世</td></tr>
<tr><td>祖甲卜辞</td><td>3</td></tr>
<tr><td rowspan="2">三</td><td rowspan="2">廪、康卜辞</td><td>廪辛卜辞</td><td>4</td><td rowspan="2">三世</td><td rowspan="4">中期</td></tr>
<tr><td>康丁卜辞</td><td>5</td></tr>
<tr><td rowspan="2">四</td><td rowspan="2">武、文卜辞</td><td>武乙卜辞</td><td>6</td><td>四世</td></tr>
<tr><td>文丁卜辞</td><td>7</td><td>五世</td></tr>
<tr><td rowspan="2">五</td><td rowspan="2">乙、辛卜辞</td><td>帝乙卜辞</td><td>8</td><td>六世</td><td rowspan="2">晚期</td></tr>
<tr><td>帝辛卜辞</td><td>9</td><td>七世</td></tr>
</table>

这里，我们不打算全面介绍陈氏的研究成果，但有两点与本书后面要研究的问题有关，在此略作说明：一是对贞人做了更细致的调查，不但扩充了董作宾通过同版系联确定的贞人数量，还通过其他条件扩大了贞人组的范围，并以其中某一贞人名字予以命名，如与董氏第一期对应的贞人组命名为“宾组”，与第二期对应的为“出组”，与第三期对应的为“何组”，第五期因为贞人数量较少，只有“黄”等几人，未以“黄组”命名，但后世依例也就称之为“黄组”。二是将董氏当年划归第四期的一批明显带有第一期特征的卜辞（董氏以“复古”来解释）作了仔细的研究，将它们划分为“自”组、“子”组和“午”组卜辞，论证了它们都应该归于武丁时期。这些均为后来的小屯南地甲骨的发掘进一步证实。

二、甲骨文分类断代新方案对我们的启示

二十世纪末直到现在，学术界对甲骨文的分组断代展开了一场旷日持久的论争，持续时间之长，参加人数之多，可以说是空前的，因而对推动甲骨学研究向纵深发展也是极为有益的。

关于这场论争的详细经过，我们不拟在此详细介绍。读者如果有兴趣可以参阅赵诚《二十世纪甲骨文研究述要》（下）第五章第二节。

1957 年李学勤先生在《考古学报》第 3 期上发表了《评陈梦家殷虚卜辞综述》一文，可以说是这一场论争的前奏。李文指出：“卜辞的分类与断代是两个不同的步骤，我们应先根据字体、字形等特征分卜辞为若干类，然后分别判定各类所属时代。同一王世不见得只有一类卜辞，同一类卜辞也不见得属于一个王世。”二十世纪七十年代殷墟妇好墓发掘之后，李学勤先生发表了一系列文章，他的分类断代理论新体系渐趋成熟。1996 年出版了李学勤、彭裕商合著的《殷墟甲骨分期研究》（上海古籍出版社，以下简称《研究》），书中依据字体将卜辞分成了十个组，即宾组、𠂤组、子组、午组、非王无名组、历组、出组、何组、无名组、黄组。这里有些组虽然沿用了陈梦家的命名，但划分的标准是不同的。按照卜辞的性质，可分为王卜辞和非王卜辞（子组、午组、非王无名组属非王卜辞，其余都是王卜辞）。在王卜辞中，根据出土地点的不同，又有村北系列和村中、南系列的分别。在《研究》中作者在上述十组之下有的又有分类，类之下有的还再分小类，总计有二十一类，三十小类。《研究》所作出的殷墟甲骨卜辞的分类与断代与董氏和陈氏的结果比较如表 1－3 所示：

表 1－3　殷墟卜辞组别及时代表

组　名	董作宾	陈梦家	李学勤、彭裕商
宾组	一期	武丁	武丁中期至武丁晚期（可延至祖庚）
𠂤组	四期、文武丁卜辞	武丁晚期	武丁早期至武丁中期
子组	四期、文武丁卜辞	武丁晚期	武丁中期
午组	四期、文武丁卜辞	武丁晚期	武丁中期
非王无名组			武丁中期
历组	四期	武乙、文丁	武丁中晚至祖甲早期
出组	二期	祖庚、祖甲	祖庚、祖甲（上限到武丁末）
何组	三期	廩辛	武丁晚末至武乙前期
无名组	三期	康丁	祖甲至武乙前期
黄组	五期	帝乙、帝辛	文丁至帝辛

注：本表选自刘一曼、冯时：《甲骨文概论》（刘正成主编《中国书法全集·1 甲骨文》）

裘锡圭先生是赞同李学勤先生的观点的，他所指导的博士研究生黄天树先生的博士论文，就是研究卜辞的分类与断代。该论文以《殷墟王卜辞的分类与断代》为书名，1991 年由台湾文津出版社用繁体字出版发行。2007 年科学出版社改用简体字在内地出版发行。该书根据字体等特征将殷墟王卜辞划分成 20 类，称名时仍借用了习惯上贞人组（宾、出、何等）的名字。

李学勤等学者所提出的分类断代新方案，在学术界引起了激烈的争论。讨论了三十多年，至今尚未达成共识。刘一曼、冯时在《甲骨文概论》的第六部分末尾写道：“目前，甲骨分期断代新方案尚未得到学术界普遍认同，但他们提出的十个组的名称及其时代，除了对‘历组卜辞’时代及‘何组卜辞’延续时间过长，在学者中争议较大外，大部分组的断代时间基本可信，已为多数学者所采纳。”稍有甲骨学常识的人都知道，“除了……之外”，为多数学者所采纳的，都是过去已成共识的东西。“历组卜辞”“两系说”更是争论的焦点。

我们不是研究甲骨文的专业工作者，没有对甲骨分类断代说三道四的水平。仅就以字形、字体对甲骨文进行分类而言，我们认为，在实践上确有不可逾越的障碍。从笔迹学来说，每个人的笔迹都有各自的特征，因此，一些学者认为用笔迹学的方法对卜辞进行分类也应该是有效的。但是，甲骨文是用刀在甲骨上刻的痕迹，不但龟甲和兽骨质地是不同的，即使同是龟甲或兽骨，不同的版块，其质地也是有差别的。更何况进行分类的学者，面对的还不是甲骨实物，而是拓片，这些拓片又是不同时期不同的拓手所拓，这就失去了“笔迹鉴定”的前提。再加上研究者本身并不是笔迹学专家，所以“见仁见智”也就是不可避免的了。因此，几本研究断代的专著，如李学勤、彭裕商合著的《殷墟甲骨分期研究》，黄天树著《殷墟王卜辞的分类与断代》以及王蕴智著《殷商甲骨文研究》（科学出版社，2010 年），不仅分类略有出入，即使分类相同的部分，其归纳的标准片也有所不同。台湾学者杨郁彦花数年时间依据黄天树、李学勤等学者提出的标准将《甲骨文合集》的 41956 片甲骨拓片进行了分类，写成了《甲骨文合集分组分类总表》，2005 年由台湾艺文印书馆出版，一经问世即受到不少批评。迄今为止，还没有一部权威的分类总表问世。

这种根据字形和字体对卜辞进行分类，对有些特征比较明显的甲骨，还是有效的。从几本专著中，还是可以找到一批归类相同的拓片的。这就给我们研究甲骨文书法提供了很好的启发。殷墟甲骨文历时两百多年，随着时间的推移，文字本身在发展变化，随着刻手的更换，书写和契刻的风格也在变化。像董作宾那样以“欣赏论”的视角将甲骨文分为“雄伟”“谨饬”等五种书风，既没有真正揭示甲骨文书法的本体特性，也不符合同一王世存在不同书体特征和一种书体特征可以跨越几个王世的事实。三十多年来，许多研契专家殚精竭虑依字体划分出来的“类组”，不论是不是可以作为断代的基础，这些成果对于研究甲骨文书法的不同书体特征却是十分宝贵的资料。正是基于这一考虑，我们从中选择了几组书法特征比较明显又分属于不同时期的“类组”，作为第一步的研究对象。它们是王卜辞中的“宾组”“出组”“何组”“历组”“黄组”，又从“宾组”中分出一组“宾圆”（因为这一组特征至为明显），非王卜辞只选了一个“花东”。其中“宾组”“宾圆”和“花东”对应于董氏的第一期，这一期卜辞最多，也反映了同一时期存在不同书体的事实。“出组”对应于董氏的第二期，“何组”对应于董氏的第三期，“黄组”则对应于董氏的第五期。“历组卜辞”的时代因为现在论争尚未取得共识，不能确定。我们把它排在“何组”之后，并不是认为它属于第四期，而是按照所选拓片在《合集》中出现的先后排列的。“花东”的时代虽在早期，但由于发现较晚，又是非王卜辞，所以排在最后。

在第二章至第八章中，我们将分别对上述七种甲骨书体作综合论述。在论述中，着重从形质层面进行挖掘、归纳其固有的书法本体特征，不是用“欣赏论”的视角进行描述（拓片赏识除外），也不是从“技法论”的角度探讨如何进行笔墨转换的问题，技法问题将作为今后的研究课题。

我们所选择的七种书体并不是一个封闭系统，也就是说我们也并不认为殷墟甲骨文只有这七种书体，只是觉得这七种书体之间的区别比较明显，初学者容易区分，并且基本覆盖了董氏的五个断代分期，尽管历组是否属于第四期尚在争论当中，但目前学界也没有确切认定哪一类可以无争议地代表第四期。

（贾书晟）

第二章　宾组书体综论

宾组书体在甲骨文各组中信息量最大，这给我们研究宾组书体提供了丰富的资料。通过对这些资料的分析，可以看出宾组书体的笔法、笔势、结体和章法布局与其他类有着明显的不同。

武丁时期是一个高度集权的奴隶制社会，这一时期国力强盛，有一个相对稳定的社会环境。反映在甲骨卜辞上就是字体端庄严正、紧密平稳、雄伟遒劲的大字书风。

第一节　宾组书体的文字特征

一般而论，宾组书体字形较大，而且端正，因而显得大气，倾斜欹侧的情况相对较少。这一时期的书体特征可用以下例字分析。

1. 在宾组书体中，“月”和“夕”字的使用与以后各时期正好相反，即大多数情况下把作月字用，把作夕字用。但这种用法在今天应该慎重。不过当“月”字作为“明”字的部件时却是混用的，例如 H00102① 和 H02223。这一时期的“明”字还有另一种字形，即把“日”字旁用“田”字代替，如 H13442 正。

2. “貞”字主要有两种形态，即、和、。第二种是鼎的象形，据《甲骨文字典》解释，第二种字形契刻不易，逐渐简化为第一种字形，其他各组也多以第一种字形出现。

3. “逆”字在宾组中字形丰富。例如 H02960、 H12341、 H12450、 H04921、 H02320。与历组书体的区别主要在于倒立的人形，如历组 H32035 倒立“人”字两腿的处理与宾组是有区别的。

4. 甲骨文的“王”字取象于无柄的斧钺，刃部向下，象征权力。和其他组相比，宾组书体的“王”字，顶部无横画，基本形态如 H0006、 H1075 正，由四个直画组成，显得端庄大气。在其他书体中，逐渐在顶部增加一横画，并且两个斜画逐渐向中间靠拢，到了黄组时期，

---

① H 表示《甲骨文合集》，后面数码表示版号。全书同。

已经十分接近现代汉字了。

5. “馬”字有多种字形，如H0584 正甲、H05731、H05707、H08796 正、H10405 等。象形字需要抓住对象的特点，即马鬃和马尾。其他各组的“马”字也多遵循这一规则，与宾组书体的区别在于忽略了马的躯干部分，宾组书体以双线勾画马的躯体，而其他各组多以单线替代，例如历组H29415、何组H27940 等，而以双线勾画躯体的不多。

6. “舞”字在甲骨文中为正面一人两手执物而舞的形象。宾组书体的这个字笔画简练，主要是所执之物比较简单，分叉多数仅为一层，例如H11006 正、H7690，字形无论横向取势或纵向取势，两手所执之物大多都是比较简单的三画。而在历组和花东书体中则通常笔画较多，例如历组H32986 和 D[1]花东 181，所执之物分叉都是两层。

7. “來”字本为小麦的象形字，宾组书体的字形如H6834 正、H6057 正、H6037 正，无论笔画粗细，字形都比较宽大，向左右伸展充分。和其他组相比，除了字形宽大以外，更重要的一点在于顶部大多没有斜画。试比较出组H24170、H23685，何组H26899、H27929，历组H32337 的字形，就可以一目了然。

8. 宾组书体的“西”字有两种字形：H7102 和H9744。第一种字形多出现于宾组书体中，第二种也常在其他组中见到，不过与宾组书体相比，出组更为简单，如H26726、H26733，黄组字形小而且笔画少，如H36975，历组则有笔画特别多的字形，还出现了特别瘦长的字体，如H33209、H33704。

9. 甲骨文中的“休”字在宾组和花园庄东地出现最多，但字形上略有区别。宾组书体中“木”字的竖画多数是直画如H08154，而花园庄东地则多是向“人”字方向弯曲，例如D053 和D003 是其代表。

10. “學”字在宾组书体中的结构大多数比较简单，即笔画较少。典型的例如H3250，“爻”字部分只写一半，并且忽略了双手。另一个例子是H3512，仅以“爻”字表示，同样不用双手。与无名组或花园庄东地比较，笔画明显简单。当然也有比较复杂的字形，如

① D 为《花园庄东地甲骨》的代码。全书同。

H3511，只是不多见。

11. “賓”字有两种基本形态。第一种是H0032 正，其他各组多在“万”字上方加一横画，例如出组H23534，第二种是H2831，即在第一种字形的下方多一“止”字，这一字形在出组、历组、何组及黄组都有，区别仍在于“万”字上方一画。

12. “歲”字出现过三种字形：H269、H7413、H13475，其中第三种字形在刻辞中极少使用，仅在宾组和花园庄东地两种书体出现过，而前两种字形在其他各组中也略有变化，例如黄组已经显现出戈钩的雏形，如H38479，“戈”的竖画已经变得弯曲，而宾组与“戈”字相关的字形都是直的竖画。

13. “河”字各个时期都出现过，字形差异较大，宾组书体的结构简单，比较以下字例可一目了然：宾组H13442 正，出组H24609，何组H27174。

14. 宾组书体的“未”字，基本上是将“木”字的上方两斜画改成向中心收拢的弯画或折线。和其他各组比较，笔画相对较少，有的书体是在“木”字的上面再加左右两个弯画。例如宾组H6058 正，历组H32053，他们的区别不仅仅是笔画的多少，而且在笔画之间的关系以及笔势方面亦有区别。

15. 宾组书体“不”字主要有两种形态：H10406 和H15196。无论上部或繁或简，主要特点在于向下的三个笔画均为弯画或折线，与何组、黄组的直画有明显的区别。对比何组H27152 和黄组H36518，区别是明显的。还应该指出的是，宾组书体字形较大，笔画线条粗壮，而何组与黄组的字形相对较小，在比较短的一画中，不容易刻画出弯曲的线条，因而多以直线完成。

16. 天干第七位的“庚”字各组都用，上部向左右斜出的笔画有一层和两层之分，宾组书体大多数是一层；下部横画有一画和两画之分，宾组书体大多数也是一画，而且所有横画都比较平直，出现两画或用折线的是少数。比较以下例字可清楚区分：宾组H17731 正，历组H32099，何组H27166。

17. “衆”字各组结构基本相同，都是下面三个“人”，上面为一个“日”字，如宾组H0005，出组H22537，何组H26899，历组H32000. 主要区别在于宾组书体上面“日”字比较宽大，以及下面的三个“人”字的写法与其他组不同，宾组的手臂和头部连成一画，而

其他各组以头和躯干连为一画的居多。

18. “伐”字有三种字形，以戈将人头割下的字形较多，如H0026、H00903 正。宾组书体的“伐”字中作为兵器的戈一般是直立的，即竖画很直，“人”字的写法绝大多数是将头与手臂连为一线，躯干部分除在臀部有一个明显的转折外，下肢一般弯曲较小。对比历组H32073、H33020 可以看出，历组除了头部与躯干连为一线外，躯干有两处明显的转折，此外“戈”字部分有时忽略上下短横线。

19. 与“人”字有关的其他字

在宾组书体中常见的“人”字如H0005，即如前所述头与上肢一笔完成，躯干上部有意明显转折，下部略有弯曲或成弧线。但“匕”字的下部转折也很明显如H2514，不仅头部与躯干连为一画，而且躯干下部的转折也以折线完成，与历组字形H32173 的区别在于上肢的形状不同，宾组为一直画，历组有一转折。相应的“比”字的差别也一样，宾组如H32 正，历组如H33106。“尸”字的上部和“人”字相同，只是在下身多了一个弯曲，例如H830 和H828 正。“介”字在其他各组极少出现，宾组书体是在“人”字两侧各加几个短画，人形依旧，如H6002 正、H2164。“及”字与历组和黄组的差别最明显，宾组如H566、H940 正。历组如H33063、H33273，区别还在于“人”字的形状，另外，历组更加瘦长。黄组如H36425、区别主要是“手”的形状。

宾组书体的“兢”字主要有三种字形：H1487、H1487、H106 反。其中第三种在其他组极少见，第二种两个人字形上部用一横画连接，而历组通常是分开的，如H32641、H34098，除了上部横画断开以外，人字形状也有差别。

“并”字与其他各组的区别仍然在于人字的字形，如宾组H6055，历组H32107。

20. 与“隹”字有关的字

首先看“鳳”字。宾组字形如H00137 正、H07369、H13331，他们共同的特点是，无论笔画粗细，字形都比较大，这与笔画多有关。而对比黄组的例字H38187、H38188（已经是形声字了），可明显看出宾组笔画简练，例如黄组最上面多出的装饰性笔画，在宾组是

见不到的，黄组在侧面还多了一个（有时是两个）部件，不过宾组有时会在两侧增加一些短画，如上面的第二个例字。

其次分析“陰”字。宾组书体在“隹”字的上面有一个倒置的“口”如H11483 正、H13312。而其他组则多将这一部分写成三角状如H20769。

再看“隻”字。宾组书体如H171、H181，出二组如H24448，黄组如H37426、H37383。对比这几个例子可以发现宾组书体笔画略少，黄组虽然也有笔画很少的（例如黄组的第二个例子），那是因为字形本身很小，不可能刻画过多的线条。

总之宾组书体与“隹”字有关的字的特点是：字形大、笔画简练、体态端正。

21. “巴”字在其他组中极少见，宾组书体字形如H0032 正、H6481 等，在卜辞中用作方国的名字，有关的卜辞多是占卜对这个方国征伐的内容。

22. 在宾组卜辞中多用作“有”“侑”，而字形则多表示“右”和“祐”，少数表示“又”，与其他组书体的用法有别，其他书体的卜辞中出现第一种字形的很少，“有”“右”和“又”通常都用第二个字形。

第二节　宾组书体的笔画特点

在甲骨文各类书体中，宾组书体相对而言字体较大，因而笔画显得比较粗壮。但是如果将每个字所占空间和笔画作一比较，则宾组书体笔画并不见得是最粗的。以今天的书写习惯看，甲骨文都属于小字范畴，也就是说，如果将契刻文字移植到宣纸上写成大字，则无论哪一类，笔画的粗细都不能等比例放大。宾组书体的笔画特征大致可从以下几个方面探讨。

一、关于笔画起、止点的处理

笔画两端的形状有方、圆、尖三种，如果用毛笔的藏锋类比于方、圆两类，以尖形比作露锋。我们对《合集》9956（图 2－1）进行分析，中间一条卜辞“貞我不其受黍年”中的“我”，所有笔画两端都处理成方形即藏锋，而“貞”两竖画的下端是露锋，上面则是藏锋。“其”上面两小横则明显不同，左边的比较长，而且左露锋右藏锋，右边的两面都是藏锋。但是并非某个字的某一笔画两端的处理都要遵循统一的法则，比较《合集》6834 正的“我”可以发现和前一版的同

图 2－1

一个字的笔画是有区别的，特别是最下面的短横画的写法明显不同。此外笔画的粗细也有很大差别。

假如规定横向笔画为从左到右，纵向笔画为自上而下，斜画为从中间向四周，对于大多数甲骨文字中笔画起、止处的藏锋或露锋处理，有着很大的随意性。试比较宾组书体的四个“雨”字： H11803 正、 H11917、 H179 反、 H0006，不难看出第一个字上面三个竖画下端都是尖的，即露锋，第二个不论哪一笔画的端点都是圆形，即藏锋，第三、四两个字的端点已经模糊。这可能是不同契刻者的习惯不同所致，也与因年代久远而形成的自然侵蚀有关，下面三个“雨点”两端的藏、露看上去也是比较随意的，然而这种看似随意的处理，其实是与章法布局相关的。不过有些字还是可以找出一些规律，例如和植物有关的字，那些表示枝叶和根须的笔画的端点常常是露锋的形态。这可以从《合集》9956 的“黍”看出，下垂的“谷穗”以及表示“根须”的斜画，都是从直画斜伸向两侧的，其端点大都是露锋的形状。至于在契刻过程中其尖端是起笔还是收笔，则无从考证，在进行笔墨书写时，应该根据书家习惯而定了。

二、弯画多用弧线

与其他组相比较，宾组书体的弯画多用弧线。这或许和此类字形较大有关，当一个字占据较大空间时，笔画较长，弯画容易处理。典型的字如“西” H7102、 H8752，外轮廓线是一条连续的平滑曲线，中间的纵向曲线的弧形也很自然。又如《合集》17077 正的“亡”字的长画下部，为一平滑曲线，并无多次刻画连接的痕迹。对于曲率半径较小的部位，则采用弧线、折线相结合的办法处理，例如“祖” H1661 正、 H1844。又如《合集》17077 正的“旬”的卷曲部分，在“急转弯”处用折线实现。此外宾组书体的许多长直画也常常略显弧形，例如“翼” H3779、 H0033，“自” H137 正，“大” H955。最明显的莫过于“貞”字两侧的长直画了，经常见到一侧写成略带弧度的样子，如《合集》0137 正的“貞”，右侧竖画显然向外膨出，这种现象有时是章法布局的需要，有时则可能是为了在一篇卜辞中有多个相同字时，制造变化以避免雷同。

另一个特点是当有连续两个转弯处时，一般一处为折线，一处为平滑曲线，典型的例子是“人”字的躯干，几乎是一段直线和一段曲线的结合，在宾组书体中时常可以见到这样的字形，如 H386H 和 H005。

三、笔画的粗细变化

一般而论，契刻文字的笔画粗细应该大致相同，但宾组书体往往出现笔画粗细不一致的现象。例如《合集》1248 的“翼”，横向笔画明显粗于纵向笔画，又如《合集》584 正甲的“艱”、“來”，笔画的粗细变化是明显的。用多个弯画连接成一笔时，往往也会出现粗细不均匀的现象，例如《合集》6057 正的“旬”、，两个字的弯画形状虽然不同，但都有明显的粗细变化。

此外在两个笔画交接处也常常会出现笔画变粗的现象，如《合集》139 正的“巳”、“未”，竖画和横、斜画的交叉处犹如“焊接点”。这种现象或许是由于在交叉处骨板容易崩损所致，还可能是因为年代久远自然磨损的结果，因为有些笔画已经变得粗细十分不均匀了。不过这种现象对于今天的书法创作或许有一定的参考作用。

有时在同一版上文字笔画的粗细变化也十分明显，典型的例子是《合集》12408（图 2－2）。其中的“貞”、“翌”、“甲”、“辰”四字尤为明显。“貞”字的两竖画不仅粗细不同，即使是一画之内也有粗细的变化；“翌”字的四个横画甚至已经出现断续的现象，中间的纵向弯画也是从上到下由细变粗的；“甲”字横竖两画的宽度明显不同；“辰”字的斜画最细而且似乎在“运笔”时略有“提按”和“停顿”，上面长横画中间粗两头细，中间短横画则从左至右断续由细变粗，这个字有五个笔画，但粗细都不相同。还应该注意的是，两画或多画交汇处常常是一个非常显著的“点”，这与金文中的同样情况应该是一致的。

图 2－2

四、笔画形状

宾组书体笔画形状常常因笔画粗细不同而不同，尽管字体风格是一致的。笔画较细时，一画之内没有太多的粗细变化，而在肥笔字中常常有较明显的变化，这类字体的笔画两端多为“露锋”，而较少“藏锋”。笔画较细的字如《合集》559 正，整版字体笔画都很细而且均匀，显得刚劲有力，整版布局匀称，例如这一版中的“貞”、“辰”、“若”等字，不仅笔画细而且粗细无大变化，好像硬笔书写而成。《合集》6441（图 2－3）是肥笔字体的典型代表。该版所有文字笔画都很肥厚，从拓片中可以看出，绝大多数笔画都比其他拓片中字的笔画粗，仅有少数细笔。再仔细分析笔画的具体形态，“隹”由五画组成，其中最长的三画都是中间宽两端细的“柳叶形”，而且笔画极其柔软、舒缓，另外两个短画虽然略细，但线条的形状也基

图 2－3

本上是“柳叶形”，使得一个字之中，笔画形态既统一，又有一定的粗细变化；“卜”和“甲”都是两画构成，可以明显看出这四个直画都是两头细中间粗的形状，特别是“卜”字的斜画与竖画相交处，并不像多数字的处理方法，在交接处最宽，而是两个完全独立的“柳叶”；“戊”左端一弯画已经很接近月牙的样子；“方”横画两端的短竖画很粗，向下一长画又是典型的“柳叶形”，斜向右侧的短斜画也较粗，而且和长画相交处也是有收缩的趋势，并未形成一个“墨点”；“东”两边互相交叉的弯画以及中间一竖都是两端尖中间较宽的形状；独立的短横画如“土”和“王”的下面一画也采取相同的形态。

总之，宾组书体笔画可按粗、细两种风格来研究，灵活使用这些笔画形态可以产生不同的艺术效果。

第三节　宾组字体的结构

甲骨文结字基本形态是“长方构型、象形写意、同构平等、同画平行、穿插迎让、欹正相生、因意赋形、重心居上等”。[①] 各组字体结构基本上遵循此规律，但又各具特色。

宾组书体的文字有时会在同一版上出现大小不一致的情况，笔画粗细也有不同，但风格是基本一致的，他们的特点是：

一、纵向取势

多数字为纵向长方形，这是因为横向笔画较短，纵向笔画较长所形成的。例如“大”H955，长宽比为2.5∶1；“兄”H2883，长宽比为2∶1。上下结构的字就更容易写成瘦长形状，如“令”H0033，其长宽比是4∶1。左右结构的字，长宽比略小，有时甚至呈横向长方形，如“好”H795 正，长宽比为1.4∶1，H795 反，接近1∶1，但左右部件也是尽量避让而比较紧凑。

当然，宾组字体也有横向长方形的，只是比较少而已。

---

① 贾书晟，张鸿宾编著《汉字书法通解．甲骨文》，文物出版社，2005 年。

二、上紧下松，重心上移

宾组字体有许多都采用了上紧下松的结构，因而重心上移。例如“貞”H0137 正，中部的两个横画和四个短斜画偏于上方，从而使得笔画集中于上部，重心上移；处于同一版的“大”，由于两腿向下延长，所以也有上紧下松的感觉。这种情况常见于有向下长笔画的字，如“不”H6086、“方”H6099、“允”H6057 正等。对于左右结构的字，往往将一部分缩小并向上移动以造成重心在上的效果，例如 H00154 的“好”，又如H07284，“女”和“子”的姿态都很活泼，而且为了减少宽度，两个部件穿插迎让也是极其自然的。当然并非所有的字都是这个处理方法，例如同是“好”字，也有将“女”“子”写成同样大小的，这时整字就呈横向长方形的形态，不过这样的字不多，宾组书体绝大多数字仍然是纵向取势。

三、字形平正，重心稳定

宾组字体较少造险。一般在构造上对称的字，都写得比较规整以保持重心处于中轴线上，尽管笔画细节并不对称（有时甚至故意制造局部的不对称），但整字的重心是稳定的。例如“北”H10406 反，两个“人”字虽然姿态各异，明显不对称，但下肢都是向两侧分开，上部又有相互依靠、支撑的感觉，从而整字是稳定的。对于只有一个长画向下的字，一般情况向下的长画是位于底部中间位置，造成一种平衡的感觉。例如“辛”H6174、“乎”H6175、“羌”H185，这些字从结构上看，有的对称如辛、乎，有的不对称如羌，实际的表现都是非对称的，但由于向下长画的端点位于中间，仍能给人以平稳的感觉。几乎上大下小的字的处理方法都有与此相似之处。除此以外，即使多个字组成的“惯用语”也力求稳定，例如几乎所有卜辞中的“王固曰”三个字都是构成一个非常稳定的组合，向上逐渐收拢，下面的“曰”字平稳托住。其实“曰”字最下面横画一般都会是弧形，但由于三个字的组合是上小下大，恰似“不倒翁”的形象，于是不论是出现在骨板正中垂直状态，或沿着边缘而形成的倾斜状态，都不会有倾倒的感觉。还要注意，这三个字总是连在一起的，不会分在两行，似乎是一种固定的组合。

对于笔画集中于上部的字，尤其注意底部的支撑，例如《合集》8884 的“辰”和“丙”，向下的两个直画对整字的平衡起到了支撑的作用。

四、在保持结构不变的情况下适当变化

为了避免雷同或布局的需要，同一个字常常会出现多种形态，这一特点在甲骨文各个书体

中都是常见的现象。今天我们所见的拓片中宾组最多，所以这一现象尤为突出。试看以下例字：

“女”或“母”字的结构都是一个女人双手在胸前交叉跪坐的形象，但具体姿态可以有较大不同。如H671、H14002 正、H1117、H2595，前两个字形的相同之处在于肩臂的形状接近平行四边形，不同之处是人的朝向相反和躯干的倾斜角度的差异；后面两字形突出了肩部，因而肩膀和两臂构成了不规则的三角形，仔细观察，两个字中双臂的形状也有变化。此外还有在多部件字中出现的“女”，有时也会呈现出多种形态，如H7284，这是前面提到过的字例，其中的“女”字无论手臂或跪坐的腿部都与前面几个例字有明显的不同。

“龍”字是先民想象出来的象形字，由于每个人对龍的理解不同，所以字形也有较大差异。如H506 正、H902 正、H4657、H4655、H4658。如果我们将这个字划分为“龙身”、嘴朝下的“龙头”和头部上方的“冠”，那么第一和第二个字形的龙头和龙身的连接方法不同；第三个字形和第一个除了朝向相反之外，龙身的曲线形状发生了变化；第四个字形的特点是装饰在头顶的“冠”特别复杂；第五个字形的龙身是两条曲线。此外几乎所有的“龍”字中表示龙身的长曲线都不相同，因而表现出姿态各异的效果。

属于动物名的象形字都有较多的变化。这很容易理解，因为无论什么动物都会有各种姿态，因而表现在象形字上就会有千差万别的形象。例如“鳥”字：H116 正、H3457、H11500、H17864、H8239，嘴有开有合，身体有俯有仰，还有低头、平视、昂首各种姿态，笔画也是繁简不一，但是都能够让读者一看便知是“鳥”字。又例如“魚”字，无论是独体字还是作为多部件字的组成部分，都有许多字形，如“魚”H2972、H7896，两个字形的笔画数相差悬殊，但都是鱼的形状，又如“漁”H2979 反、H2980 正、H14536 正，除了鱼形不同之外，第一个和第二个字形和“水”相邻一侧的鱼鳍也减省了，同时“水”字也减少了一些短画，特别注意的是宾组的“漁”字还有一个特殊的写法H10475：四条鱼在水中嬉戏。

“虎”字的变化也是很多的，如H671 正、H1811、H6553、H14149 正，无论笔画繁简或姿态都有很大区别。

所有这些特点，对于今天的甲骨文书法创作都是有借鉴和利用价值的。

五、多部件字的灵活处理

左右（包括左中右）结构的字，特别是部件大小相差较大时，较小的部件的位置常可灵活处理。例如“訊”字是由一个双手反绑于背后的跪坐人形和一个“口”字组成，“口”字相对较小，所以可以灵活安排位置，如H659、H19126，两个“口”一上一下。又例如“牧”字，由两个部件组成，两部分的相对位置常有变化，例如H14357、H493 正，第一个字形的两部分顶部取齐，只是左侧的“手”向下延伸，第二个字形则将“牛”上移，而另一“手执鞭”部件的下部也略向中部靠拢。这样的例子还可以举出很多。但是并非所有左右结构的字都可以这样处理，对于某些字则必须遵循一定之规。例如“得”字，由“貝”和一只手组成，无论使用左手还是右手，绝大多数情况下，“手”都在“貝”的侧下方如H855、H8890。此外宾组书体的“得”字形态多样，也是值得注意的，如H3734、H439、H3298，在书法创作时都是可以借鉴，以适应章法布局之需。

“鑿”（此字释读有不同意见）字的结构为一手持锤击向凿具之形，这个字在宾组卜辞中多次出现，其字形变化多样：如H201 正、H522 反、H5441、H17270、H17291、H13442 正等，“凿具”有三角形，有的在三角形下加一竖画，“锤柄”有的是一条直线，有的是弧线，更多的是两条或三条直线组成的折线，而且角度也有变化，“锤头”形状也各不相同，“手”的形状都很简单，但位置和方向则有多种。

上下（包括上中下）结构的字，容易使得整字变得瘦长已如前所述，此处不再赘述。

总之，宾组字体不论大小或笔画粗细，都是比较稳定的，因此整篇卜辞较少出现明显的起伏。

第四节　宾组书体的章法

文字排列绝大多数为纵向，极少见横向排列的。宾组卜辞有的文字相对较多，形成左行或右行的多行布局，每一行的字数都比较多。而字数较少的卜辞，也用多行的形式，单行的现象比较少见。文字排列基本上是竖行直行，而且行与行之间很容易区分。

一、行距大于字距

多数情况，特别是字数较多的卜辞，都是行距大于字距，显得整齐有序。每一行的文字之间是连贯的，而行与行之间又界限分明，如《合集》6057 正（图 2－4）可作典型。这一版包括五条卜辞，其中有三条比较完整，左侧最长一条有 51 字，保留完整的有 47 个字，四行左行。中间一条卜辞 38 字，三行左行，仅在最后将“七十五人”的“五”字单独写在左下角，并将“七十人”三字略向右移。两条卜辞之间刻画了一条分界线。在右边的一条可能受骨板质地的影响位置靠下，为五行右行的 33 字。纵观这十二行字行与行之间的分界是明显的，仅在左侧和中部两条卜辞的中部距离较小，因此用一条纵向线将其分开。其实如果没有这条分界线，读者也一定不会读错的，因为每一行的文字都上下呼应，自成体系。

图 2 – 4

图 2 – 5

另一个极端的例子是《合集》14294（图 2 – 5），四个句子分为四行，行距更大，随着骨板上窄下宽的形状，四行文字也是上小下大，而且上部聚拢下部散开，行与行之间留空明显。

至于字数较少的卜辞，多数也不会写成一行，如《合集》06142（图 2 – 6）包括了三条卜辞的，其中两条比较完整，最多的也仅有八个字，还不如图 2 – 4 中一行的字数多，但还是分为四行左行，每行仅两个字，由于每个字的笔画多少不同，所以各行的长短并不一致。和前面一版比较可以看出，宾组卜辞无论字数多少，用多行契刻的情况比较多。字数较少的各条卜辞之间常用横线分割。

以上所论只是一般情况，有的拓片也能发现十个字左右的卜辞在一行中完成的，例如《合集》6087（图 2 – 7）正、反两面的几条卜辞，每一条都是十三、四个字，但各占一行，骨板很大但利用率不高。

二、字形大小随笔画多少而定，留空自然

宾组卜辞中文字的疏密分布大多数情况是由字形大小自然形成的。请看《合集》7369（图 2 – 8），“亡”字和“風”所占面积相差甚大，最大的“風”字几乎是最小的“亡”字的七倍。由此造成的两行下半部之间的较大空白，就是自然形成的了。当然，这其中也包含了书写者的设计，因为同样的“風”字，上面的就小于下面的，仔细观察还能发现，上面的比较正，而下

图2－6

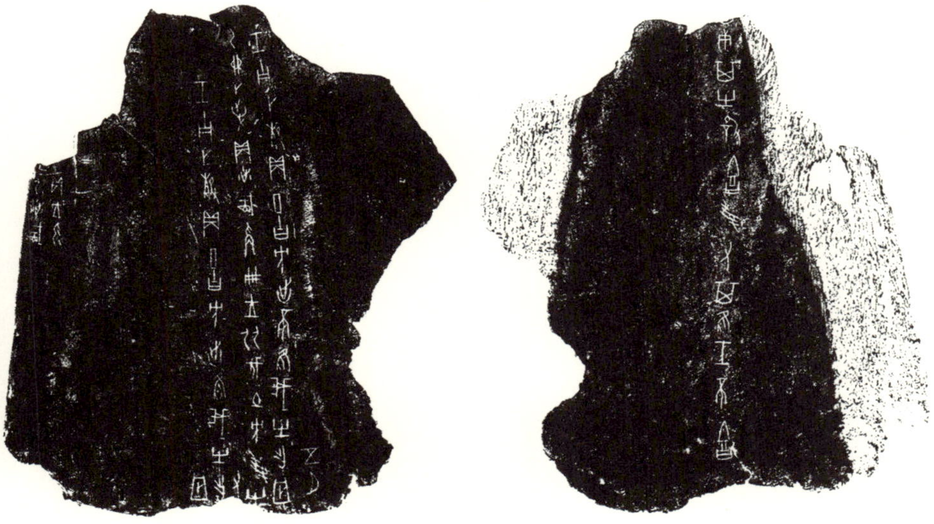

图2－7

图2－8

面的是向左下方取斜势的。只有这样，在“易”、“亡”二字之间留出的空白就显得自然了，因此可以说这种布局是既利用了文字笔画多少的差异，又有作者刻意的安排。而这种版式从书法的谋篇布局角度审视，又是十分恰当的。设想如果人为地将所有文字写成大小相近，整篇文字的效果将会是非常呆板的。也正因为如此，我们应该把整篇当作一个字来欣赏。

三、不论笔画粗细、字形大小，风格一致

宾组拓片经常有一版之上同时有两种不同大小的字体，有时虽然字体大小相仿但笔画粗细有明显的差别，例如H1075正（图2－9）。在这版右侧和左侧的最右一行笔画比较细，位于左侧比较长的一段卜辞笔画比较粗，但字形大小基本相近，风格也是一致的。比较三个“来”和三个“其”，就很容易发现他们的相似之处，例如竖画和斜画的关系都是十分相近的。再对比三个“貞”字，就可以发现无论是各笔画之间的关系还是整字的重心都是一致的。左侧上部还有零星几个小字，其风格也与大字相近。这几段卜辞或许契刻时间间隔较大，这更说明了宾组书体的共同特征。结合现代书法创作实际，我们是否能由此得出什么启发呢？一篇之内使用两种不同大小而风格一致的书体进行创作，应该有特殊的效果，这一版拓片就是例证。

图 2－9

图 2－10

四、整版布局与骨板形状相协调

在保存比较完整的拓片上，可以发现整版文字布局和骨板轮廓大部分是协调的。特别是牛胛骨上的卜辞多数是上窄下宽，上面的字也略小于下面的字，这样即可与骨板外轮廓相适应，如图 2－9 各条卜辞均呈自上而下发散状布局。龟甲上的刻辞也会尽可能结合骨板纹路分布，如《合集》32 正（图 2－10），按照龟甲边缘形状并且基本上左右对称地分布多条卜辞。上面骨板边缘为圆弧形，文字也顺势呈圆弧状排列，下面也有左右两段卜辞依骨板边缘呈对称的弧形，这样的安排看起来都是十分自然的。该版共有 14 段卜辞，无论形式或内容都是对称的，这是十分有趣的现象。甲骨文单字无论其结构是否对称，当刻在甲骨上时总是力求打破对称但要保持稳定，而就整版（可能包括多篇卜辞）而论，则有时却要努力保持左右对称的整体感觉，特别是在龟甲上。宾组书体拓片有较多比较完整的龟甲，常能观察到这种版式。

总之，宾组书体拓片有许多是在一版之上有多条卜辞，我们应该将这多条卜辞组成的集合看作一大篇，即将整版视为一个整体来欣赏，这样才能领会甲骨文章法的特殊之处。

第五节　宾组拓片赏析

宾组拓片卜辞有的字数很多，这是宾组书体的特点。当然这并不能代表宾组书风的全貌，但多字数在创作书法作品时，应该有其自身的规律，而多字数现象在其他各组确实比较少，所以本节以字数较多的拓片为主。

一、《合集》137 正赏析（图 2－11）

包括四条卜辞的内容，中间一条保存较完整，字数最多，为三行右行，每行为十到十二字。左边一条有少量残缺，为三行左行，每行八到十字。右侧一条缺字较多，从现状看为四行右行。

图 2－11

牛胛骨上窄下宽，本拓片不用上部，三条卜辞的顶部取齐，文字为竖行向下，随骨板的宽度自然展开。宏观观察有如高山瀑布倾泻而下，十行文字如同水流，上面整齐的起始又好像悬崖上的水口，没有文字的部分正好可看做远处的群山，俨然一幅山水画。而由文字形成的“水流”并非“飞流直下”，而是在细节处经过了精心的处理：右侧各行逐渐略显弧形，这虽然可能

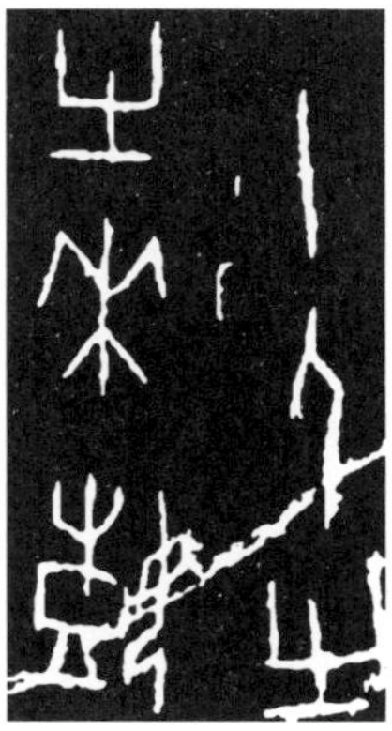

是骨板形状造成的结果，但恰恰造成了透视的效果；中部各行总体上是直线，其实在细节上也有细微的变化。左边一行的“旬亡”二字与中间一行的“寅允”之间的空白明显是由于“旬亡”故意向左偏移造成的（左图）；下面的“有来艱”三字又与右边的“十人”二字拉开距离（右图）；再如该版右上角“鬼”字与邻行“丁巳”的处理，也是因为分别向两个方向倾斜而形成了空白。所有这些细微处的处理效果，就好像山崖壁突出的石块对水流的干扰而形成的扰动，所以各行表面上看是直线或平滑曲线，实际上在细微处是做了一些变化的。设想如果十行文字都是直线或简单的弧线，那么整体效果将会显得十分生硬。之所以有如此微小的变化，一方面是由于前面述及的每个字的大小随笔画多少和字形而定，自然形成了留空，另一方面也不难看出设计者对笔画方向及文字倾斜处理时的意图。

再从笔法看，通篇文字藏锋露锋交替使用，方笔圆笔互为补充，于是乃有刚柔相济、绵里藏针之效果。“王”和“來”多用直画组成，笔画两端露锋，显得刚劲有力。和人体相关的字如“人”、“大”、“允”则采用曲线、直线相结合的办法。此外，为了避免

雷同，同一个字采取不同的处理方法，例如三个“旬”字，虽然方向一致，但卷曲部分都不相同，整字的大小、倾斜角度也有差异。由于中间一条卜辞是右行，最左边一条是左行，所以两条卜辞的第一行有多个字是相同的，而这两行的间隔又十分小，为了减少重复的感觉，只有在字形上作处理。我们比较两行的“争貞旬亡”四个字（左图），“争”字除了

上下位置错开一定距离外，主要是下部的“手”做了明显的变化；两个“貞”字虽然都是长方形轮廓，但两条竖画一直一略弯，左边的弯画在右，右边的弯画在左；两个“旬”字的差别明显，左边的纵向取势，右边的则向右倾斜，因而造成上方一短画的倾斜角度不同，卷曲部分也不相同，左边的卷曲更多即比右边的多一次转折；两个“亡”字长画的上半部几乎完全相同，区别在于下方转弯处，左边的是平滑的曲线，右边的则是直画和弯画的组合，另一个区别就是两个字的长画和短画的角度不同，还应注意左边的“亡”字及其左边紧邻的“夕”字，甲骨文多数字是左右无别的，这个“夕”字写成如右图所示的向右弯曲，其弯画正好与“旬”字的弯画相协调。所有这些手段的运用，使得整篇效果是活泼的、和谐的。

还要特别注意的是上部的留白。牛胛骨的上部并非骨质不好，而这三条卜辞都整齐的从一个适当的位置开始契刻，这绝非偶然。究其原因，恐怕只有从艺术效果层面来考虑了。

二、《合集》137 反赏析（图 2－12）

图 2－12

本片是前一拓片的反面，骨板外轮廓一样，只是左右对调，然而文字的布局却迥然不同。中间一段43字，是保存比较完整的一条卜辞，整体下沉，下端与骨板底部齐。另两条的上端直顶到骨板的两个尖峰处。于是形成了中部的上方和右下角的较为整齐的两处空白，左侧模糊处显然是骨板受损所致。这样布局的最大好处是三条卜辞界限分明，使读者很容易区分（前面的拓片为了区分各条卜辞使用了分界线）。其次是整篇文字因这样的安排而显得轻松活泼，特别是空白处的设计，使得读者在欣赏时有一个视觉的缓冲区，因此这是一种极为巧妙的布局。设想如果整版都密密麻麻地写满文字，那将会多么沉闷，正是由于空白处的恰当设置，才使得多达83个字的整个版面因为有了“透气”处才打破了沉闷。这是很值得今天的书法创作者参考的。

再看具体文字和行文的处理，中间一条每个字都很工整，笔笔到位，笔画清晰，直画和弯画的配合显然是有所考虑的。“四”使用四个横直画，“日”则两侧以弯画表示，“庚”、“申”二字则一直一曲，其他各行也都是如此处理的，所以文字既规整又不失活泼，通篇是协调的。四行文字依骨板纹络行文，上紧下松，但又不是单调发散，在从上向下的行进过程中安排了一些细小的变化，例如安排第一行的“艱”字和第二行的“圍”字距离很近（右图），之后往下第一行的“自北”二字就向左斜出，第三、四行的形状也并非直接散开，而是略有曲折。左右两条相对于中间部分则显得率意，例如左侧的文字，虽然风格与中间是一致的，但字形较大，几乎都是由直画组成。比较两个“自”字，中间的直画、弯画结合，左边的则全由直画构成，弯画也变成了折线，这样的处理也许是为了提高契刻速度。右侧卜辞文字与左侧相似，唯其布局颇具匠心，三行右行的文字安排十分有趣，第一行短，第二行长，于是就在两段卜辞之间留下了一片空白。此外这一段卜辞的字形大小也比较随意，从而造成参差错落的效果。

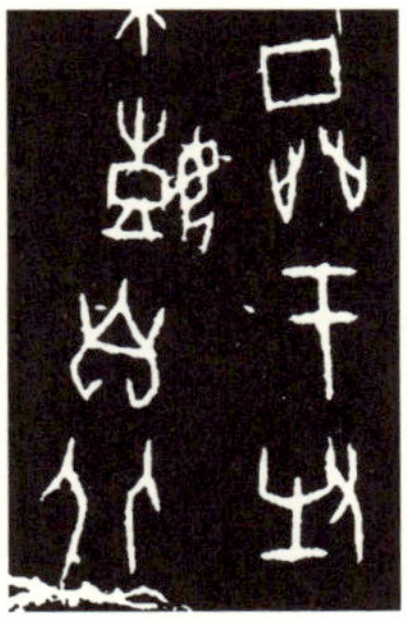

三、《合集》8233赏析（图2－13）

这是一个残片，已经看不出完整的卜辞，但字口清晰，而且字形较大。在所有甲骨拓片中，大字不多，其他组更少。今天的甲骨文书法作品几乎都是大字，有时甚至在一张纸上只写一两个字，所以这一版的风格是有借鉴意义的。

首先，文字笔画相对较粗。如果将此版与其他做一对比即可发现这一规律。以“貞”“翌”二字为例，对比《合集》154的这两个字，这一版字形较小，现在所见是放大到与本版大小相近的样子，不难看出笔画显然要细得多。当然，所有甲骨文拓片的字体，用今天的标准衡量，都属于小字。不过从这个例子可以看出，大字的笔画要相对粗一些，才不至过于单薄，犹如小楷和榜书的关系。

图 2－13

其次，应该注意所有笔画的主体部分粗细变化都不大，这大概是宾组粗体字的重要特点之一。之所以如此处理，可能是出于整篇文字的端庄与稳定的考虑。对比《合集》12408 的“翌”就可以看出明显的差别，在这个字中，横向笔画明显比纵向笔画细的多，而且一画之内也有变化，而本版“翌”所有笔画的粗细基本上是一致的。从视觉效果看，前者活泼灵动，后者稳定端庄。

第三，由于笔画均匀而且较粗，为求变化所以在笔画的端点做了精心的处理：横向笔画的端点多用“藏锋”，纵向笔画的端点则“藏锋”“露锋”兼而有之。以“于”字为例，三个笔画五个端点，两横画的四个端点都是“藏锋”，而竖画的下半部分则略向右弯曲并逐渐收拢呈“露锋”形态。“于”字与左右的“曰”“翌”本来有较大的空白，由于这一笔画的处理就使得这一特征愈加醒目，从而在整篇结构的疏密变化上发挥作用。下面的“麏”（按：此为旧释）字笔画较多所占面积最大，向上的端点共七个（“鹿角”的六个和“土”字的竖画），都是“藏锋”的形状，向下的“鹿脚”则为“露锋”。这样的处理不仅符合鹿的生理形态，也是为了书写的需要，设想如果在“土”字两侧出现几个粗壮的“鹿脚”，那就一定会显得十分臃肿。“貞”字有四个端点，两侧的竖画下端都是“露锋”，上面的两个均由两画合成，也都是很“尖”的样子。“翌”字三个端点都是两画组合的，上面两个“直角”，下面一个“锐角”。这两个字位于本版右上方，其棱角分明的特点恰与下面的“丁”字圆浑的四角形成对比，其艺术效果也是不容忽视的。

四、《合集》9735 赏析（图 2－14）

这是一块比较完整的龟甲，外轮廓基本对称。与《合集》32 正（图 2－10）不同，卜辞没有沿骨板边缘分布，而是两条卜辞一正问一反问分列中心线两侧，布局基本上也是左右对称的，为此较短的正问句也尽量将第一个字的位置下移，使得在纵向也有对称的感觉。这样的布局看似空荡荡，其实不然。由于正句卜问了七次，反句卜问了六次，在卜辞的周围散布了这些卜问次数的记录，即右侧的一、二、三、二告、四、五、六、七，左侧的一、二、三、四、二告、五、六。这一版只有正反两条问句，没有验辞，所以字数较少。这种中间密四周稀疏的布局，有可能是占卜仪式的需

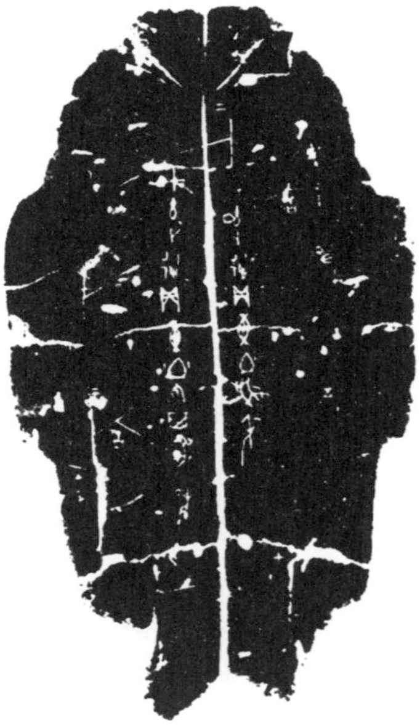

图 2－14

要，记录卜问次数的数字一般会刻在占卜时产生的裂纹附近。但是从书法创作角度欣赏却也有值得参考的地方，因为一幅书作的疏密安排是十分重要的。本篇采取的方法是：首先中间部分以大字紧密排列两行卜辞，左右基本对称，从文字内容上看这也是核心。其次围绕核心，在四周零散地分布一些数字，这些数字基本上是从小到大自上而下安排，但具体位置却具有一定的随意性。这就使得整版显得活泼而且有生气，留下的大片空白也就不显得空旷了。

再将这一版与图 2－10 对比还可以发现，虽然在总体布局上都是对称的，但这一版字数少，前一版字数多；这一版文字集中于中轴线（千里路）两侧，前一版则主要是将数条卜辞分布于四周，特别是利用了上部的半圆形边缘形成文字的弧形排列。这两种格局应该说各有特色，都值得现代书家参考。

图 2－15

五、《合集》559 正赏析（图 2－15）

这是一版非常典型的宾组拓片。主要的 8 条卜辞，除了一条比较长占了两行以外，其余各条都占一行。笔画虽然比较细，但笔笔有力，表现出一种坚挺而硬朗的书风。每一行自上而下十分流畅，特别是最左边一行“癸巳卜，亘，貞戋。七月”的最后三个

字的处理，如左图所示，“戋”字的长画正对“贞”字的中间，这样似乎“戋”字向右偏移了半个字的距离，但下边的“七月”就可以沿着长画顺势而下了，这样的效果是使得整行字十分顺畅。这样处理也是为了配合右边各行的走向。事实上，中间三行从三个“貞”字以下都略向右偏斜，这种偏斜并非文字走向的改变，而是整字的右移。例如中间一行的“貞”字是垂直取势的，两个竖画平行且都很直，只是左边的稍长。在它下方的合文“五百”也是垂直向下的只是向右平移了一点。

六、《合集》378 正赏析（图 2－16）

24 个字中笔画数相差悬殊，最少的是三个“一”字，而羍、羌、豭等字则属于笔画较多的，所以每个字所占空间也有比较大的差异。因此各行的字数不等，最多的一行七个字，最少的四个字。另外，以纵向笔画为主的字如“九”“亥”等字形较窄，而横画较多的字如“青”“三”等字就比较宽。由此可见该版在契刻时并不是事先规划好每行的字数，而是按照每个字所占空间顺序写下去，无论纵向还是横向都是依据文字本身结构，于是各行的字数以及各行之间的留空就是自然形成的了。前面几行基本均匀分布，最后一行只有四字且空间富裕，所以“三羌”

图 2－16

二字较大，“羌”字最后一画则十分率意地向下延伸，使得整篇文字的疏密搭配自然、协调。

以上仅就宾组书体的用笔、结构、布局做了初步分析，不过是作者一孔之见，相信读者结合自身的书法创作经验，定能得出更加深入、精确的见解。

（李颖伯）

第三章　宾圆书体综论

宾圆书体是宾组中的一种特殊的字体，根据其笔画粗和圆润的特点，我们称之为宾组粗圆体，简称为宾圆体。目前发现的宾圆体拓片仅20多片，全部都是龟甲片。众所周知，在骨片上用圆转手法刻出粗体字，较之刻粗细变化不大的短直线要困难得多，所以这类拓片不多。但由于书法上有独到之处，我们特别地将它列出作为单独一类来进行分析。

第一节　宾圆书体的文字特征

在对宾圆体作进一步分析之前，我们先找出宾圆体的一些典型字，来看看这类字有什么特点。从字体结构上说，它们绝大多数与宾组书体没有什么区别，只有个别几个字有不同，如：“貞”字，在宾圆体中有一种“写”法为：H11499，在其他字体中贞字都是由两条直线构成，如宾组的“貞”字H00137。“車”字，宾圆体的“車”H6834，中间部分像一个权杖；宾组的“車”，H00584正甲，中间部分是标准的“车”轼。“星”字，在宾组和其他书体中，“星”字的字形都差不多，如H11491，而在宾圆书体中，下边部分的两个口字成了两个圆圈，H11498。

其他虽然字体结构相同，但在运笔（刻画）上，却有很大区别。下表列举了几个笔画很少的字（乙，卜，甲，于，丁，日）在宾圆、宾组和历组中的“写”法作一对比：

释文		乙	卜	甲	丁	于	日
宾圆	字形						
	来源	H00655	H00896	H10302	H006834	H10302	H006834
宾组	字形						
	来源	H10076	H00137	H05203	H10405正	H01075正	H00583
历组	字形						
	来源	H32087	H31970	H32384	H31974	H10302	H32195

从表中可以看到：比如“乙”字在历组中笔画粗细一致，是由三直线段构成的一条折线；宾组中笔画粗细也是一致的，但上段是一段直线，直线下是一段曲线；而宾圆是一笔刻下来的，由两次弯曲形成，笔画很粗。在入笔和出笔上也完全不同，历组与宾组的乙字入笔和出笔都是“钝”笔，或说都是藏锋。而宾圆乙字的两端都是尖的，或说入笔和出笔都是露锋。再看“卜”字，历组与宾组都是由笔画粗细一致的直线段组成，入笔和出笔也都是藏锋，而宾圆的“卜”字，竖的是直线，斜的是曲线，笔画很粗，入笔和出笔都是露锋。再看“日”字，历组与宾组的“日”字，都成扁方形，中间一横与外框的笔画都较细，粗细大致一致，只是历组的线段都是直的，而宾组的线段有曲度；宾圆的“日”字要方正一些，笔画粗，带曲度，中间一横两头都是露锋。“甲”字、“于”字和“口”字就不一一分析了，大致也是如此。

为了使读者进一步增加感性认识，以下我们再列举一些字，请读者特别关注一下这些字的笔画的粗细，弯曲以及入笔，出笔，和不同笔画之间的交接关系等。下节我们再做进一步的分析。

辰H11697，未H896，申H11497，亥H655，子H10302，

卯H11499，旬H6834，明H11497，东H10302，易H655，

占H655，聽H5298，王H5298，占H11497，牢H897，

有H903，鑿H10302，雨H11497，隹H903，隹H11497，

鳥H11497，鳥H11498，不H5298，其H6834，

宙H6834，自H6834，酒H10302，允H10302，

既H11497，咸H11497，亦H11497，來H11697

第二节　宾圆书体的笔画特点

宾圆的笔法与其他类书体比较起来很有特色，从上面列举的宾圆体的特征字，给人的第一印象是沉雄圆浑，笔画短粗而圆润，这与清癯的历组和隽雅的宾组完全不一样。

一、用笔粗而圆润，运笔坚劲有力

上面列举的字我们已看到这一特点了，我们下面再举几字，同样用对比列表方式来加以说明。

释文		允	月	亥	辰	來	東
宾圆	字形						
	来源	H10302	H06017	H00655	H11697	H11697	H10302
宾组	字形						
	来源	H00137	H17056	H06846	H00137 反	H00137	H10405 反
历组	字形						
	来源	H31870	H33717	H32505	H33234	H32211	H33422

宾圆书体的字笔画多用曲笔，每画两端细，中间粗，其粗细至少为宾组和历组笔画的二至三倍，给人印象是粗而圆润。如宾圆体《合集》10302 中的“允”字，由两笔粗的曲线构成；宾组的“允”字一条线段是曲线，另一条是由一短直线段和一曲线段构成，带有硬性的棱角；历组的两条线，一条是两直线段构成的折线，另一条是三直线段构成的折线，历组的字棱角分明。宾组与历组的“允”字线条都较细，而且粗细基本一致；从笔画的角度看，宾圆中“允”字每一笔的“提—按—提”的提顿过程中，“按”下的力度很强，所以契刻出来的字，中部更加粗壮。再看表中列举的东字，在结构上这三种书体基本相同（历组的东字多一横），但在运笔上差别却很大，“東”字每一笔“按”下的力都加得很大，所以宾圆的“東”字就显得粗壮。

二、入笔与出笔多用露锋

宾圆体经常是露锋入笔露锋出笔。一般来说，与植物生长部位有关或与动物毛发有关的字，以及“東”“亥”“來”等字在各种类别中大都易采用露锋。这里我们选一些在其他类别中往往多用藏锋的字，而在宾圆体中却是用露锋入笔和出笔的字来做说明。

释文		于	王	不	其	雨	酒
圆宾	字形						
	来源	H10302	H05298	H005298	H00655	H11497	H903 正

续表

释文		于	王	不	其	雨	酒
宾组	字形						
	来源	H01075 正	H05239	H11789	H00154	H11757	H06174
历组	字形						
	来源	H32267	H32973	H32144	H32288	H32290	H32252

表中列举的“于”“王”和“其”字，在其他书体类别中横的刻画差不多都是用藏锋，而宾圆的契刻者在入笔出笔上都是用了“露锋”。仔细观察，宾圆契刻者的“露锋”与他组的“露锋”还有所区别，宾圆契刻者的“露锋入笔和收尾都很快，显得短促，而其他则有个缓慢的过程，露锋较长。”比如：

“隹”字：宾圆中H05298，宾组中H06645

“亦”字：宾圆中H11497，宾组中H11502

宾圆体刻画时，露锋起笔和收尾的快速，在“易”“雨”“酒”几个字的短画中的表现尤为突出，下表同时列举了宾组和历组，以作为对比。

释文		易	雨	酒
圆宾	字形			
	来源	H00655	H00903	H00903
宾组	字形			
	来源	H06174	H11789	H13399 正
历组	字形			
	来源	H32195	H32290	H32252

在宾组和历组中，“易”“雨”与“酒”几个字中的三点，都是用粗细基本相同的短线来表示，而宾圆体中这三个字的三点由于露锋起笔和收尾的快速，都成了纺锤状。

三、横竖衔接处多以曲笔圆滑处理

通过上面所举的如“其”“雨”，特别是“丁”“日”等字，我们看到在宾圆中当笔画横竖相衔接时多以曲笔圆滑处理，我们还可以看看下面的例子：如H06834 在圆宾中下面的由字部分，两竖与底边的一横刻成了半圆形。作为对比我们可以看看宾组中的表示法：H06830。

在出现四边封闭时，宾圆中甚至刻成了圆形。如：

星H6834，車H11498

这在其他组类中几乎是没有的。同样是星字与車字在宾组中的刻法如下：

星H11491，車H00584

第三节　宾圆书体的结体

甲骨文字多是以长方为主，而宾圆书体中，字的结体却是方正宽博的居多，在内部组合上显得相当紧凑而灵活。

一、正方为主

我们按长与宽之比来做一统计。以拓片 H10302 为例，该片共有 10 个字，测得它们的长宽比如下：

甲骨文	释　文	长宽比	甲骨文	释　文	长宽比
	五	1.6∶1		酒	1∶1
	日	0.83∶1		有	1∶1
	甲	1.5∶1		凿	1∶1
	子	1.4∶1		于	1.4∶1
	允	2.6∶1		东	1.75∶1

该片中长宽比小于等于1.5比1的字有7个，大于1.5比1的有3个。也就是说接近正方的占了70%。类似，对10张拓片共200个字进行测量，统计得到的结果列于下表：

合集号	655	896	897	903	5298	10302	11497	11498	11499	11697
1－1.5∶1	21	17	8	23	11	7	24	18	20	11
大于1.5∶1	4	3	3	4		3	10	6	4	3

在这200个字中，正方形和接近正方形的（1－1.5∶1）字有160个，占80%，而长方形的字（长比宽大于1.5倍以上的）40个字，占20%，最大的比值为3∶1。

二、左右顾盼，结构紧凑

当一个字由两个以上的部件构成时，较之他类，宾圆书体的字中各部件的穿插迎让关系更加紧密。如：

释文		明	既	聽
宾圆	字形			
	来源	H11497	H11497	H05298
宾组	字形			
	来源	H02223	H16057	H05302

以“明”字为例，宾组H02223中的明字，日月两部件完全可以从中间画一条直线切开；而宾圆的明字，“月”字部分写成弧形，将“日”半包围了起来。表中的“聽”字，在处理“耳”与两个“口”字的关系上与“明”字在处理“日”与“月”的关系类似，有异曲同工之妙。再看“既”字，既字的图形像人食既毕掉头欲去，宾圆书体中的“人”，头掉过来了，但还靠近“食具”，人脚部分穿插在“食具”脚下；而在宾组H02223中的既字，两部分松散得多。

三、内部丰盈

包围结构的字内部更加饱满。如：

释文		占	牢	日
宾圆	字形			
	来源	H00655	H00897	H11697

续表

释文		占	牢	日
宾组	字形			
	来源	H00367 正	H00896 正	H00583

宾圆书体中有包围结构的字，由于外部笔画粗，内部的空间较之宾组书体本来就已经缩小了，加之内部部件又加粗了，留下的空间就更小了，基本上快充满了。从表中的“占”字和“日”字可见一斑。

四、对称结构的字在宾圆书体中依据背景的不同多做不对称处理

下面分析宾圆体章法时，我们将会看到宾圆书体字在取势上特别重视与背景的协调，考虑到背景的不同，字的取势变化大，时而右倾，时而左倾，对称结构的字多做不对称处理。

如：在拓片 H5298 中的“王”字，在拓片右边为，而在左边为；

“貞”字，在拓片右边为，在左边为。在拓片 H11497 中的“亦”；在拓片 H11498 中的“雨”。

第四节　宾圆书体的章法

宾圆体拓片不多，但从这少量的拓片中可以看到契刻者的独具匠心，在骨板背景上卜辞的布局是很有讲究的。

一、依背景取势

下面我们对比选了两张拓片来说明

合集 05298 正（图 3－1）中有两条卜辞，刻在龟板前甲的上部，右边一条：“貞王聽隹”，左边一条：“貞王聽不隹”。龟板的这部分很像一个扇面，在扇面上的书法的安排即使在今天也被认为要有精湛的功底。作者对这两条卜辞的安排是很具匠心的，卜辞的走向和每个字的取势都与骨板形状一致，右边的字都向左倾斜，左边的字则都向右倾斜。为了对比让我们再来看图 3－2。

图 3－1

合集 00897（图 3－2）是刻在龟板的左甲中部，这部分比较方正，与此背景相应，卜辞的安排和字的取势也显得平正，与图 3－1 成了鲜明的对比。

图 3－2

二、灵活的对称美

我们还是以《合集》05278 正（图 3－1）为例，卜辞的排列基本对称，但又不完全对称：右边 5 字分两行，“貞王聽隹”四字在最右边为一行，字单列一行：左边分三行，最左一行四个字“貞王聽不”，“隹”字和“”字各成一行。中间大块留白。不失为一幅优秀的美术作品。

三、大胆留白，计白当黑

《合集》05298 正（图 3－1）和以下我们将看到的《合集》11497 正（图 3－5）它们的中间部分都是大块留白，从材料看，留白部分应该是最好契刻的部分，通观全局成了两篇美妙的作品，这显然是契刻者有意为之。

四、字里行间穿插迎让，行气贯通

几乎任意取出一张拓片来分析卜辞之间的行气关系，都可以找到通过行间的迎让使气贯通的例证。如《合集》10302 正甲（图 3－3）

图 3－3

该拓片卜辞看到的只有十个字，（五日甲子允酒，鑿于东），刻成两列，左边“五日甲子”四字通过迎让关系看上去好像成了一个字，“允”字与“酒”字“酉”部分成一行，而“酒”字的三点向右去迎“鑿”字，“鑿”字右边的“手”部分往“東”字靠，而“東”字则向左倚侧。正是通过这种穿插迎让倚侧顾盼，使得气贯连通，整条卜辞构成一个整体。

下面我们来看图 3－4，这是《合集》00903 正的一个局部，在该龟板上有两条卜辞属于宾圆，我们只选了第三条卜辞

卜辞：“乙卯卜，，貞来乙亥酒下乙十伐五，卯十宰。二旬一日乙亥不酒，雨。五月。”

我们知道，宾圆只是宾组的一个特殊组，它的章法与宾组差别不大，只不过由于书体粗而圆润，字更粗更大，且更偏方正一些，刻宾圆体卜辞用的都是龟甲板，如上所说，契刻者非常注意布局与背景的协调一致，这条卜辞是刻在龟板中间部位，我们可看到该卜辞与龟板的竖的纹理一致，分成六行，从左向右排列，第一行“乙卯卜貞来乙”七个字，第二行“亥酒下乙

图 3 – 4

十伐”六个字，第三行“五卯十宰”五个字，第四行“二旬一日乙”六个字，第五行“亥不酒雨”四个字，每行头一个字都低于前行，从第一行开头的乙字到第五行开头的亥字成了一条斜线，每行的重心基本一致，字的大小由笔画的多少而自然调整，使得这几行的长度大致相同，显得疏密得当，整齐有序，行气流畅。第六行只有一个合体字“五月”，保持了前面五条头一个字形成的斜线的趋势，单独列出，很有“压轴”重彩一笔的味道。

第五节　宾圆拓片赏析

我们来欣赏《合集》11497 正（图 3 – 5）。

在欣赏之前我们先看看《合集》11497 的底板的纹理（图 3 – 6），图中 1 为右甲桥，2 为左甲桥，3 为右首甲，4 为左首甲，5 为中甲。就是在这个背景的拓片上进行镌刻的，共刻了五条卜辞，五条卜辞在龟板上的安排如图 3 – 7。这五条卜辞契刻时间，前后相隔了二十天。从卜辞可知，贞人不是一人，前三条的贞人是𣪘，第四条的贞人是争，第五条未刻贞人。我们现已知，贞人并不是契刻人，从字的书体看，第三条是宾圆体，其他属宾组体，是否由一人契刻，不得而知，但不管是几个人刻的，整版的布局是非常完美的，第一条放在了龟板右甲桥的下方，第二条则对称地刻在龟板左甲桥的下方，而且字体都比较小，两边都是按短行竖排，右边的卜辞从左向右排，与纹理一致，左高右低；左边的卜辞从右向左排，也是按纹理，右高左低。其效果就像一个书柜的两扇门，有很好的对称性，但右四行左三行，是和而不同的对称，使版面不死板。第十天刻的第三条，第三条是主条，几乎占满了左首甲右首甲及中甲全部位置，排列的很有艺术性，我们本章研讨的是宾圆体，所以下面将重点研究它。

图 3 – 5

等到第二十天，在左首甲的下方用小字刻上了第四条卜辞，该条卜辞十一个字，用了小字体与第三条右首甲下方的五个字所占的面积相当，与第三条的“星卯鸟”三字中间的留白，形成了与最右边两个长条的对应，不仅没有破坏对称性，反而使得版面显得非常生动。至于第五条，在龟板已经有了很好的对称性的情况下，为保持画面的完美，当然最好的布局是用小字刻在中心线附近，在中甲下端，右边“明”字高于左边的“成”字，所以放在右边明字下是最理想的了。

图 3－6　《合集》11497 的底板纹理

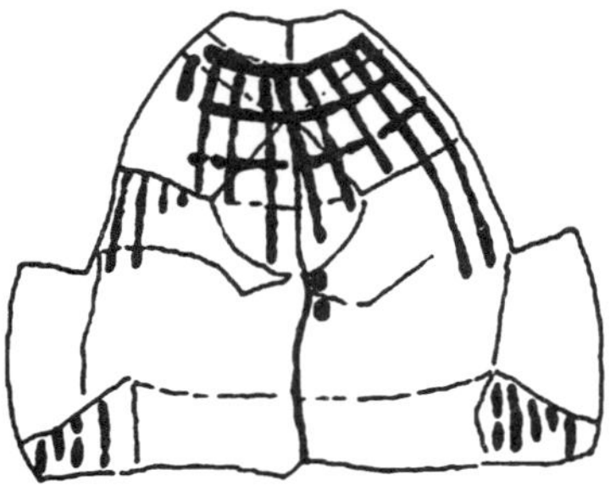

图 3－7　卜辞的辐射状与弧状的排列

现在我们来欣赏作为宾圆体的第三条。第三条的卜辞是：“丙申卜，㱿，贞来乙巳酒下乙。王𡆥曰：酒佳[illegible][illegible]其[illegible]鼇，乙巳酒，明雨，伐既雨，成伐亦雨，攺卯鸟星”。“丙申卜㱿贞来乙”七个字刻在紧靠龟甲右边沿，紧靠它的第二行六个字“巳酒下乙王𡆥”，为与背景一致这两行平行地按弧线排列，每个字根据它所在位置，在形状上也做了相应的调整，如“丙”字，不仅歪斜放置，将右边一竖拉长，左边一竖缩短，㱿字则将右边缩短，左边放大，来字缩小与乙字往左靠近𡆥字。三四两行刻到首右甲部位，与七八两行刻到首左甲部位对应，三四两行每行四个字，七八两行每行三个字，通过调整字的大小也基本对应。第六行“雨伐既雨成”五字在中心线的左边，字的重心基本一致，行与中心线平行。第五行“乙巳酒明”字垮过中心线，与第三第四行相应，字上小下大，其排列上紧下松，成辐射状，“明”字几乎充满了中甲右下部分。第八行只放一个“星”字，下面留下大片空白。每行第一个字排列成一条弧线。整个版面的排列如图 3－7 所示，真有美不胜收之感。

总之，从章法到字法笔法，该拓片都大有可圈可点之处。在三千多年前，我们的祖先就能创造出这么美好的作品，真值得我们好好地去继承和发扬。

（肖兴华）

第四章　出组书体综论

黄天树先生在殷墟王卜辞的分类与断代研究中，发现过去所谓的“出组”卜辞，从笔迹分析来看，有一部分与“宾组”卜辞相交集，他把它们称之为“宾出类”。原划在宾组的称之为“宾组宾出类”，原划在出组的称之为“出组宾出类”，或叫“出一类”，其余与宾组没有交集的这一部分，就是“出组类”。也就是说，这一部分卜辞，从书体来看，是与宾组完全不同的。据考证，出组卜辞主要属于祖甲时期，可以上溯到祖庚时代。基本上属于董作宾五期断代的第二期。因为目前学术界对于书体分类的意见尚未达成一致的意见，所以我们仍用大家比较熟悉的“出组”来指称。

第一节　出组书体的文字特征

出组是祖庚、祖甲时期的卜辞，距离宾组所处的武丁时期不是太远，但文字还是发生了很多明显的变化。现将出组书体特征字形概述如下：

1. “賓”字，出组写作H23534，而宾组作H00032 正，显然不但向下的垂笔方向有变化，而且“万”部的上方多出一笔横画。

2. 出组的“不”字作H22537，下垂的三笔都是直画，不像宾组那样有些扭曲。

3. “出”字，出组作H22742、H22962 或H23756，第一形与宾组相同，但出现不多，第二形宾组也偶有，第三形则宾组中基本不见。

4. 出组的“得”字从“彳”，作H24555，而宾组的“得”字，只从貝从又（即手）而没有“彳”旁。

5. “帝”字，宾组作H14151，出组则作H24978 或H24982，不仅上部多出一横，下部也有省笔，而且省笔的居多。

6. “奠”字，宾组作H00584 正甲，出组则作H23534，主要是上面的“酉”部繁化了。

7. 出组的“東”作H25362，中间部分写成菱形，宾组则是作椭圆形，不见棱角。

8. “敦”字出组作H24231，宾组作H07947，区别在上部，出组多一横笔且横笔在两竖内。

9. “多”是两块肉摞在一起的会意字，宾组作H00613，两块肉较短较厚，二者距离较近，出组则作H23543，两块肉较扁长，二者距离较大，或作H23012 肉呈三角形，显然比较率意。

10. “鳳”（卜辞用作“風”）是个象形字，出组作H24935，基本构形接近宾组，但平滑的曲线被折线所代替，有时又作H24369，与宾组完全不同。

11. “弗”字宾组作H00032，其中的“己”部方方正正，见棱见角，而出组却写作H24449 或H24450 用斜形的折线代替。

12. 甲骨文的“河”字，是一个“从水、柯声”的形声字，宾组作H13442，其左右两部“牡牝相衔”恰到好处。出组则作H24609，水部已经繁化成带点的水，柯部的起笔正对水部的弓背部分，由于三个点补在三个空白处，整个结构也很协调。

13. 宾组的“虎”字H03305，象形性很强，出组则作H23690，口大张，身子较短。

14. “黄”字，宾组和出组都有两种构形，一种是宾组作H03475，出组作H26663，中部“田”部较方，两条腿是张开的；另一构形，宾组作H00563，出组作H26662，整体长宽比较小（即相对矮胖些），而且两条腿在口中已经分叉。二者区别十分明显。

15. “夾”字，宾组作H06063 正，在正面站立的人形腋下只在一边加一侧立人形，而出组作H24245，正立人形两侧腋下均有一侧立人形，相向而对。相对宾组而言是繁化了，与后世的构形相一致。

16. “京”字，宾组作H08036，出组作H22616，下部增加了一横画，变为“丁”字形。

17. “舊”字出组作H26845，比宾组的H03522 繁化了。

18. “來”字，出组有三种形态：H25371、H22539 和H23685，第一形与宾组同，但出现频度较低，后二形上部多一斜笔，与竖画的交接略有不同，前者搭接，后者交叉，为后期各组所承续。

19. “雷”字宾组作 H13409，从申从二圆圈，是个会意字。申即电，二圆圈表车轱辘，代表雷声，可谓“电闪雷鸣”，十分形象。出组的“雷”字，则将闪电简化，只保留了弯曲的主笔，省去了两笔歧出笔画，将车轮繁化加上辐条，为简化契刻变成方形，类似后世“田”字，就改为 H24364 正。

20. “立”，宾组作 H14254，出组作 H23668，下部双腿变成折笔。

21. 甲骨文的“馬”，是个象形字。宾组作 H10405 正，毫无例外马身都是双钩的。出组则不然，少数作双钩，如 H23602，多数将马身简化成单线，如 H20506、 H20507。注意不论哪种形体，背部的三根（极个别有刻成多于三根的）鬃毛，是马字特征。

22. “南”字宾组作 H11504，出组则或繁化为 H22543，或简化为 H24938。

23. 甲骨文的“鳥”字，是个象形字，几笔勾勒出的鸟形，千姿百态，栩栩如生，唯独出组的“鳥”字极为独特， H23691。

24. “且”（卜辞用作“祖”），宾组作 H01657，据说是古代生殖崇拜的象形字，出组则作 H23395，两侧变成了垂直的两竖，中间的两横靠得较近。

25. “慶”字最早出现于出组， H24474、 H24474，二者在同一版，区别在于“头部”。

26. “日”字也是一个象形字，应该是一个圆圈，当中加一点（表实体以区别于环），受奏刀的制约，通常刻成一方框，当中加一小短横，如宾组的 H00137 反，但出组的“日”字未见刻作方形的，或作 H24731，或作 H24734，前者中间的点还是纵向的。

27. “涉”是个会意字，宾组作 H05227，两只脚跨过了一条水，代表水的波线，可以左高右低，也可以左低右高，总之都是上下结构。但出组却作 H22537 左中右架构，或者作 H22893，波线变成了曲率极小的一段短弧。

28. 甲骨文的“聽”是个会意字，从耳从口，有时从二口，宾组作 H04525 或 H05298，口和耳距离较近。出组的“聽”字未见从二口的，或作 H23265，口耳之间距离较大，或作 H23466 取上下结构。

29. 出组的“王”字作 H22550，比宾组多了上面一横。也有同宾组者。

30. 出组的“五”字作 H23984，取卧势。

31. “戌”字，出组作H23769，基本构形与宾组相似，但戈的横画下移了很多。差不多位于中间的高度。出组凡从戈的字，差不多都是这个样子。

32. “月”和“夕”，同宾组相似，呈月牙形，空心的是“月”，内部有点的是“夕”。只是宾组的外轮廓是弧形，如月 H06057 正、夕 H00137 正；出组的呈折角形，如月 H24872、夕 H24771。

33. “饗”“即”“既”，这几个字的构形，与宾组基本相似，主要区别在于所从的“皀”部，在出组中全都简化成了空心的，如饗 H23543，即 H23694，既 H25892。

34. 出组的“辛”字作H22598，与宾组的不同点在于最上方多了一横。

35. “旬”字，宾组作H06057 正，出组弯曲部分比较简化，如H24358、H26661，个别也有弯曲较甚的，但不是平滑曲线，而是折线，如H26690。

36. “言”字，宾组有二形，一为H04519，另一种为H13636，出组则在后一形的基础上，将中间歧出的两斜笔，简化为一横画，作H26727。

37. “羊”字取象于正面羊头的形象，宾组作H00271，出组则将羊角改为H22590。

38. “亦”（即“腋”之初文）是个指事字，宾组作H13375，在正面人形（即“大”）两腋下加两个指事符。出组作H23694，指事符比较偏下。

39. “易”字宾组作H01075 正，出组作H25934，将左方（注意此字也可左右镜像翻转）突出的圆弧改成了折角。

40. “尹”字宾组作H03484，从一竖（代表笔）从又（即手），用手执笔会意。出组则将“又”简化为一个叉，如H22624、H22630。

41. “酉”是象形字，取象于一种酒具，宾组作H06057 正，出组作H23665，内下部多了一横画，或者作H23858，象形性大大减弱。

42. “幼”字宾组作H00052，出组作H22736，所从之“力”的短画移至长画的中部了。

43. H25026，这一字形在宾组可以用作有无之“有”，也可用作祭名的“侑”，但在出组

主要用作祭名“侑”，而有无的“有”字，少量仍用此形，多数改用 H22571，与“又”同。

44. 出组的“于”字作 H23035，有时也作 H22911，只是竖画向下延伸较短。

45. “余”字宾组作 H03950，出组则作 H24135，既无横画，斜笔也只有一边有。

46. “曰”字宾组作 H10405 正，出组则作 H23680、 H24980，口上的一横离口字较远，这里给出两个字形，说明不是偶然的。

47. “隻”字，在卜辞中用作“獲”，宾组只有“从隹从又（即手）”一种字形，出组却有三种字形： H24449，从右手； H24448，从左手； H24446，从双手（其他组未见）。

48. “衆”字，粗略来看，出组和宾组好像差别不大。宾组作 H00023、 H00037，出组作 H22537、 H22537。仔细审视，可以发现，出组的衆字上方的“日”部有时省略其中的短画，此其一。其二是二者“人”字的写法不同，宾组的人是，先写斜笔（臂膀）后写垂笔（躯干），出组则是，先写躯干，后写臂膀。

49. 出组的“舟”字作 H24609，只有两条横线，宾组则一般为三条（一端一条，另一端两条），甚至有时是四条（两端各两条），未见两条者。

50. “自”字（取象于鼻子），宾组作 H10406 反，出组则作 H22621、 H22645。

51. “卒”字，宾组作 H07897，此字过去释作“衣”，取象衣袖和衣襟，裘锡圭先生认为卜辞应释“卒”，学者多从之，《新甲骨文编》和《甲骨文字编》都收在“卒”字字头下。此字出组作 H22651、 H22659，与宾组迥然不同。

上揭五十一例，只是一些比较明显的例子，有些区别不甚明显者，未予介绍，也可能还有一些特征明显的被遗漏，读者在使用这种书体进行甲骨文书法创作时，一定要多查字书，力求准确无误。

第二节　出组书体的笔画特点

前已述及，我们在讨论每种甲骨文书体的“书法三要素”时，并不涉及技法问题，也不讨论如何将“契刻书法”转换为“笔墨书法”的问题。为了使读者能够充分了解每一种书体的笔画特征，我们只对该“书体”的笔画作形质上的描述。

一、出组书体笔画的相对粗细

一种书体笔画的粗细，是映入我们眼帘的第一映像。拿我们所熟悉的行楷书为例，宋徽宗赵佶的“瘦金体”与颜真卿的中晚年的书体相比，显然，我们的第一反应就是瘦金体笔道比较细。这里我们要讨论甲骨文某种书体的笔画粗细，当然也需要与其他书体进行比较。在比较的时候，还必须注意到它们每一单字的相对大小。比如，我们知道，宾组刻辞一般字形较大，黄组刻辞字形较小。一般来说，小字的笔画肯定比大字的笔画要细一些，但是，如果把二者放大成同样大小，那么，小字体的笔画与全字相比，其笔画未必就一定比大字的细。所以，我们这里要揭示的是这种字体的笔道与全字大小相比的相对粗细。

还必须看到，同一类书体中，不同拓片上的字，其字形大小和笔画粗细，也不完全相同。有时其差别还很大。比如图 4－1 所示的两张出组拓片的截图，其中居左的《合集》23811 其笔道显然比右方的《合集》22621 要细一些。这可能与不同刻手有关，也与拓工有关，还与剥蚀程度有关。当然，这两版毕竟是极个别的情况。就大多数拓片而言，大体上还是差不多的。

下面，我们选几个比较常用的字，与宾组书体的相应的字，作个对比。图中有意进行了适当缩放，使二者具有可比性。请看图 4－2。我们分别从出组和宾组的拓片中截取了“貞”“亡(無)”和“我”三个字。在没有缩放处理之前，明显觉得出组的笔道比宾组的要细一些（因为出组的字比宾组的字形要小得多）。当我们将其缩放成差不多同样大小之后，发现二者差别并不明显，甚至出组的笔画比宾组的还略微见粗一些。

图 4－1

二、出组书体笔画形态的特点

甲骨文总共只有两种基本笔画——直画和弯画。每一种笔画的起始和结尾，我们仿照笔墨书法那样称之为“起笔”和“收笔”。这种指称完全是我们主观规定的，因为我们不知道古人是如何奏刀的。比如，一个竖直画，究竟是从上端起刀向下行刀，还是从下端起刀往上推进？我们是并不清楚的。而且龟甲和兽骨，在契刻的过程中，是可以任意调转方向的。所以这里的“起”“收”完全是作者与读者之间一种主观约定。今后，我们对竖画（包括斜画）就称上端是“起笔”，下端是“收笔”（下面将会看到，有个别情况，可能不完全符合这个约定）。横画则是左端为“起笔”，右端为“收笔”。

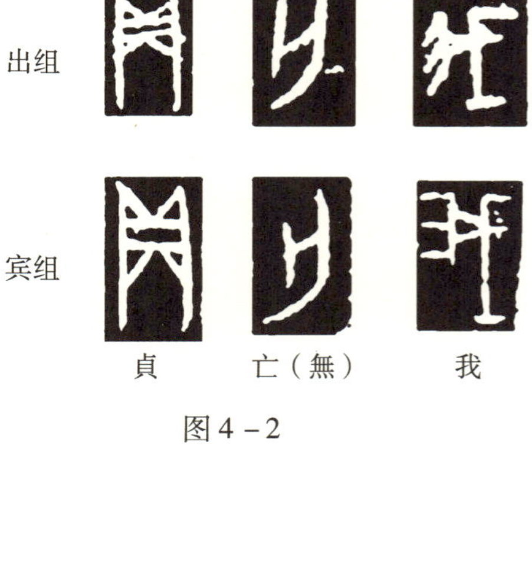

图 4－2

不论是“起笔”还是“收笔”，凡是呈现圆乎乎的形状的，我们就称之为“藏锋”，凡是形状尖尖的，我们就称之为“露锋”。这样根据排列组合，就应该有“藏起藏收”“露起露收”“藏起露收”和“露起藏收”四种笔画形态。那么，这四种笔画形态都在什么情况下出现，有没有一定的规律可循呢？答案是一些特定的笔画是有规律的，有的则是随机的，这要取决于章法的需要。

下面我们选择一张拓片为例，简单加以说明。图4－3是《合集》22743的拓片。这是一条残辞，释文如下：

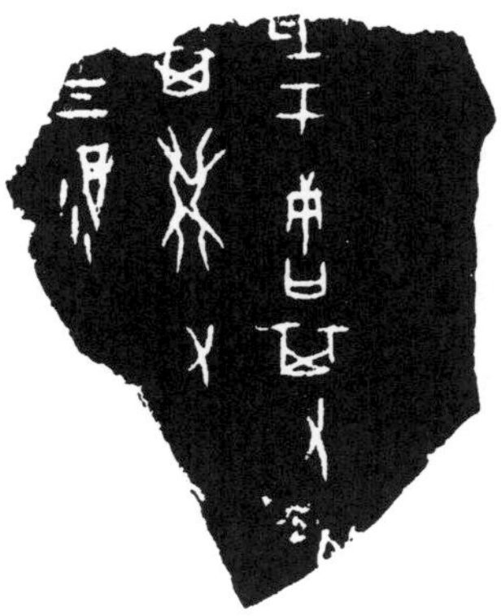

图4－3

……气酒其冓又歲于唐其又（羌）

卜辞是自左向右读的。其中第一个字“气”三横画就是“藏起藏收”，每一画的两端都不出锋。“酒”（这里是隶定为酒，不是酒的本字）字的三小竖则是“藏起露收”，这类笔画几乎都这样处理。第二行中间的“冓”字，裘锡圭先生认为像两条鱼相会，是遘的初文，也用作祭名。由于向四面八方辐射的那些笔画代表鱼鳍和鱼尾，都是代表“末端”，所以必然都是露锋的。如果找规律，这应该是规律之一。冓字上面和第三行的两个“其”字，其上部的两个小短横，其“藏”与“露”则是随机的，视章法的需要而定。第二行和第三行下部两个“又”字，取象于人的右手。上部的三个分叉代表手指，甲骨文中凡取象于多于三的事物时，像“止”（趾的初文），马鬃、马尾等都用三根线代表。“又”字可用作“有”“侑”“佑”等，这里即用作佑。这个“又”字，一般四个端点都是露锋的。至少两个垂笔的末端是露锋的。第三行上部的“于”字，笔画没有拓全，中间的垂笔下端也应该是露锋的。“唐”是成汤的名字，这是个形声字，从口，庚声。庚是一种能吊起来敲打的乐器，所以“唐”字的所有端点也都是露锋的。口部向上两竖代表嘴角，所以也是露锋的。

出组书体露锋的长画，往往“书写”得格外劲峭。请看图4－4，这是《合集》23753的拓片。其释文为：

（1）戊戌（卜），（尹）。貞王叙亡尤。

（2）戊戌卜，尹，貞王出亡国。

（3）貞亡尤。

其中字是个祭名，字未识，隶定为从木，从示，从又。木字就是树木，其上端三叉笔代表树梢，下面三叉笔代表树根，所以这些笔画必然都是露锋收笔。其中“又”部最后一笔何等劲峭！还有（卜）字一斜笔，也十分潇洒。这一笔如果用笔写的话，究竟应该往上行笔还是往下行笔，还是值得研究的。因此，就这一笔而言，究竟称之为“露锋起笔”还是“露锋收

图4－4

笔”，就得按书写者的习惯而定了。

三、出组书体关于弯画的处理

出组书体，对于弯画的处理，基本上有两种方法，一是将弯画的曲线弧度尽可能地减小，比如“又”字，本来两画都是弯曲的，在出组书体中两条曲线的弧度都不明显，几乎接近叉字，如图4－4中的字。第二种处理办法是将曲线变成折线，如图4－4中的“戌”和“出”和拓片H22798中的“害”。经过这样处理，至少有两点好处，一是减小了刻大曲率弧线的难度，二是使笔画更加凌厉。

通过仔细地审视出组拓片，我们可以发现一个有趣的现象。契刻者一方面尽量减小弯画的曲率，甚至用折线来代替曲线，另一方面又对一些较长的直画，特别是竖画，有意地使之略带一点弯度。这就避免了呆板，又使笔画具有一定的张力，大大提高了文字的美感。如“南”H24938的右竖，“尹”H22630的长竖。

第三节　出组书体的结体

在这一节里，我们将研究出组书体的第二个书法要素，即结体，或曰间架结构，也有人称之为小章法，也就是要研究一下这一组字体的结构特点，当然必然也会牵涉到体势的变化。这些都是书法范畴的问题，并不是文字学上的构形原理。

一、结字的长宽比例

甲骨文从总体上来看，都是取长方形结构，也就是说字的高度一般要比宽度大。但是不同书体，其平均长宽比（即高度与宽度之比）还是有差别的。这种长宽比的差别，恰恰是人们考察不同书体的第一映像，所以它也是我们学习和掌握这一种书体所应该把握的第一特征。

当然，不论在甲骨文哪一种书体中，都会有一些特例。有的特别瘦长，也有的特别宽扁。这些特例，总是个别的，不应该影响我们对一般规律的把握。

图4－5所示为宾组与出组几个常见字的比较。上部是宾组书体的“貞”“王”“告”和“羌”四字，其长宽比值（高/宽）分别是1.89、1.68、2.08和2.17，平均值为1.955，即接近2比1。下部为出组体的同样四个字，其长宽比值分别是1.34、1.53、1.64和1.50，平均值为1.50。数据表明，一般而言，宾组体的独体字其高差不多是宽度的2倍，而出组体只有1.5倍。

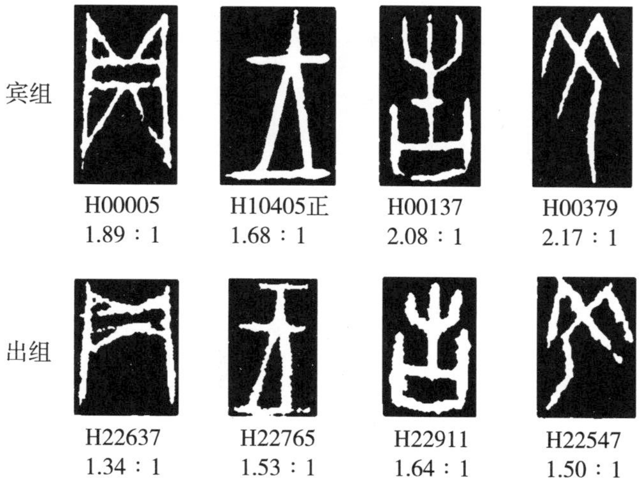

图 4－5

让我们再看几个左右结构的合体字的情况。H23712，这是出组体的“兹”字，其长宽比为 1.15∶1，即高是宽的 1.15 倍，而宾组体的同一个字H10405，其长宽比是 1.58∶1，即高接近宽的 1.6 倍。出组体的“品”H23712，其长宽比为 0.77∶1，即高度不及宽度的 0.8，而宾组的“品”H02811，其长宽比为 0.86∶1，即高度接近宽度的 0.9，相对来说也比出组的“瘦”一些。

表 4－1 列出了 40 个出组体单字的长宽比。

表 4－1

甲骨文	释文与来源	长宽比	甲骨文	释文与来源	长宽比
	庚 H22547	2.15∶1		羌 H22547	1.50∶1
	自 H22621	1.67∶1		亥 H22621	1.90∶1
	戌 H22637	1.97∶1		貞 H22637	1.34∶1
	癸 H22669	2.10∶1		遘 H22644	1.36∶1
	其 H22743	0.70∶1		行 H22760	1.61∶1

续表

甲骨文	释文与来源	长宽比	甲骨文	释文与来源	长宽比
	巳 H22760	1.67∶1		丙 H22765	1.54∶1
	王 H22765	1.53∶1		劦 H22798	1.31∶1
	旅 H22798	1.75∶1		祭 H22838	1.33∶1
	才（在）H22865	1.20∶1		告 H22911	1.65∶1
	于 H22911	1.12∶1		歲 H23143	1.36∶1
	品 H23712	0.77∶1		啓 H23532	1.89∶1
	今 H23532	1.54∶1		弗 H23532	1.47∶1
	雨 H23533	1.90∶1		大 H23608	2.05∶1
	止 H23680	1.42∶1		曼 H23685	1.59∶1
	戊 H23712	1.35∶1		兹 H23712	1.15∶1
	司 H23713	1.71∶1		子 H23730	1.83∶1
	申 H23754	2.10∶1		夕 H24234	2.0∶1
	師 H24295	1.72∶1	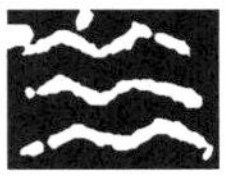	災 H24399	0.68∶1
	不 H24804	1.39∶1		南 H24939	2.00∶1
	新 H24951	1.65∶1		宅 H24951	1.38∶1

这 40 个字的平均长宽比值是 1.54，与我们前面讨论的那四个独体字的平均值（1.5）非常接近。因此我们完全有理由确信，一般来说出组字体的字高是字宽的一倍半左右。

当然，我们所选的字形，是属于“大路货”。在出组卜辞中，根据骨版的条件或者整体章法的需要，也时常出现一些特别“瘦高”或特别“胖矮”的字形。如“弘”H23533，其长宽比值为 3.02，也就是说高是宽的 3 倍。“高”H23717，其长宽比值是 2.65。也有的字高度很矮，横向却拉得很宽，如“災”H24426，其长宽比值只有 0.45，即高度尚不足宽度的一半。由于这类字出现概率较少，而且同样的字，在别的场合就不这样处理，所以我们没有采用它们作为统计的样本。

二、打破均衡，似欹反正

甲骨文从文字学角度看，许多字的结构都是均衡对称的，因此常常看到有些评论甲骨文书法的文章，也说甲骨文具有“对称美”。这是混淆了文字和书法概念导致的错觉。实际情况是，甲骨刻辞中那些对称结构的字形，在实际刻写中几乎毫无例外地都打破了对称。《汉字书法通解·甲骨文》① 中专门论述过这个问题。可以说，从书法的角度看，不论哪一种书体的甲骨文都是有意打破对称的。对于出组字体来说，这方面似乎更为突出一些。它不仅打破了对称，还有意的打破均衡，甚至体势上有意地采取某种倾侧之势。这一切，在我们所要讨论的几种字体中是比较突出的。所以，我们将其放在“打破均衡，似欹反正”的总标题下加以论述。

1. 打破均衡

请看图 4－6，这是选自《合集》24859 的拓片。共有三条卜辞：

（1）辛丑（卜），貞其…龍

（2）庚子卜，王

（3）庚子卜，貞，今夕延雨

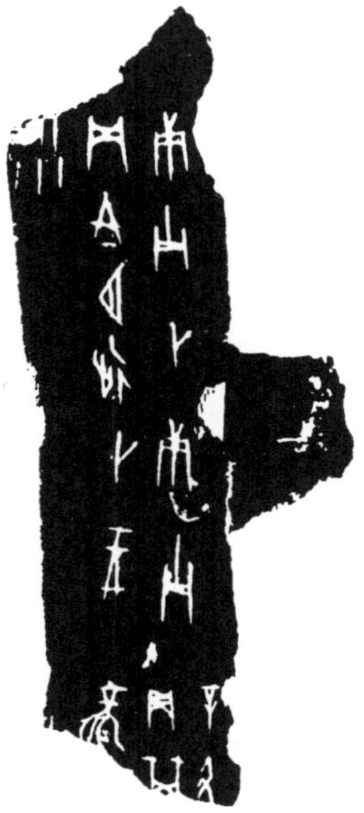

图 4－6

不难看出，两个“庚”字和两个“子”字的三条竖画，并非均匀分布的，中画明显偏左一些。最上一条卜辞中“子”和“今”字的两个横画，也不是平行的。“雨”字下面三小竖与上部的小竖也不是对齐的。两个“庚”字上方的两笔倾斜的角度也不相同。“延”字的“彳”旁，按文字学的要求，上下两竖笔应该在一条直线上，现在上部明显偏左。

① 贾书晟、张鸿宾：《汉字书法通解·甲骨文》卷，文物出版社，2005 年。

还有“庚”和“子”两边的竖画，理应相等，现在是既不等长也不同高。总之，从构字的原理上应当均衡的笔画，实际上都被打破了均衡。这样做的结果，并没给人一种失衡的感觉，相反觉得更为灵活生动，使每一个字都“活”了起来。我们设想一下，如果把这些字都写得均匀、对称，那将是一种何等死板的局面！

2. 似欹反正

在图4－6中，我们已经看到许多字由于打破均衡，造成一种欹侧的体势，也就是造成了一些险势，由于把握了造险的适度，所以仍然给人以稳定的感觉。现在，让我们再看图4－7，这是《合集》23730的局部，只有一条卜辞：

丙子卜，行，貞王出亡（无）𡆥（祸?）

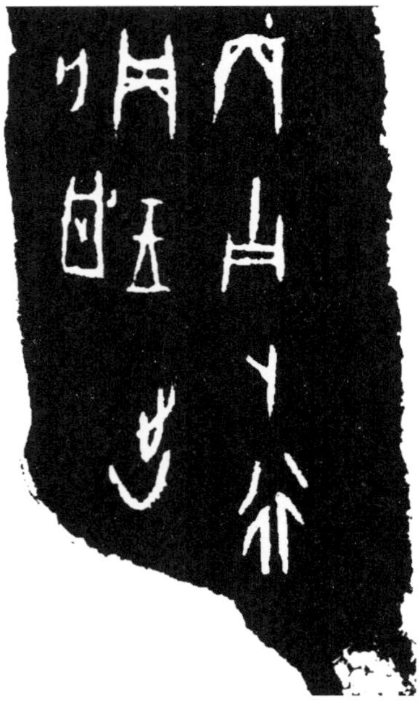

图4－7

我们看到“丙”“子”“行”“出”四字都取“耸右肩”（这里的左右是就读者而言）之势，“子”字左竖明显低于右竖，但由于右竖笔画略粗且取“内擫”笔法，下部略张开，因而使之十分稳定。“行”字右上斜画明显高于左部，而且偏右，下部也是左低右高，由于竖画下端取齐，所以没有倾倒的感觉。最为突出的是“出”字，上部的“止”偏向下部“凵”的右侧，且“止”的歧出笔画是向右的，使整个字左疏右密，形成强烈对比，但“止”部的重心仍在“凵”的包围之内，所以全字仍是稳定的。前面举过的例字如“弘”H23533和“高”H23717亦有异曲同工之妙。这种右耸之势，在“延”字的处理上表现更为突出。“延”H24859，这是我们在图4－6中见到过的“延”字，“彳”旁放在右部，且高高凸起，而在H23685中，左右偏旁交换了位置，写作，仍然是右高左低。

三、偏旁分离，远而不散

在出组刻辞中，往往会看到某些合体字，其构成的偏旁部件的间距，与字距相仿佛，甚至大于字距（后面我们在讲章法时将会看到，出组书体的字距和行距都比较大）。以至于不熟悉甲骨文的人，有可能把“这一字”的部件，误认为是相邻的“那一字”的部件。图4－8是含有“賓”字的四张出组拓片，为了看得清楚，其中的“賓”字的背景都被减淡了。我们看到《合集》25268中共有四个“賓”字，上面三个其两部分偏旁距离比较“正常”，一般人都能看出是一个字，下边一字的两个部件的距离，几近于左右两行的字距。其余三张拓片都相距的较远。不熟悉甲骨文的人很可能将其看作两个字，特别是《合集》25375中“賓”字的上部与其上的

"王"字几乎粘连，而下面的"止"部，宛若一个独立的字。如果你认识这个字，或者你现在刚知道这是一个字的两个部件，你就立刻会"承认"它们确实是一个字。因为这两部分距离虽远，但彼此不是孤立的，它们之间的笔画是相呼应的。那么，明明是一个字，为什么却要将它们的部件分离的这样远呢？邓散木先生在他的《篆刻学》① 中介绍金文入印时有一段话，也许可以解释这个问题。他说："吉金文字之不可及处，在能散而不乱，深得'点画狼藉'（孙过庭《书谱》语）之意。故拟金文须注意，离要离得极开，合要合得极密。明明四字印，要看去如三字或五六字，如此方不落呆板。"没想到邓先生通过多年的探索才总结出来的艺术经验，三千年前的先民已经在实践中熟练地应用了。类似的例子还有很多，如"唐"H22743，"遘"H22644。这些处理，确实使整条卜辞平添了不少趣味。这也再次证明那时的写手和刻手，已经具有了自觉地审美追求。

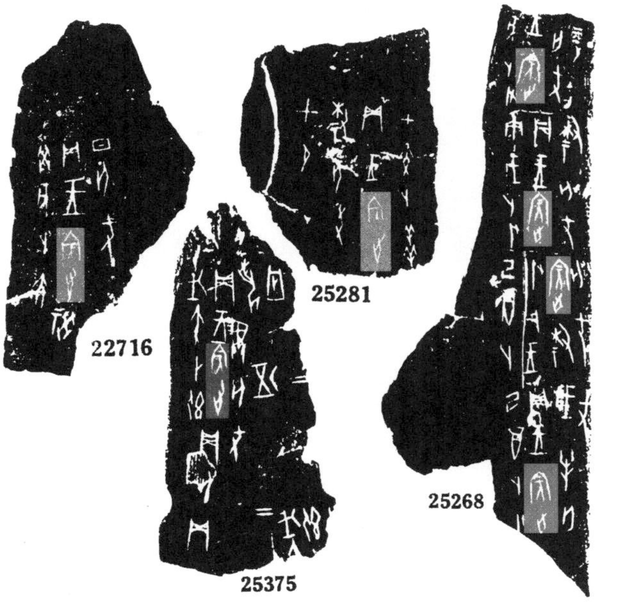

图 4－8

四、放大数倍，或为强调

在有些拓片中，会发现有的卜辞中的某一两个字刻得异常庞大，所占面积数倍于其他文字。这些字词，有的是人名，有的是先公先王，也有的是地名或事件。为什么要把某些字刻得如此之大，尚未见有人专门就此作出判断。结合释文考查，似乎是为了强调，也可以说是卜问的重点。这一问题还有待于专家去研究。我们所感兴趣的是从书法的角度来看，这些庞然大字，在整个字群当中，并不使人感到突兀，丝毫没有不协调的感觉，这是很耐人寻味的。让我们来看几个实例。图 4－9 是《合集》23717 的局部，其中的刻辞每一行是一条卜辞，这里我们只介绍与我们所讨论问题相关的两条。先看中间的一条，其辞为

丁酉卜，祝，貞桒年于高祖。四月

图 4－9

① 见邓散木：《篆刻学》，人民美术出版社，1981 年。

这是一条求年的卜辞，即祈求高祖保祐丰年。这里高祖二字刻得特大，这两个字的高度相当于右边一行五个字的高度。可能因为高祖是祈年对象，故用大字加以强调。由于这两个字刻写得特别疏朗，故不觉得有什么不协调的感觉。

再看最左边一条，其辞为：

辛卯卜，大，貞洹引，弗敦邑。七月

这一条是战争卜辞，“敦邑”就是进逼城邑的意思，显然这是一个大事件，所以这两个字也刻得特别大。这两个字的总高度比前述“高祖”二字还要大一些，但这两个字刻得特别有节奏，宽窄交替，如果不认识这两个字，很可能会误认为是四个字或五个字，因此自然也就没有突兀的感觉。这种艺术处理手法，正与前引邓散木先生的论述不谋而合。

再看图 4－10，这是截取的《合集》23533 当中的一条卜辞：

癸亥卜，出，貞，丁卯，子弘弗疾，有疾。

图 4－10

这是卜问“子弘”是否生病的卜辞，据孟世凯著《甲骨学辞典》所述，凡是人名前面冠以“子”字的，都是宗族族长。所以，这里“子弘”二字刻写得如此之大，也就不奇怪了。仅一个“弘”字就比相邻的两个字还高。同样因为处理得当，特别是巧妙地处理了与邻字的关系，如“子”的横画嵌入“出”和“貞”之间的空隙，“弘”字的“弓”部取斜势，其上部突出部分正对着“贞”与“丁”之间的空白，下部的“口”部，宛如一个独立的字，因此统观全局，感觉十分协调。使人不得不佩服三千年前先民的艺术创造力。

第四节　出组书体的章法

在本书所讨论的这几种甲骨文书体当中，出组书体的章法布局最突出的特点，就是通篇卜辞布局比较疏朗，有点像后世五代时期杨凝式的《韭花帖》意味。

一、加大间距，疏而不散

出组卜辞的行款都是纵向排列，根据在甲骨上的不同位置，有的左行，有的右行。总的款式是纵成行，横不成列。其行距和字距都比较大，有的字距比行距还要大一些。请看图 4－11，这是《合集》24939 拓片，为了节约篇幅，我们将下部无字部分裁掉了，并且为了突出文字部分，我们对拓片的背景进行了净化。其辞为：

乙酉卜，祝，貞叀今夕告于南室。

总共十二个字，纵行右行，3－2－3－3－1 分五行排列。宏观看起来，纵成行，横不成列，字与字之间，不论上下左右，距离都比较大。虽然短短十二个字刻写得如此疏朗，但却没有丝毫松散、排布的感觉。相反，不论你是否认识这十二个甲骨文字，你都不得不承认，这十二个字是一个整体。

图 4－11

二、穿插迎让，气贯隔行

出组书体整体布局上的“疏而不散”，关键在于作者不是简单地把这条卜辞，按照十二个单字均匀的排列开了事，而是把这十二个字作为十二个元素，进行了适当的大小处理，然后按字形的固有特点，照顾到上下左右的关系，调整疏密，注意穿插迎让，使这十二个元素构成一个和谐的整体，呈现出“以全体为一字”（宗白华语）的艺术效果。

现在，让我们略作分析，看看作者的艺术匠心。第一行“乙酉卜”三字，“乙酉”二字较大，字距也拉得很开，“乙”字和“酉”两边的弯画的转折部分，处理得比较圆滑，没有明显的折线痕迹，下面的“卜”字较小，与“酉”的距离也较小。这三个字的中心线基本在一条垂直线上，给人的感觉是比较流畅，行气贯通。“酉”字右肩上耸（这是出组的惯用取势特征），打破了呆板，顿使此行活了起来。第二行“祝、貞”二字，加重了笔画，“祝”字高度与第一行的第二字相接，且“祝”字跪跽的腿部与“酉”字的耸肩相呼应，与第一行有一整体感。“祝、貞”二字之间字距较大，留出大块“空白”。“貞”字比较靠右，但左部两笔斜画，明显长于右边的两笔斜画，且右竖较短，整个字左重右轻，因此，没有破坏第二行的行气。但“貞”字明显“侵占了”第三行的“地步”，这就为行间的穿插创造了条件。再看第三行，“今”字的上部构成了一个三角形，其左下角，正好“插”在“祝”和“貞”之间的空档处。好像“祝、貞”二字之间的空间，是预先为“今”字准备的，着实是妙不可言！“夕”字的结构本是左右无别的，现在这种写法，正好使左边的直画与前一行的“貞”字的直画相平行，而右边的折角形成的凸起部分，又正好插在下一行“南”字左部凹陷部分，形成“牡牝相衔”（宗白华语）。这样，又使横向的“貞、夕、南”构成了一个整体。我们把整个这条卜辞的字与字相互之间的大体轮廓用线勾勒出来，如图 4－12 所示。

第一行与第二行上一字的轮廓如图中左部的实线部分，二、三、四行下部的三字其轮廓如图中下部的实线矩形，而第二行至最后行的上部如图中的虚线框所示，这几部分互相交集，因而形成一个完整的整体。这就是这条卜辞“疏而不散”的根本原因。

最后，还应注意到，最末一个字“室”，其“宀”部右边的垂笔，比左边的要短许多，整个字左实右虚，使人不感到结束得突兀。而第二行中间的“空白”和最末一字下部的空间遥相呼应，如图中的圆圈所示，形成了疏密的节律。通观全局，既疏朗又结构紧密，内部又有一种自然的节奏感。三千年前的先民，具有这种艺术创造力，不能不令人佩服。

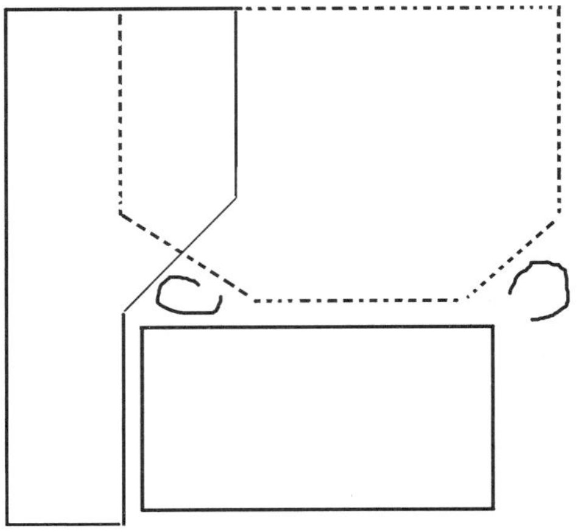

图 4－12

三、计白当黑，大胆留白

在图 4－11 中我们已经注意到，出组书体的刻写者比较重视“计白当黑”的艺术处理，如图 4－12 中用圆圈标示的部分。而在另外一些拓片中，可以发现作者更为大胆的留白。请看图 4－13，这是从《合集》25709 截取的一条卜辞。其辞为：

图 4－13

癸丑卜，行，貞王賓戠亡囚。

其行款排列为纵行左行，四行的字数为 4－3－2－1，第三行两个字占了一整行的高度，二字之间留下几近两个字的字距，第四行只有一个字，位居顶端，这三个字之间留下了极大一块“空白”。起初，笔者以为是受到骨质的影响不得已而为之，后来发现很多这类贞问泰否的卜辞，其末尾二字都是如此处理。如图 4－14 所示。图中截取了《合集》24234 和《合集》23143 两张拓片，前者有四条卜辞（最上方一条为残辞），后者为一条完整卜辞。这几条卜辞中凡“亡囚”或“亡尤”处，都是大块留白。显然这绝非是受制于骨质的变通之计。那么，会不会是这一类卜辞的一种“规定”程式，或者说是一种固定的格式呢？我们看到并非这类卜辞都一律采用这种处理，如上一节中的图 4－7 所示的《合集》23730，其“亡囚”二字距离不但没有拉开，相反比其他字距都要小。可见，这种大胆留白，既不是受骨质的限制，也不是卜辞的规定格式，它完全是书刻者的

图 4－14

一种艺术处理手段。我们再仔细观察一下图4－13和图4－14，发现这种大胆留白，确实使整片卜辞疏密相间，使得整体卜辞构成的画面异常生动。也可以说是“活泼多姿”。从这一点上，也可看出，当年董作宾先生归纳的第二期的书风是“谨饬”二字，恐怕就不是完全恰当的。

四、冲破行次，乱石铺街

在出组卜辞中，有一些词条，由于某几个字刻写得过于松散，其构成部件溢出本行，插入到邻行之中，于是各个字的部件，参差错落，宛如后世郑燮的“乱石铺街”的章法。请看图4－15，图中分别截取了《合集》23713和《合集》24426中的两条完整卜辞，其辞分别为：

图4－15

23713：丁酉卜，祝，貞其品司，在兹。

24426：己酉卜，行，貞王其雚于畯泉亡災，在洀。

前者“品”字的三个口部，分得特开，以至下面两口分别插入到左右邻行之中，因此导致整体打乱了行次。但由于整体疏密处理得当，因而并无零乱之感，反而给人以疏朗明快的感觉。

后者的“雚”字刻写得极为特殊，上部有两重“羊角”笔画。“口”部也多达三个，与《合集》24425比较，可知为“雚”字无疑。此字刻得较大，侵入了邻行的“领地”，以致使下一行的“泉”字刻得瘦长。是个未识字，由卜辞看显然是一地名，现隶定为畯。这个字也刻得较宽，加之后一行的“災”字取横势，因此，这条卜辞也是行次不明显，但整体章法仍不失和谐。

在整个出组卜辞中，这类布局虽然不多，但也不失为一种特殊的章法布局类型，今后在笔墨书法的创作中，也是值得参考借鉴的。

第五节　出组拓片赏析

在本节中，我们将选择几片出组卜辞拓片，进行粗浅的赏析。

出组卜辞不像宾组卜辞那样有鸿篇巨制，大多都比较短。我们选择拓片的原则，主要不是看它的史料价值。我们的着眼点，一是拓片字口比较清晰，便于观察，二是书法艺术特点有一定代表性，通过赏析可以进一步把握这类书体的书法特征。当然，出组卜辞拓片很多，《合集》第八卷中绝大多数拓片属于这一组，这里选择的并不一定就是最具代表性的拓片。我们相信，通过进一步的学习，读者一定会从中找到更多的值得欣赏和剖析的优秀拓片。我们现在的工作，仅仅是“解剖一个麻雀”而已。

一、《合集》24471 赏析（图 4－16）

《合集》24471 是一片田猎卜辞。我们在选择时，将下部的部分残辞裁掉了，只留下一条完整的卜辞。原拓背景有些麻点，我们对它进行了清理，但刻辞本身的“笔画”则保留原状，所以有些笔画有残缺。清理背景的目的，就是为了突出卜辞的原貌，不至于使背景的麻点扰乱我们的视线。卜辞全文是：

甲寅卜，王曰，貞翌乙卯其田亡災于谷。

图 4－16

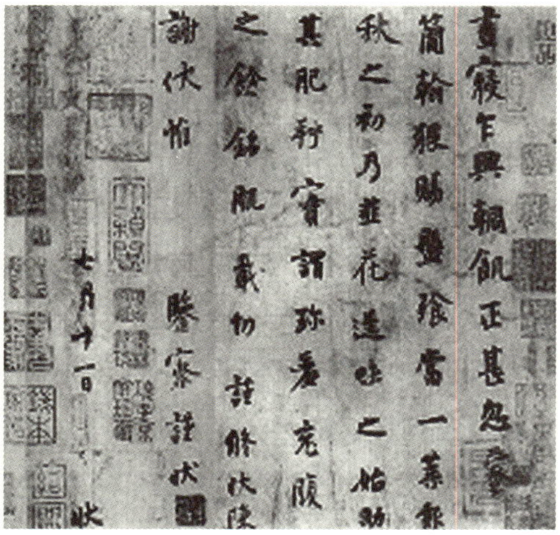

图 4－17

意为王让贞卜一下明天去“谷”地田猎是否安全。这条卜辞总共十五个字，以纵行左行，有行无列的款式排列，前三行每行四字，最后一行三字，行距、字距都比较大，个别字距甚至大于行距。由于作者巧妙地运用“纵势”和“横势”的交替变化，字间与行间的呼应揖让，使得整体疏朗空灵而不松散，形成一个和谐的整体。后世五代时期的杨凝式以一纸疏朗灵动的《韭花帖》（图 4－17），占据了中国书法史的一席重要地位。与图 4－16 比较，我们发现二者的章法布局确有异曲同工之妙。应当注意的是，杨凝式书写《韭花帖》的时间大约是在他 80 岁前后，即公元 950 年左右，而出组卜辞大约在公元前 1200 年前后，也就是说二者相距 2000 年有余。这就不能不使人佩服殷商时期的先民具有何等高超的艺术审美能力。下面让我们尝试对《合集》24471（图 4－16）卜辞的艺术特色作进一步的剖析。

1. 纵势、横势的交替变化

这条卜辞的前三行都是四个字，之所以能够做到竖成行横不成列，如果不作体势上的变化，单纯靠改变字距的大小是办不到的，那会造成零乱的效果。

现在让我们逐行看一下作者的巧妙安排。第一行“甲寅卜王”四字，“甲”字取横势。我们知道，甲骨文的“甲”和“七”的构形，都如同现在的“十”字，一横一竖交叉。二者的区别在于，“七”字横长竖短，“甲”字横短竖长。这里作者大胆的将“甲”字刻写得竖短横长，取横势。由于它是天干字，在此处不会使人误读为“七”。下面“寅卜王”三字均取纵势，且“卜”字的竖画刻得明显比其他卜辞的要长，且“卜王”二字的间距明显小于上面的字距，这就使“甲寅卜王”四字看上去既是四个字，也像三个字。这就为第二行与本行形成错落，创造了条件。

第二行“曰贞翌乙”四个字，也是首字取横势，下面三字取纵势。其中“贞”字也刻得比其他卜辞的贞字要长。这就使前两行除首尾平齐以外，其他字形成了自然的错落。

第三行“卯其田亡”四字，一改前两行的体势，四个字采用方正均匀排列，“其田”二字略取横势，避免了雷同，增强了意趣。

最后一行基本上取纵势，但比一、二行要含蓄一些。整体看来，体现了一种淡雅中和之美。

2. 字间、行间的穿插迎让

字与行的分间布白，只是解决了静态的空间分割问题。点画和字间、行间的呼应关联，才能赋予作品以生气和情性，使之鲜活起来。当然，这两者之间不是孤立的，而是相辅相成的。

在图4－16这幅作品中，可以看到许多笔画之间，字与字之间，行与行之间的呼应揖让的关系。这里，笔者着重指出两点与读者共享。

其一，就是第二行中“翌乙”二字连续的S形的动势（如图4－18中的虚线所示），形成了一种无声的旋律，顿使整个作品活了起来。“翌”字构形又与“卜”字相互补。第三行“田”字的略向右偏，正好与“翌”字S曲线右凹部分相衔。笔者曾用PS将田字略向左移，使之完全与第三行对正，结果发现完全破坏了它们之间的联系，效果很差。由此也可看出刻写者的高明之处，令人惊叹。

其二，就是最末一字“谷”的构形，有意将上下两部分拉开一定距离，使这一字与第一行“卜王”二字的构形遥相呼应。这一点非常重要。使通篇结束得毫不突兀。纵观全篇四行，正体现了起、承、转、合的审美规律。中国画的构图，讲究起承转合，书法的谋篇又何尝不是如此呢！

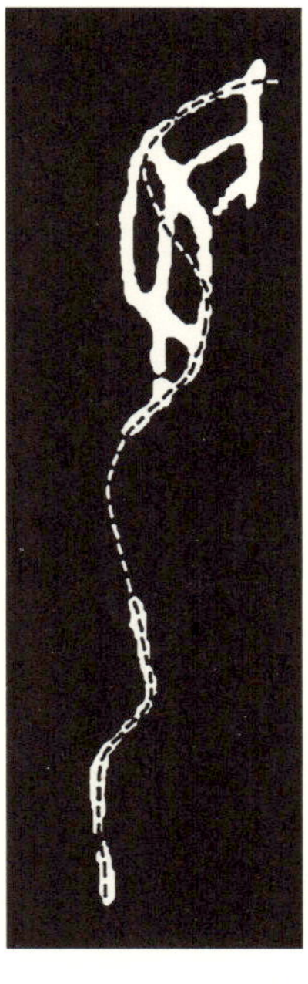

图4－18

二、《合集》26314赏析（图4－19）

《合集》26314是一版卜夕拓片。从拓片中现存的卜辞可以看到，这是某年十二月从己亥日到丙午日连续八天卜问“今夕”是否“有𡆥”（𡆥字过去直接释作“祸”，现在一般只用隶定字形，读作yōu）的占卜记录。卜辞的内容，除纪日干支逐日不同外，其他文字完全相同，即

××卜，旅，贞今夕亡𡆥。

在十二月。

从骨版左下角“己亥”日始，向上依次为“庚子”“辛丑”“壬寅”

“癸卯”共五日，然后接下来从右上部开始，依次向下是“甲辰”“乙巳”“丙午”（辞残）三天的记录（为了下面行文方便，我们将用八个数码来指称它们）。

这是一版相当难处理的刻辞。因为每一条卜辞都是十一个字（其中“十二月”是合文。只占一个字的空间），而且除了干支二字不同外，其他九字完全相同。但是，作者并没有“煞费苦心”地通过变换字形等手段来避免雷同，而是“举重若轻”，毫不费力地仅仅通过行款的改变和疏密的调剂，使得八条几乎全同的卜辞，呈现出多姿多彩的面貌，而又格调一致，读来使人赏心悦目。今天，我们除了赞叹古人的艺术创造力之外，是不是也可从中汲取有益的营养，运用到其他书法的创作中来呢。在我们领略了图4－19的整体风貌之后，让我们将每一条卜辞剪辑到一起来加以比较与欣赏（图4－20）。为了便于分析领略每一条卜辞的风貌，我们将拓片的背景进行了净化，排除背景麻点对文字的干扰，处理的过程中并未伤及笔画本身。

图4－19

由图可见，作者采取的措施主要有两个方面：

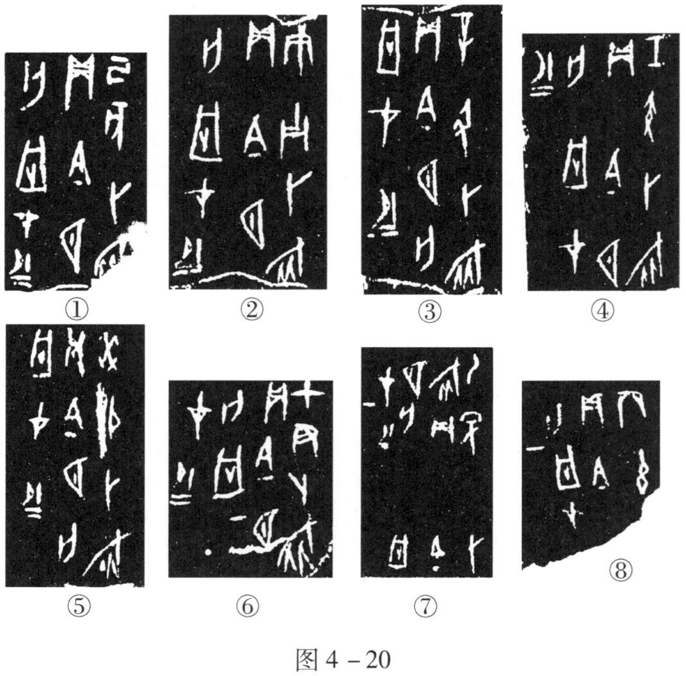

图4－20

1. 变换行款

由图可以看到，各条卜辞的行款分别为：①4－3－4分三行排列；②也是4－3－4分三行排列；③4－4－3分三行排列；④4－3－3－1分四行排列；⑤4－4－3分三行排列；⑥4－3－2－2

分四行排列；⑦3－3－3－2 分四行排列；⑧此条虽为残辞，依前例可以断定是按 4－3－4 分三行排列。其中，虽然①②⑧都是 4－3－4 排列，但每条的行高不同，其文字的相对位置不同，所以仍不使人感到雷同。特别是①②两条上下紧紧相邻，却使人感觉不到二者行款相同，这是很耐人寻味的。其他各行字数各不相同，当然更不会有雷同感了。

2. 调节疏密

除了改变行款，调节疏密是作者采取的另一重要措施。前已述及，虽然①②⑧都是 4－3－4 排列，但由于字和行的疏密不同，因而每一字所处的相对位置必然不同，当然也就不会使人有雷同感。特别应当指出的是，像②和④，作者大胆地运用“计白当黑”的手段，产生了强烈的跌宕起伏的效果，特别是第⑦条，作者将整条卜辞分割成上下两段，中间留出大块空白，真的营造出后世人们概括的“疏可跑马，密不容针”的动态效果。

以上，我们仅仅从同辞而无视觉雷同的角度，做了粗浅的分析。我们相信，读者通过自己的观察，一定还会挖掘出更多的值得学习和借鉴的书法艺术因素，为学习和发展甲骨文书法艺术增加营养。

（贾书晟）

第五章　何组书体综论

何组从祖庚到文丁时期，大致属于第二期到第四期的时间段。由于此时期贞人较多，所以字体在总体风格基本一致的前提下，也有一些变化。本章所讨论的是黄天树先生称作“何一类”的书体，为简化称名，直接以“何组”名之。

第一节　何组书体的文字特征

何组的字形与其他各组比较总体上是中等大小，即比黄组字形相对较大，而比宾组小。笔画粗细比较均匀，但同一个字的体势和结构也会有变化。例如本组最具代表性的“何”字，其基本形态至少可以归纳为五种，即 H27221、 H27220、 H31323、 H31336、 H31310，其中的数字为《甲骨文合集》的编号（下同）。从字形结构上分析，五种字形都是一个侧面站立的人，肩扛一扁担，后面为所负之重物，手臂在胸前握住扁担的另一端，身体略向前倾，下肢稍有弯曲。但是具体到某一个字形又有区别。例如头部的角度，扁担的倾斜度以及手臂的处理都略有不同。与“何”字相关的“河”字也与其他各组不同。试比较宾组 H05158 和何组 H32663 两个字形，无论是“形旁”或“声旁”都不一样，宾组的字形简洁，而何组比较复杂。

从字形和体势方面分析，何组具有代表性的字还有以下一些：

一、“貞”字中间两横通常距离较近，字形时而规整时而草率，有时甚至笔画有减省的情况，例如 H26899、 H27437、 H27086 具有明显的特征。与其他各组相比，本组重心偏于中间位置的居多，而其他各组中间的横画和斜画则多偏在上部，如果和宾组 H07139 和历组 H32021 相比较，他们的区别可谓一目了然。

二、“饗”字的特征在于中间代表“食器”的部件的底部呈尖状，而其他各组多为平底，试比较何组 H27221、宾组 H05236、历组 H34445 和出组 H24117 正，就不难看出他们的区别。除此之外，何组两侧人形的上部是向中间靠拢的，下部也由于

“食器”的尖底而能够给两边人形的膝部留下足够的空间。同样的规律，“即”字的特征也是如此，何组如 H27456，左半部下面也呈角度极小的尖形。而从宾组 H07634 正 和历组 H32019 的字形看，人和食物的相对位置明显不同于何组，两部分的上方是分开的，而何组是聚拢的。

三、“酉”字典型的字形是 H31424、 H30813、 H27042 正、 H31358、 H27385，与早期宾组比较，笔画稍多，例如宾组 H00226 正 的结构十分简洁；而与历组相比，结构又有区别，例如从历组的 H34149、 H34164 就很容易看出他们的不同。

四、“翼”字虽然都是模仿昆虫翅膀的形状，但宾组多数是直的，何组变得弯曲了，可以比较何组的 H27220、 H27221、 H28001 三个字形和宾组的 H01770、 H00511，区别十分明显。

五、“不”字的几个笔画多由直线组成，如 H27866、 H30565 是其代表形态，基本上由四个直画组成。而宾组或历组的“不”字中向下的三画则多有转折或弯曲，如宾组 H09956 和历组 H32108 下面三画的弯曲和转折是十分明显的。

六、“大”字与宾组的相比其差别十分明显，比较宾组的 H00137 与何组的 H27166，虽然都是站立的人形，但下肢的形状明显不同，宾组的字形是正面站立的人形，而何组则略侧向一方，宾组双腿的形状是分开后下部向中心收缩而形成折线，何组基本上是向两侧分开的直线，只是角度比宾组的略小。

七、“旬”字的最大特点在于下部极少卷曲，只是几段短直线连接成的折线，例如 H31310、 H31329，与宾组 H07139 以及黄组 H35541 做一比较，就很容易看出他们在字形结构方面的差别了。除此以外，比较何组的两个例字还能发现，上面有时是不出头的，这一现象在其他各组很难见到。

八、“亡”字的初期形态如宾组的 H17077 正，纵向的两个笔画，一长一短，长画弯曲，中间有一短斜画将二者连接起来。其他各组多数大体上也都遵循这一模式，如出组 H32064 和黄祖 H36394 即如此，只是弯曲笔画的形态有变化。而何组除了这一形状的字形之外，还频频出现纵向两画都是直线的字形，如 H27177、 H27213，这两个字明显是在两竖画之间用一短斜画链接而成，而且两个竖画的长度相差不大。

九、“丑”字在何组中出现了两种极特殊的字形，如H31324、H31329，特别是第二个字形，向左下方斜出的三画几乎是平行线，这或许和该版卜辞的布局有关，将在“赏析”部分做仔细分析。第一个与其他各组比较，也略有不同。

十、“戌”字与宾组相比，何组的直画出现弯曲。对比何组H31622、H31657与宾组H06441就可以看出区别，不但直画变弯曲，而且上下两个横画也不在两端，而是以斜画的形式与弯画交叉。当然何组中也有与宾组类似的字形，如H29743。不过戌字出现弯画是在何组，在其后的黄组中这种字形就很多了。

十一、“教”字在何组是贞人名，其特点是左半部位置偏向上方而且上下拉开，右半部在下方，所以整个字形很长。典型的例子是H31621和H31482。在宾组拓片中也有这个字如H00010、H05617，从字形整体结构看相差不多，区别在于左下的“子”字写法不同，何组两“手”上举，宾组左右两画连成一直线。不过如果单独比较“子”字可以发现，何组和宾组的形态是相同的，即多数字形中两臂为一直线，或平，或斜。如宾组H00137正，何组H26975。

第二节　何组书体的笔画特点

甲骨文字因其契刻工具所限，一般由线条组成，并无软笔之运笔技巧，一刀刻出的一画之内基本上不会有太多的粗细变化。按照贾书晟、张鸿宾的研究结果，甲骨文字笔画仅有直画和弯画两类。① 但由于年代久远，字迹受损的情况很多，故今天所见甲骨拓片的笔画多有粗细变化或残缺，这与从石刻拓片上看到的情况是一样的。撇开字迹受损不论，何组的单字笔画大致有以下几个特点。

一、在一个笔画中极少小角度转折

除极个别情况以外，直画由横变竖或由竖变横时，均以两笔完成，有时甚至两笔的笔迹不相衔接，例如H27297以及和H27863。当横竖笔画较多时，横竖画不相接或者相交叉的情况都有可能发生，典型的例子是H28434和H28435。由这几个例子可见，笔画的组织有一定的随意性，有的笔画甚至在一画之内都有粗细的变化，这一点从第二个“田”字可以明显看出。之所以出现这种现象，也许是契刻者有意为之，也许是由于年代久远骨质磨损所致。

---

① 贾书晟，张鸿宾：《汉字书法通解．甲骨文》，文物出版社，2005年。

不过这些变化也可以为现代甲骨文书法创作提供一些有益的借鉴，一笔之内有意安排一些粗细变化是必要的，因为汉字书写本身的发展历程，就是从图形到线条再到笔画的。之所以有这样的变化，完全是由于书写工具的发展进化而自然形成的。这是当我们将契刻文字转变为书写文字时，必须考虑和研究的问题，也是由毛笔独有的性质决定的。

二、弯画可分为四种情况

第一种情况是纵向笔画之自然弯曲，在笔画较长或字形较长时，常可见长画的自然弯曲，不过这种弯曲的角度都不可能太大，否则就要两笔（刀）完成了。例如H31319、H30529，两个字的向下笔画都有不同程度的弯曲。又例如人形和，无论是单独使用或作为一个字的组成部件，其向下的一画都有自然弯曲，特别是一个字的最下方一画（有时是最后一笔）或两画，常常是极其“放纵”的弯画，以制造一种痛快淋漓的气势，例如、、等字的向下笔画都是比较长的自然弯曲状。长画的自然弯曲，除了字形本身的因素外，还应该与契刻者的用刀习惯有关。对于字体本身较长的情况，有时也会形成整字的弯曲，这在何组中是较常见的，典型的例子是《合集》27673反的两个字，这两个字虽然看不到具体某一画的弯曲，但由于字形较长，整体上由于各个组成笔画的不同配合，特别是几条横向笔画的角度的处理，使得整字显得略有弯曲。这种现象与水墨画竹竿的处理方式有某些相似的地方，竹竿的每一节都不能弯曲，但整株竹子可以形成弯曲之势，以表现在风、雨、雪中竹子的姿态，其妙处就在于节与节之间的处理。在该拓片中，两个“商”字弯曲的方向正好相反，这种现象应该是刻字者有意安排，从书法美学角度看也是合适的，这一变化无疑增加了整体的美感，也使得整篇文字显得活泼，也为今天的甲骨文书法创作提供了一些有价值的参考。

第二种情况是为精确描绘动物形象而形成的弯画。例如“麋”H26899、“魚”H27456、“萑”H30959、“鹿”H28325和“龔”H26630等。所有的弯画都是比较精细的，以达到尽可能准确地描绘对象的效果。这种笔画的转弯处是连续的、平滑的，在刻画时一定是十分小心的。这也是略带写意性质的象形文字的特点。从书法美学角度而论，在一幅作品中如果方笔、圆笔搭配得当，会给读者以劲健和柔美两种风格兼备的感受。甲骨文字笔画以方笔居多，适当增加一些柔和的笔画，对于整幅作品而言，也是一种必要的调节。

第三种情况是用连续短直画组成的弯画。当笔画的弯曲弧度较大时，很难一刀完成，就形成了以多条短直画连接而成的弯画，如“冓”H30079、“即”H29704的几条弯画就是由若干短直画连接而成的。再分析“申”H27166，这是一个十分特殊的字，中间的“S”形弯画由六个短直画组合而成。一般“申”字都是竖写而且弯曲并不太多（例如H28627）这

一版上之所以如此安排，或许有特殊的原因，因为该版卜辞中的“王”字也是倒写的，不过从整体上看，每个字的姿态及其位置排布都是合适的，特别是彼此之间的关系。此外，在一些笔画本身存在弯转的情况下，有时也会以两笔或多笔完成，比较《合集》27086 的字和《合集》30553 的字，可见两个字的下部“止”字的笔画是有区别的。另外两条曲线交叉时，也常会以连续折笔完成。例如 H26899 就属于这种情况，相互交叉的两条曲线，有时是曲线，有时是由两段直线组合而成。而且还应该注意交叉笔画的非对称性，这不仅使字形免得呆板，而且还为字与字之间或部件与部件之间的迎让，提供了更多的手段。

之所以将弯画以若干短直画拼合而成，完全是由于刀刻时不易小角度转折所致。我们可以从为数不多的甲骨文墨书见到用毛笔写出的弯画，例如《合集》01285 反的几个墨书文字：、、，其中的几个弯画都呈平滑的圆弧状，而且还能见到笔画的粗细变化，显然是使用软笔书写。如果对比何组拓片的相应字、、就可以看出将连续平滑曲线用几段短折线替代的现象。今天我们使用毛笔，不存在刀刻不易转弯的问题，可以通过各种成熟的方法完成连续转弯，但在书写甲骨文作品时，还是应该注意这个问题，因为我们今天看到的商代文字还是以刻在龟甲兽骨上的文字为主的。

第四种情况是字形或笔画本身弯曲但比较平缓，某些笔画可以一刀（笔）完成。例如“灾” H27798，三个笔画都有两处转折，但可以看出有的转折为一笔完成。这应该也是因契刻者的习惯而形成的效果，唯须注意的是，此类文字的多条弯画一般不会平行。

三、关于藏锋与露锋

藏锋与露锋的说法是针对毛笔而言的，为了精确模仿甲骨文字的笔画特点，当我们使用毛笔在宣纸上书写时，就要仔细观察甲骨拓片上字迹笔画的端点形状。从笔画自身特点看，甲骨文拓片文字的起笔处和收笔处的笔画形态既有藏锋也有露锋，从何组拓片看并无规律可循，即使是同一个字的同一笔，在不同的拓片上的表现也不尽相同。使用刻刀在骨片上刻画线条时，因为骨片可以自由转动，所以刻刀移动的方向是不固定的，例如同样一个字的同一横画，我们并不能够断定其运笔（刀）方向，因为不知道当时骨片的摆放方向，也不知道契刻者的运刀习惯。这一点和用毛笔在宣纸上书写时有很大不同。正因为如此，在临习甲骨拓片时，运笔方向和笔画的先后顺序，并不像楷书那样，是比较随意的，只要在字的结构、笔画形态和气势上尽可能逼近原拓片即可。在每一笔画的两端，究竟是藏锋或露锋应该视整体结构而定，也没有规律可循。例如“不”字， H27861 和 H29949 是同一个字，但向下方的三笔的末端所表现出的形态，第一个字是露锋的，而第二个是藏锋。

在甲骨文拓片中所见的笔画，大多数是看不到提按衄挫等毛笔的运笔技巧的。但何组中有一篇卜辞十分特殊，即《合集》30768号。该拓片上共有九个字：“丁巳卜，……祀其羞王受又”。该篇卜辞所有文字与其他拓片相比，其笔画较粗，且有粗细变化。特别注意“祀”、“卜”和“羞”，祀字右上角转折处已经类似楷书“横折”笔画的处理方法了，有明显的类似毛笔的停顿和转向动作，右下方的“竖弯钩”也与楷书极相似。其他几笔和另两个字的笔画，则好像是中锋运笔“撇”出来的柳叶形，而“羞”字顶端的两个尖锐的转折又处理得一丝不苟，两笔的衔接严丝合缝、不露痕迹。这样的笔（刀）法，已经明显表现出先民利用线条自身的变化来追求形式美的动机。该片文字虽然接近毛笔书写效果，但与前面所举的墨书实例是不同的，在已经发现的当时的墨书字迹中是见不到这样的笔画的。因此这种情况虽然极少见，但不能不引起现代书家的注意。

第三节　何组书体的结体

就单个字而论，甲骨文字以纵向长方形为主，而何组的单字尤其狭长，同时每个字所占空间差别也很大，这一点是何组与其他各组的主要区别。以下从几个方面分析何组单字的结体和取势。

一、多数字为纵向长方形且长宽比都很大

从字形的外轮廓分析，每个字所占空间范围绝大多数为纵向长方形，是长度与宽度之比都很大的“瘦长”形，而且在不同的字之间，长方形的长宽比相差悬殊，仅有极少数为近似正方形或横向长方形；在一篇卜辞中，每个单字所占空间的大小，也有很大差别，从而使得整篇文字具有参差、错落、迎让、呼应的效果。具体可从以下几方面进行分析。

1. 从所选的拓片中统计，上下结构类单字长度与宽度之比最大的接近4.5∶1，例如《合集》27166的字，组成该字的两个部件为上下结构，他们之间的距离有时甚至超过了两个字之间的距离。此类字多数由二到三个部件纵向组成，因而都显得十分“瘦长”。例如H26686、H30850、释字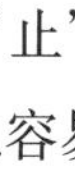H30814，均属于此类。极端的例子是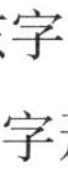H27150，下面的“它”字本身就十分瘦长，上面的“止”字还是横着写的，否则可以想象该字的长宽比会更加悬殊。另外，如果字的横画很多，也容易把字写得狭长，这主要是由于何组字形特点之一是横画之间的距离往往大于纵画的间距，而且一般情况下横画都比较短。例如《合集》27931的字，其横向笔画有十二画之多占有九个横画的位置，而纵向最多处仅有五笔，因而使得这个字的长宽比为2.717∶1。

2. 某些字以纵向笔画为主，也会使整字修长。这也是由于何组的字形中横向笔画一般较短，而纵向笔画较长之故。例如《合集》30813 的、和字、30814 的、22779 的、26953 的等。甚至于如、等字与其他类型相比，也略显得更加具有向纵向延伸的态势。

3. 左右结构的字，其各组成部分相互之间比较紧密，所以仍能保持纵向长方形的基本形态。如H27221，由三个部件横向排列组成，长宽比还能达到 1.326：1。为了尽量紧凑，中间部件的下部为了迎让左右两个人形的膝部而收缩成尖底，甚至几乎变成了一条直线。H27931、H27798、H27885 正等，左右两个部件的处理，也都有同样的效果。这一方面是如前所述横画短纵画长的书写习惯造成，同时也是有意将各横向组成部件尽可能靠近而互相迎让所形成的结果。也就是说何组卜辞的契刻者追求的是修长的字形外轮廓。左右结构也有特例，这就是“教”字，典型的例子是H31622、H31483 和H27734，无论左右次序如何，都有一定距离，不过由于“爻”和“子”的上下结构十分松散，所以整字仍呈现为纵向长方形。[①] 还需要注意左右结构的字，如果两个（或三个）部件相同，常常是写成一样大小，甚至右收左放，这不同于楷书的书写习惯。典型的例子是H28325、H27715 等，这一现象在甲骨文刻辞中具有普遍性，并不仅限于何组，即“同构平等”的特点。[②] 还要注意左中右结构的字，如果三部分结构相同，则三部分的安排也是很有讲究的，以“劦”、“衆”、“災”为例，字无论是单独使用或作为部件（例如）使用，其中表示农具的三个“力”字的方向一定是一致的，而且其弧度基本一致以保证三个弯画基本平行，因为只有这样才能够体现“同心协力”的本意；同样的道理，由三个“人”字组成的部件，也一定是统一方向才能体现“万众一心”的用意，例如H26899 的下方的三个“人”字，上方的太阳符号虽然距离三个人字很远，但似乎仍能感受到众人协力向上的“势”。而对于另一类字，例如上中下或左中右结构的“災”字，以三条波浪线表示，这三条曲线都有两到三处转折，不论横写或竖写，它们的笔画和位置安排是彼此不协调的，例如H29363、H28434 和H27798，给人一种杂乱无章的感觉，这大概也与人们对于灾害的恐惧心理不无关系，因而故意在文字的构型上尽可能安排得很不协调。

4. 甲骨文有许多多部件字，各个部件的排列位置是比较随意的，当各个部件以不同形式安排时，也会使得字的宽度与长度之比发生变化，从而获得不同的效果。例如“毓”字基本上可

---

① “教”为贞人名，董作宾分期时尚不知属于哪个时期，并认为“将来从各方面研究，总可以找出他们的时代来”。现代对此类拓片看法不一致，李宗焜将此类拓片定在何组一类，但杨郁彦定为何组二类。

② 贾书晟，张鸿宾：《汉字书法通解．甲骨文》，文物出版社，2005 年。

认为是由两个部件组成的，由于在不同的环境中或组成上下结构或组成左右结构，这就会使得整字的外形发生很大变化。请看以下几个例子： H27321、 H27377、  H27456 正，两个部件的相对位置不同，就造成了不同的外形轮廓。“毓”字的两个部件应该是上下结构才比较合理，从所举四个字例看，前两个是上下结构，似乎更合乎生育的实际状态，而最后一个已经是完全的左右结构了，并且使得整字轮廓近于正方形。这种部件之间位置的变化，在甲骨文中是比较常见的，特别是在何组。这种灵活的安排方式在设计整篇文字布局时也许是很有用的。不过从总体上看，何组的上下结构的多部件字还是以上下安排为主，而且两个部件的距离一般较大，从而造成以纵向长方形为主的字形轮廓特征。

5. 单字所占空间基本上与笔画多少相关，即笔画越多的字所占空间越大。这就使得在一篇卜辞中，因为字大小的变化而显得活泼，也使章法布局处理更加灵活。例如《合集》27166 中的字所占面积是字的 7.5 倍，是字的 12.6 倍；《合集》30813 中的字为字的 5.8 倍；《合集》31410 的字是字的 9 倍。某些特别复杂的字就会占据更大的平面空间，这些字因其笔画繁多占据很大的空间而显得特别突出，例如 H27931、 H26630，在整篇卜辞中显得特别突出。

6. 由于甲骨文字并未达到完全规范统一的程度，同一个字的笔画常有非常大的区别，这一点在何组拓片中尤其突出，以至于对甲骨文不太熟悉的人可能将他们看作两个不同的字，例如“翌”字就属于这种情况。以下是从何组拓片中选取的“翌”字： H27213、 H27220、 H27265、 H27456 正、 H27297。前四个是单部件字，最后一个是由两个部件组成，只是具体写法不同。这几个字例中应该注意的是，对于“昆虫翅膀”形状的描绘形式，虽然各不相同，但都能较形象地描绘，也就是说，具有很突出的“写意”性质。又例如“女”“母”“每”等字的基本造型是“女”字，在何组卜辞中可以找到多种不同的形态，以下四个字（或部件）、、、无论是“身体形态”或“双臂”的姿势，都有很大区别，但是读者肯定都能正确理解其代表女性的含义。字形笔画不规范的特点，给甲骨文书法创作提供了更多的选择，我们可以根据整篇文字布局之需要适当选取。

总之，何组字形轮廓以纵向长方形为主，但在不同的刻辞中受到骨片面积的限制以及布局的考虑，其长宽比并不一致。对 12 个“何”字进行测量发现，长宽比最小为 1.189∶1，最大为：2.457∶1，虽然均属于纵向长方形，但比值几乎相差一倍。此外还需注意表示兆序的数字有时是横向刻画的，例如《合集》26907 的，将“五”字横向安排，这是极特殊的情况，并不多见，而且其他数字尚未见到横刻的现象。

二、非对称性

即便是在结构上为左右对称或上下对称，在书写时也会尽量地打破对称性以求得在造型上的变化。例如 H27865，下部中间一竖明显偏左，似乎是左侧斜画的分支，甲骨文的“不”字，从结构上看应该是对称的，但何组的“不”字虽然各不相同，但都不会是左右对称的，如 H27866、 H27861、 H27862 等。又如“未”字 H31482，从中间竖画两侧分出四个斜画，这四个斜画本来是左右对称的，而实际在长度、角度上都不对称，而且与直画的交点也不一致。其他几个如 H22885、 H31310、 H30814，在形体上虽然有很大差异，但都具有非对称性。这四个“未”字的共同之处是中间一竖都是直线且不弯曲，但向四角伸出的四个笔画却是不同的，上面两画在开始时与竖画的夹角大于下面两画，但随着向上的延伸会向中间收拢与中间竖画平行，甚至略向中间集中（如 H30814 拓片），向下的两斜画与竖画夹角比较小，一般也比较短。何组的“大”字很特殊，与其他各组的差别较大，以《合集》27116 的字为例，虽然也是一个正面站立四肢伸展开的人的形象，但似乎略向一侧扭转，且重心偏于一侧，所以四肢与躯干的夹角均成小角度，而且由于扭转使得两个上肢的高度以及与躯干的夹角也有细微变化，躯干与一个下肢（或左或右）连接成一画，另一下肢单独斜出，而且角度是不对称的，如果与宾组的“大”字 H6142 相比，其差别可一目了然。《合集》27863 的、字分为上下两部分，按照字的结构应该上下对称，但在何组拓片中的这个字几乎找不到对称的，字形的整体或倾斜，或弯曲，或错位，而且上下两部分的倾斜角度也是不一样的，上下两部分的中轴线并不重合，有时甚至于不平行，于是就有了千变万化、丰富多姿的形态。再分析使用较多的“其”字，以 H26899 和 H27221 为例，边上两竖画虽然基本平行，但高低明显不同。特别还要注意的是中间两个斜画也不对称，除了角度和长度不同外，一般的情况是交叉点也不在正中，正是这非对称的交叉，才使得整个字显得活泼。再如 H29738，除上面一斜画外，其余各笔画在结构上应该是左右对称的，但在实际书写时却并非如此，首先中间竖画倾斜并略有弯曲，其他几个笔画的位置、长度、角度均不一样。

以上所举实例仅为一部分，实际上即使同一字在不同的卜辞中的书写形式也不尽相同，但其非对称性的特点是一致的。例如“酉”字的变化也是多样的，例如 H31358、 H27385、 H26639、 H31464、 H31354，不仅字的笔画结构有差异，更要注意他们在书写时各自不同的扭曲以及非对称性。

三、大部分字的重心居中

从笔画排布角度分析，何组大部分字的重心居中，少数字具有重心偏上或偏下的现象。典型的例子是“貞”字的结构。在宾组、出组“貞”字两边的竖画常常是写得很长，而两个横画及四个斜画都集中在上部。比何组晚的黄组的“貞”字，横画和斜画也是多偏在上部，两边的两个竖画不平行，上部靠拢，下部向两侧分开，这就使得整个字形比较平稳。在何组中虽然也有类似出组的构型，但还能见到许多“貞”字的中间笔画都安排在两竖画的中部一带，使得整字的重心基本上维持在中部。例如 H26953、 H27086、 H27221、 H27458、 H30959、 H31324、 H27677、 H26899 等就是典型，其中前四个字还显得十分草率，两个横画和四个斜画在中部紧紧地挤在一起，有时还会省去一两画，而最后一个字的重心甚至略偏下方。又如“其”字的两个斜画集中于下部，本来会使得重心下移，但是由于上面两个十分厚重的短横画的存在，又使得整字的重心上移，基本上维持在中部，这从 H27220 和 H27221 都可以感觉到上面短横画的作用。对于有一些字本来就是笔画集中于下方的情况，其重心当然会偏向下方。

当然，如果字形本身的笔画构成是具有明显重心的，则何组在书写时也会遵从这一规律。典型的例子就是“丙”，字形本身就是把笔画都集中于上部，不过两边竖画的支撑，使得整字是稳定的。但是有的字就会显得“头重脚轻”，例如 H28325、 H27715，其重心偏于上方就很明显。又如前面所举的“若”字，由于上方笔画多而且密集，所以重心明显在上面。

四、关于稳定性

按照现代书法的一般规律，不论一个字的重心在何处，其稳定性总是必需的。虽然也有时故意造险，但必有补救措施。而在甲骨文中有时却不遵循这一法则，例如“若”字，《合集》27200 的比较稳定，而《合集》27110 的和两个都很不稳定，不但“头重脚轻”而且最下方的“支点”偏于一侧，大有倾倒之势。考察《合集》27110 拓片的布局（图 5－1 为下边一段卜辞），两段卜辞均为三行右行，卜辞文字的分布大体上构成一个不等边四边形，右上角向上仰起，而两个“若”字，均在此位置，故而形成向右上方伸展的态势。这或许是章法布局的考虑。

图 5－1

第四节　何组书体的章法

受龟甲或牛骨形状的限制，就整版而言，在牛肩胛骨上各行文字排列多为上紧下松的放射状（某些龟甲上的文字还形成圆弧状）。这一特点甚至影响到了某些局部，在何组卜辞中，常可见到由三、四行文字组成的卜辞，排列成上窄下宽的近似于梯形的布局。如《合集》27166 和 27424 等（图 5－2）。不过在牛胛骨边沿骨质较好部分的刻辞一般会比较规整，因为这里骨密度均匀，所以文字都比较小，排列也相对整齐，各段卜辞会顺势自下而上地规则排列。

何组刻辞多数为左行多行或右行多行，少数为纵向单行，在字数极少的情况下有时也会出现横向单行的情况。何组材料以牛骨居多，因一片牛骨的骨质密度、厚薄是有变化的，在不同位置的文字安排具有不同的规律。在骨片边沿由于骨质较密，可以记录多条刻辞，行距很小，从下方开始逐条向上分布，每一段为左行或右行多行，每一行的字数一般在四到五字，一段卜辞占有二到四行不等。在骨片中部的刻辞则行列不十分明显，行距也比较大，这大概与中部骨板较薄、质地较松有关。《合集》27321（图5－3）就是典型的例子，在左侧以很小的字体安排了七段卜辞，行与行之间十分紧凑，排列基本整齐，右侧残破较多不能说明问题，中部只是零星刻几个字，而且不成行。另一个例子是《合集》27456 正（图 5－4），右侧一长条自下而上四段卜辞，均为右行多行，字距大于行距的特点也是明显的；左侧就是骨板较薄的部分，在左侧中部有两条内容完全相同的卜辞，都是两行，但最左边一条的行距比字距大得多，这有可能是骨板较薄密度较小的缘故。另外在甲骨刻辞拓片上常可见留有大片空白，例如《合集》27574、26630、26975 等，极端的例子是《合集》31310（图 5－5），在一大片骨板上，仅在右侧上方刻有两段卜辞，其余为空白。这种现象大概主要是受骨板材质所限，因为当时可供契刻的材料不可能十分丰富，所有的刻辞都是很小的字，以尽可能地节省空间，不可能故意留下大面积不用，更不可能故意为后人“留下无限的想象空间”了。不过这样的安排，以今天的美学角度审视，有时也能得到一些启发，可为创作提供某些参考。根据各类卜辞布局结构，可从以下几个方面分析。

图 5－2

图 5－3

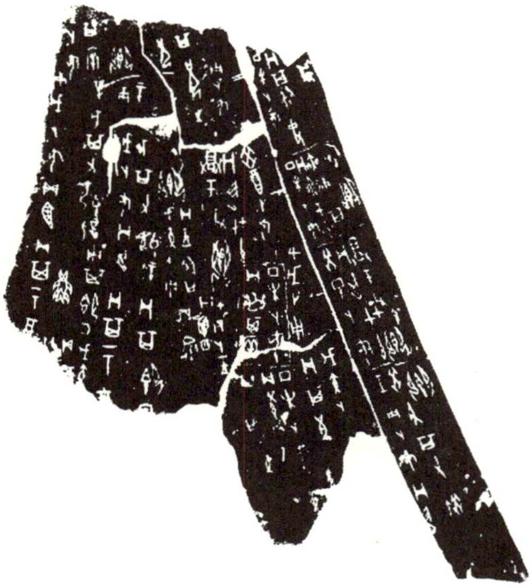

图 5－4

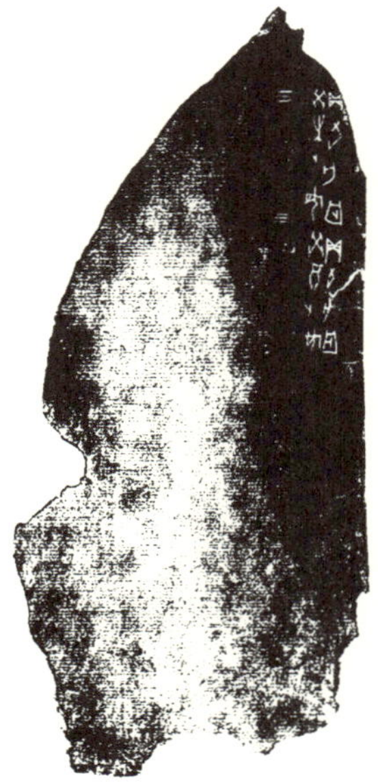

图 5－5

一、行距小于字距

何组卜辞大部分是多行的，如果整篇卜辞中各行都比较规整，则多数卜辞的字距大于行距，极特殊情况字距甚至大于一个字的长度。典型的例子是《合集》27726、27265 和 27607（图 5－6），《合集》27726 两行文字的上部“丁”和“酉”的距离以及“贞”和“翌”的距离都特别大，几乎与下面的文字不相干。《合集》27265 是一片长条骨板上端刻写一段卜辞，三行，行间紧凑，特别是上部更紧凑，仅在中下部两个笔画少的字之间有一小块空隙，这是因为最下面的两个字“彭”和合文“祖丁”笔画多，字形稍宽造成的。《合集》27607 左右边一行两个字“又”和合文“司母”拉开很大距离，远远大于行距，甚至“母”字位置低于左行最后的“贞”字。如果将“又”和合文“司母”按常规距离安排，本来两行的下端是可以取齐的，但此处故意使右边一行末端下垂，而在中间留下一个空白。又如《合集》27456 正（图 5－4）最右侧一长条，这是牛骨质地最密的位置，所以各段卜辞安排紧凑，字形也比较规整，几段卜辞都是多行右行，行间距都很小。类似的例子还有《合集》28433 及 31310 等。

27726

27265

27607

图 5－6

二、对于整块骨板的计划安排

图 5－7

殷商时期刻在甲骨上的每一段卜辞所占用的空间和位置，有许多都是事先规划的，在何组的卜辞中这种现象十分明显。《合集》27148 是一片牛胛骨的上部，黄天树先生将其归入何组一类的标准片[①]，在该拓片的右侧有一行事先刻好的几段前词："癸巳卜何"，这是将占卜时间和贞人事先安排好位置，并且在他们的右侧预留了刻写具体占卜结果的空间；《合集》26975（图 5－7）的下半部分已经刻好几段完整的卜辞，而上半部分已经事先刻好了四段卜辞的前词："庚申卜何"，而且还将兆序也刻在每一段的左侧（其中数字"五"横刻），这两个拓片表明每一段卜辞所占的空间，是在进行占卜之前已经安排好了的。还应该注意，各段卜辞是沿着牛胛骨弯曲的边缘顺势从下而上的。如果只看该骨板上的前词，我们会发现它们从上到下形成一条弧线，正好与骨板的右侧边缘平行。之所以事先将占卜时间和贞人刻在骨板上，显然是为了保证刻辞布局与骨片形状的协调。这是非常聪明的技巧，也说明古人在充分利用有限的胛骨面积以及尽可能使刻辞布局美化方面，是下了一番功夫的。由此我们也就容易理解为什么在骨质较好的部分，多段卜辞总是从下到上均匀分布，每段所占空间大体上相等的原因了。这两个拓片上的字迹虽然比较草率，特别是《合集》26975 甚至有缺刻现象（"貞"、"其"二字），但从对于整版胛骨的空间分配上看，其布局却是有计划的和严整的。因此当我们欣赏或分析一片较完整的甲骨文拓片时，应该先宏观地从整版的布局入手，甚至可以将整版视为一个字来考虑，这是甲骨文书法布局的突出特点。

何组使用的骨片以牛胛骨为主。牛胛骨上窄下宽，呈一个接近三角形的梯形，而且边缘部分骨质密度高，所以一般而论，在两侧经常是刻写多段卜辞，排列较为规整地向下方两侧顺势斜出。在左侧的卜辞一般为多行左行，如《合集》27321 和 26654，而右侧多为多行右行，如《合集》26975 和 27456 正。每一段卜辞文字大小相差不太多，而由于骨片下部较宽，所以下面的卜辞字体比上方略大，从《合集》26975 是可以明显看出这一点的。处于胛骨中部的文字通常比较散乱，《合集》27321 的中部骨质很差，残存已经不多，但从仅存的这一部分看，上面也只是零星刻着几个字，并无规律可循，不成文，似乎是习刻。而该拓片的左边沿整齐排列 7 段完整的卜辞，右侧（仅存下半部）也已经分为 4 段，以备补充刻写完整的卜辞，可以看出契刻者的最初用意。

---

① 黄天树：《殷墟王卜辞的分类与断代》，科学出版社，2007 年。

第五节　何组拓片赏析

一、《合集》26899 赏析（图 5－8）

图 5－8

这是一片牛胛骨，上窄下宽，所有文字依骨板形状安排，不同位置的字体方向也不同。整版文字书写活泼，多用弯画，例如“用”字就极有特色，除了两侧竖画故意向两边弯出，中间一竖也是弯曲的，特别是横向笔画的处理很有特色，除了纵向排列不均匀外，下面两画不但挤在最下方，而且故意写得不完整，以制造出活泼、灵动的效果。同样，几个“貞”字也多有省笔，横向笔画的安排也各不相同。此外整版文字力求打破对称与平衡，文字大小相差悬殊，疏密变化丰富，也是其重要的特点之一。右侧一长条相对规整，字间距较小，虽然“貞”“其”二字缺刻，但在文字安排上，是比较仔细的，从几段卜辞的第一行“癸亥卜，口，貞于来日……”看，这些文字排列成很直的一行。左侧有两条完全相同的卜辞：“頁其報。今视亡尤”，但在安排上有很大差别，虽然两个句子中相应字的态势基本相同，但在排列上却相去甚远。中间部分星罗棋布地将一个句子（贞其令马亞射麋）的每一个字分散于其中，如果不参照释文，几乎无法认读。但由于对象形字的精心刻画，使得“麋”字成为一个十分醒目的视觉中心。

除此以外，整版的空间布白也是值得注意的。殷商时期生产力并不发达，供契刻的材料不会十分充裕，所以我们能够看到许多甲骨上密布文字，各条卜辞之间并无很大空隙。而这一版却十分有趣，两侧和中间上部文字排列较密，中部文字较散乱，整版留有大小不等参差错落的几处空白，使得版面活泼而灵动。

如果将此拓片从书法角度做整体观察，其整版的经营布置以及轻松活泼的笔触，都会给人以天真质朴、赏心悦目的感受，如果仅从美学角度欣赏，将其放大作为厅堂的装饰，亦未尝不可。

二、《合集》27166 赏析（图 5－9）

这是一片不规则的五边形骨片，这样的形状应该不是原始契刻时的样子，是大块骨片破碎之后的残留，但中间的卜辞是完整的。我们仅就此版现存状态从书法布局角度进行分析，或许对于不规则边界的书法创作有一定参考价值。该版卜辞刻法特殊，“王”字倒刻，“申”字横刻而且与一般结构不同。整版仅十字三行，竖行右行。上窄下宽的布局恰与骨片形状形成呼应，如果把处于五个顶点处的字连线，则可以画出一个五边形，其形状与骨片轮廓大体上相似。合适的布局，再加上对每一个字笔画线条的精心处理和力度的控制，所能达到的效果就是在很小的面积上，体现出大的格局。因为如果将此拓片按比例整体放大数十倍，并不会使人产生字形单薄、布局散乱之感。之所以如此，主要原因就是卜辞所占面积形状与边框形状的协调，其次是对每个字笔画的轻重粗细以及角度的把握十分讲究。第三行第一个字尽量向中间靠拢，而下面两个字则向外扩出，中间一行最后一个字故意写得很长，这正好与边框下边的尖端相适应，第一行最后一个字虽然没有向左斜出，但整字是向左侧弯曲的。再看每一个字笔画的处理，我们可以发现多数字的笔画是有粗细变化的。甲骨文拓片中有许多拓片的文字笔画粗细基本一致，这样的字形（特别是细笔画字）在放大之后，效果并不好。而这一版就很有特色，十分精细地处理每一笔画，在方向、粗细以及笔画端点处的处理都独具匠心，再加上与边框的协调，所以在整体放大之后，才不会有散乱、单薄之感。

图 5－9

再从字间关系的处理分析，三行的第一个字紧聚在一起，从第二个字开始大幅度拉开距离，一直向下呈散开之形状。尤其注意“申”“王”二字，申字为右上左下斜势，如果王字正写，则正好可为倾斜过来的申字上半部让开空间，而本片的处理方法却打破常规，王字倒写，使得上面愈发紧凑，下部更加空旷，再加上第三行“庚”字的上部向左斜靠，在“王”字两侧就形成了两处较大的空白，而且一通到底。整版的结构就形成了上部很紧凑，往下很快就散开的形状。

这样的边框形状和文字排列，也许是巧合，因为我们并不知道最初的样子。但是就现状而言是有其可取之处的，因为今天书法创作并不都是在规则的长方形或正方形的宣纸上，圆形和扇形的书写边框是很常见的，更何况还有人故意制作一些不规则的书写边框，所以本拓片的实际效果也有一定的参考价值。

三、《合集》31329 赏析（图 5－10）

这一拓片由四段卜辞组成，每段均为两行八个字，上面三段卜辞完整，每段所占面积基本相同，但文字大小不同。从上面数，一、三两段字体较小，但行距、字距安排不同，二、四两段字体较大。特别注意中间两段，其最大特点是所有从右上到左下的斜画的角度几乎一致，这样做的目的可能是为了各个字之间的呼应，使整篇文字具有整体感。“何”的向下一长画不同于一般的写法是明显的斜画，使其与“旬”、“亡”、“丑”等字的斜画保

图 5－10

持一致，从而产生相互呼应的效果。还要特别要注意“丑”字的四个几乎平行的斜画的处理，与其他拓片上的写法是有区别的，尤其最下方一笔，甚至改变了方向。这一点对比同是何组《合集》26907 反的和就可以很容易看出。同样的道理，位于下方的“何”的最下一笔也是按照同一原则处理的。还应该注意的是，在甲骨文中有许多字是不分左右的，即“反正无别”的特点[①]。例如“旬”“亡”“丑”“亥”等字的方向是不分左右的，而此拓片中的这几个字的方向相同，从而使得主要斜画的方向保持一致，甚至在所包括的四段卜辞中，都是按照同样的方法处理，所以如果将这四段卜辞视为一篇作品，也同样具有很好的欣赏价值。这样做的目的应该是为了保持通篇文字的有序性。文字间的有序性即秩序，秩序的具体表现就是文字的态势应该基本一致，本拓片采取的方法就是有意制造出许多斜画的呼应。我们可以设想，如果把其中的某几个字的方向在不改变原有位置的前提下翻转，则通篇就会显得十分凌乱。然而秩序并不等于单调，在一篇作品中适当插入一些变化也是必要的，所以本拓片中的三个“卜”字的短斜画，都是向左上方斜出，从而使得整篇文字略显活泼。总之这是今天创作甲骨文作品时，可以参考和借鉴的手法。与此相似的是《合集》30553（图 5－11），主要斜画的倾斜方向一致，而“卜”字斜出的一笔方向的处理方式也是相同的。此外还要看到，“丑”字之所以如此处理，是为了与“旬”“亡”二字斜画相一致，这是就特定文字环境而产生的变化。对比《合集》27456 正（图 5－4）右下角的“丑”字，就会发现其处理方法的差异。这里的“丑”字向右下方的斜画与下面“又”字是一致的。其目的依然是为了保持整版文字的秩序，只有这样，整篇文字才是统一、协调的。

图 5－11

四、《合集》27424 赏析（图 5－12）

此版包括一段完整的卜辞，（己亥卜．何．勇翌庚子彳歲其征于父庚）共 4 行 14 字（不包括兆序），竖行右行。行与行之间上紧下松，其总体布局呈梯形，这也是甲骨文卜辞常见的排布格式，由于牛胛骨上窄下宽的形状造成的甲骨文字排列上紧下松的格局，居然影响到了一小段卜辞的排列！笔画以直画为主，较为规整，但大小差别明显。文字分布基本按行排列，最后一行两个字（“于”字和合文“父庚”）拉开很大距离，填满一行的长度，形成“顶天立地”之势。这种现象在何组拓片中比较常见，也是该组空间布局的特点之一，同样的例子可见《合集》28434（图 5－13），右侧最后“亡災”二字的处理方式也是“顶天立地”。一般情况，只要最后一行剩下两个字，多按此法处理，如果只剩下一个字，则或在最上方或在最下面，甚至

图 5－12

① 贾书晟，张鸿宾：《汉字书法通解．甲骨文》，文物出版社，2005 年，第 14 页。

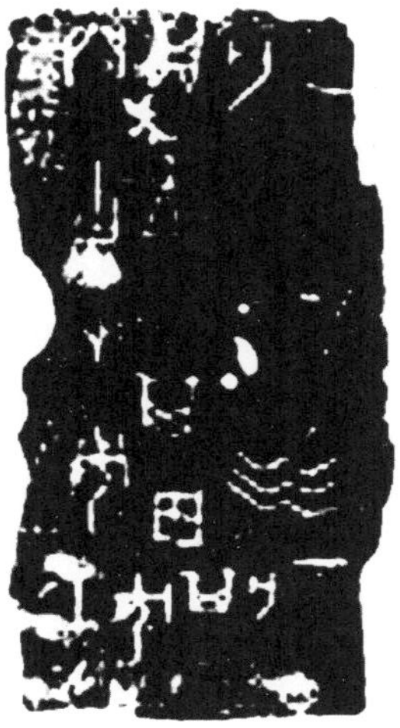

图 5－13

下沉到低于任何一行最下面一个字的位置。对最末一行的处理方式，是现代书法作品所鲜见的，但今天我们在创作甲骨文书法作品时，参考这样的布局，也未尝不可，或许还能给人以耳目一新的感觉，而收到意想不到的效果。

本版文字横竖直画较多斜画较少，如“己”、“岁”、“子”、“于”、“庚”等字，多数直画都是横向或纵向，横向基本水平，纵向基本垂直，所以字间是协调的，这恰如《合集》31329（图 5－10）的斜画都按相似的角度处理的效果。

从文字布局分析可以发现，多行卜辞的每一行最上面一个字的安排是比较规整的，笔画清晰，距离也比较近。这应该是此一时期卜辞的特点，每一行的顶端文字总是靠得比较近，例如第一个字“己”，故意将横画向右拉长，和右面的“贞”字靠的很近，而“卜”字和“庚”字的间距就比较大。特别注意“卜”字的斜画，不仅向左伸展以使和右面的字分开，而且也比一般情况要长。越往下面就越松散，字间距、行间距都有变化，从而形成一些不规则的空白。本篇卜辞的文字好像从中间分成两部分，每一行的上面两个字与下面两个字的间距逐渐增大，到最后一行形成极大的开口，但是由于行气的贯通，仍能给人以一段完整卜辞的感觉。

此外，整版笔画厚重、沉实，也是这一篇卜辞的特点。所有笔画都挺拔有力，而且每一笔的两端的处理都很到位，交代得很清楚，两笔的衔接处也处理得恰到好处。说明这是一篇认真设计和契刻的卜辞，其整体结构以及每个字的处理，都值得参考。

五、《合集》27221 赏析（图 5－14）

这是一篇十分规整的拓片，每个字的每一笔都十分到位，笔画的粗细、虚实、角度交代得很清楚，而且字口清晰，便于临习。每个字所占空间，基本上由笔画多少而定，虽然看似随意，但总体上的效果是整齐的。然而整齐并不意味着均匀排布，适当的疏密变化有利于作品的整体视觉效果。例如两段完整卜辞中笔画最少的两个字“卜”和“乙”，分别位于两行的同一位置，而且因为是少笔画字所占空间都很小，但作者还是故意将他们的距离放大，这样就制造出了较大的空白。在书法作品中，空白处的安排至关重要，如此处理就会使得整篇文字的分布避免单调。还应注意，“卜”字和下面的“何”字，以及“乙”字和右下方的“其”或合文“祖乙”的距离也是有意拉开的。这样处理的效果就使得整篇文字的布局有了疏密变化，也是合理的。因为在其他地方字距、行距都很小，特别是在几个笔画较多的字之间，更是如此。从拓片上所能见到的两篇完整卜辞可以看出，它们

图 5－14

都是完整的三行，即所有文字充满了所占空间的每一行。这样的结构如果将所有文字写得一样大小，均匀排布的紧凑结构，就会让总体上的感觉是死板、沉闷，适当的空隙会打破沉寂，从而增加一些活泼的元素。而甲骨文恰恰具备这一条件，不论哪个时期，每个字所占空间基本上都是大致与笔画多少成比例的。这就为字间、行间形成一些空隙创造了条件，也是这一篇具有总体上整齐划一，但并不呆板的原因。

从笔画形态上看，这一篇与《合集》31329（图 5－10）、《合集》27424（图 5－12）的差别也是明显的。前两篇的直画，无论横竖或斜画，都是粗细一致而且显得特别挺拔有力，这一篇则不然，仔细观察会发现多处笔画粗细有变化，而且也有一些自然弯曲的笔画，例如、、等字。这大概是由于本篇文字中有这样本身带有弯曲笔画的字形，为了取得一致，才对其他文字做了相应的处理。

以上仅就何组众多的拓片中选取几版供读者欣赏，其实在结体、章法上具有特色的还有很多。总之，甲骨文卜辞都是契刻在龟甲、兽骨上的小字，而且骨板不同于今天书写用的纸张的形状。所以当我们欣赏一片甲骨文拓片时，首先要从整版布局观察，然后再从各行之间的处理以及每个字的风格去欣赏，才能体会到这古老文字之美。

（李颖伯）

第六章　历组书体综论

历组卜辞这一名称，是由李学勤先生首先使用的，在甲骨学界并未得到普遍使用。它实际指的是董作宾五期断代中的武乙、文丁卜辞。这些卜辞绝大部分没有署贞人的名字，只有二十几版署有“⿱秝止”（歷）的名字，李学勤先生便以“歷（历）组卜辞”称之，以与另一部分“无名组”相区别。

在“历组卜辞”中，从字体上来看，又可分为两类，一类字形较小，笔画较细，有一种圆润感，林沄先生称之为“历组一类”，黄天树先生则直接称为“历一类”；另一类字形较大，笔画较粗且有力度，表现出粗犷的阳刚之美，林先生称之为“历组二类”，黄先生则称“历二类”。黄先生还依字体分出一类“历草体类”。

“历一”卜辞中出现较多的“父乙”称谓（也有个别“父丁”称谓），“历二”卜辞中出现较多的“父丁”称谓（也有极少数“父乙”称谓）。在断代研究中，以李学勤先生为代表的学者认为，“历组卜辞”是武丁晚期至祖庚时期的卜辞，即其中有“父丁”称谓的属祖庚卜辞，有“父乙”称谓的属武丁卜辞。而以肖楠（参与小屯南地甲骨的发掘与整理的学者的集体笔名）先生为代表的学者，不同意将这些卜辞称为“历组卜辞”，从出土的地层关系来看，是属于董氏第四期的卜辞，其中有“父丁”称谓的是武乙卜辞，有“父乙”称谓的则是文丁卜辞。所以仍以“武乙、文丁卜辞”称之。在学术论辩中，有时为行文方便也使用“历组卜辞”的指称。

这次学术论争，从二十世纪七十年代一直持续到现在，仍未得出最终结论。我们目前的论述不涉及断代问题，只是从书法的本体出发来讨论这类书体的艺术规律。所以，无论将来断代论争的结论如何，都不会影响我们的研究结果。

如上所述，历组书风可细分为历一历二；历一还可分历一甲，历一乙；历二也可分历二甲，历二乙等。但虽有细别，精神确是一贯，“其书法纵横行列，沉厚纯重，笔尚方折，斩钉截铁，古健丰腴，遒劲雄伟。结体自工整而致险绝，用笔奇峭飞逸，沉稳而不失流动的意趣，具有跌宕野逸豪放古拙的风格”、“历组书法则显然进行着破结构之规矩而出的新的结体的创造”[1]。其中尤以历二最为显著，所以本书分析的历组书体，实际就是指历二这一类。

---

① 冯时、刘一曼：《甲骨文的书法艺术》，《中国书法全集·Ⅰ甲骨文》。

第一节　历组书体的文字特征

在分析历组的书体之前，为了对历组字体的字形结构与体势有个感性的认识，我们选了一些典型的字与其他类型的字做对比。资料取自《甲骨文合集》，在选字后标注的数码为《合集》的编号。

首先我们来看“人”字

书　体	历　组	宾　组	何　组	黄　组
字　形				
来　源	H33002	H00005	H26907 正	H36181

人字是一个象形字，象征一个伸出手臂侧身站立的人，历组的人字，位置正，由两笔构成，头和躯干连成一笔，中间有两次硬的转折，第二笔为人的手臂部分。其他各组虽然也是两笔，但顺序不同：宾组笔画的顺序是，头至手臂为第一笔，身至脚为第二笔，而且都有一定的曲度；其他几组两笔的刻法虽与历组同，但都有一定的曲度。

再看“允”字，处理手法与人字一样，历组比较正，由几个线段构成的两条折线组成，宛如“骑马蹲裆”的姿势，而其他组的线段都有曲度。

书　体	历　组	宾　组	出　组
字　形			
来　源	H32978	H00098 正	H22782

有“人”字部件构成的字，在历组中都是用上面的手法处理的，从下表列出的字可以看到这一特点

书　体	历　组	宾　组	出　组	何　组	黄　组
比					
	H32615	H00032			
北					
	H33030	H00137			H36975

续表

书体	历组	宾组	出组	何组	黄组
千					
	H32009	H06409			
羌					
	H32034	H00139 反	H22547		
育					
	H32635	H19066	H22656		H35438
及					
	H33017	H00566		H28011	H36425
眔					
	H31990	H00046 正	H22537	H26882	H35343
先					
	H32307	H00040			H38731

羌字在历组中，增加了“枷锁”部分，这是历组与别的组不同之处。

当一个字是由正面的“人”的部件构成时，历组也有其特色。如“大”字，在历组中两腿的“膝盖”是不弯曲的，如H32329；而在宾组中，两腿的膝盖是曲折状，字形为H11503。类似都是这么处理。见下表：

书体		大	立	亦	爽	舞	并
历组	字形						
	来源	H32329	H32227	H32035	H34322	H32986	H32888
宾组	字形						
	来源	H11503 反	H07363	H11502	H03506	H07690	H00052

历组有些字在取势上也有所不同：

"囚"字，在宾组中绝大多数情况下都是："人"在方框中取侧面，且头露出来，如H10406反；而在历组中取正面，头不露，H33007。

在历组中，字的组成部件常采用短线段形成折线的办法处理，比如在上表列出的"育"字下边的"子"字部分；"衆"字的"人字"部分以及"先"字的止字（）部分都是如此。"止"是由5条直线段组成的，用""作为部件构成的字很多，历组几乎都是同一风格。见下表：

书　体		历　组	宾　组	出　组	何　组	黄　组
出	字形					
	来源	H32030	H19328正	H22742		
往	字形					
	来源	H32989	H10405正	H23787	H27929	H36366
延	字形					
	来源	H32138	H12764正	H22587	H27346	H36426
途	字形					
	来源	H32229	H00068			
追	字形					
	来源	H33017	H00566	H24554		
逆	字形					
	来源	H32035	H00567		H2690反	H36475
降	字形					
	来源	H34712	H11423			
逐	字形					
	来源	H33372	H10405正			

在字的笔画有转折的情况下，历组以外的其他组别多用曲线处理，而历组则常常用“硬”的折线来表达，以下举“曰”“告”“旬”“西”“云”“岳”六个字为例：

书体		历组	宾组	出组	何组
曰	字形				
	来源	H32869	H10405	H24980	
告	字形				
	来源	H32415	H06063 正	H22782	H29727
旬	字形				
	来源	H34735	H00094 正		
西	字形				
	来源	H33209	H09744	H26757	
云	字形				
	来源	H33273	H13404		
岳	字形				
	来源	H33293	H10069		

“曰”字与“告”字在下边两线相交接处，历组几乎都成直角，而别的组常常是圆转的。“旬”字历组的长笔用折线连接的写法与其他组的不同是显然的。

历组的某些字取势上与别类有区别还体现在：

“族”字，历组中旗帜部分往往是向上或平飘，如： H33017， H34132， H34135。而宾组中往往是向下飘，如： H14912； H14915。

“祭”字宾组中“肉”的部分一般在平侧，如： H01051， H15023。而历组中，该部分是放在下边的，如： H32625。

“不”字，宾组中常有三种字形： H00223， H00895， H01051，在历组中，主要字形为  H32108，部分是 H32113，而几乎没有宾组中的第一种形状。

在历组中“月”字与“夕”字不分，中间都不加短竖或短横。如在《合集》32216 中释作“月”字，而在《合集》32578 中却是“夕”字。

在宾组中常出现的字历组中没有看到。

至于“云”字，历组的写法很多，其中一种如表所列，上面两笔竖写，则是历组所独有的。

“岳”字在历组中也有很多写法，如下所列，笔画有繁简，其中 H 33293 中下边的山字部分只用两笔是最简单的。

字形						
来源	H33293	H34210	H34198	H34211	H34212	H34218

与其他组类相比，历组中很多字的笔画更加简化。如爽字：

书　体	历　组	宾　组	出　组	何　组	黄　组
字形					
来源	H33654	H03506	H23325	H27177	H36251

再如“藝”字

书　体	历　组	宾　组	出　组	何　组
字形				
来源	H32992 反	H02920 正	H25898	H28809

“帝”字历组中不少地方的写法与其他组区别不大，如： H34147，但还有更简单的写法，如： H32190， H32012。

一些象形字在历组中更加简单化线条化，简化和线条化是文字发展的必然。鲁迅先生曾说：“将形象改得简单，远离了现实……不过那基础并未改变，天差地远之后，就成为不象形的象形字。”（《门外文谈》）从象形到不象形是文字的一大进步。

下表给出了历组中几个表动物的字与宾组对比：

字	隹	犬	馬	象	虎
历组					
	H33256	H32030	H32994	屯 2539	H33612
宾组					
	H17055 正	H6537	H11035	H10222	H6654

但也有个别字历组中更加复杂化，如燎字在宾组中 H00410， H0136 反；而在历组中为 H32302， H32302。

以下我们再列举一些历组的特征字，读者不难从这些字中发现以上所描述的特征。

桒 H33277 H34102，丙 H32050，雨 H31974

伐 H31974 H32050，方 H31974，弗 H33273

高 H32087 H32302，蒦 H33230 H33234

亥 H31974 H33017，禾 H32028 H33249 H33277

河 H33273 H33277，乎 H3198 H3323

即 H34102，京 H33694，九 H32302，南 H33694

牛 H32302，若 H31983，丧 H32002，商 H32183

食 H33694，受 H31974，子 H33145 H33234 H34163

㞢 H31981 H32087，以 H31970 H32509，翼 H32176

尹 H31981，弜 H31995 H32134，在 H33145

第二节 历组书体的笔画特点

在看了历组的特征字后，对历组的字体有了不少感性认识，现在我们来进一步分析历组的笔法特点。乍一看以上特征字，得到的第一印象是清癯严整刚健险峻，在契刻方法（笔法）上有以下一些特点：

一、笔画坚挺有力，力度均匀。历组的笔画都斩钉截铁，无论曲直，首尾粗细相当。

二、奏刀简洁，多用方折。在曲率大的情况下，往往用连续的折线去体现。

如下表：

字	以	鷄	追	令
字形				
来源	H31970	H32509	H33017	H33017
字	旬	若	卯	子
字形				
来源	H33145	H31983	H32229	H32772

只有弯曲平缓，即几乎与直线相近时才用曲线。如：

滴H32035　河H33277

三、两线交接紧密

由于历组的字几乎都用直线段构成，当两线相接时，连接紧密，既不留接口，也不交叉。如下表：

字	田	田	牢	牢	高	弗
字形						
来源	H33218	H33417	H32137	H32412	H32087	H33273
字	庚	庚	丙	牛	其	其
字形						
来源	H33234	H33234	H32050	H32302	H32302	H33234

四、露锋与藏锋

中国字起源于象形字，契刻者在契刻时对刀锋的露藏是有所考虑的，比如植物的末梢出笔常用露锋，动物的毛发出笔也是露锋，见表：

字	𠦪	芙	禾	蒦
字形				
来源	H34102	H32050	H33240	H34293

而“豕”字（H32050）中的足部用藏锋，尾与鬃毛部分是露锋。“麋”（H35263）的足，（H33230）的足部，类似的都是用藏锋等等。H33017 族字的旗子飘动部分是露锋，杆用藏锋。

字	麋		豕	族
字形				
来源	H35263	H33230	H32050	H33017

但在更多的情况下，为了使版面更加活泼生动，字在契刻时似乎经常采用了露藏交替的手法，如图6－1《合集》31970。

在本图中可看到：如“衆”字露锋结尾，“翼”字则以藏锋开始。“章”字以藏锋结尾，下面刻“庚”字时，采用了露锋开头。要知道并非所有的“庚”字都是露锋开头的，如《合集》H32509 中的两个“庚”和《合集》H34102 中的“庚”是藏锋开头的。

可见此时甲骨文契刻者考虑的不完全是象形了，更多的是从美感出发来考虑的。

图6－1

第三节　历组书体的结体

历组的字大开大合放荡不羁，体现了对文字结体的一种新的探索，可以说是处于力求“险绝”，以达到新的平衡的探索过程中。

一、字形以长方为主

为了有一个确切的概念，我们来做一统计，量出拓片中每个字的高宽比。因为自金文以降至于今日之正楷，字的长与宽之比都小于 1.5：1，我们称之为方块字。所以下面的统计把 1 至 1.5 比 1 作为一类，大于 1.5：1 都属于不同比例的长方形.

以合集 H31970 的字为例，量得它们的高宽比于下表：

字	字　形	长宽比	字	字　形	长宽比
庚		2.8:1	貞		2.6:1
申		3.0:1	郭		2.6:1
卜		2.0:1	以		2.0:1
翌		2.2:1	衆		2.2:1
辛		2.6:1	田		1.6:1
攺		1.8:1	又		2.4:1
允		4.0:1	**戈**		2.2:1
攺		1.8:1			

大于 1.5∶1 至 2.5∶1 的字有 9 个；大于 2.5∶1 至 3.5∶1 的字有 5 个；大于 3.5∶1 的字有 1 个。在《合集》31970 中，最大的字是字，最小的字是字，最大字与最小字的长度（或说

高度）比为3。

如此共选取了19张拓片，统计这19张拓片496个字，得到数据如下表：

拓片号	高宽比						最大与最小高度比
	扁体	1－1.5∶1	1.6－2.5∶1	2.6－3.5∶1	3.5－4.5∶1	>4.5：1	
H31970			9	5	1		3
H31974	1		3	5	2	2	2
H31981			9	13	5	2	2.8
H32035右部		3	9	9			3
H32050			7	4	2		3.4
H32087		4	11	9			4
H32252	1	4	21	14			3
H32302		7	7	4			2.5
H32360		5	15	14	3		3.3
H32384	1	4	9	1			3.6
H32509		11	16	27			7
H33017	1	5	8	1	3		6
H33145		2	17	9	7		3
H33234		3	3	7			2.7
H33277			10	8	2		2.7
H33694		9	25	11			3.5
H34102	2	3	11	5			2
H34103		11	20	6			2
H34163	4	6	8	10			3.2
总计	10	77	218	162	25	4	平均3.3

在这496个字中，正方形和近正方（长宽比为1－1.5：1）只占15.5%，而长宽比大于1.5的长方形字达到409个字，占了82.5%。粗略地说，长宽比3∶1居多，有的甚至夸大到4比1以上（如《合集》H33017中的“令”字与H31974中“受”字长宽比都到了4.5∶1）。

令 H33017　受 H31974　餿 H31974　召 H33018

注意这里作比较时我们不采用扁体字，如“一、二”这类字做样本。

列表中最后一列给出的值是在每张拓片中最长的字与最短的字的高度比，它说明在历组的作品中字的大小变化甚大，在以下谈章法时再讨论。

二、重心靠近中心

现在我们来讨论重心问题，目的在于进一步分析甲骨文的内部结构。所谓重心准确说应该是质心，这是借用物理学的概念，表示一个物体内部质量的分布情况，比如一张高脚凳和一张椅子，高脚凳的质心必然靠上，而椅子的质心必然靠下。因为我们的讨论都是在地球的重力作用下，物体各部分所受重力的合力作用点就在质心上，也就是说质心是物体重量的集中点，所以经常把表达物体内部性质的质心说成重心了。讨论重心分布问题将与平衡的问题相关，平衡的问题是运动的问题，将留到讨论章法时再讨论。

求重心的方法最好也是最准确的方法就是按重心的定义来做，当重力作用在质心时物体只发生平移而不会转动。所以最实际的方法就是将拓片放大，把字拓到厚纸板上，刻下来，再将刻下来的字贴到一张质地均匀的薄纸上，用一根平顶的铅笔头去找，在平衡点字就不会倒伏（转动），这就是重心（图 6－2）。

作定量计算，以字的几何中心作为坐标原点，横轴为 X 轴，竖轴为 Y 轴，到边沿定义为 100。图 6－3 则可量出重心的坐标值。以后我们把这个叫作“字的坐标图”。

图 6－2

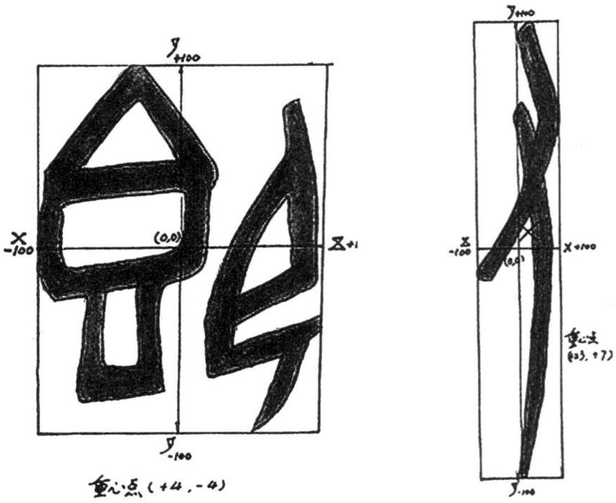

图 6－3

笔者选了 7 张拓片（H31970、H31974、H32302、H32050、H32360、H33234、H34102）进行处理，共处理了 65 个字。以 H31970 为例：

首先按字的边沿画出每个字的方框图，找到几何的中心点，以此作为该字的坐标原点，求出重心（图中画＋号处）后，就可量出各自重心的坐标值。实测 H31970 各字的坐标如下表：

字	x	y	字	x	y
	+5	-10		+5	+10
	+10	-5		-10	+10
	+10	+10		0	+15
	-5	+20		-10	-5
	o	+5		-5	+10
	+5	+15		0	-5
	0	-25		+10	+15
	0	+5			

用同样的方法对 7 张拓片的字处理后得到结论如下：重心大部分都在中心线附近，几乎就在 y 轴上的有 38 个字，占 58%，偏右 14 个，偏左 13 个。在 x 轴和 x 轴以上 45 个字占 69%，以下 20 个字占 31%，见图 6－5。弥散度就在图中所标的椭圆之内，将这 65 个字求出平均坐标为 X＝0.2，Y＝4.4（图中画三角处），也就是说：历组类字体的重心基本上在中心略偏上一点的地方。

图 6－4

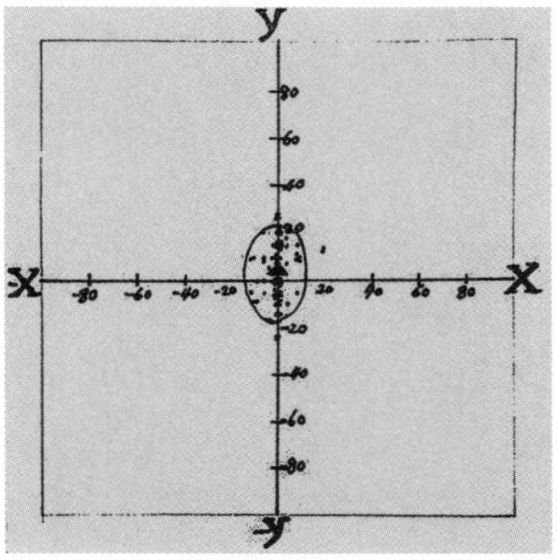

图 6－5

利用上面知道的历组字偏长和这里得到的历组字的重心基本上在字的中心这一特性，我们可以更好地来处理历组的字体，对于由左右部件或上下部件结成的字，为了使重心保持在中心部位，有必要将部件少的一方予以拉开或加大。如“令”H33017 把两部分拉开，为使重心在字的中心，上部分要远离。再如“召”H33018，特别将上面的刀部分加的很长，目的就在通过调整力臂使重心接近中心点。

三、对称中的不对称美

从重心靠近中心的分布来说，甲骨文是对称性较好的文字，自古以来人们都很重视对称美，对称美是一种端正庄严稳定和谐的建筑美，但和中有不同，绝对的对称就会显得死板。以“貞”字为例，打破了上下均齐，左右完全对称的格局，追求平衡中的不对称美。

字形						
来源	H33234	H31970	H31981	H31981	H32035	H33234
字形						
来源	H33145	H33035	H33017	H33145	H33145	H33145

又如“庚”字，本来也是完全对称的字，同样有和而不同之美感。

字形					
来源	H33970	H03398	H32384	H33234	H33234

四、内擫取势

这是历组字体的显著特点之一，比如用字：

书　体	历　组		宾　组		出　组	黄　组	
字形							
来源	H32360	H33696	H00268 正	H00562	H25914	H36002	H38762

从表中可看到历组中“用”字左右两竖都是向内弯曲的。

“酒”字：

书　体	历　组		宾　组	出　组	何　组	黄　组
字形						
来源	H32384	H34536	H13547 正	H23432	H26957	H35404

酒字的西字部分，其他书体都是向外扩，只有历组是向内挤靠。

“宗”字：

书　体	历　组		宾　组		出　组	黄　组
字形						
来源	H32360	H34102	H00334	H13547	H24955	H38226

历组的“宗”字与“用”字一样左右两竖都是向内弯曲的，其他书体则是平直或外扩的。

“祖”字：

书　体	历　组		宾　组	出　组	何　组	
字形						
来源	H32028	H32113	H00183	H23395	H27154	H27179

显然，历组的“祖”字是内摒取势的。这样的例证很多，这里不再一一举例了。

五、结构疏朗，舒展豪放

我们还是以列表对比来说明。如“令”字：

书　体	历　组	宾　组	出　组	何　组	黄　组
字形					
来源	H33017	H04853	H22539	H27887	H36518

可见历组中的“令”字上下两部分拉得很开，长宽比达到了 4：1。

“步”字：

书 体	历 组	宾 组	出 组	黄 组
字形				
来源	H35319	H06461	H23795	H36483

以下我们再举几例：

字	若			途		召	
书体	历组	宾组		历二	宾组	历二	宾组
字形							
来源	H31983	H02668	H05096	H32900	H06040	H33018	H08438

大开大合可以说是历组书体的特点之一。

六、左右结构紧凑和谐，排而不阔，向中见疏，背而不离

同样由以下几例可知一般。如“北”字：

书 体	历 组		宾 组	黄 组
字形			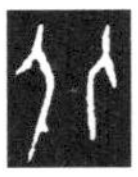	
来 源	H33694	H33050	H00137 反	H36758

历组书体的“北”字中间靠拢，成向中见疏背而不离之势。

又如“伊”字与“即”字：

字	伊				即		
书体	历组		宾组	出组	历组	宾组	何组
字形							
来源	H32229	H34176	H05792	H23562	H32886	H04676	H27456

不难看出，在上述两个字中，历组字的结体虽开阔，但部件之间更有一种靠紧的趋势。

可能由于在契刻过程之中，版面可以随时改变方向，左右笔画相互之间以及上下笔画相互之间没有发现有明显的差异，比如时而左高右低，时而右高左低等。

七、字形结构变化大

字形的变化，既是字法问题也是章法问题，从章法来说，字体变化使得版面更加生动，但文字在笔画上的增减以及结构上的调整是否表明历组阶段文字尚在不断演变发展之中。

这里只举几个字例予以说明。

“田”字：

H31970	H33218	H33218	H33211

这里列举了四种由简到繁的写法，在拓片中往往可以同时出现。

“惠”字：

H32616	H32235	H32020	H32550	H32578

“惠”字的写法还有很多，这里只列举五种有代表性的由简到繁的写法。

下面列举的是字形结体变化的例子。

“祖”字：

H32028	H32028	H32113	H32087	H32302

“宜”字：

H34208	H32028	H34165	H34165	H34165

历组在字形上的这种变化，冯时与刘一曼说：它表明“显然进行着破结构之规矩而出的新的结体的创造，书家大胆变更旧法独辟蹊径……”[①]，历组书体在发展上迈出了重要的一步。

① 《中国书法全集 · 1 甲骨文》，荣宝斋出版社，2009 年。

第四节　历组书体的章法

下面我们来讨论历组的章法，所谓章法就是要讨论刻辞在甲骨背景上的谋篇布局。

一、历组卜辞的布局与行款排列方式

历组所用的材料以骨板为主，大致说有以下四种典型的布局：

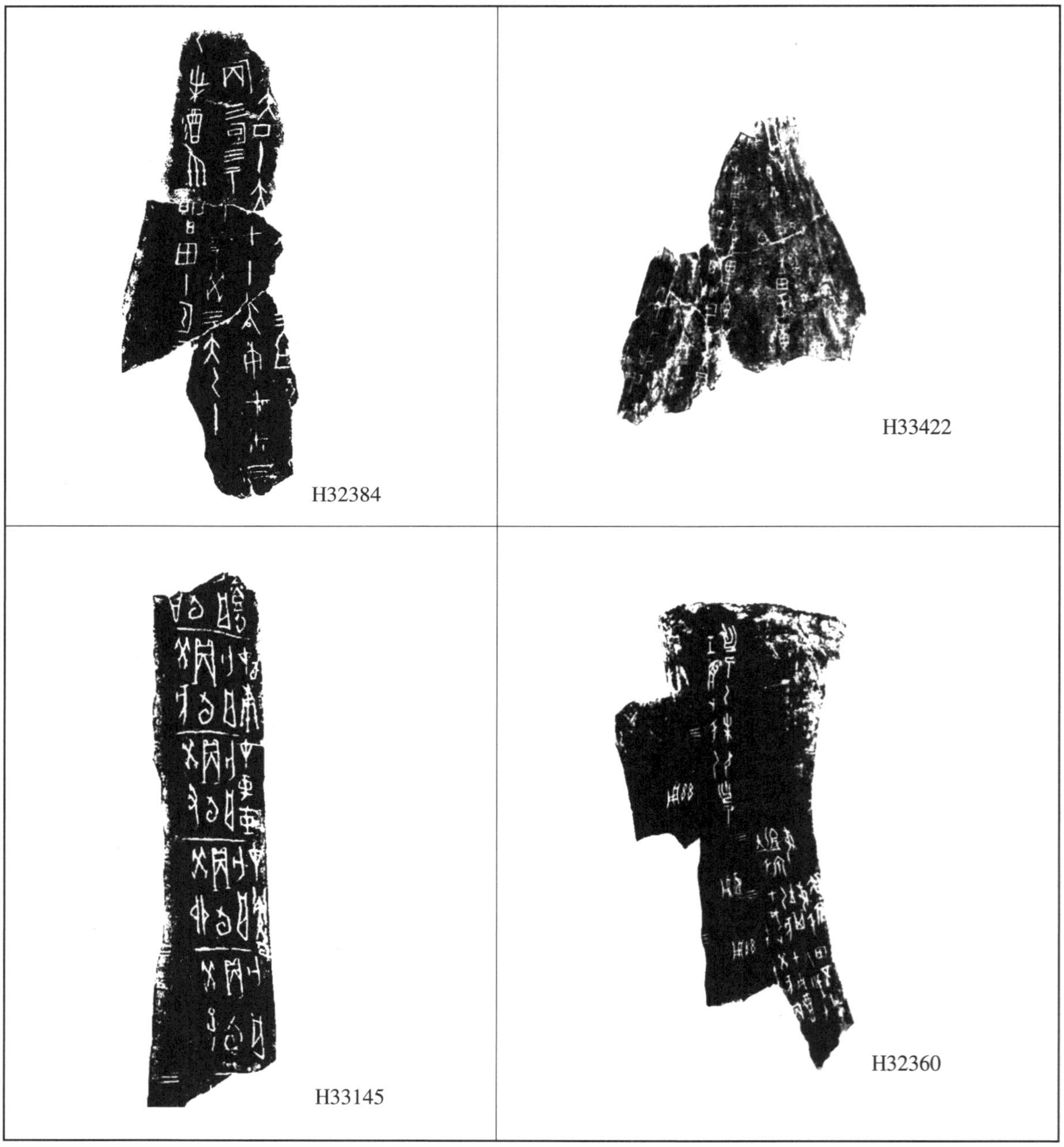

图 6－6　四种典型的布局

第一种如《合集》32384，整版只有一条卜辞，分多行。每行从上到下安排，行的排列由左向右也可由右向左。第二种如《合集》33422，刻了多条卜辞，都是自上而下排列。第三种如《合集》33145，每条卜辞排列成方块式，不同词条自下而上按叠罗汉式排列，之间或加隔离线或不加隔离线。第四种如《合集》32360，既有叠罗汉式排列，又有自上而下的竖排的长词条。顺便在这里介绍一下《合集》32384，这是一条非常重要的卜辞，对于历史有重要的贡献，是王国维先生考证的，可见到的字有43个，记录了对先王的祭祀，明确表达了殷王朝的谱系，由此可知《史记·殷本纪》的记载确有所本，刻辞世系排列顺序与《史记》的排列顺序略有不同，据此可纠正传本《史记》之误。

关于行款排列方式，历组刻辞与其他类甲骨文大致相同，但也有一些不同之处。历组刻辞基本上不带贞人，紧接着刻“干支贞”或“干支卜”三字。“干支贞”或“干支卜”三字的排列有如下表所列几种：

排列方式	干 支 贞 │	干贞 支│	贞干 │支	干支 贞 │	支干 贞 │	贞 支 干 │
例	H32028 第五条卜辞	H32028 第六条卜辞	H32028 第四条卜辞	H33234 第一条卜辞	H33346 第二条卜辞	H32696

1. “干支贞”或“干支卜”与卜辞刻在同一行（如H32028第五条卜辞）；

2. “干支”两字作为一行，或在卜辞左或在卜辞右（如H32028第六与第四条卜辞）；

3. “干字”作为单独一行，或在左或在右，“支贞”或“支卜”两字与卜辞相连刻在同行中（如H33234第一条，H33346第二条卜辞）；

4. “干支贞”或“干支卜”排成一列，“贞”字或“卜”字下竖接卜辞（如H32696）。

卜辞末了，不够一行时，余下的字往往刻在行末之侧（或左或右）。

二、历组布局的特点

历组拓片给人深刻的印象是大气，潇洒舒展，行距大，字距也大，由于字的大小相差甚大（见前面的统计）纵有行横无列，字间关系参差错落，各相其宜，气脉贯通，留白巧妙。

如《合集》31983（图6-7）

此拓片一共只有11个字，分为三行，第一行五个字，第二行四个字，第三行只有两个字．通过调整字的大小，形成了一个整体，看起来非常协调。“若”字在“衆”与“涉”之间，上部分向“衆”挤靠。“涉”字左部分穿插到第三行，往“若”字下部分挤靠，通过这三个字的迎让，使得行气关系贯通。这三个字与第一行的“卜”字之间留有大的空白，真有“疏能跑马”之感。

再如《合集》32360（图6-8）：

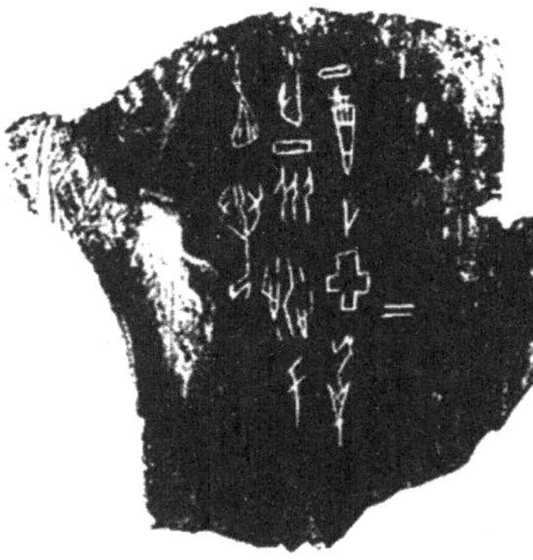

图 6－7

图 6－8

该拓片共有四条卜辞，一二三条位于右边，每条都以短行排列成方阵，虽然各自独立成条，但通过各自左边两行上下连贯，达到了既分段落又相互连贯气脉相通的效果。第四条由两竖行组成，自上而下愈靠愈近，最后集中到字，该字起到了四两拨千斤的效果。中间用几个“用”词将整版组合在了一起。版面的右上部大片留白，整版给人印象，有如一幅图画，阶梯自下而上，到了上面，一山峰直通上天，大有开阔通畅神采多姿之感。

图 6－9

再来看看《合集》33017（图 6－9）：

这篇同样很大气，我们特别看一下第一条。卜辞为“己亥贞，令王族追召方及于……”，“己亥贞”三字为一行，第二行“令王”两个字，“令”字拉得与第一行的“己亥”两字一般长，第三行是一长条，从“族”开始，一直刻下去，“族”字也加长，十分突出。而整版右边留白，使得整条卜辞活像在旷野中高举的一面旗帜，真有一股一直追下去的战斗气势。

三、字群的内部关系

1. 字的大小蹙展差异甚大。

在前面给出的 19 张拓片的统计中得到，在同一拓片中，字的大小变化很大，以高度来作比较，平均为 3.3 倍。其中《合集》32509 拓片，“鶨”字的高度与“甲”字的高度比，竟达到了 7 倍。字本身的结构也有蹙展伸缩的变化，有时对某些部件予以特别的夸大，而某些部件又加以紧缩，用笔奇峭飞逸，这种大放大收，给人以震撼。如《合集》33018 中的“召”，刀字部分，宛如瀑布垂挂，飞流直下。

再如在《合集》32035 右上角的第四辞条中，“逆”字占了两个字的位置（这里为一行），而“王”字缩得很小（），插在“于”字与“逆”字留下的空档中间（图 6－10）。

从整体布局看与其他条非常协调，从意义上是否是为了强调“逆”。

2. 巧妙造险

处理好平正与险绝的关系，是书法中的重要问题。所谓“险绝”，是欣赏者的主观感受，这种感受是来源于生活中的经验。当物体的重心过高，就给人一种不稳定的感觉。若重心偏高了支撑点，就会倒伏。历组卜辞的刻手，正是巧妙地利用这种手段，制造出一些“险象”，又借助于相邻字的呼应，“化险为夷”。如《合集》32302 中（见图 6－15）卜辞中文字的中心线按一定的方式欹斜排列，形成非常直观的运动感。正是这种欹与正，平与险，造成了动与静的对比，加上上下左右呼应达到了意态横生，气息畅达的效果。如《合集》32035 第一条中的“若”，下脚部分偏左，字的重心向右，如无右侧的“汎”字支撑，必然倒伏。下边“羌”字处于两行之间，通过这种穿插承接俯仰顾盼，使得整体既协调又生动。

《合集》31984（图 6－11）更是第二种情况的极端例子，“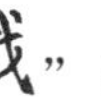”字将“从”部分写在一横之上，字的重心偏离中垂线，下边用“以”字支撑，显然是作者有意为之。

类似在《合集》33417 中（图 6－12）契刻者处理字，更有其妙处，该拓片共有 3 条卜辞，都以字结尾，在第一条中，该字的中心线是倾斜的，但重心落在右边的一竖的着力点上，形成了一种建筑美，在建筑中常将部件悬空构成一种如飞檐的惊险美，其实它的支撑力都过重心，如“”字。在第二与第三条中，由于是正的排列，则将左边的部件加长，直达水平面，自然就稳定了，如“”字。

图 6－10

图 6－11

图 6－12

图 6－13

《合集》34150（图 6－13）给出了另一个有趣的例子，拓片卜辞上条：辛未卜帝风不用雨；下条：庚午卜壬申雨允雨亦。两个“卜”字，都写得很小，“風”字在一般情况下为长方字，这里则写成了扁形。使得这拓片，行气贯通，特别有新意。

3. 字体结构多变化，使版面显得非常生动

在同一版中多次出现同一字时，每一次的写法都不同。如下一节《合集》32302（图 6－15）中，只有两个词条，可是“高”“祖”“于”“又”等有多个相同的字都有不同写法，使版面显得非常生动。

第五节　历组拓片赏析

一、《合集》31981 赏析（图 6－14）

该片有四条卜辞，一、二、三条在右边，刻成斗方形式，自下而上排列。第四条是长条，共分三行，刻在左边。

第四条左右隔行争让，第一行几乎成一条直线，但“乙”字偏外，留下空间让第二行的“令”字倾靠，由“亥”字将其支稳。“令”字以下四字基本上在一条与前行平行的直线上，但字上部分特意往左偏斜一些，留出空间给第三行的“受又”两字。“受又”连线成向左的斜线，与第二行构成了一个整体。“又  贞”三字形成的斜线与上边四个字构成了一个四边形。而第二行末尾字重心离开第二行而偏右边。使整个词条显得平整大方，行气流畅。

图 6－14

右边第一条每两字成一行，第二条字夸大占两个字的位置成一行，第三条“伊，往，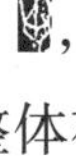，”每个字成一行。从而构成了一个平衡的整体。

加上留白，整体布局匀称平和，劲健遒润，给人以豪迈和谐统一的美的享受。

二、《合集》32302 赏析（图 6－15）

历组中大量的拓片其文字结构宽博，章法疏朗，但疏而不散。《合集》32302 就是一个典型的例证。本版只有两个词条，都取自上而下的直条形式，文中的字几乎没有一个是平稳的，它们的中心线都不垂直，第一条“癸卯”两字，“貞其”两字，“又于高”三字它们的连线几乎成三根不断往右移动的平行线，而从“祖”字开始成了一条大的弧线，形成 2 拍 2 拍 3 拍

最后一长拍的韵律，与右边一条各字相连构成得越来越散开的连线相映成趣，两条辞上面的字都小些，越往下越大，给人的印象恰似庐山瀑布飞流直下，豪迈奔放！当然，这样的说法有赖于观赏者的联想与想象。

图 6－15

三、《合集》33234 赏析（图 6－16）

占卜所用的甲骨片，一般多次使用，有时间隔时间还很长，也就是说词条不是一气完成的。这就带来了一个问题，契刻者一开始是有意布局的还是见缝插针完成的？孙过庭谈章法时说“一点成一字之规，一字乃终篇之准，违而不犯，和而不同”。甲骨文每一词条如能刻得符合美的要求，本身就是一幅作品，作为一个整体来说，第一条就应该成为整篇之规，所以一片好的甲骨作品，通篇必是“违而不犯，和而不同”的。作者很可能是有整体规划的，抑或在补刻时做了细致的考虑的。下面我们来看《合集》33234。

图 6－16

《合集》33234 有三个词条，一、二条是同时刻的。可以肯定作者是有考虑的，争让缩放关系很明确，“辰”紧贴“其”，把重心左移，以下三字构成一条往右撇开的弧形，让出了一个空档给第二条。上四字可以说“密不透风”，而第二条的“庚”特意向右倾斜，且与上面“辰”和“貞”成一条线，又由于的左靠，虽然两者之间可以说“疏能跑马”，但成了一个一气呵成的整体。十三天之后刻的第三条，紧靠第二条，“癸”放在“辰”与“貞”之间，与第二条的“辰”和第一条的又成了一条线，虽然该片不全了，但可从笔意顾盼，偃仰起伏，倚侧反正看出整片气贯始终处理得十分微妙。字虽不多，但章法自然天成，给了人以美的享受。

（肖兴华）

第七章　黄组书体综论

黄组卜辞是商代晚期的文字。现在已经确认，黄组卜辞为商代帝乙、帝辛时期，甚至可以上溯到文丁时期，跨越商代最后的三世，也即是盘庚以后，历经数代延续了二百多年殷墟王卜辞的终结。据甲骨著录资料统计，出土的黄组卜辞共有6700多片。根据字形、字体作为分组依据的原则，董作宾五期断代的第五期卜辞，都具有黄组特征，基本都归在这一类里。用书法学的眼光来审视，历经漫长的历史发展演变，黄组卜辞在用笔、结体、章法等方面，都形成了比较合理、规范、完美的面貌，进入了较成熟的阶段。文字的象形性减弱，符号化的成分增强了，追求艺术表现力的主观意识更为突出。从整体上看，黄组卜辞书体，字形严谨工整，小巧隽秀，行款章法多为均直齐整。拿黄组书体与早期的宾组书体作一比较，可以明显看出，黄组书体拙朴的意味弱化了，工美的特色突出了。如把黄组拓片《合集》35399（图7－1）和宾组的大版《合集》10405正（图7－2）作一对比，一看便知宾组大刀阔斧，黄组精巧工整，反差明显。

图7－1

图7－2

第一节　黄组书体的文字特征

黄组书体的特征字数量较多，与其他书体的相同字比较，字形的改变主要表现在笔画的增减及体势改变两个方面。现选常见的31个字，分别与其他书体相同的字列表作一比较。

1. “來”字：

书　体	黄　组	宾　组	出　组
字　形	　		
著录号	H36426　H36642	H137 正	H25371

由表可见，黄组的“來’字与其他两组的来字在结构上，有显然的区别，在黄组中来字上部多了一横。据不完全统计，在有来字出现的30版拓片中，共有51个“來”字，上面都有一横，但中间一竖向左偏斜的是少数。

2. “天”字：

书　体	黄　组	宾　组
字　形		
著录号	H36535	H17985

黄组的天字顶部是一四方口形，中间没有横画。

3. “其”字：

书　体	黄　组	宾　组	出　组	历　组
字　形				
著录号	H36168	H6641	H22543	H34571

黄组的“其”字与其他组的区别是中间多一横画，在众多出现“其”字的拓片中都是如此，没有其他变化。

4.“往”字：

书　体	黄　组	宾　组	历　组
字　形			
著录号	H36426	H34	H33417

黄组上部“止”字部分，中间的一竖是垂直的，且较长。黄组所有“止”字都是如此。

5.“并”字：

书　体	黄　组	宾　组	历　组
字　形			
著录号	H37519	H10959	H32833

黄组的“并”字两竖画与两横画的交接方式与其他组的不相同，在底部是两横画封闭衔接，其他组是一横画十字交叉。

6.“武”字：

书　体	黄　组	宾　组	出　组
字　形			
著录号	H36168	H17090	H26770

黄组的“武”字与其他组的区别在上半部分的“戈”字，中间的竖笔已变成弧形，且多了两斜画。所有从戈的字都是这样，已接近今文字构形。

7.“逐”字：

书　体	黄　组	宾　组	出　组
字　形			
著录号	H37533	H10227	H23659

黄组的“逐”字上部动物部分简化了，全用单线构形。

8. “九”字：

书　体	黄　组	宾　组	历　组
字　形			
著录号	H37946	H356	H32786

黄组的“九”字，在体势上已与楷书很相似了。

9. “攸”字：

书　体	黄　组	宾　组	出　组	历　组
字　形				
著录号	H36484	H553	H22585	H32982

黄组的“攸”字特征在右半部分，在竖画上加了一横斜画。

10. “鑿”[①] 字：

书　体	黄　组	宾　组	出　组
字　形			
著录号	H39466	H3473	H22600

黄组的“鑿”字特征在左半部，用一短竖代替了“锤子”部分。

11. “首”字：

书　体	黄　组	宾　组	出　组
字　形			
著录号	Y2526	H6033	H24956

① 李宗焜：《甲骨文字编》释“鑿”（见366页），刘钊：《新甲骨文编》（增订本）改释为“櫼”（见363页）。这里主要讨论字形特征，不涉及文字考释。

黄组的“首”字已不同于其他组，只是简约的符号化了。

12. “祀”字：

书　体	黄　组	宾　组	何　组	历　组
字　形				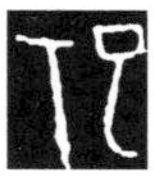
著录号	H37857	H5949	H30768	H32661

黄组的“祀”字的左半部增加了两小竖，成了“示”字。后代金文与此相同。

13. “雨”字：

书　体	黄　组	宾　组	出　组	历　组
字　形				
著录号	H38178	H11917	H22539	H12270

黄组的“雨”字上多一横，下面三点的布局已与其他组完全不同了。

14. “庚”字：

书　体	黄　组	宾　组	历　组
字　形			
著录号	H35733	H1772	H32008

黄组的“庚”字，上面中间一竖出头，且多了两斜画。

15. “春”字：

书　体	黄　组	宾　组	
字　形			
著录号	H37852	H17314	H8627

黄组的“春”字两边从“屮”不从“木”。

16. “祝”字：

书　体	黄　组	宾　组	历　组
字　形			
著录号	H36518	H23598	H32418

17. “馬”字：

书　体	黄　组	宾　组	历　组
字　形			
著录号	H37516	H10405 正	H32994

黄组的“馬”字已弱化了象形特征。“祝”字则是删去了左侧部分。

18. “虎”字：

书　体	黄　组	宾　组	历　组
字　形			
著录号	H37362	H06553	H33612

黄组的“虎”字已弱化了象形特征。

19. “象”字：

书　体	黄　组	宾　组	历　组
字　形			
著录号	H37372	H10222	T2539

同样，黄组的“象”字也已弱化了象形特征。

20. “多”字：

书　体	黄　组	宾　组	历　组	出　组
字　形				
著录号	H35404	H619	H31981	H23012

黄组的“多”字，体势发生了变化。

21. “酉”字：

书　体	黄　组	宾　组	历　组	出　组
字　形				
著录号	H38950	H6067 正	H32020	H22606

黄组的“酉”字与其他组相比，或下半部不同，或上半部不同。

22. “我”字：

书　体	黄　组	宾　组	历　组
字　形			
著录号	H35913	H5020	H33256

黄组的“我”字已接近楷体。

23. “王”字：

书　体	黄　组	宾　组	出　组	何　组
字　形				
著录号	H36426	H6	H22745	H27570

黄组的“王”字已与楷体相同。

24. “吉”字：

书　体	黄　组	宾　组	何　组
字　形			
著录号	H35347	H10133	H31221

黄组的“吉”字突出的是把上部分改为一个“十”字。

25. “月”字：

书　体	黄　组	宾　组	历　组
字　形			
著录号	H35399	H94	H34544

黄组的“月”字是封闭的三角形，内有一竖。而黄组的“夕”字则与宾组和历组等的“月”字同。

26. “貞”字：

书　体	黄　组	宾　组	历　组	何　组
字　形				
著录号	H35706	H137 正	H32692	H26899

黄组的“貞”字的特征，主要在体势变化，上窄下宽。

27. “申”字：

书　体	黄　组	宾　组	历　组
字　形			
著录号	H35402	H6319	H32543

黄组的“申”字的主要特征，在于上下两笔用短直画与主笔中间的曲线相衔接，其他组多用折笔。

28. “癸”字：

书　体	黄　组	宾　组	历　组
字　形			
著录号	H38950	H16562	H32400

黄组的“癸”字的主要特征，在于四笔斜画都穿插出头。

29. “卯”字：

书　体	黄　组	宾　组	宾　圆
字　形			
著录号	H35379	H137	H11485

黄组的“卯”字，两边是三角形。

30. “辰”字：

书　体	黄　组	宾　组	历　组	何　组
字　形				
著录号	H36450	H137 反	H32310	H27302

黄组的“辰”字，上面多一横。

31. “子”字：

书　体	黄　组	宾　组	历　组	何　组
字　形				
著录号	H37986	H1012	H31978	H31655

黄组的“子”（只用于地支）字，与何组有相似之处，但“头发”部分短，“腿”长，且中间部分有两斜线相交。与其他组的区别是显然的。

第二节　黄组书体的笔画特点

与其他组一样，黄组的笔画也只有直画和弯画两种，但在行笔与衔接上又有差异，通过对横直画、竖画及弯画的用笔分析对比，可以看出黄组用笔的不同特点。

一、横画用笔多为藏锋

黄组的横画用笔藏锋多于露锋，有些字起笔和收笔都不露锋，如“王”H36426 的三横画；“往”H37471 的两横画；“甲”H37986 的中间一横画；“壬”H37986 的上下两横画。

二、弯画用笔以短直线组合

与其他书体比较，黄组弯画用笔相对较少，许多字的弧形转折处，多用短直画衔接组合。现选黄组的“卯”H36872、“月”H35588、“其”H36426、“東”H36957 四个字与宾组组的相同字“卯”H584 正甲、“月”H137 正、“其”H17055）、“東”H10405 反作一比较，可以明显地看出，宾组“卯”字的右侧一笔，“月”字的右侧一笔，“其”字的底部一笔，“东”字的中部两侧，全是弧形用笔，而黄组则全改变为折线组合、特点突出。

三、竖画用笔多为露锋

黄组的竖画用笔，起笔和收笔多为露锋，但一些字的长画收笔比较含蓄收敛，明显有别于其他的书体。如黄组的“在”H36426、“乎”H36522、“甲”H37986 与宾组的“在”H137 正、“乎”H7139、“甲”H10405 正相比，黄组的竖画用笔短而不锐，含蓄适度，后者则放纵出锋，外放张扬，风格迥然不同。

四、竖画与横短画长短比例适度

甲骨文字形基本都属长方形，所以每个字的主笔竖画都长于横笔画，并且长画与短画的比例关系，各组又都不尽相同。这种比例关系的大小区别，也是形成各书体不同风格的因素之一。黄组书体与其他组相比较，竖长画与横短画的比例不悬殊，普遍都在 1∶1 至 2∶1 左右，是用笔的另一特点。而其他书体，在一些字中有意将竖画加长，以求放纵的节奏效果。下列表中选择了黄组的“辛”“壬”二字与历组的相同字作一比较，比例关系的差别很明显（见下表）。

黄　组		历　组	
字形及著录号	竖/横比	字形及著录号	竖/横比
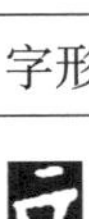辛 H37986	1∶1	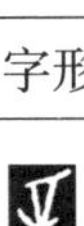辛 H31970	2∶1
壬 H37986	1∶1	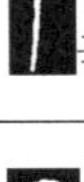壬 H32035	3∶1

黄组用笔的这一特点，与其结体的长宽比例是一致的，共同构成了黄组字形的特征。

综上所述可以看出，黄组的总体用笔是收放有度，不事张扬，笔画粗细均匀，圆中有方，是形成字体严整，小巧玲珑风格的主要因素之一。

第三节　黄组书体的体势特点

书法的结体取势，经常运用纵向伸缩的办法，适当地把字拉长或压扁，达到变化体势，突出风格的目的。纵观殷墟甲骨文各组，都有这种技法的运用。但黄组又有与众不同的艺术处理，其特点是展蹙有度，不失内敛，使字形小巧秀丽。

一、长方构形，适度求变

我们统计了14例黄组拓片，共有874字，其中长方形字691个，占总字数的84%。这说明黄书体的字大多是长方形的，与其他书体是统一的。但字形的长宽比，字体的大小，明显小于其他书体。下面对上述14版拓片中的一些字，加以分析，并与历组的相同字作一比较，可以看出它们之间的差异。

1. 主构长方形，长宽比例较小

选出黄组“酉”H37986、“示”H36522、“貞”H36851三个字，与历组相同的三个字“酉”H33694、“示”H34103、“貞”H32164）相对照，前者长宽比分别为2∶1、2.6∶1、2.5∶1，后者长宽比分别为3∶1、4∶1、3∶1。可以看出，历组字形较细长，而黄组不仅字形偏小且长宽比例较小，体现了放纵有度小巧玲珑的特点，因而构成整体字群时，就突显出黄组工整秀丽的面貌。

2. 多用方字扁字，打破常规

图7－3是《合集》35530一版普通的黄组拓片。仔细考查，可以发现，其刻辞的字形的长宽比是有变化的。为了便于观察，我们将其中偏方的四个字“月”“又”“卯”“日”复制粘贴在拓片的右侧。

经测量，其中“月”和“又”二字的长宽比接近1∶1，近于正方形。而“卯”和“日”的长宽比约为1∶1.3，即偏于扁方。

这些正方或扁方的字，打破了长方构形的一般常规，在一些篇幅中占有一定数量，在《合集》35530中，这一类的字约占总字数的30%。这些字与众多中规中矩的长方字，产生微妙的反差，形成适度的起伏节奏，同时又在章法上合理配置，增强了黄组既工整又不失鲜活的风格。

图7－3

3. 偶用特长形，出奇制胜

下列字为特别拉长形，长宽比最大可达3.25∶1，如“隹”

H37846、“鹿”H37408、“隻”H37471、“受”H36123。这些字之所以作特长处理，固然有字本身笔画多的原因，也更是艺术化追求的有意而为。据统计，在上述 14 幅拓片总计 874 个字中，只有十多个这种特长型的字，显然占的比例很小。但正是由于这种特殊处理，在整篇中产生了鹤立鸡群的强烈对比。这就给较为工整的字群增添了强音，产生了节奏对比的艺术效果，也是匠心独具的点睛之笔。

二、紧收中宫，适度外放

黄组的结体紧密，外放有度，不事张扬，如拿黄组的一些字与宾组及历组的相同字对比一下，黄组的这些特点是显而易见的。例如黄组的“貞”H35706 与宾组的“貞”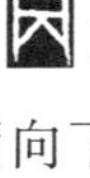H9956。宾组字体方正，字内空间匀称松散。黄组字体则把重心上移，中宫紧收，两侧竖画向下斜放，整体呈上紧下松动势，艺术处理鲜活，风格迥异。通观黄组大多数拓片，贞字多是此种体势。又如黄组的“癸”H37986 与宾组的“癸”H5203，宾组字周边四斜画整齐封闭，中间交叉笔画字内空间大，整体字形偏大，是结构松散夸张型。而黄组字，将四斜画交叉点居中，使中间两交叉画出头外放，中心空间缩小收紧，突出了外纵内敛之势。再如黄组的“來”H37462，历组的“來”H32252。黄组的字以竖画为中轴，上下部件居中，与历组的字上下部件拉长距离，有鲜明差别。

三、巧用一字偏斜欹侧，匠心独运

以偏斜欹侧取势改变字的体势，增强字群活力及章法变化，适当巧用，匠心独运，往往产生独到的艺术情趣。在众多的黄组拓片中，这种例子并不多，却总能用在妙处，运用得当。

图 7-4 是《合集》35644 的主体部分。这是一版“卜旬”的卜辞，分别于癸亥、癸酉、癸未、癸巳和癸卯占卜未来十天的祸福。卜辞中可以看到四处有“旬亡畎”的字样。有意思的是下部三处的“旬”字都刻得比较平正。唯最上面的一个“旬”字（第二行第一字）作了夸张的倾斜处理，而且是全篇八十多个字中唯一的特殊变化，这种安排，使拓片顶部规整排列的字群增添了活力，避免了呆板。

当然，由于“旬”字作了夸张的倾斜处理，紧随其下的“亡（无）”字，如不做体势上的相应调整，就会造成“旬”字变化的“突兀”。所以此处在“旬”字倾侧的同时，将“亡”字也做了相应的调整，达到既活泼又谐和

图 7-4

的效果。其他几个“旬亡”二字，则维持原有的平正格调 。

从以上的对比分析中，可以认定，黄组的许多字，在中宫紧收前提下，部分笔画外纵，又不过分张扬，体势呈现开张，精神外露，却又开合适度，使整体篇章严谨团聚，神气内含。这是黄组严整风格的重要因素，也是黄组比较“规范化”评价的重要依据。

第四节　黄组书体的章法特点

纵观甲骨文各书体的章法，可以看出，刻辞行款的纵向横向布置；左行右行的多样性；行距字距的疏密，字群的穿插迎让，错落有致，整体经营位置的多样性，形成了各自的特色。相对而言，黄组卜辞是殷墟甲骨文中最晚的一批，无论从文字学角度还是书法角度看，已渐趋成熟，正在向“规范化”发展，表现出它独特的个性。这主要表现在以下几点。

一、行间轨道平直畅通，行中重心一线贯穿

现以拓片《合集》39005、《合集》36522，为例，加以分析。

1. 《合集》39005（图 7－5）

这也是一版“卜旬”的刻辞。四条卜辞，除了四个地支字不同外，其余的字全同。由下向上双行排列，每段的行间通道像高速路一样齐直通畅，这是因为两行的每个单字重心稳定，上下连接又在一条垂直线上。另外，对两行中笔画繁多的大字作了巧妙的安排，上部的三段卜辞中都有一个由于对其作了收紧中宫，拉长字形的处理，让开了中间通道，使上下畅通。由此也产生了整体拓片气息通畅，齐整爽朗的效果。

2. 《合集》36522（图 7－6 ）

本片是一条长篇卜辞，三行排列，每字重心居行中垂直中线，上下连贯，一泻而下。由于对几个笔画多的特形字作了特殊处理，将“秋”字和“敦”等字拉长，使两条行距笔直通透，行气贯通。

从上述分析中可以看出，行气贯通，脉络清晰，是黄组的鲜明特点，也是构成黄组整体风格的重要因素之一。

二、段落设置错落有致，整体谋篇齐正严紧

黄组的一些有多段卜辞的拓片，卜辞段落设置有多种样式，或因骨形不同，或因文字的多寡而巧妙安排，使整版段落清晰，布局美观。举例如下：

1. 《合集》37621（图 7－7）

本片共有五条卜辞，由于将顶部的第二条卜辞，及底部的两条卜辞字形缩小，形成了自上而下左右错落布置，并使中部左侧留出长形空白，各条卜辞成方形或长方形团块，自成一

体，整板通透爽朗。这种类型可称为错落式。类似的拓片还有《合集》37462、《合集》37379等。

2. 《合集》36851（图7－8）

本片四条卜辞由下而上叠累式布置，各条卜辞之间并未留有空间，但由于各条卜辞相互采用插空摆布，如顶部第二条三行卜辞，将中间一行对插在第一条卜辞的行间通道，因而很容易辨认四条卜辞。此种类型可称叠累式。类似的拓片还有《合集》37379、《合集》35706等。

3. 《合集》36975（图7－9）

本片五条卜辞，因上部四条字数较少，采取拉大间距成松散疏朗布局。类似的例子还有《合集》37514等。

黄组在段落设置上的这些特色经营，也是构成黄组严正风格的重要方面，往往使一些长篇多段卜辞呈现或密而不臃或疏朗通透之面貌。

黄组卜辞在段落设置上，追求的是打破平衡，而整体谋篇却又大多是排列整齐，留白得当，经营位置逐渐形成规范化。列举以下两例：

（1）《合集》37462（图7－10）

本片是由五条卜辞组合的长篇幅，整体为长方形。先看由下向上数的二、三两条卜辞。第二条从右向左四行排列，上齐下不齐，末行只有两字，底部留出三字长的空白；第三条卜辞的排列与第二条是同样模式。再看整体组合，右侧各段首行成一线直下，左侧有留白空缺，又有行气贯通，字形小巧工整，营造出方正而不呆板的总体面貌。

图7－5

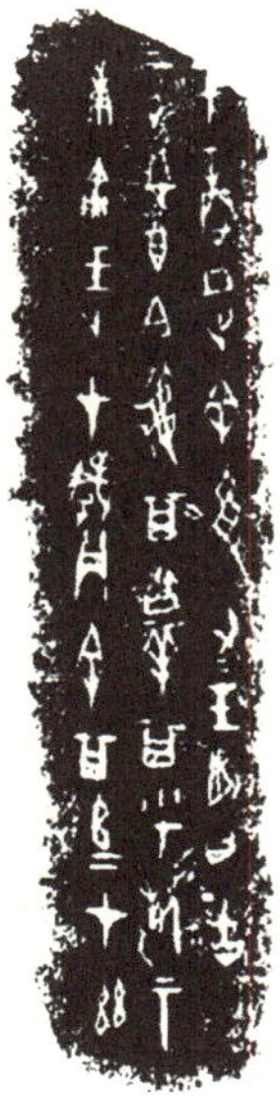

图7－6

图7－7

图7－8

图7－9

图7－10

（2）《合集》36522（图 7－11）

图 7－11

此片是三十一个字的长篇卜辞，自左向右纵向三行排列，左侧首行上端起头矮一字，右侧一行末尾空一字留白，整体长方端正，显然有“规范化”的趋势。

三、创新求变，风格多样

纵览中国书法发展史，凡是一种书体，发展到比较成熟阶段时，总会出现百花齐放流派纷呈的现象。黄组书体是甲骨文晚期文字，在文字“规范化”进程中，也必然会出现风格不同的卜辞篇章。这类拓片虽然为数不多，但章法布局特点鲜明，风格异样，正是甲骨文发展演变，逐步趋向丰富完善的必然结果。现举出下列几例。

1.《合集》35858（图 7－12）

此片共有十八条卜辞，看似毫无章法的杂乱布置，其实也有自身的规律，即是每条卜辞的字间距加大了长短变化，节奏更明显，各条卜辞又相互错落布置，是一种打破常规“满天星辰”的审美追求。出组也有类似的例子，可都归类为清代郑板桥“乱石铺街”式的章法。

2.《合集》37431（图 7－13）

此片与《合集》35858 是异曲同工。类似的范例还有《合集》38861 等。

图 7－12

图 7－13

3. 黄组章法中的另一类风格，是打破各组行款竖成行，横不成列的常规，改用竖成行横成列的方式谋篇。见《合集》35529（图 7－14）。此片竖成行横成列，非常典型。

第五节　黄组拓片赏析

图 7 – 14

一、《合集》38731 赏析（图 7 – 15）

这是一段双行排列的单条卜辞。虽简单，却不是随意契刻的。从书法三要素来看，都有“规范化”的趋势。

（1）每行重心都在一条直线上，行气贯通，齐整清爽。

（2）字字用笔遒劲有力，藏锋露锋统一得当。所有字的横画起笔都为藏锋，“受”“貞”“祀”等字的竖画收笔都为露锋，但不过分外放。

（3）不论是上下结构的“受”字、“多”字，还是左右结构的“祀”字“引吉”合文，都是中宫紧收，结体紧密。

（4）整片字虽不多，但在章法上也有巧妙安排。右行中的“貞”“其”“祀”三字较大，左行相邻的“王固 曰 ”三字相反作小形处理；左行底部二字较大，相邻右行的“多往”二字作小形处理，形成了左右迎让错落，使整篇左右平衡稳定，又富于变化。

二、《合集》35644 赏析（图 7 – 16）

这是一幅多段卜辞组合的长篇。虽字数众多，集团组合，却是密而不臃，通透爽朗，赏心悦目，其技法与艺术匠心的运用如下：

图 7 – 15

图 7 – 16

1. 虽随骨形斜式布置，但字字行行重心不失，气息通畅。

2. 字形小巧严谨工整，不刻意外放，通篇无一过分拉长的字形。

3. 段落安排巧妙设置。自上而下，顶端两段卜辞插空错落连接，最底下一条改双行排列，行距加宽。整体紧密，却又段落清晰。

4. 整体成长方形，齐整布局，但各段卜辞末行尾部留有空白，不显呆板。

三、《合集》36492 赏析（图 7－17）

此拓片虽为残片，但仍可以看出，明显具有黄组书体的特征。字形小巧玲珑，行气贯穿通透，显而易见。更为突出的是三行字的相互穿插迎让，巧妙布局，呈现出协调优美的艺术效果。

自左向右三行排列，左右两行各为八个字，中间一行为七个字。中间五个大字“**祉**”“執”“胄”“**兟**”“焚”上松下紧，成统领左右两行之势，为左右两行的穿插创造了条件。由顶部向下看，左行的“午”字作了拉长处理，与“**祉**”“執”两字形成迎让呼应。下面左右两行的“才”字与中行字间穿插，好似两颗明星左右呼应。底下右行的“正”字拉长，左行的“乎”字上移，都与中行“**兟**”“焚”两字的空间形成错落。艺术处理令人叹服。

图 7－17

四、《合集》38454 赏析（图 7－18）

此拓片是由底部向上排列的五段卜辞组成，底部和顶部有部分残缺。该片在章法、结体等方面有其独特的安排，既有黄组的共性又有与众不同的个性。

1. 塔式布局

底部第一条卜辞，四行排列，笔画粗壮字形较大。其余四条向上排列的卜辞，依次笔画渐细，字形渐小，并改为三行排列。总体形成底部稳定，向上渐瘦渐弱的塔式结构。具有建筑美学的特色。这种章法在众多的黄组拓片中，很少见，可算是独树一帜。

2. 穿插布置段落

由底部向上，二、三、四、五段卜辞，相互取行间插空布置，且每段卜辞的结尾“在七月”三字上下各缩短半个字距，这就使每段卜辞段落清晰，错落有致。

图 7－18

3. 相同字体势多变

本片中有五个“旬”字，每个字的体势都不相同，另外的四个“亡”字也有同样的体势变化。这就避免了因重复字多而显呆板。

4. 大小字形巧安排

底部第一条卜辞，左起两行字形基本相同，第三行起头“在六月”三字及第四行顶部“曰”字明显变小，末尾的“福”字作特大字处理，且向右下方斜出，既保持了行间通透，又有错落迎让，左右平衡，使整篇卜辞更加鲜活。

甲骨刻辞每篇都有其特点，读者可以尝试多做分析，从中找出可资借鉴的艺术规律，以期在今后创作中参考运用。

（齐陆）

第八章　花东书体综论

殷墟花园庄东地甲骨文（以下简称花东甲骨）于1991年由中国社会科学院发掘于安阳花园庄东地甲骨坑，共发掘出土甲骨1583片，其中卜甲1558片，卜骨25片，是继127坑、小屯南地甲骨后又一重要发现。

花东甲骨刻辞属于武丁时代早期。这批卜辞是商王以外的王公贵族进行占卜的比较完整的记录，被学术界称为“非王卜辞”。从甲骨文书法角度看，无论文字特征或章法都有别于其他书体而独具特色。在本书中将这一书体称之为“花东书体”。

第一节　花东书体的文字特征

不同书体有不同的文字特征。下面将一批花东书体特殊字形与其他书体同字字形进行比较和分析。

1. “幽”字，花东字形为D237、D237 、D237、宾组字形为H14951。花东字形明显特征呈三角状、流线型，特别是下边部件“山”似扁舟。而宾组字形方整，下边部件呈锯齿状。

2. “首”字，花东字形为D304、D199、D304，与宾组字形H6032和出组字形H24956相比较，花东字形明显特征是正面头像，而宾组、出组书体则是侧面头像。

3. “鳴”字，花东典型字形为D450，与宾组字形H23684和出组字形H23684比较，花东字形明显特征是横向造型，而宾组、出组皆为纵向。

4. “河”字，花东字形为D36，从“水”“荷”声，其明显特征是一个负荷的人两侧是用无“点”的曲线代表河流。而宾组书体H8324和出组书体H24609皆以一条曲线带数量不等的“点”表示河流，从“水”“柯”声。何组书体H26907也是从“水”“荷”声，但“水”的形状不同。

5. “車”字在各种书体中字形变化较大，其共同特点是都有两个车轮，而其他部件则有繁简之分。如花东书体D416，部件比较齐全，形象逼真，而且两轮是上下安排。黄组书体H36481 虽然两轮位置与花东书体相同，但结构明显简化，而且字形趋于工整。宾组书体H584 则是两轮左右安排。

6.“涉”字，比较花东D28、宾组H35、出组H22893 三种书体字形可以发现，三种书体皆从“水”从二“止”，“水”部皆纵向。花东字形明显特征是二“止”相同呈横向，宾组、出组书体的二“止”则是一左一右且纵向安排。

7.“從”字，花东字形如D290、D290，与宾组H5116、黄组H36425、历组H33050 的区别在于花东双“人”部件呈纵向或上下错开排列，而其他书体双“人”则横向排列。

8.“老”字，花东字形D490 与出组H23715、黄组H36416 相比，花东书体特征是以“目”代表老人的头部，而其他书体则以“头发”代表头部。花东书体中人形的躯体曲度略大于出组和黄组。

9.“隻”（獲）字，花东字形D14、D410 与宾组H189、黄组H37471 的主要区别在于上部“隹”字形扁而宽，其他书体则为纵向瘦长型。此外，花东书体中“隹”字结构的细部也有变化，中间斜画与黄组书体相近似，而区别于其他书体。

10.“速”字，花东字形D457 与宾组H15109 的主要区别是上边多一个部件“木”，部件“東”横向位于整个字中间。

11.“射”字，花东字形D467 与宾组H5763、出组H24156、何组H26907、黄组H373840 的主要区别是部件“弓箭”下边增加了左下右上的两只手，而且少了“箭尾”。而在其他书体中仅以“弓箭”表示。

12.“吕”字，花东字形D016 与宾组H6567 的主要区别是字形构件两个“口”四周以数个点包围。宾组字形构件中上下两个“口”几乎均等且略有倾斜，周围无“点”。

13.“永”字，花东字形为D181。在本书体中有 44 个“永”字都是此形，构型线条笔直，而且比宾组H3887、出组H23439、黄组H36484 多出一个竖画部件。

14.“取”字，花东字形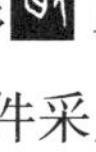D437 与宾组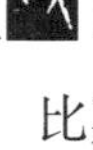H1293、何组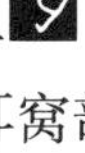H27961、历组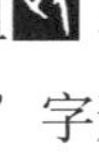H31996 相比较，主要区别是“耳”部构件采用双勾形式，比其他书体在耳窝部位多出“十”字形。

15.“吉”字，花东字形D409 与宾组H225、出组H22782、何组H27382、黄组

 H374210 的主要区别是，上部构件三角形的横画两边出头，下部“口”较扁。黄组有更特殊字形，一竖上穿过三角形，下接“口”部，“口”部中间又多出一横。

16. “舞”字，花东书体出现有如 D391、 D206 的字形，与宾组 H7690、历组 H32986 主要区别是，“人”的双手所持物件上边各多出一个方框，人形的腿较长。

17. “學”字，花东字形 D473 的主要特征是下边部件，比宾组 H3511、 H00032 少两个竖画，而且“爻”与双“手”相对位置偏于下方。

18. “魚”字，花东字形 D236、 D236 与宾组 H7896、出组 H24911 的主要区别是鱼头扁圆，鱼身左右两侧上下共有四个鳍。宾组、出组书体的鱼头呈三角形，只有两个鱼鳍。此外，鱼鳞的形状也有很大区别。

19. “我”字，取象于古代兵器。花东字形 D183 与宾组 H303、出组 H26039、黄组 H35913 相比，其主要特征是突出武器的刃部呈弧形，右侧“戈”部与黄组十分接近。

20. “歲”字，花东字形为 D114。较其他书体多出二个“止”部件。这样的字形在宾组书体中也有发现 H13475，但二者仍有区别，主要不同点是花东的武器刃部为弧形，与“我”字构型相近。戈部件上下二个短斜画与竖直画相交。宾组书体直画较多。与出组 H22610、何组 H26975、黄组 H36073、历组 H32064 相比，在构件笔画数量、结构、体势变化方面也有许多差异。

21. “璧”字，花东有三种字形 D490、 D37、 D180 与宾组 H08108 相比，主要特征是突出璧的圆体形象。

22. “飲”字，花东字形 D16 与宾组 H10405 反比较，前者由“倒口”和“酉”构成，而宾组书体多一“人”字部件。

23. “帚”（婦）字，花东字形 D5 与宾组 H137 区别在于下边，前者二个短横画封底，后者二条斜线与竖线相交不封底。

24. “好”字，花东书体出现了这样的字形 D5 与宾组 H6568、历组 H32760 相比，“女”字的上边多一横画。当然花东书体也有许多不加这一横画的字形，此外还应注意“子”字两个“手臂”的区别，或连为一条直线，或为斜向上方的直线、曲线。

25. “馬”字，花东字形为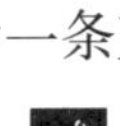 D295、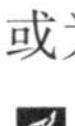 D349，笔画纤细，有的没马鬃，其他各体皆有。马

身除与宾组H584 同为双线表示外，出组H24507、何组H26899、历组H32994、黄组H37514 皆以单线表示。

26. “鹿”字，各不同书体的构形变化较大。如宾组H10274、出组H24447、何组H28325、黄组H374080。花东也有类似宾组和黄组的构形，如D14（共有 6 例）。同时还出现了D35、D295 两种构形，不但鹿头构形简化，取向也有不同。

27. “羊”字，花东字形D32 比宾组字形H1924 多一个横画。

28. “疾”字，宾组书体字形为H13711，取象于人卧床发汗。花东多数（22 例）也如此。但出现一例D069，将人部改为大部。

29. “帶”字，花东字形D451 比历组H35242 字形中部多了许多装饰笔画，后者上部三个竖画与中间部件上横画断开，中部左右二个点画取代了前者中部四个左右对称的装饰部件。

30. “革”字，花东字形为，其他书体未见此字。

31. “寅”字，花东字形D150 比宾组H137 反上部多一横画，且箭头两边斜画呈弧形。

32. “癸”字，花东字形D228 与宾组H6057 相比，区别在于二个交叉斜线两端的四条短斜线，前者长短画相交叉，后者及其他书体则封住端点。黄组虽有与花东同字形的“癸”字如，但它是后期甲骨文字，比花东字形的笔画粗得多。

33. “辛”字，花东字形D108 比宾组字形H6057 上边多一短横。又如“辰”字，花东字形D150 比宾组H137 反上边也多一横画。

34. “戊”字，花东字形D228 与宾组H137 反 比较，在“戈”部件上下的二个短横与长竖交叉点位置不同。此外，与戈的中间横画相连的部件，花东书体为一“月”字形，宾组书体是一弧线。

35. “未”字，花东字形D50 与宾组H26 比较，主要区别在于下部笔画的处理，前者二个斜画交叉于中间一竖，后者为从竖画向斜下方伸出的两个短斜画。

36. “其”字，花东字形D39 与宾组H00002 比较，前者上边二个短横与两边竖画相交，而后者二横画位于竖画的顶端。

第二节　花东书体的笔画特点

从拓片效果上看，花东书体与其他组书体相比，在笔画的粗细变化上有其独特的地方。

一、花东书体总体笔画比较纤细

把花东与宾组同一个字相比较，如“鞎”字D39、H0605 显然花东比宾组笔画要细得多。再将卜辞中出现较多的“貞”字放大到基本同一尺寸作一比较：花东D57、宾组H358、历组H32035、出组H24471、何组H31329、黄组H35588，可以看出各种书体笔画粗细虽有变化，但相对而言花东书体是较细的。

二、一笔之中的粗细变化

以“戊”字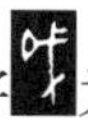为例，最长的一画可以明显看出从上到下是逐渐变细的，又如“牛”字，表示牛角的两画都是从下往上逐渐变细的，再如“辰”字的各个笔画，无论曲直，一画之内都有明显的粗细变化。这种现象在笔墨书法中就是凭借毛笔的提按来完成的，这一现象在其他书体中也时有发现，但在花东书体中比较多见。

三、“点”的出现

在大多数甲骨文书体中，笔画可归结为两大类，即“直画”和“弯画”，所谓的“点画”无非就是短的“直画”或“弯画”。而在花东书体中由于类似提、按笔法的出现，就有了与笔墨书法中相似的“点画”。典型的例子是“雨”字中的“雨点”如D103、D103、D400、D400、D400，这些或正或斜的“点”有的上尖下圆，有的上部是圆（或方）形，下面很快收拢为一个尖形，已经很像楷书中的点了。这样的笔画处理再加上看似随意的分布，使得整字乃至通篇文字显得活泼、灵动。

第三节　花东书体的结体

花东书体的结体包括结构和体势两方面，结构是构成字形的笔画间的架构，体势是字形的态势。结体差异是构成不同书体风格的主要特征。花东书体的间架结构变化比较丰富，在体势上由于章法与其他书体有较大的区别，所以同一个字会在不同位置取不同的体势。

一、长宽比例的灵活性

纵向、横向字形结构变换，是导致字的长宽比变化的根本原因。在甲骨文字各类书体中绝大多数是纵向造型，花东书体也不例外，例如各种书体都经常使用的“貞”字，基本上都是纵向长方形，区别仅仅在于长宽比值稍有变化。但在花东书体中有些字由于变成了横向造型，从而改变了长宽比。如拓片 D50 的“鳴”，花东书体将“鳥”的身体横过来，因而轮廓已经是横向长方形，而在同一拓片上的另一个“鳴”显然就是纵向的了。这完全是为了章法的需要，因为从拓片上看，第一个字位于文字走向由横变竖的转角处，而第二个则是位于右侧的竖行中，如图 8－1 所示。在其他书体中的“鳴”字则多数是纵向长方形，例如宾组H4723、出组H23684、历组H32509 等，“鳥”的结构虽然区别明显，但都是纵向长方形。

图 8－1

有些字将上下结构改变为左右结构，也会使得长宽比产生变化，如“涉”字，花东D28、宾组H35、历组H22893，其字长宽比分别是 1.0∶1、1.87∶1、1.87∶1，花东最小。反之，“從”字的花东书体就将左右结构的两个“人”字进行了调整，出现了上下错位的现象，如D9、D28，甚至出现了极端的字形D290，结构由双人横向一左一右变为纵向一上一下排列，它的长宽比达到了 5.0∶1，而宾组H5116、黄组H36425、历组H33050“双人”大多保持横向排列，其长宽比分别为 1.7∶1、2.0∶1、2.9∶1，而花东书体“从”字的长宽比是比较多样的。

二、打破均衡的笔画安排

同样一个字，往往采取改变笔画之间的关系来获得变化，特别是在一版之中出现多个相同字的时候。例如拓片 D475 中出现的“用”字共有七个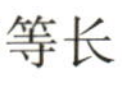、、、、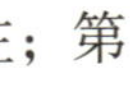、、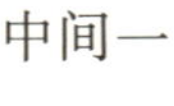，只有第一个属于“横平竖直”类型，但三个竖画也不等长，中间一画略偏向左；第二个中间一画明显偏右，整字向右倾斜，而且一长两短横画也有别于第一个字；第三个字是向右倾倒的态势，三个竖画并不平行；第四个字的三个竖画虽然接近平行，但是从左至右是逐渐升高的，所以整字轮廓大体上是一个平行四边形，而且下边两个横画都是贯穿左右的；第五个字横画都是倾斜的，三个竖画有向上收拢之势；第六个字同样如此，但整字收窄，仔细观察横画的处理也与其他不同；最后一个整字向左倾斜，最右边一个竖画已经是弧形。当同一字多次使用时，这样的处理方法就避免了重复而使得整版文字活泼。

三、多姿多彩的取势

根据章法布局之需，文字的体势和姿态常常会灵活变化。例如“隻”字在花东书体中就出现了多种姿态。如D449，位于竖行右行的三行布局中间一行的中部，“隹”字周正，“手”写得很短藏于“隹”的右下；D395 则位于卜辞从右向左的横行转为竖行的转角处，这样的姿态使得行文更加流畅。又如D259、D113、D108、D14，“手”与“隹”的相对位置或左或右，因而左右手也随之改变，“隹”部或直立或倾斜，产生了丰富多彩的造型，从而使整版文字增加了许多变化，给人以新鲜感。

此外，为了增加姿态的变化，对于多部件字常常采取变换相对位置的手法。典型的例子是“好”字。例如D195、D005、D037、D286、D409，“子”和“女”可以左右正反向移位，“女”字或俯或仰，“子”字或上或下，形成新的字体形态

四、字体大小变化比较大

与象形字有关的字大多数笔画较多因而字体较大，而少笔画的字就会占有很小的面积，这也是甲骨文各书体的一般规律。花东书体的典型例子是，在这一字群中，“馬”和“麄”字形都明显大于其他字形，而“在”字就相对很小。花东书体行款有许多横向书写的，这就造成了在一行中高低错落，参差不齐的效果。

第四节　花东书体的章法

花园庄东地卜辞绝大多数刻在龟甲上，龟甲与牛胛骨不同，是左右对称的，所以文字的布局也相应有一些变化。在其他书体中（特别是宾组）虽然也有龟甲上的刻辞，但与花东书体比较，无论是字形或章法布局都有非常明显的区别。花东书体将一片龟甲上的多个卜辞尽可能地按左右对称排布，而具体到每一段卜辞的行款又是多种多样的。大多数行款可以归纳为 17 种①，其中以“单列左行（或右行）而下”和“单列横行”为最多，实际上行款的形式还要更丰富些。花东书体的章法特点可归纳如下三点：

一、单条卜辞的行款形式

所谓“单列横行”行款的文字走向与卜辞的位置有关，在龟甲左侧则左行，在右侧则右行。

① 中国社会科学院考古研究所编著《花园庄东地甲骨》，云南人民出版社。

如图8－2（分别取自D237和D291）所示，左侧释文是“己卯卜丁永子厄 一”左行，右侧释文是“乙酉岁祖小牢豕乚𡇚子祝在麗一二三四”，右行。

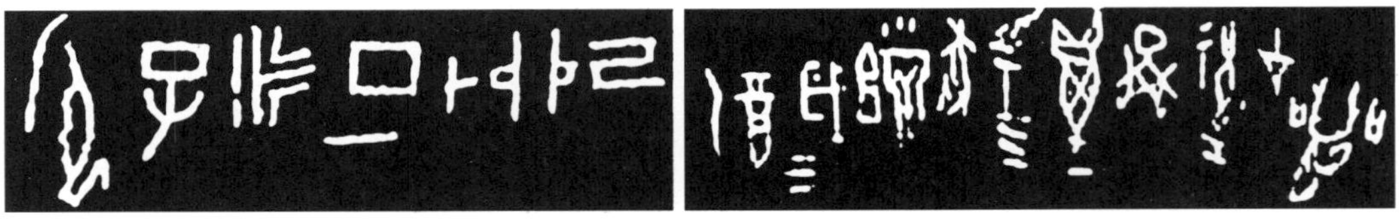

图8－2

对于“单列左行（或右行）而下”行款是在占卜兆纹的上左（或上右）两面的半包围形式。位于上面的横行走向依然由卜辞在龟甲上的位置决定。图8－3（分别取自D391和D501）为实际的例子，横行的走向仍然是在龟甲左侧的左行，右侧的右行。大多数卜辞是围绕占卜兆纹契刻的，因此行款一般形式是两面或三面的半包围型。如果文字较多则上左包围的再向右行大致形成“C”字形结构，卜辞的最后几个字有时处理成多个竖行左行或右行形成“G”字形，如图8－4（分别取自D26和D10）所示；右侧卜辞则方向正好相反，形成反方向的半包围结构，如图8－5所示（取自D21和D10）。当然这是一般规律，有时也并不十分规整，例如图8－5左侧的例子，由于上下两个横行都不是水

图8－3

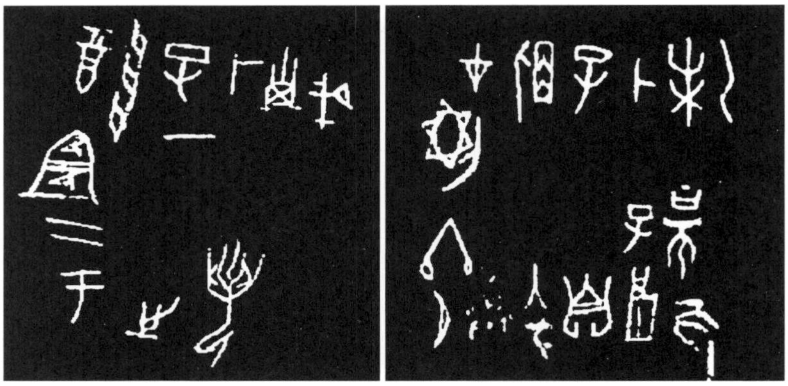

图8－4

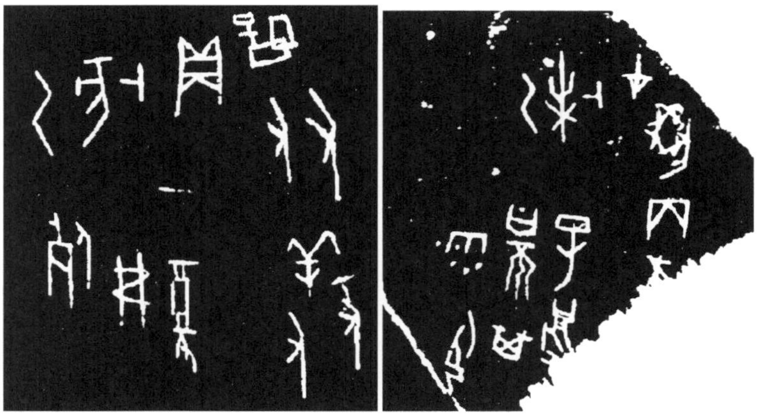

图8－5

平的，使得整条卜辞的构型几乎近似于三角形了。

就整版而论，则所有卜辞以龟甲中心线为基准，左侧卜辞一般先横向左行，然后向下，右侧卜辞则先横向右行，然后向下。

二、依据笔画多少确定文字大小并讲究整篇刻辞的外轮廓

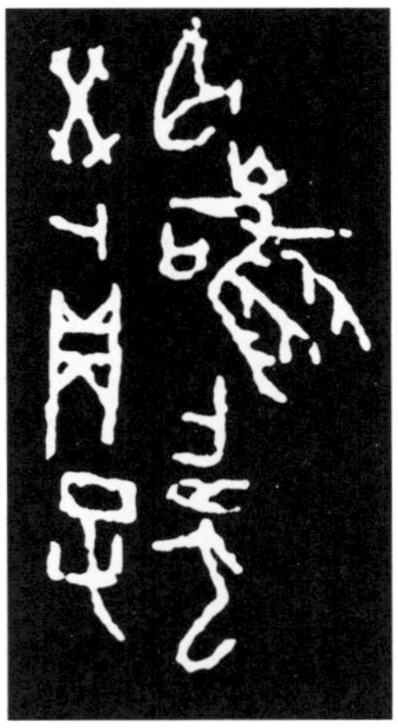

图 8－6

甲骨文中有较多的象形字，特别是与动物有关的字，笔画都比较多，一般情况各类书体在书写时大都会占有较大的面积，而笔画较少的字就会占据较小的空间。

甲骨文章法是依据其载体龟甲兽骨片形状，及卜辞字数多少确定契刻位置和行款的。例如图 8－6（取自 D53）释文是“癸卜贞子耳鸣亡（無）害”。竖行右行，共有两行。其中笔画最多的“鳴”字占有最大的空间，其宽度是其他字的两倍，以至于“鸟的羽毛部分”向右突出，占据了一行的宽度。而笔画较少的“卜”、“亡（無）”字就相对小得多。

这样的处理方式是一般情况，有时为了整体布局的需要，也会适当调整。例如图 8－7（取自 D501），释文是“丁卜子耳鳴亡（無）害”。内容与图 8－6 差不多，由于行款是先横行向右，然后转而向下的走向，其中亡（無）字处在右上方的转角处，而且左边的“鸣”和下边的“害”字都很大，所以这里的亡（無）字就比前一条卜辞的同一字大了许多。还要注意这个字的方向的处理也是很有讲究的，长画处理成由一个竖画和一个略向右下倾斜的横画组成的折线，竖画与左侧的“鳴”字的取向相协调，略向右下倾斜的横画又正好与“害”字上半部相适应，这就将横行和竖行有机地契合在一起了。可以设想，如果将亡（無）字的方向反过来，将是很难处理的。此外，这里的“丁”、“卜”二字也是更紧凑，使得上面的横行呈现自左至右逐渐放大的态势，也增加了整体的协调性并使得整个字群更加美观。

三、行列的边界不明显

图 8－7

在各种书体中，以纵向左行或右行的行款为最多，有的书体行与行之间的间隔明显，很容易认读。花东书体出现了许多横向行款，甲骨文字多为纵向长方形，而且由于笔画多少不同而长度相差很大，所以在一横行之内就极易出现高低错落和起伏变化。例如图 8－8（取自 D409）共有三条卜辞，均为左行，释文自右至左依次是“壬卜子其逆䵼丁 一”、“ 壬卜于乙延休丁 一”、“ 丙卜其钔子而妣丁牛 三”。这三条卜辞不在同一水平线上，前两条略有起伏，第三条向左上方扬起。具体到一条卜辞，由于每个字大小差异极大，再加上

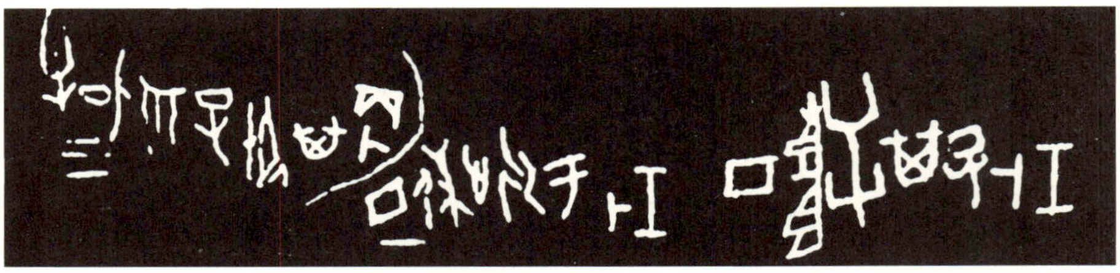

图 8－8

图 8－9

字间距很小，所以无论是上边界还是下边界都不整齐，特别是第一条尤为明显。

至于竖行款式，也有边界不齐的现象，例如图 8－9（取自 D907）释文是“丙卜弜 钔子而”。“丙”“卜”二字为上下关系，但是“弜”字放在了左侧，之后的“钔”字将上面三个字托起。这样的安排在其他书体中是不多见的。

第五节　花东书体拓片赏析

花东书体因其在笔法、结字特别是章法方面的特点，和其他书体相比较，有着特殊的审美取向。本节试举以下拓片实例做一浅略分析。

一、拓片 D10 赏析（图 8－10）

即图 8－4 右侧拓片，释文“乙未卜子宿在[illegible]終夕自子占曰不（隼）”。从“乙未”开始左行，到“在”字转而向下，又从“夕”自开始向右，最后五个字“子占曰不（隼）”写成两行，竖行右行。整体环绕卜兆形成一个半包围结构的“G”字形，其外轮廓基本上是不完全封闭的正方形，给人以干净、整齐的感觉。“G”字框内缘整齐，而外沿略有参差。特别注意左侧上下两个转弯处，上部“在”字故意写得很小，这是为了配合右边和下边两个笔画多占据较大面积的字，使得此处转角的外轮廓成圆弧状。下面转角处的“夕”字的方向特别重要，因为只有如此处理才使得与上面的“终”字左下部的曲度相协调，设想如果把“夕”字左右颠倒，则效果就会很不好。此外最后五个字的处理也是合适的，如果把这五个字向右顺延下去，则一定有不均衡而且散乱之感；若把这五个字转而向上形成一个闭合的方框，则首尾相接的文字安排不仅不易认读，而且会有“不透气”的感觉。“G”字形的布局的妙处即在于不但整篇卜辞紧凑、完整，而且留有适当的“透气孔道”，还使得规整的文字排布中略带一些活泼的因素。

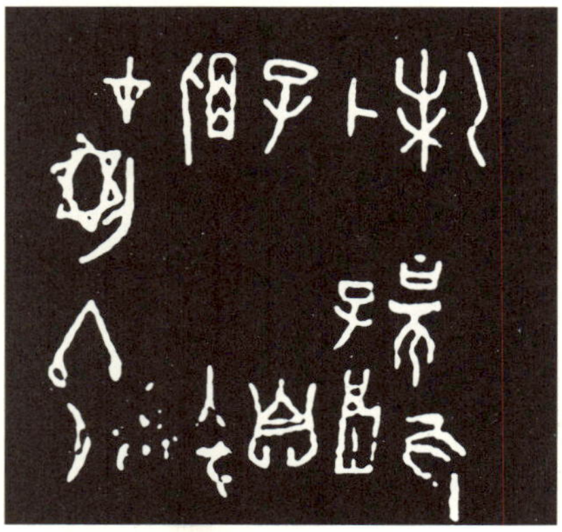

图 8－10

二、拓片 D410 赏析（图 8－11）

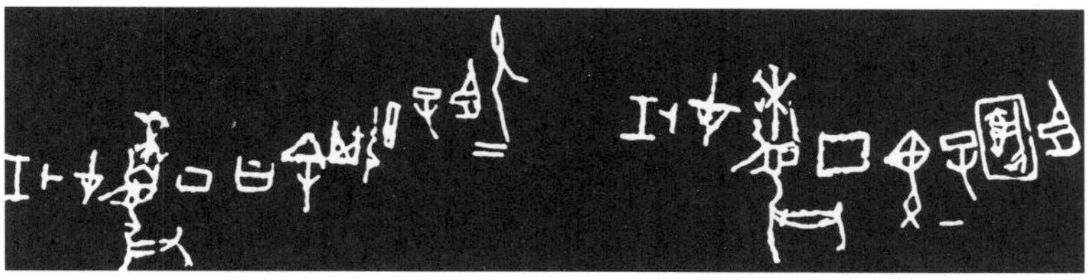

图 8－11

拓片为龟甲上半部分，仅有这两条卜辞但都是完整的。两条卜辞均为一横行，右行。释文从左到右分别是“壬卜在麓丁曰余其攸子臣允二”、“ 壬卜在麓丁畀子國臣一”，两条卜辞各有一个象形字（麓）。如果将这两条卜辞视为一个整体，则好像两只“鹿”的四足十分平稳地把其他字托住。左侧的“鹿”为向前奔跑状，其后的“丁曰余其攸子臣允”等字又如飘带自然扬起，最后一个“允”字向下拉长的笔画，仿佛是垂下的飘带；右侧的“鹿”平稳站立，其右侧的“丁畀子國臣”等字似乎也逐渐下沉，归于平静。中间的“壬卜在”三字正好起到衔接的作用。每个文字所占空间基本上取决于笔画的多少，例如两个“麓”字就远大于其他字，十分突出。但也有例外如“國”字，笔画不少但以一个矩形框住，其他笔画被压缩于矩形框之内，与“麓”字相比，一个是收敛的，一个是发散的，使得两个字的姿态有了变化。

再看两个“子”字。无论体势和结构都是相同的，唯一区别在于左边的小右边的大，为什么如此处理？因为左侧卜辞的后半部为上扬的态势，因此字形需要收缩以显得轻而飘；右侧卜辞的后半部是趋于稳定的，所以需要每个字都尽可能表现得沉实。同样的理由，两个“臣”字也是按照同样的原则处理的。

两条卜辞左边的取动势，右边的为静势。如果将两条卜辞看作一个整体，则气势是连贯的。虽然中间隔了一小段空白，但仍给观者以“笔断意连”的感觉。所有文字从左到右有大小、高低、疏密的变化，因而显得灵活而生动。这样的安排，对于今天的甲骨文书法创作是有借鉴意义的，特别是在书写横幅时。

三、拓片 D236 局部赏析（图 8－12）

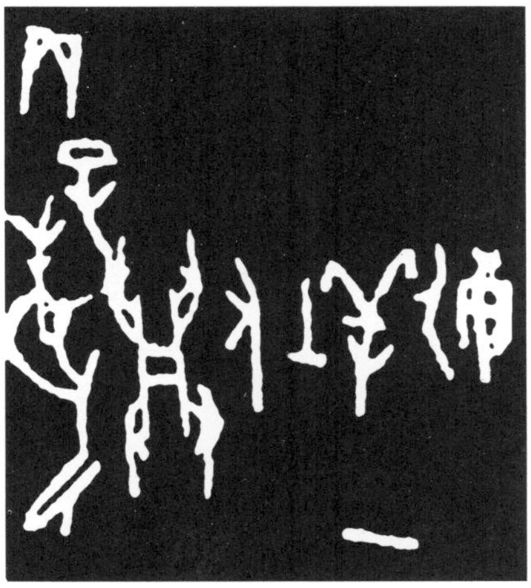

图 8－12

位于龟腹甲的前右甲靠近千里路，释文是“丙子夙興又牡妣庚”。从文字顺序看，开始是竖行然后右行，但布局并非“L”形，而是呈“喇叭”的造型。“丙子夙”三字本来是竖行，可是中间的“子”字故意向右移动，而且取向右下方的斜势，上部插在“丙”“夙”二字的中间，下部的弯画又和“興”字相接，就使得这个文字集合的上部轮廓形成一平滑曲线，由卜辞后面六个字组成的横行，采取了文字逐渐缩小并把底线慢慢上抬的手段，使得下部总体轮廓线略显弯曲。

这样的章法布局特点是不突出行与列的安排，而是将全体文字组织在一个“团块”之中，作者显然关心的是其外部轮廓的曲线。类似的例子还有取自 D237 的“乙亥歲祖乙牢幽廌白豭祀㞢二”（图 8－13a）和取自 D501 的“丁卜子耳鳴亡害”（图 8－13b）。这两条卜辞的行款并不相同，但效果都与图 8－12 相似。卜辞（a）是横行左行，之后竖行左行。横行自右向左字形逐渐放大，两个竖行的顶部向上翘起并取斜势，其下部则是依次延长，于是整条卜辞的外轮廓就是自右向左渐渐展开的姿态了。卜辞（b）如前所述，为上、右半包围的行款。之所以形成这样的格局，除了前面四个字形渐次放大之外，关键是“鳴亡害”三个字的大小以及姿态的配合。

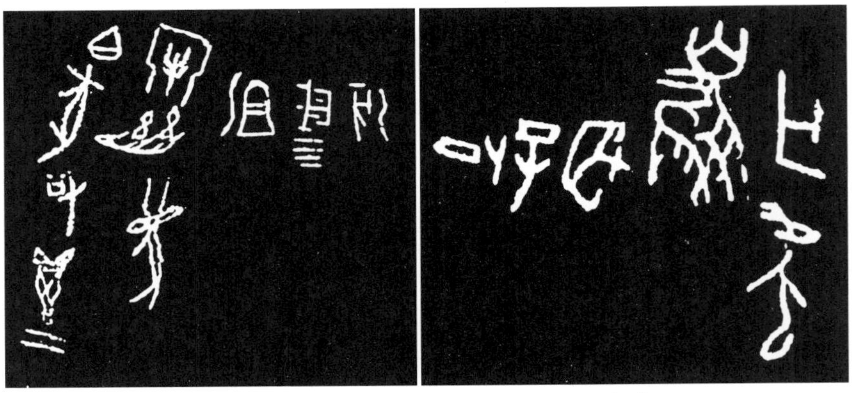

（a）　　（b）

图 8－13

总之追求文字整体外轮廓造型之美，是此类书体的明显特点。从书法美学角度衡量，自有其独到之处，是很值得今日之书家借鉴的。

四、拓片 D50 局部赏析（图 8－14）

位于龟甲的下部。两条卜辞的释文分别是：（1）丁亥卜子立于右，（2）丁亥卜子立于左。各七字仅有一字不同，都是自左向右在一行之内完成。但由于位于龟甲的尾部，受如图所示龟甲的纹路影响，形成了一横一斜的格局，使得章法略显活泼。两条卜辞虽然仅一字之差，但在表现形式方面却是大不相同的。除了行文方向为一横一斜外，在每个文字的大小、方向以及

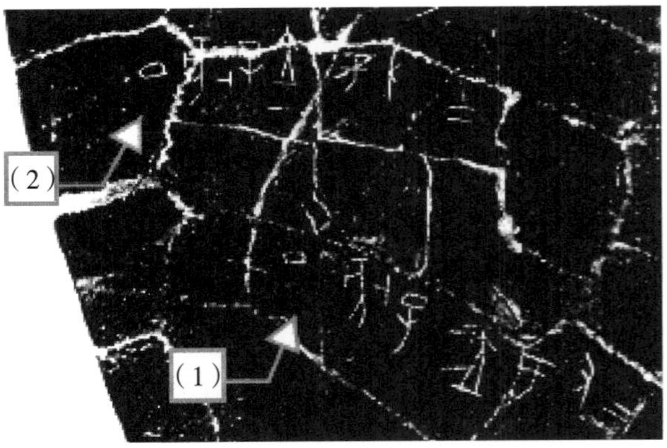

图 8－14

字与字之间的距离上都有明显的不同。

位于上方的卜辞字间距基本是均匀的，但在字形大小方面有非常明显的变化。“丁”字横向取势，略向右上倾斜指向“亥”字的顶部，“亥”字高大，是七个字中最为突出的，“亥”“子”“立”三字姿态都很端正，字形也较大，“卜”字缩小向下藏在“亥”“子”之间。字间距基本均匀，只是在“立”和“于”之间受纹路影响有一定距离，但并不死板。原因是两个小字“丁”和“卜”的处理，一个取斜势，一个藏于两个大字的下方，这就使得整段文字有了轻重起伏的变化。

下面一条除了逐渐向右下方倾斜外，与上一条相比明显长了许多，这主要是因为在字间距的处理上是下了一番功夫的。由于字间距的不同，使得整篇文字产生了节奏变化。“亥”“卜”“子”三字紧凑，“丁”“亥”以及“子”“立”的距离最大，最后三字“立”“于”“右”距离中等而且均匀。于是就可以看到

丁→→→亥卜子→→→立→→于→→右

这样的节奏。这样的安排，就使得两条文字大部分相同的卜辞有了变化。再看具体每一个字的处理：“丁”字仍然很小，但与“亥”字顶部取齐，“卜”字比上一条稍大且上移至“子”字的上方，这是因为从这里开始文字要向右下方倾斜了。为了适应这一趋势，“子”字下面一长画是向左有一点倾斜的。同样的道理，为适应文字走向的需要，“立”“于”字也有明显的变化。

一篇之中两条内容基本相同的文字，表现得如此活泼主要就在于章法的变化，其中对于文字的走向、大小、方向、间距的灵活安排是主要手段。

总之，花东非王卜辞无论在笔法、结字和章法方面，都有其独特的表现。单条卜辞的变化形式更加灵活多变，在一个完整的龟甲上多条卜辞的安排也是很有特色的，所有这些都值得现代书家认真研究，以期从其中获得启迪和灵感。

（赵洪喜初稿，李颖伯修订）

第九章　临习与创作

学习任何一种书体的书法，临摹都是一个必经的阶段。甲骨文当然也不例外。由于甲骨文是目前所发现的最古老的成系统的文字，它不像今文字那样为一般人所熟悉。它又是古人用刀刻在甲骨上的痕迹。作为学习甲骨文的范本只能是甲骨拓片，与今文字的法帖有所不同。自然，临习甲骨文也就与临习今文字的法帖有许多不同之处。

第一节　临习前必要的知识准备

为了学习中少走弯路，我们建议初学者应该具备以下几方面的知识准备。

一、认识足够数量的甲骨文字

认读甲骨文字和临习甲骨拓片可以同步进行。但是在开始临习之前，头脑中一定要积累一定数量的甲骨文字。应该做到在整个一版甲骨中，对照释文能够把所要临习的那条卜辞认出来。这并不要求所有的字都认识，事实上也不可能都认识，因为迄今为止甲骨文还有很多字没有考释出来。只是要求能把整条卜辞选出来。至于怎样认读卜辞，因为不在本书讨论的范围之内，此处不拟赘述。读者如需要，可以参阅有关甲骨学的著作。

当你选定了一条意欲临习的卜辞之后，就必须把其中的已释字认读下来，这当然也是一个认字的过程。

我们之所以主张整条卜辞来临习，这是由甲骨文书法的一个突出特点所决定的。这个特点，就是“以全体为一字”，每一字的体势变化都是受整条卜辞的章法制约的。当然，其他书体也有这个因素，但都不像甲骨文这样强烈。

从学习书法的角度来认识甲骨文字，就不能只满足于知道这一个甲骨文字形，与后世的哪一个今文字相对应，还应该尽可能弄清楚这个字的构字原理，它包含了哪些基本部件。因为对文字理解越深，才更有利于挖掘它的美学因素。这里，我们用了“尽可能”三个字，是因为迄今为止，有些字研契专家也没有完全弄清楚它的构字原理。比如，甲骨文早期有一个字，或作，大家都知道它用作“有”“又”或“侑”，但它何以取这一构形，至今没有人能够说清楚。

但是，大多数的已释字，其结构是清楚的，我们就要掌握它。在甲骨刻辞中，有些字刻得比较“规矩”，其构成部件代表什么意思，一看便知。比如“爰”，其上下两部分都是从“又”（即“手”形），其相援引意义十分明显。但这个字有时刻得比较潦草，如，上下两个“又”的弯曲度极不明显，如果我们不知道它的构成原理，很容易写成两个“又”，这就成了错字。

二、要有一定的行楷书法功底

中国书法发展到楷书之后，其用笔的技法已经很完备了，行书是楷书的快写，笔画之间的呼应关系最为明显。所以有了行楷书的基础，再学习其他书体，将事半而功倍。过去有人主张学书要先学篆，实践证明是不对的。启功先生生前曾与容庚、于省吾、马国权等先生探讨过这个问题，启功先生表示：“如果没有第一类书体（按：指真书和行书）作为基础，仅练第二类或第三类（按：按指金文、甲骨文以及简帛文等）的某一体，好不到哪里去。”① 容庚先生完全赞同这一观点，并说他就是这样指导他的学生的。我们通过十多年的教学实践也证明了这一点。在笔者所教过的学员中，凡是行楷书基础较好的，学习金文、甲骨文等古文字，很快就能走上轨道，凡是行楷书基础弱的，写起甲骨文来确实“好不到哪里去”。不但正文写不好，再一看释文和落款，就更不成体段。

有些老年书法爱好者，觉得没有时间先练行楷书，再学甲骨文，我们也主张二者并行。实践证明，二者不仅不矛盾，相反会互相促进。

三、对工具的要求

这里所说的工具，实际就是笔、墨、纸。一般对墨和纸没有什么问题。我们遇到最多的是问写甲骨文应该用哪种毛笔。我们也看到有些讲甲骨文技法的老师，也特别强调要用某一种毛笔，但他们的主张也不一样，有的强调一定要用狼毫，也有的强调必须用长锋羊毫。其实，写甲骨文不存在“一定”要用什么笔。这完全应该根据个人用笔的习惯而定，有人擅长用硬毫笔，有的喜欢用软毫。只要自己觉得得心应手就可以。

这里，有一种误解，必须稍做说明。有人觉得甲骨文是刀刻的，笔画坚挺劲健，必须用硬毫笔才能写得出来。其实不然。笔画是否坚劲，并不决定于笔毫的软硬，而是决定于书写者运笔的功力。

第二节　甲骨拓片的临习

一、临习甲骨拓片与临习今文字法帖的异同

学习书法，临习是必要的阶段。学习任何书体都不例外。总的要求可以用孙过庭《书谱》

① 赵诚：《启功书学思想探索》，秦永龙主编《第二届启功书法学国际研讨会论文集》，北京师范大学出版社，2006 年。

里的两句话来概括，即“察之者尚精，拟之者贵似。”力求要与范本肖似。

但是，学习甲骨文，与学习今文字书法，又有着许多不同之处。因此，临习甲骨文拓片，与临习今文字法帖，特别是真书（楷书）法帖，也就有许多不同。了解了这些不同，可以使我们的学习更主动，收效更快。

首先，二者的生成过程不同。今文字的墨迹影本与甲骨拓片不同，自不待言。就是刻本也不同。今文字的刻本，也是先书丹，后刊刻，再椎拓。即使像《始平公造像记》那样刀痕极为明显的拓本，仍然可以“透过刀锋看笔锋”（启功语）。当然，前提是人们见过六朝墨迹，始能透过刀锋看到笔锋①。甲骨刻辞则不同，一般没有书丹的过程，基本上是契刻者直接用刀刻在甲骨上的，虽有少部分大字可能是先书后刻的，个别甲骨上也留有极少数墨迹，但无法作为书写的参照。

第二，甲骨拓片与今文字法帖所传达的书法艺术信息不同，或者说我们从两种载体上所能吸收的书法艺术信息是不同的。中国汉字发展到真书（楷书）以后，其基本构形已经规范化，书法家虽然各有其自己的风格，但其结字的规则，则是普遍遵从的，因为这些规则是历代书家通过实践逐渐形成的。图 9 – 1 是从《中国书法大字典》上截下的几个“林”字，虽然各家的风格各有特点，但两个木字的横画总是左高右低，结构总是左蹙右展。甲骨文则不同，请看我们从甲骨拓片上截取的八个“好”字（见图 9 – 2），这几个字都是出自宾组拓片，每个字的结构

图 9 – 1

图 9 – 2

① 启功：《论述绝句》，生活 · 读书 · 新知三联书店出版，1990 年。

都不相同，“女”和“子”孰左孰右是且不论，因为甲骨文的偏旁往往不固定，其大小、高低、展蹙也无定式。那么，我们临习它要学习什么呢？要学习图中的哪一个样式呢？这是一个长期没有解决的问题。也正因为如此，甲骨文究竟应该如何写，至今没有真正解决，这也正是甲骨文书法长期不能跳出旧框框的原因所在。我们稍后还要专门来研究这个问题。

第三，今文字法帖都是规整的，而甲骨拓片则没有一片是规整的。真书的法帖其文字的排列是纵成行、横成列。行书一般打破了横成列，但纵向总是成直行的，行距一般也是均匀的。甲骨文则不然，既受制于甲骨的形状，又要将就卜兆的位置，再加上契刻者的审美取向，所以其章法布局千变万化。我们临习它，究竟应该吸取哪些艺术因素，这又是摆在我们面前的一个重要问题。

第四，今文字是有一定的笔顺的，真书和行书虽略有区别，但都有规律可循。甲骨文有些象形字，或含有部分象形部件。所谓象形，就是“随体诘诎”。加之契刻的过程中，可以任意调整甲骨的方向。因此，有些“笔画”其起讫方向很难断定，这也是我们在临习今文字法帖中不可能遇到的。

第五，临习今文字法帖，总是写小字选用小楷法帖，写大字用大字法帖。从来没有人用《玉版十三行》或《灵飞经》来学习写大字。这已经是一般的常识。但当我们对照甲骨拓片学习书写甲骨文时，恰恰是用小字的拓片作范本，来写大字的甲骨文。这是一个无法改变的现实问题。我们不可能只写小字的甲骨文书法，甚至也是无法实现的，比如黄组的甲骨文字比一般的蝇头小楷还要小，根本无法照原大书写。这也是临习甲骨拓片必须解决的特殊问题。

二、应当怎样临习甲骨文拓片

由于甲骨拓片与今文字法帖有上述诸多不同，因此也就不能照搬临习今文字法帖的方法来临习甲骨拓片。老实说，这是迄今为止尚未真正解决的问题。下面要谈的几点，只是本书作者近几年学习中的一些体会，公之于众，决无要求读者强同之意，而是与广大甲骨文书法爱好者共同探讨。

首先是“选帖”，选择自己喜欢的一种书体作为范本。本书只讨论了七种书体，在本书的第三卷提供了相应的部分拓片可供临习使用。学习者也可以选择其他组类的拓片作范本，因为甲骨文的书体并不局限于本书所讨论的这七种。选择的原则，第一是这种书体风格自己比较喜欢；第二是总体章法布局比较美观有特色；第三拓本字口比较清楚便于临写。开始最好从单条卜辞临起，不要只写一两个字。这就必须能基本会读卜辞，至少能对照释文从图版中将整条卜辞完整找出来。

第二，读帖。这个“读”字，包含两层意思。一是读卜辞的文字内容。这是一个十分艰难的课题。因为甲骨文迄今为止，考释出来的字只有三分之一略强①，即使研契专家，依然有许多

① 据李宗焜在《甲骨文字编》中截至2010年底所收录的甲骨文字形，总计单字为4378个，可以隶定的字2369个占总数的54%，其中可释字1682个，只占总数的38%。

卜辞尚不能完全读通。对于甲骨文书法爱好者来说，我们这里所说的读卜辞，只是要求大体能知道这条卜辞是记录的哪种事类，比如卜旬、祭祀、田猎、战争……等等。因为知道了这些，也许会有利于对其书法特点的理解。“读”的另一层更为重要的意思是对其书法特点的解读，笔画方面要注意其起收特点和笔画的质感，琢磨应该怎样用笔墨来表现。结字方面要注意字的大小、欹正以及各组成部件的相对大小和位置，特别要注意斜画的倾斜角度。章法方面注意总体布局，字与字、行与行之间的呼应关系。弄清宗白华先生所揭示的“大小参差，牡牝相衔，以全体为一字”[①] 的甲骨文的美学特点在这一条卜辞中是如何体现的。当这些书法特征了然于心之后，再来动笔临书，必然会收事半功倍之效。

第三，对临。摹写是学习书法的最好方法，但是，甲骨文拓片上的字都很小，宾组的大字也只有2—3厘米，黄组的字还不足1厘米。有人把它放大打印出来作为“仿影”来摹写。这当然不失为一种方法，但毕竟太麻烦。最常用的办法还是对临。这就要对照“小字帖”来写“大字”。

我们主张完全按照范本的行款布局来临写整条卜辞。包括字的大小变化，字距和行距的疏密以及字的欹正、开合等体势变化，统统比照范本“依样画葫芦”。并在模仿的过程中体味个中的奥妙所在。这就要手脑并用，在“模仿”中“玩味”。

不要以为我们经过前面所说的“读帖”的步骤，就真的达到了“察之者尚精”的程度。其实，我们的眼睛是经常在“骗”我们的。请看图9－3，（a）的两条等长的平行线段，当我们给它两边加了张开的斜线之后如（b），我们的感觉则是下面的线短。如果凭感觉来画，必然是一长一短。因此，要做到“拟之者贵似”谈何容易。图9－4是我们教学中留下的几张学生作业的照片，左边是所选拓片范本，对比一下，可以看到其差别有多大。

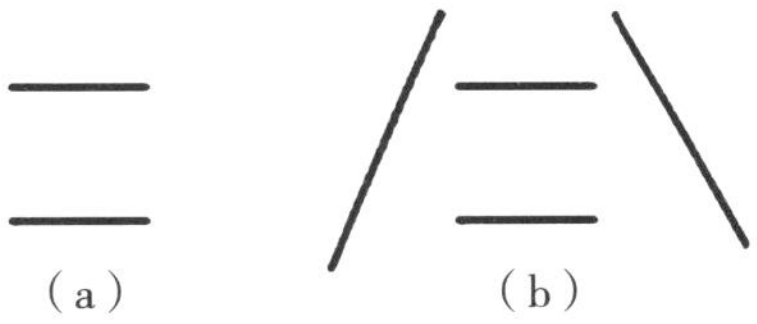

图9－3

在整个对临过程中，用笔、结体和章法要全面顾及。但应当看到，甲骨文的笔法，相对来说比较简单，重点是研究从刀痕向笔画的转换，如何写出原作的质感。结体和章法要通盘考

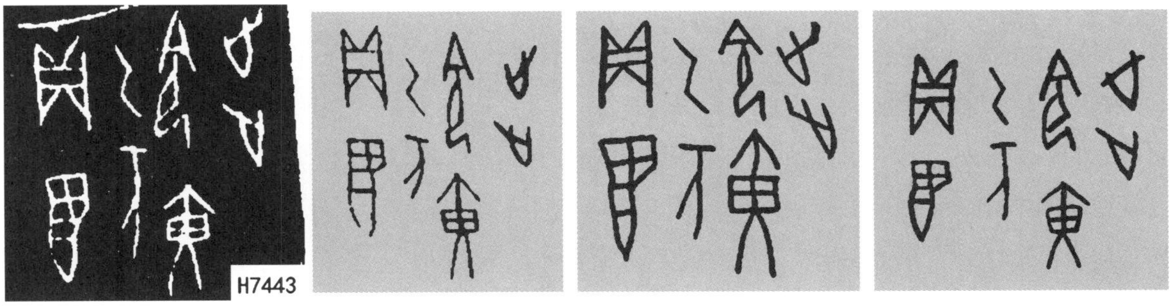

图9－4

① 宗白华：《中国书法里的美学思想》，《美学散步》，人民出版社，1981年。

虑，不要只关照每一个单字的结体，而是要从大局着眼。既然甲骨文的重要美学特征是“以全体为一字”，那么，每一个单字，就是“全体”这个“大字”的一个“部件”，每一个单字的结体取势，必然受整体这个“大字”的制约。这从同一个字在不同词条中的不同姿态，就可体会到这一点。因此，当我们在临写每一个单字时，应当先想一下，这个字，在这个位置，如果让我自运的话，“我”可能会怎样写，再对照拓片看看刻者是怎样处理的。当一个字写完，要写下一个字时，也先想一下，如果由我自己自由来写，“我”将会在何处起笔，并取何种体势。然后对照拓片，来看看与自己的原想法有何不同。这是保证行气贯通的关键之处，不可忽视。我们前面所说的“手脑并用”，这是用脑的重要方面。开始，我们自己的“想法”，可能与原作差距较大。久而久之，我们会在不断纠正与原帖相抵牾的那些想法之后，逐渐被原帖所“同化”。临帖的目的就达到了。启功先生说：“名家之书，皆古人妙处与自家病处相结合之产物耳。”①

第四，审度。临习的作品，不可能时时请人审察品评，而且别人的评判，也未必完全能切中要害，即使特别中肯，也未必能使自己完全领会。最实用的方法，还是启功先生所提倡的自我审度。就是将临作挂到墙上，自己对照范本，先看总体布局和风格，再逐渐细化到每一字每一笔，反复审视、揣度。反复数次或数天，根据自己新的认识，再临第二遍。这样反复几次，直到自己感到满意为止。再临新的另一张拓片。

第五，意临。意临也有人称之为背临，因为它不是对照范本临写。但是，我们还是认为称意临更确切一些，因为它不是单纯的“默写”，而是抓住范本的艺术特色，重点不是形似，而是能再现它的神采、意趣，甚至可以根据自己的理解，加上自己的创新。比如，甲骨拓片上的笔画是刀刻的痕迹，变化并不大，我们意临时就可以充分发挥毛笔有弹性的功能，使笔画具有刚柔的变化，还可以控制笔墨的干湿浓淡，拓展它的艺术语言。当然，这种“创造”必须要有度，要不失甲骨文的“本色”，不违戾甲骨文的艺术规定性。千万不能把甲骨文搞成“转基因”的变种。因此，我们不提倡初学者过早地进行这种练习。

三、甲骨文临作

这里所说的“临作”与前面讨论的“临习”不是一个层面上的问题。临习是个人习书的一个有效的必经步骤，是一个学习过程。临作则是完成书法作品的二次创作过程。临习重在“肖似”，临作则贵在“传神”。

临作可以写一条卜辞，也可以写多条卜辞，还可以写不同拓片上的卜辞，甚至还可以把不同书体的卜辞，书写到一张作品中（如果书者掌握多种书体的话）。特别是写屏条，根据书写内容采用不同书体，会更增加作品的艺术表现力。这不是多体杂陈。当然，必须协调、内容和书体要构成一种协和之美。“构图”要别致美观，不能乖戾。在第一章中我们介绍的董作宾先生的几幅临作，为我们树立了很好的榜样。

---

① 启功：《论书札记》，北京师范大学出版社，1972 年。

总之，甲骨文临作，既要保持原卜辞的风貌，又要独立构成一幅书法作品。

有许多人愿意把宣纸上预先画上甲骨的轮廓，再在里面写字，以为这样就是甲骨文书法了。其实，人们欣赏的是甲骨文本身的书法美，不是为了看骨头。实际上这是一种舍本逐末的做法。

写好临作，是走向甲骨文书法创作的前奏。从全国目前甲骨文书法整体水平和存在的主要问题来看，举办几次甲骨文书法临作展，很有必要，这必将有力地推动甲骨文书法水平的提高。好的临作本身就是一种创作。

第三节　甲骨文书法创作

有人不同意用“创作”这个词，认为书法作品不是“创作”出来的，称“创作”就有“造、做”的意味在里面。怎么指称呢？说就叫“完成一幅书法作品”。其实，细想一想，这种说法，也未必确当。“完成”就一定没有“做”的意思吗？所以我们没有必要在对这件事的指称上大费周折，所谓“书法创作”和“完成一件书法作品”是一回事，都是指书写者独立的写出一幅可以称得上是书法作品的字来。

这一节既然名曰甲骨文书法创作，就不是一般性的论述书法创作中的所有方方面面，而是要针对甲骨文这一种有别于其他书体的有关问题，谈一些我们的看法与体会。

一、必须通晓当前甲骨文的已释字

甲骨文书法所使用的文字素材就是甲骨文字（本书只限于殷墟甲骨文），不能通晓当前已释的甲骨文，就无法进行甲骨文书法的创作。

前几年某有影响的电视台播出过一个电视书法大赛的颁奖晚会，少儿组一个当时 11 岁的女孩，以一副甲骨文五言对联获得了金奖。主持人问她：“你学习甲骨文书法多长时间了？”答：“三个月。”又问：“你现在认识多少甲骨文字？”答：“十多个。”又问：“十多个是十几个？”女孩想了想说：“十三个”。学习三个月，认识十三个字，居然获得金奖，这种书法大赛，只能当作娱乐节目来看。

那么，是不是认识的字越多越好呢？

2005 年，笔者到京城某一文化机关大楼访友不遇，信步走进楼下一层的一个文艺类的小报馆小憩。主人很热情递给我们一张他们刚出版的用铜版纸彩印的小报，上面用醒目的标题介绍“×××甲骨文书法一代宗师”的甲骨文作品，其中的介绍说，这位先生现在已经收集了六千多个甲骨文字。文章的作者显然是在“忽悠”读者，估计编辑也不知道甲骨文究竟有多少字，所以就照发了。

2012 年中华书局出版的李宗焜编著的《甲骨文字编》，收录截至 2010 年底所见的殷墟甲骨文总计为 4378 个字号（笔者按：该书是按自然分类法编排的，同一个隶释字可能分属不同部首，所以字号数多于字数），其中可释者仅 1682 字号。试问那位被誉为“宗师”的书家，从何处能趸来六千多个甲骨文？其作品中有多少是真正的甲骨文也就可想而知了。从某种意义上说，这位“宗师”还真不如那位认识十三字写了十个字的小姑娘，至少这位小朋友写的是真正的甲骨文。

我们这里强调必须通晓当前甲骨文的已释字，指的是能够真正认识学术界公认的已释甲骨文字，或者虽未被公认但在学界可以被认为是一家之言的文字。那些由所谓“书法家”闭门造车望文生义“瞎猜”出来的文字，不在我们考虑的范围之内。总之，必须以当前某几本被公认的比较权威的字书所包含的可释字作为判断的标准。

所谓“通晓”，不仅知道该甲骨文字与后世的哪一个今文字相对应，还应该基本了解它的构字原理，对于构成该字的基本部件有一个基本的认识。甲骨文已经是表意文字，有些独体字或一个合体字的某些部件，仍然带有很强的象形性，对一个字了解的越透彻，越有利于在书写时表现它的艺术性。至于它在卜辞中的表词意义，则不是我们研究的重点。

殷墟甲骨文历时二百多年，甲骨文字还是处在发展变化之中，不仅早中晚各个时期字形有变化，即使在同一王世，出自不同刻手的甲骨卜辞，其字体风格，甚至构形也有很大差异。对于一个甲骨文书法家来说，不仅要求能一般认识甲骨文字，还应该能够区分不同书体组的字体特征。对于我们前面所讨论的七个字体组，即使不能全部掌握，也应该熟悉自己所属意的那一个或几个组的特征。

这是进行甲骨文书法创作的基础。不筑牢这个基础，写出来的甲骨文书法只能是无源之水，无本之木。

识字的问题至此并未结束。因为甲骨学的研究而今仍在向纵深发展，仅就考释文字而言，李宗焜的《甲骨文字编》中 4378 个单字，仅仅考释出 1682 字，只占 38%。还有近 2/3 的字尚待考释。老一代甲骨学大师培养出来的年青一代甲骨学者，他们站在先辈导师的肩膀上，又有了现代化的信息处理工具，新的研究成果不断涌现。几乎每一本新的字书刚刚付梓出版，便又有一批新释字出现，同时还伴有一批改释字。因此，一个甲骨文书法家仅在认字这一基本环节上，就不可能一劳永逸，必须紧跟学术界的步伐，不断吐故纳新。凡是有志于斯的甲骨文书法爱好者，从一开始必须做好不断更新知识的足够思想准备。不仅如此，我们知道，新释和改释的字是陆陆续续在多种书刊上发表的，没有人会把这些信息送到你的门上来，必须自己主动地广泛收集有关信息，可否采信还要有一定的判断能力。所以，不但要有随时更新知识的愿望，还要具备随时更新知识的方法和能力。

二、确定书写内容

书法是汉字的书写艺术。关于它的艺术价值和书写内容的关系，著名哲学家李泽厚先生在其《略论书法》① 一文中剖析得极为精到。他说：“书法的美本是独立的，并不依存于其作为汉

---

① 《中国书法》1986 年第一期。该文后收入李泽厚《走我自己的路》，三联书店出版，1986 年。

字符号的文字内容和意义；所以，断碑残简，片楮只字，仍然可以具有极大的审美价值。不过，中国人的审美趣味总是趋向综合……挂在厅室里的条幅一般不会是无意义的汉字组合，而总兼有一定的文学的内容或观念的意义。人们不唯观其字，而且赏其文，品其意，而后者交织甚至渗透在前者之中，使这'有意味的形式'一方面获得了更确定的观念意义，另方面又不失其形体结构势能动态的美。两者相得益彰，于是乎玩味流连，乐莫大焉。"正因为如此，所以，历代的书法名作，无不是艺术形式与文学内容完美的统一。书法的技法总是作为一种手段来表现作者的情怀。

现在，为数不少的书法家，文学底蕴较差，自己撰写不出好的文辞，因而找到一个省事的办法，就是书写唐诗宋词。对于这种现象，有人提出了批评，也有人呼吁书法家自己创作古体诗词。但是，赋诗填词，对于一部分书家而言，并非短时间能够做到的，因而写出来的东西格调不高。所以，又有人提出，与其写一些打油诗或顺口溜，还不如抄抄唐诗宋词。我们认为，有的作者基于对某些唐诗宋词有深刻的理解，或者感情上有强烈的共鸣，也创作出了一些优秀的书法作品。所以，对书法家写唐诗宋词，不能一概予以否定。

但是，对于甲骨文书法家，这条路是走不通的。因为几乎没有一首古诗词全部是甲骨文的已释字。如果硬要写，只能用一些通假字或者自造的代用字，这就必然使甲骨文书法作品带着硬伤出炉。这样的作品，是难登大雅之堂的。

因此，我们认为，最为现实可行的办法，就是自己动手，用甲骨文的已释字创作诗词联语。罗振玉、董作宾等前辈大师就是这样做的。《集殷虚文字楹帖汇编》就是罗振玉和他的三位朋友根据当时考释出来的甲骨文字撰写的楹联集，最后由罗振玉手书出版。《集契集》则是由董作宾提供当时已经考释出来的甲骨文字，汪怡用这些文字撰写的诗词、楹联和短曲，后来由欧阳可亮手书出版。这两部著作，现在仍有一定参考价值。但是，毕竟由于成书时间较早，其内容有一定的时代局限性，用字也有一些属于当时的误释字，现在已经被否定了。所以，最可靠的办法，就是自己动手。这就要求书法家必须具备基本的诗词格律知识。事实上，掌握诗词格律并不很难，因为它是有规律可循的。至于文采，则没有捷径可走，只能涉猎更多的古典文学来逐步提高个人的文学修养。

甲骨文可识字少，确实给甲骨文书法文辞的创作带来很大难度。这种难，导致了三种后果：一部分人知难而退了。相当一部分人采取了"借、代、造"的办法，用非甲骨文来替代甲骨文中没有的字。只有少数人，知难而上，硬是用有限的甲骨文可释字，创作出了脍炙人口的美词佳句。而且，他们在创作中，由于冲破了前进路上的"拦路虎""绊脚石"，带来了精神上的极大愉悦。我们认为，这应该是所有甲骨文书法爱好者追求的目标。高空走钢丝，所以能赢得广大观众的喝彩，就是因为它难，难的一般人做不到。甲骨文书法的魅力所在，除了技法上的创新之外，其巧妙的遣词用字，也是重要的一环。当年，罗振玉先生能在"三日夕"用甲骨文"集百联"，靠的就是丰厚的古文字、古汉语和古典文学的底蕴。在当代，笔者的几位河南朋友，如党相魁、焦智勤、张坚、程兵诸先生也用有限的可识甲骨文创作出了优秀的诗词文赋。为甲骨文书法爱好者树立了良好的榜样。

应当承认，在目前甲骨文书法队伍中，采取“通融”办法的人还是占了绝大多数。对于这一部分人，也要具体分析。有的人在作品中，虽然也偶有“借”“代”甚至“造”的字，但“借”得有据，“代”得合理，“造”得合法（合乎古人造字之法），而且在整篇作品中所占比例极少，而笔墨技巧运用得恰到好处，这样的作品，仍不失为优秀作品。

还应该看到，即使专业的甲骨学专家，对一些甲骨文字的新释和改释，也存在不同情况。有的新释或改释，一经发表，立即得到学界的普遍认可，被大家所采纳。有的则得到部分学者的认同，还有部分学者持保留态度。还有的考释者本人虽然所论似乎头头是道，却并不为学界接受。对于使用甲骨文字的书法家而言，应当力争跟上学术界研究的步伐，对于公认的新释字，应立即吸纳。特别是一些新改释的字，应当弃旧纳新。对于那些有争议的“歧释字”，不妨“兼收并蓄”，一字两用。对于那些不被学界所接受的字，则要果断扬弃。

那种用“望文生义”的办法“自释”甲骨文，和“胡编滥造”“独创”甲骨文的做法，是绝对不可取的。

综上所述，我们认为，在确定甲骨文书法作品的书写内容时，最好是用甲骨文的已释字，独立创作诗词文赋。这样，既能表达作者自己的情怀，又可避免滥用错字。

三、设计整体布局

内容确定之后，就要根据纸张的幅式，进行通盘的整体布局设计。有人读了傅山的“四宁四毋”之后，觉得既然“宁直率毋安排”，因而落笔之前完全不去考虑作品的整体布局，以致有时写到最后，纸用完了，字还没写完，或者字写完了，纸还富余大半张。傅山所说的“安排”和我们这里所说的“布局设计”是完全不同的概念。傅山是就笔墨的意趣而言的，我们强调的布局设计，则是与画竹要“成竹在胸”相类。

笔者曾经当面向启功先生请教过，“作书之前要不要有一个统筹规划?”启功先生肯定的回答：“岂止是规划！必要时甚至要写个小样。”我们认为，“写小样”确实是一个好办法，特别是对经验不足的初学者更是如此。

甲骨文书法更有其特殊性。因为一幅作品，不但要有甲骨文的正文，还要有释文，再加上上下款，有时还要写上一些“跋语”。如果不事先做好统筹安排，其效果将不可想象。

这里所说的“设计整体布局”，大体包含以下几个方面：

首先，是甲骨文的正文。要根据内容选好所用的书体风格（必要时不妨查查字书，力求准确），计划好在所选的纸张上占据多大面积，打算分几行，各行的字数，每字的大小和体势等等，总之，正文的整体章法布局要做到心中有数。

其次，是释文和款识。也要选好书体，我们觉得行书（包括行楷或行草）比较好。正楷或隶书可能显得死板。大草或狂草，一般人很难属读，起不到释文的作用。这一部分字的大小和分行布白，要与正文相协调，不能喧宾夺主。特别应当注意的是，如果正文录用的是古籍或别人创作的句子，则一定要注明出处，不可掠人之美。上下款中的敬语和谦称要恰当。现在网络和微信中流传着一些落款的用语，其中有些是不能滥用的，选用时一定要弄清它的确切含义和适用的场合，否则会贻笑大方。

最后，用印要恰当。印章的款式、大小和钤盖的位置，都必须考究。

这一切，构思清楚之后，最好写一个小样再审度一番。自己感到比较成熟之后再落笔。

第四节　“出帖”和个人风格的形成

甲骨文如何“出帖”是个新问题。在没有强调甲骨文书体之前，可以说甲骨文书法基本上就没有“入帖”，因而也就不存在出不出帖的问题。那么，当我们注意到甲骨文实际上存在不同书体，并且对不同书体进行了相当时间的临习，基本上把握了这种书体的特征之后，会不会囿于某一书体的束缚，成了这种书体的“奴隶”，再也无法形成个人的面貌呢？我们认为，对于甲骨文书法而言，这种担心是多余的。因为殷墟甲骨文本身还不是一种“规范的”汉字，其基本构形有一定的随意性。在前面图 9－2 中，我们看到 8 个宾组的“好”字。其实，宾组的“好”字数量很多，图 9－5 是李宗焜先生编著《甲骨文字编》第 152 页的复印件，这一页全部是“宾组”的字体，共 34 字，其中有一字是作者错释误摹（图中已用■标出），还有两个字有漏刻，完整的字有 31 个，实际前一页还有 8 个宾组字形，即共计有 39 个宾组的“好”字。虽然字形是摹写的，由于作者书法水平较高，基本保持了原貌。我们看到，数量如此多的同一个字，却完全没有雷同。因此，可以肯定地说，我们不可能通过临习拓片把甲骨文字写成固定的样式。更何况，我们的着眼点重点在于学习整条卜辞（字群）的谋篇技艺。我们总是根据每一个字它所处的特定位置来决定它的结体与取势。所以，我们不会通过临习拓片，把字固化成一种僵死的模样。

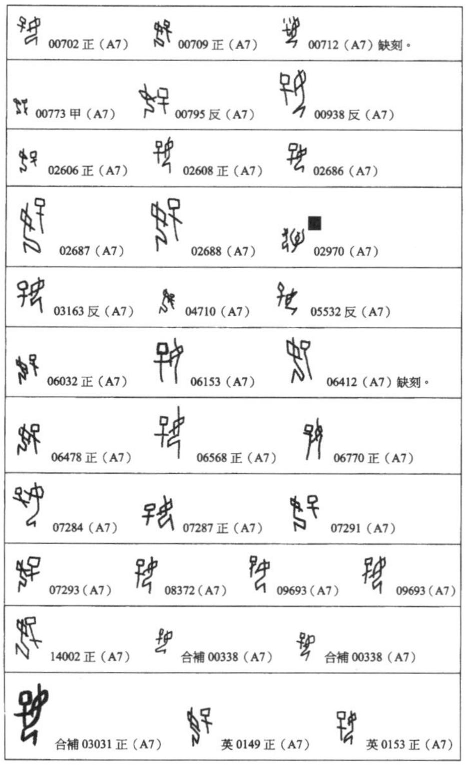

图 9－5

另一方面，当我们把古人用刀契刻在龟甲兽骨上的书法艺术效果，用毛笔提炼到纸上来的时候，必然要发挥柔毫具有弹性的优长，通过提按、徐疾等运笔技巧的变化，再加上对用墨的浓淡、燥湿的控制，写出来的效果，必然比甲骨上的刀痕要丰富得多。而且，不同的人，写出来的效果，也绝对不可能雷同。因此，个人风格的形成是个自然而然的事，并不需要有意为之。

值得注意的是，现在有些甲骨文书法爱好者，为了写出个人面貌，出现了一些不健康的倾向。这些问题，如不注意，任其发展，形成习惯，必将贻误终生。

一种倾向是不知出于什么动机，偏爱从字书里找不常见的字形书写。比如“萬”字，最常见的字形是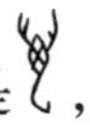，这是一个蝎子的象形字，多种写法大同小异，区别只是身上的纹理有差别，特征是两个长螯总是从前面头部伸出，旧的《甲骨文编》总共收入了19个字形，其中误收了一个形（此字《甲骨文字诂林》曾释作“禺”，未被学界公认，新的字书都作为未释字收录）。有的人在书写中用到“萬”字的时候，偏爱选用这个字形。又如，大家都知道，“如”字和“訊”字是有明显区别的，“如”字所从是双手在胸前交叉的“女”，而“訊”字所从则是双手缚于背后的“奴”。《甲骨文字典》在1514页的“如”字下面，误收了一个字。奇怪的是，有的人偏偏在众多的正确字形当中选用了这个与众不同的错字当“如”字来用。笔者曾专门询问过几位误用奇字的朋友，问他们为什么偏偏爱选用这些字形，回答几乎是一致的，就是“觉得新奇，别人没用过。”“以为这样可以更出彩。”岂料，正是这种“讨巧”的思想，造成了作品的“硬伤”，不仅不能“出奇制胜”，反而会“贻笑大方”。

另一种不好的倾向，就是随心所欲地改变甲骨文字的体势。的确，甲骨文的体势变化可以说是多姿多彩的，在书法创作中根据需要变化每个字的体势，是加强艺术感染力的重要手段。当然，体势的变化，也会影响到字形的结构，但绝不可以破坏了甲骨文字的构形原理。比如经常出现在天干或先王名字中的“庚”字，早期基本构形是（晚期构形有变化）。从文字学角度看，这是一个左右完全对称的结构。但是，为了体现动态美，商代甲骨文的刻写者，总是把它刻得不完全对称，如，横笔略作倾斜，竖笔间距不等，因而使字有了动势。又如，斜势的取向与前相反，也使该字有了生气。再如，主要是调整上方歧出两笔的角度。总之，这些体势的变化，既打破了严格对称的僵化，又没有影响字的基本构形。可是，在有些书家的笔下，过分夸张地把它写作，其横笔的倾斜已经有些过分，而上方歧出的两斜笔，长短差别更过于悬殊，这就完全破坏了该字的基本构形原则。因为甲骨文的“庚”字，基本取象于钲铙一类的乐器，是个象形字，过分改变笔画长短的比例，就破坏了象形字的基本构形。又如，把（凰）写成，把（饗）写成，都属于这一类过分扭曲原形的做法。这已经远远超出了体势变化的范围。严格讲，应视为“硬伤”。

我们相信，读者只要注意避免这些不良倾向，发挥自己在行楷书法方面积累的创作技巧，通过不断实践，一定会写出一笔既所本有自又具有独立面貌的优秀甲骨文书法作品。

（贾书晟）

第十章　识字与用字

前几章我们所讨论问题的基点，是以读者已经认识甲骨文为前提的。这是因为本书的重点是讨论甲骨文不同的书体，因此没有从甲骨文的基础知识讲起。读者如果还缺这一课，建议阅读一下《汉字书法通解·甲骨文》①，该书为甲骨文书法的入门教材。

既然读者已经认识了甲骨文，为什么这里还要讨论识字问题？这是因为书法所使用的素材就是文字，写哪种书体的书法，就要熟悉哪种书体的文字，特别是古文字。对于甲骨文来说，还有一个原因，就是有些字过去没有考释出来，现在被专家考释出来了，也有一些过去考释出来的字，现在发现是释错了，学术界已经将其改正过来了。书法家当然应当不断地更新自己的"文字库"。

至于用字，大家知道，甲骨文可识字数量有限，许多人都觉得不够用，于是"借""代""造"的现象极为普遍，造成书法作品的"硬伤"。如何解决这一问题，这里也要谈谈我们的看法。

第一节　关于甲骨文的识字问题

对于一个甲骨文书法家来说，不能满足于知道某一个甲骨文字形与哪一个今文字相对应就完了，还必须从文字学的高度来了解其构字的原理，从断代的角度了解每一字随时间的流变，以及在歧释的情况下如何取舍。这些问题解决得越好，使用这些文字进行书法创作才能更自由、更灵活。

一、必须从文字学的高度来了解甲骨文的构字原理

这里我们所说的要从文字学的高度来了解甲骨文的构字原理，并不是要求大家都来研究文字学，我们不必要详细的去钻研《说文·叙》中所说的"六书"②，也不必去研究唐兰先生提出的"三书说"③，陈梦家先生发展了的"新三书说"④，以及裘锡圭先生提出的一些新的补充⑤。当然，读者有兴趣的话，学习一下裘锡圭先生的《文字学概要》，必然是大有裨益的。

---

① 贾书晟、张鸿宾《汉字书法通解·甲骨文》，文物出版社，2005 年。

② 指事、象形、会意、形声、转注、假借。

③ 象形、象意、形声。

④ 象形、假借、形声。

⑤ 以上均可参阅裘锡圭：《文字学概要》，商务印书馆，1999 年。

我们的目的，在于正确地把握每一个甲骨文字是怎样构成的，构成它的每一个部件有什么含义，因而在书写的时候能够把它写准确。

为了说明这个问题的重要性，让我们来看一个极普通的例子。稍有点甲骨文知识的人，都会认识（H7363 正）是个“中”字，也可写作（H7363 反）、（H32982）、（H13357）。把这几个字形读作“中”，于卜辞也完全讲得通。也就是说，将这个字释为“中”，是确定无疑的。但是，如果再进一步问，“中”字为什么用了这样一个字形？或者说当初造“中”这个字的根据是什么？对于一些不太留意古文字学的书法家来说，就不一定能够回答清楚。

目前几本重要的考释古文字的大型著作如《甲骨文字集释》（李孝定编述，1970 年台湾版）、《甲骨文字诂林》（于省吾主编，中华书局出版，1998 年）和《古文字诂林》（李圃主编，上海教育出版社，1999 年）等都重点介绍了唐兰先生的“建中之旗”说，唐兰先生在《殷虚文字记》中说：“余谓中者最初为氏族社会中之徽帜。”“盖古者有大事，聚众于旷地，先建中焉，群众望见中而趋附，群众来自四方，则建中之地为中央矣。”也就是说即建中之旗帜的象形字，其横向的波线就是旗帜上的斿，即通常所说的飘带。

至于中间的方框，唐兰的解释是“凡垂直之线，中间恆加一点，双钩写之……遂为中形矣。”胡念耕先生则据 1935 年河南汲县山彪镇战国墓出土之水陆攻战纹铜鉴上的图纹，判定中字的方框是附在旗上的“鼓”，并以上古音“冬”与“中”音同，认为“‘中’音实拟鼓声无疑。”（见《古文字诂林》第一册，340－350 页）。

董莲池先生在其所著《说文解字考正》“中”字的按语中，则谓“从甲骨文所用看，它应是商代用于测风的旗帜，大概因为其名‘中’，故借以表示中间之‘中’，遂于的中间加一口指示其中间义”。

以上诸说，虽略有小别，但其横向的波线，是代表随风飘起的飘带，则是肯定的。这些波线，不论多少，也不管是写在左边还是右边，必然是方向一致的。而我们有的书法家，由于缺乏文字学的知识，居然将“中”字写成了或者，这都是因为不了解甲骨文构字原理所出现的硬伤。

“中”字有时也刻成（H1488）形，省掉下部的旗斿，旗杆顶端增加了装饰物。有的书家不明就里写作，左部饰笔写得过长，宛如旗杆倾斜，使人很难辨认。这也是对字的结构认识不足造成的。

因此，我们提倡甲骨文书法爱好者在识读甲骨文时，应当尽可能了解每一个甲骨文字的构形原理。为什么说“尽可能”呢？因为迄今为止，有许多已经考释出来的甲骨文字，即使是研契专家也未完全弄清楚其构字原理，或者认识有分歧。但是构成该字的各个部件必须弄清楚，这是不应该含混的。

在甲骨文中，有好多象形字，其构形是不固定的。比如“龟”字，有正、侧两类构形，即使侧视形也有繁简的不同。繁化一点作H9000，由于是侧面图，所以四条腿只能看到两条，许多动物的象形字都是这样处理的。但“龟”字有时也作H8996 正，两条腿变成了一条腿，甚至简化为H8998 正，龟背上的纹理也减少了。这只是繁简的差异，并不影响字义。

还有一种情况，如“鸟”字，H116 正，H116 正或H8239，这都是宾组字体的字，这些不同的形体，显然不是由于书体变化或断代的不同造成的，只能是为了适应体势变化的需要而进行的艺术处理。所以，当我们进行书法创作的时候，也一定要根据章法的需要挑选最适宜的字形，甚至自己可以根据需要适当变换一下体势，这与滥造甲骨文是不同的。

总之，对于一个真正意义上的甲骨文书法家而言，只“认得”几个甲骨文字是远远不够的，我们不能满足于照着《字表》《文编》之类的书籍来认字，应当尽可能地找到相关的考释文章来读一读，重点不是解读卜辞，而是比较准确的了解这一个“字形”，为什么可以释作这一个“字”。这样，我们在使用它的时候，心中才能更有底气。

二、必须熟悉不同书体甲骨文的特征字形

迄今为止，书法界在用甲骨文进行书法创作的时候，还是把历时二百多年的殷墟甲骨文字当成同一种书体看待的。事实上，并非如此。殷墟甲骨文既是比较成熟的成系统的文字，又是仍在发展中的文字。不但不同时期的文字有差别，即使同一时期，由于卜辞的刻写者不同，文字也有所不同。这些不同，不只是风格上的差异，也有结构上的变化。甚至还有这样一种情况，某些字只在某一时期或某一占卜集团中使用。既然现在我们知道了甲骨文应当区分不同的书体，当然就应该知道同一个字，在不同书体中的差异。在前几章我们介绍书体特点的时候，每一书体都单列一节介绍其特征字形。毋庸讳言，这些介绍不可能是很完备的，因为迄今为止，还没有一本字书将所有著录的甲骨文字全部收录。

既然我们要区分书体来学习甲骨文书法，就应该使用所书字体的特征字形。比如“王”字，在宾组书体中都作H67 正，而在出组书体中，只有少数卜辞还保持类似宾组的形体，绝大多数已刻作三横作H23811，而到了晚期黄组书体一律变成三横一竖作H35422。像这些区别至为明显的字形，是不应该滥用的。又如H25026 这个字形，在宾组书体中大量出现，既可用作有无之“有”，也用作祭名的“侑”，而在出组书体中，就主要用作“侑”，有无之“有”，只有少数仍用，大多改用H22571，与“又”字同形。此后其他各体就不再见这个字形了，连“侑”字也用形。

还有一个特别的现象，就是在我们所论及的这七种书体中，黄组书体的“戈”部（黄组未见独体的戈字），全部都作形，戈柄不再写成垂直的竖画。

要区分书体来书写甲骨文，就必须首先熟悉各种书体的特征字形，否则就可能出现“四世同堂”的乱象，有人戏称为“什锦体”，这便无异于“关公战秦琼”，必然会贻笑大方。

三、择善而从和兼收并蓄

在识字的问题上，还有一个令人困惑的问题，就是有些甲骨文字，存在着歧释。这里所说的歧释，不包括那些根本不懂古文字学，也不顾于卜辞是否能读得通，仅凭用字的需要，望文生义，据形释义，胡乱猜想的所谓“考释”在内。而是言之有据，对卜辞的通读确能构成一家之言的释读，至于考释者本人是否专业工作者则是次要条件。

歧释是一种很常见的情况，也是一种很正常的现象，同时又是一种很复杂的情况。笔者曾就这个问题请教过几位专家，得到的回答是“择善而从。”或者是“你认为哪个有道理就信从哪个。”也遇到过这种情况：甲专家说“A 说是对的。”乙专家却说：“B 说绝对没问题。”实际上请教专家也解决不了问题。

我们是研究甲骨文书法的，只能从书法实用的角度来考虑问题。

比如，和这两个字形，在上个世纪末出版的《殷墟甲骨刻辞类纂》中的《甲骨文字形总表》、《甲骨文字诂林》，都释作“见”，甚至 2001 年香港出版的《新编甲骨文字形总表》也仍然都释作“见”。其实。早在 1982 年张桂光先生即在《华南师院学报·社会科学版》第 4 期上发表了《古文字考释四则》，指出和不是一个字，前者为“见”，后者为“望”的异体。1998 年裘锡圭先生发表了《甲骨文中的见与视》（后收入《甲骨文发现一百周年学术研讨会论文集》，台北：文史哲出版社，1999 年。2008 年经作者订正又在复旦大学出土文献与古文字研究中心网站上重新发表），肯定了张桂光先生指出二者不同是正确的，但同时提出根据“新出荆门郭店楚墓竹简《老子》中，‘视’作，‘見’作，可知甲骨文‘’字当释‘视’。”裘先生是著名的文字学家，他的意见在学术界影响很大，许多人改从裘说释为“视”。1999 年张桂光先生又在《中国文字》新廿五期上发表《甲骨文“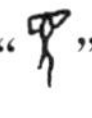”字形义再释》坚持释“望”说，从我们非专业者的角度看，其说也是有理有据的。2006 年《古文字研究》第二十六辑刊登了秦晓华先生的《也谈甲骨文中的“望”字》，从文字发展的脉络，力挺张说。也有人写文章对楚简的是否就是“视”字，提出怀疑。在这种情况下，我们究竟应当从哪家之说呢？我们的意见是，从满足书法的需要出发，在目前的条件下（指裘说在学术界得到部分学者的认同），还是以认从裘先生的释“视”说为宜。因为甲骨文中有从竖目的“望”字，却没有被公认的“视”字。过去有人将 H36932 释作“视”，现在已基本被学界所否定。所以用作视，正可补视字

之缺。显然，这有点实用主义的味道。当然，说是“从一家之言”也未尝不可。

甲骨文存在歧释，是一种非常正常的情况。2010年后新出版的字书，如李宗焜编著的《甲骨文字编》，刘钊主编的《新甲骨文编》（增订本），以及陈年福在网络上发表的《殷墟甲骨文字词表》，就有不少字存在歧释。这几本书的作者，都是当今有一定影响的学者，对于他们之间的歧释，我们当然可以根据自己的判断从一家之言，也可以“兼收并蓄”，根据需要来选用。当然，我们要随时留意学术界的动向，随时淘汰那些确被否定的释读。

四、新释字的搜集和整理

字书和字典的出版，总是落后于研究。一部新书刚刚出版，甚至正在排印中，很可能新的研究成果又出来了。作为一个甲骨文书法家或书法爱好者，除了手头应有最新版本的甲骨文字书，还应该广泛搜集和积累最新的文字考释成果。

一般来说，这种收集工作有一定难度。因为甲骨文的考释文章，除了在《考古》《文物》《古文字研究》《殷都学刊》等杂志上发表之外，还散见于各大学的《学报》，各类研讨会的论文集，以及各种纪念活动的文集。

除了平面书刊之外，随着网络的发展，有些学术网站，也不定期的发表一些考释文章。当然，网络上的东西，良莠不齐，一定要选择真正有学术价值的东西。笔者经常登录复旦大学出土文献和古文字研究中心（http：//www. gwz. fudan. edu. cn/Default. asp）网站，该站有专设的“甲骨金文”栏目，经常发表一些甲骨文的考释文章。这些文章，如果你感兴趣要保存，还可以下载成Word文档，非常方便。

要广泛的从各种书刊和网站上搜寻新发表的研究成果确实是一件很烦琐的事情。这必须坚持不懈，持之以恒。还要有一定的知识积累，具有分辨良莠的能力，有价值的和认为没价值的要分别收藏（现在自己认为没价值的东西，也可能今后还用得着，不要轻易丢掉）。遇到认为值得信从的新考释或某些改释，还有一个进一步整理的工作。要通过工具书进一步将该字在不同书体中的字形尽可能地都找出来。目前可资借用的工具书不多，只有《殷墟甲骨刻辞类纂》《新甲骨文编》和《甲骨文字编》几种，还有台湾成功大学开发的《甲骨文全文影像资料库》（数据库），该软件检索非常方便，缺点是收录的只是《甲骨文合集》的拓片图像。

第二节　关于甲骨文书法用字问题

关于甲骨文书法用字，这是一个亟待研究又很难解决的问题。凡是真正走进甲骨文书法这个领域的人，几乎都受到“字少难适”的困惑。李宗焜先生编著的《甲骨文字编》是最新出的一本甲骨文字书，收字截至2010年底。可能是目前所见到的收字最多的一部字书，所收甲骨文单字4378号，其中可释者1682号。这其中有一部分，虽然从形音义几方面来看都可肯定是已释字，但是在甲骨文书法创作中，可能永远也用不到它。比如字，即夂，读作suī。作为偏旁经常使用，但现代汉语中未见单独使用。所以，甲骨文的已识字，真正能够用得上的也就一千字左右。这就决定了用甲骨文进行书法创作，就不能像使用今文字那样随手拈来从心所欲。

一、用现有已释甲骨文字编撰书写文辞

前已说过，今文字的书法家用经典的诗词文赋来创作书法作品的做法，对甲骨文书法来说，是不现实、不适用的。因为已识的甲骨文字承载不了这些经典诗词文赋。

用现有已释甲骨文字，自己动手，编撰所要书写的文辞，是解决“字少难适”的根本出路。大致可有以下三种做法。

1. 集句

我国有五千年的文明史，先贤留下的名言名句非常丰富，其中有些句子，可能正好甲骨文的已识字都有。用作少字数书法创作，可能非常方便。因此，甲骨文书法爱好者，可以平时翻检经典名篇，遇到这样的句子，随时记录下来，适当的时候，便可随手拈来使用。比如，多年不见的老朋友来访，你可以写一幅“有朋自远方来不亦乐乎”（《论语·学而》）来表达自己的心情。或者在某一场合结交了新朋友，不妨写一幅“乐莫乐兮新相知”（屈原《九歌》）相赠。这一方法非常实用。收集多了，可以分类编排，结集保存，可以随时翻检使用。甚至也可出版，公诸同好。

2. 集诗

古诗词很难找到整首诗的字甲骨文都有。二十世纪三十年代简经纶（琴斋）曾有《甲骨集古诗联》问世，即从不同作者的诗作中把能用甲骨文书写的句子，挑选出来，重新拼合成一首“新的诗”，或集成一副对联。这一工作看起来貌似简单，实际做起来相当不容易。首先要从大量的古人诗作中，挑选出那些“能用甲骨文书写”的诗句，这就要具备两个条件：一是要熟悉甲骨文中全部的已识字（这一条件一般甲骨文书法家应当具有），二是要占有大量古诗。如果仅靠翻检古诗集，则不啻大海里捞针。而要把这些选出来的诗句再组成一首新的诗，不但文通句顺，富有新意，还必须遵从格律诗的若干规矩（如平仄、押韵、对仗、粘、对等等）。这对于今天国学根基不太雄厚的大多数人来说，还是有相当难度的。

3. 自己动手，赋诗填词

这是一种看似很难，但却是最为自由的一条创作道路。这对于古典文学底蕴比较厚实的书法家来说，只要掌握了甲骨文的已识字，就可以自由创作。如果文学知识不足，这就要根据自身的条件，在以下几方面下功夫补补课。

首先，要学习一下诗词格律。一提到诗词格律，往往使人望而生畏。这是一种误解。其实，诗词格律本身并不难，因为它是有规律可循的，只要掌握了这些规律，特别是诗律，根本不需要死记硬背。填词是需要记词谱的。但作为甲骨文书法所需要的词，都不会是长调的。记住几个常用的词谱就可以了，也不太难。至于用韵，也可以适当放宽，允许邻韵通押，或允许用普通话新韵。

其次，预先做好一些辅助工作。比如，写诗用的“平水韵”，可以预先将其中上平声、下平声的三十个韵部中的甲骨文可识字单独挑选出来，形成一个“甲骨文平声三十部”。填词用的“词林正韵”十九部，也可以预先将甲骨文筛选出来，形成一个“甲骨文词林正韵”。然后将它们保存到电脑或手机里，便于随身携带，随时翻检。一些常用词谱也可采取同样方法处理。

第三，充分利用互联网这一高科技手段。这里向大家推荐两个非常有用的网站。一个是《搜韵－诗词门户网站》，其网址是：http：//www. sou－yun. com/ 该网站提供了大量参考资料，可以说作诗填词所需的工具，应有尽有，还可以对自己所作诗词进行校验。只要将自己所做的诗（词）键入，点击诗（词）律校验，立即便可看到其中平仄、用韵的错误，有时还会对某些用词提出建议。另一个是《汉典》，其网址是：http：//www. zdic. net/ ，它除了可以作为一个大型综合字词典（包括《康熙字典》、《说文解字》等）使用之外，还可以进行组词的模糊搜索。比如你要查找含有某一字（△）的词语，只要键入“△?”，即可搜出若干以△为首字的词语，若键入的是“？△”，则能搜出若干以△结尾的词语。这一功能，对于我们要寻找含有某一甲骨文字的词语，非常有帮助。

第四，多读书，勤学习，提高文学修养。实践证明，通过努力，用数量有限的甲骨文字进行书法创作，尽管有很多困难，还是可以做到的。当然，自己创作出来的东西，存在一个雅俗、文野的问题。这与个人的文学修养和知识面的广度有关。这方面的提升，则不是一朝一夕的事。必须持之以恒，多读书，勤学习，日积月累，逐步提高。但这又绝不是一个单纯耗时间拼毅力的问题，古人云“学之者不如好之者，好之者不如乐之者”，“兴趣是最好的老师”。只要自己有这方面的兴趣，乐在其中，在文学的海洋中畅游，就可以很快提升自己的文学修养，创作出脍炙人口的美词佳句。

二、关于“借”“代”“造”

尽管我们一直强调要用甲骨文的已识字进行书法创作，而且事实证明这也是可以做到的。但是，我们也不得不承认，有时候想绕开甲骨文里没有的（或尚未释出的）字却是绕不开的。因为在现代汉语中使用频度极高的一些字，偏偏甲骨文中没有。比如，土地的“地”，大海的“海”，友爱的“爱”，花鸟的“花”等等。这些字常常成为人们在创作中经常遇到的“路障”。在这种情况下，如果不能有所“通融”，真的会让书法家无所措手足了。

所谓“通融”，实际上不外乎“借”“代”“造”。

所谓“借”，就是假借。甲骨刻辞中，假借字使用频度很高。天干地支，东西南北等等全是假借字。我们在识字的过程中，除了认识本字外，多了解一些甲骨文在卜辞中的表词意义，非常必要。这本身就可扩大甲骨文的可用字数量。相当多的字可以一字多用。但是，后世归纳的古籍中的假借字，如《通假大字典》《古字通假会典》等书所给出的那些通假字，则不宜滥用。启功先生生前曾明确表示不鼓励甲骨文用通假字①。2014 年笔者在瑞安参加“纪念孙诒让先生

① 见《第二届启功书法学国际研讨会论文集》，北京师范大学出版社，2006 年。

《契文举例》问世110周年国际研讨会”，曾向浙江大学教授、古文字学家曹锦炎先生请教，先生也认为以不用通假字为好，因为“古文字的通假字，实际上是古人写的错别字。”因此，使用通假字必须有度，不可滥用。

所谓“代”，就是用别的字体中的字来代替，比如西周甲骨，商周金文，必要时，甚至小篆也未尝不可。但必须用甲骨文“类化”，使之没有突兀感。比如甲骨文尚未发现有“地”字，陈初生编纂的《常用金文字典》对“地”字的构形有以下说明：

《说文》：“地，元气初分，轻清阳为天，重浊阴为地，万物所陈列也。从土，也声。墬，籀文地从隊。”小徐本谓籀文地从阜土彖声。

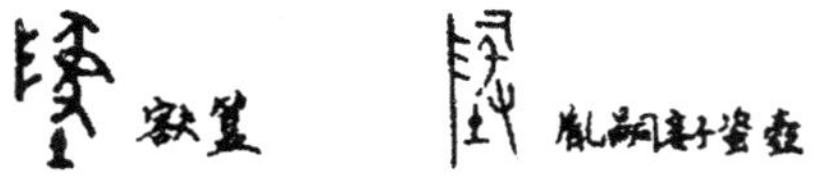

【析形】

金文地字从阜土彖声，与《说文》籀文同。侯马盟书“晋邦之墬”，亦如此作。惠栋曰：“今《汉书》《淮南子》地字皆作墬。”高明《古文字类编》云：“东周时代墬又通作地字。”曾宪通曰：“战国楚系文字则作埅，如楚帛书作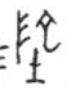，江陵楚简作，天星观竹简作，字从阜从土它声。篆文则省阜，后变它声为也声。它也古常混同。”

依上述，假如借用楚帛书，在甲骨文书作中将“地”写作，还是比较协调的。总之，借用字应选择来源有自，读者易识，字形更接近甲骨文的为宜。

至于“造”，也就是利用偏旁部首来拼凑，这是需要较为雄厚的古文字学基础的。中国汉字虽然历经几千年流传有序，但在发展的过程中是有变化的，甚至发生了讹变。如果我们不了解古文字的构形原理，仅仅根据后代的今文字，来拼造所谓的甲骨文，就有可能出错，甚至闹出笑话来。稍有一点文字学知识的人都知道，现在写成“月”字的偏旁，在古文字中，可能是“舟”“肉”或“月”。在隶变的过程中，它们都被写成了“月”。新中国成立后所进行的汉字简化，又进一步泯灭了一些古字的痕迹，比如“勸”“歡”“觀”等字的声符“雚”一律简化成了“又”，而“艱”“難”“漢”所从的“𦰩”，甚至“僅”字所从的“堇”也都简化作“又”。因此，要“造”字，决不可据今文字的偏旁来拼凑。

总之，“借”“代”“造”，都不可草率从事，稍有不慎，就会造成作品的硬伤。而且，即使“借”“代”“造”的字完全合理，也不能滥用，在一幅作品中，不宜出现过多，否则就很难称为甲骨文书法了。

作品中凡使用了“借”“代”“造”的字，应在释文或跋语中加以注明。这既表明作者在用字方面的严肃性，也是对祖国传统文化的敬畏之情。

（贾书晟）

附：

著录代码明细表

代码	意义	原著全称
H	“合”的拼音首字	《甲骨文合集》
B	“补”的拼音首字	《甲骨文合集补编》
T	“屯”的拼音首字	《小屯南地甲骨》
Y	“英”的拼音首字	《英国所藏甲骨集》
D	“东”的拼音首字	《殷墟花园庄东地甲骨》
Z	“中”的拼音首字	《殷墟小屯村中村南甲骨》
W	“怀”的英文首字	《怀特氏等收藏甲骨文集》
L	“鲁”的拼音首字	《山东省博物馆珍藏甲骨墨拓集》
J	“辑”的拼音首字	《殷墟甲骨辑佚—安阳民间藏甲骨》
M	“美”的拼音首字	《美国所藏甲骨录》

跋

妆罢低声问夫婿，画眉深浅入时无？

《殷墟甲骨文书法探赜》和大家见面了。这是我国第一部较全面较系统地对殷墟甲骨文书法进行探赜钩沉的一本书。说它是“第一部”，绝不是为了抢头彩，恰恰说明它是一部“尝试”之作。如果能得到广大读者和方家同道的首肯，相信必将有更加成熟、更加深入的精篇美文问世。从这个意义上来说，本书也就是一部“抛砖引玉”之作。

本书的主体部分，是按照以书体进行分类的“卜辞组”分组进行探索挖掘的。这样做的理由有以下几点：

（1）殷墟甲骨文涵盖盘庚迁殷以后至帝辛灭亡历时二百多年的历史，在这期间，文字本身在发展变化，卜人和契刻者在更替，反映在甲骨文的书体上，也在发展变化。历时二百多年的殷墟甲骨文绝不是只有一种书体。

（2）每一种书体所表现出来的书法美学因素不同，甚至大不相同，无法笼统论述。

（3）李学勤等先生提出的将甲骨文先按书体进行分组再断代的新方案，近年来取得很大进展。虽然将甲骨文按书体全部分类还有一定难度，但目前已经取得共识的阶段成果，对研究和总结甲骨文书法的规律而言，已经提供了充分的条件。

我们没有完全照搬断代研究者所划分那样细的分组，只是选择了书法特征比较突出的六组王卜辞和一组非王卜辞。对于梳理殷墟甲骨文的书法规律而言，应该说基本上是充分的。

在论述方法上，坚持从书法的本体论出发，侧重在形而下的形质方面的挖掘，一般不使用欣赏论和技法论的语言，旨在使读者实实在在地把握每一类书体的基本特征。

我们强调并借用了断代研究中的按书体分类的卜辞组的名称（宾圆组除外），但并不希望读者把注意力转移到卜辞的分组上去。我们认为本书第三卷提供的有关各组的拓片和第二卷提供的有关各组的字形，对于各组书法特征的研究，基本上达到了充分和必要的条件。

对各类书体书法特征的探赜，目的在于指导我们的实践。对于一个甲骨文书法家来说，了解和熟悉各书体的基本特征是必要的，但没有必要要求书家一定要死守某一种书体不放。如同今文字书法一样，学欧的人也不妨吸收一些颜、柳、赵的营养，学帖的人也不排斥吸收一些碑学的精华。何况从甲骨文契刻书法到甲骨文笔墨书法还有个再创造的过程。我们相信，通过对本书的学习和实践，绝不会使甲骨文书法走向僵化，而是可以使书法爱好者更加拓展自己的创作空间，既精彩纷呈，又所本有自。

本书在写作过程中，得到了我们京师大学堂殷商甲骨文研究院全体同仁的鼎力支持。研究院的学术顾问给予了极大的鼓励和释疑解惑。刘一曼顾问在百忙中为本书赐序，秦永龙顾问为本书题写了书名。特别是甲骨学界的知名专家复旦大学学的刘钊教授，郑州大学的王蕴智教授，虽至今尚未谋面，但多年来通过书信和互联网对我们的工作给予了详尽而热情的指导。在此一并致以最衷心的感谢！

为了本书的出版，责编对关键章节进行了修订。排印组的同志不厌其烦地对字库里没有的古文隶定字，进行创造性的劳动。美编同志为本书设计了精美的封面。特别值得一提的是，本人由于年事已高，体弱多病，不能亲赴出版社联系工作，特委派我的学生付艳晖全权代表本主编与责编联系，为了密切合作，出版社特地聘请付艳晖作特约编辑，这就更加拉近了作者与出版社的距离，有利于沟通和交换意见。在此向这些为本书付出了劳动和心血的同志表示诚挚的谢意。

贾书晟

2017 年 7 月 19 日于北师大丽泽寓所

殷墟甲骨文書法探賾

卷二　甲骨文常用字书体分类字编

贯书晟　主编

文物出版社

编撰委员会

主　　编：贾书晟

卷一　综论

撰　　稿：贾书晟　李颖伯　肖兴华　齐　陆
　　　　　赵洪喜

审　　订：贾书晟　李颖伯　肖兴华　齐　陆
　　　　　王长远

卷二　甲骨文常用字书体分类字编

编　　录：宋连运

审　　订：宋连运　李其煌　贾书晟

图表制作：宋乐燕　王树梁

图版制作：刘丽萍　王长远　李争艳　宋乐燕
　　　　　李德英　郭世祥　张伍林　王树梁

卷三　甲骨文常用字书体分类拓片萃编

编　　录：贾书晟　李颖伯　肖兴华　齐　陆
　　　　　赵洪喜　付艳晖

审　　订：贾书晟　付艳晖

图版制作：付艳晖

说　明

本字编是《殷墟甲骨文书法探赜》的一个分册，也可供甲骨文书法爱好者单独使用。

最近几年，有几部由甲骨文专家编著的甲骨文字书问世，深受广大甲骨文书法爱好者的欢迎。如刘钊主编的《新甲骨文编》（增订本）（海峡出版发行集团/福建人民出版社，2014 年），李宗焜编著的《甲骨文字编》（中华书局，2012 年），陈年福编著的《殷墟甲骨文字词表》（网络版）（笔者 2012 年初见，首发时间不详），马如森著《殷墟甲骨文实用字典》（上海大学出版社，2008 年）。这些书，各有优点。毫无疑问，目前，书法家如果拥有了以上四部书，便足够使用了。坦率地讲，本字编主要就是参考以上四书编纂的。

既然如此，那么，编写这本《字编》的意义何在呢？首先，这是一本常用字编。据李宗焜统计，截止到 2010 年甲骨文的总字数有 4378 号（该书依自然分类法编序，有的字分属不同部居，一字占用多个字号，故字号数多于字数），可释字只有 1682 号，只占总数的 38%。有些字，虽说可释，但过于冷僻，对于甲骨文书法创作来讲，可能一辈子也不会用到它。每查一字，总有点“大海里捞针”的感觉。所以，编一本“常用字编”，对书法家来说，可以带来极大的方便。第二，上述几本书在释字上，存在差异，这既与成书的时间有关，也与作者的认识有关，这些差异，如果是互补的还好处理，有些是相抵牾的，往往会使读者无所适从。编写这样一本字编，便可帮助读者决定取舍。第三，对于一些改释字，是否可从，抑或新旧并行，我们也提出了参考意见。第四，上述字书，都是针对识读卜辞进行考释的，而有些古文字可以通假其他字，本字编也适当收录，以便于书法创作。第五，上述四书，有两部注明了字体的分类，两部未分类，我们仅选择了本书所研究的七类书体，予以注明。其他组的字形一般不选，必要才选录。综上所述，本字编主要取材于上述四书，又没有完全依从于其中任何一本，因此，编者的主观意图是否恰当，还有待于读者在实际使用中加以检验。在此，编者热切希望读者在使用中提出宝贵意见，以便修订时加以改进。

本字编的首席编者是宋连运先生，他是一位部队退休干部。研究甲骨文和甲骨文书法已达十五年之久。他孜孜以求，博闻强记，擅于搜集和积累资料，博览群书，择善而从。他不擅使用电脑，本字编初稿完全是他手工描摹的。另一位编者，是部队的离休老干部李其煌先生，现已 86 岁高龄，研究甲骨文和甲骨文书法也有十五年历史。他藏有大批古文字工具书，而且记忆力很好。在本字编初稿编写过程中，宋、李二位先生经常互相切磋。初稿完成后，由贾书晟、宋连运、李其煌三位先生一起进行了审订。

本字编收录字头总编号为1341个，其中有211个是多释字或多义字，即有甲骨字形的字头数实为1130个。

本字编虽然主要取材于上述四部新出字书，但所有甲骨文字形全部都是从甲骨文拓片的影本中截取和修整的，只有个别几个字形如（0277）“句”的一个字形，及（0558）“綠”、（1021）“忻”、（1271）“稚”等由于找不到原著，分别复制于刘钊主编的《新甲骨文编》（增订本）（简称《新编》）或李宗焜编著的《甲骨文字编》（简称《字编》），在著录号中分别注明“选自《新编》”或“选自《文编》”。截图和修字的工作是由本院研究班的学员分工完成的。最后由宋乐燕、王树梁两位同志依汉语拼音的音序制成字编总表，并制作了笔画检索，以利于不熟悉汉语拼音的读者检索。

凡　例

1. 本字编以汉语拼音的音序排列。每一组同音字构成一个单元。每单元的第一行是通栏的汉语拼音字母。从第二行起，以声调为序依次填入所收的同音字的字头。

2. 每一字占有字表的独立一行。每行分四栏：第一栏是“序号”，以便笔画检索。第二栏是“隶释字”，也就是“字头”，我们直接用现代的表词汉字。为避免产生歧义，“字头”一律使用繁体字，其他行文则用通行的简化字。第三栏是该字的甲骨文字形，每一字形都是直接由拓片影本截图下来的，大小和清晰度经电脑作了适当处理。第四栏是“备注”，标注该字释读中一些问题。

3. 每一字头所收甲骨文字形多少取决于该字在甲骨刻辞中出现的频度和构形变化的情况。顺序则按本书所论述的七种书体的次序排列，七种以外的一般不收。若该字仅在另外类组中出现或在别组中有特别不同结构者，适当录入，但不加书体标注。

4. 所收甲骨文字形，每一字的右下角小字附注，注明该字形的来源。附注包括三部分：第一部分是一个大写的拼音字母，是该字著录书的代码（代码的意义请见附表）；第二部分的数字（个别还标有“正”或“反”）是该字所在拓片的编号。如 H10405 正，即表明该字形选自《甲骨文合集》的 10405 号甲骨的正面。第三部分是（）内注明所属书体的简称：“宾”即宾组，“圆”即宾圆，“出”即出组，“何”即何组，“历”即历组，“黄”即黄组，“花”即花东。

5. 第二栏中有的字头右上角注有“＊”号，表明该字的考释还有某种不确定性，或有“岐释”，如张三释“甲”，李四释“乙”，这里只选了一个；或者该字释读仅是某专家一家之言，未被学界普遍认同。带有“＊”号的字，读者在使用中要谨慎，也请读者注意该字的释读动向。

6. 备注中凡注明“同×”者，一般为一形多释，或曰异字同形。凡注明“通×”者，指古文字中的通假字（不一定适用于卜辞）。凡注明“用作×”者，一般指义项之扩展。凡此皆在主要字头下出现甲骨文字形，其它只指明“见×号×字”。

目　录

甲骨文常用字书体分类字编

		【an】	
0001	安	 H5373（宾）  D369（花）  H37568（黄）	
0002	晻	 H18128（宾）  H18553（宾）  H27435（历）  H30956	同“暗”
0003	暗	见（0002）晻	
		【ba】	
0004	巴	 H32 正（宾）  H6469 正（宾）	
0005	八	 H8996 正（宾）  H10405 正（宾）  H896 正（圆）  D176（花）	
0006	癶	 H9085（宾）  H18239	同“撥”

0007	霸	 H37848 反（宾）  T873	
		【bai】	
0008	白	 H203 反（宾）  H8947 正（宾）  Y1977（出）  H36794（黄）  H38758（黄）  H38760（黄）  H32330（历）  H33383（历）  D63（花）  D142（花）  D299（花）	通“伯”
0009	百	 H559 正（宾）  H1115 正（宾）  H32674（历）  H33033（历）  H37372（黄）  H22543（出）  D32（花）  D386（花）	
0010	柏	 H33380（历）  H31969（历）	
0011	敗	 H17318（宾）	
		【ban】	
0012	般	 H2317 正（宾）  H23105（出）  H26825（出）	通“盤”

		 H32278（历）  H32900（历）  H32862（历）	
【bang】			
0013	邦	 H595 正（宾）  H10104（宾）  H19431  H33205（历）	
【bao】			
0014	苞	 H8313  H11254  H20624  H20625	
0015	雹	 H7370（宾）  H11423 正（宾）  H14156（宾）	
0016	飽*	 H17953  H9100（宾）  H17952（宾）	
0017	寶	 H6451 臼（宾）  Y430（宾）  H17511 臼（宾）  H18623  H17512（宾）	

0018	保	 H10133 反（宾）  H4149（宾）  H23432（出）  T1082（历）  H18970  H26826（出）  T1066（历）	
0019	報*	 H570（宾）  H693（宾）  H33008（历）	
0020	暴	 H697 正（宾）  H5516（宾）	
0021	豹	 H3286 正（宾）  H3295（宾）  H10080（宾）	
0022	勹	见（0233）伏	
		【bei】	
0023	卑	 H37677（黄）  H19233（宾）	
0024	北	 H13442（宾）  H33050（历）  H36758（黄） 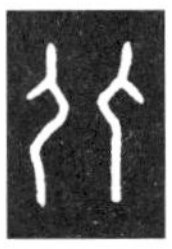 D502（花）	“背”初文

0025	貝	 H8490（宾）  H11425（宾）  H20576 正  H11428	
0026	狽	 H18371  H18372  H18373  H29420	
0027	誖	 H041（宾）  H248（宾）  H973 正（宾）  H33143（历）  H33100（历）	同“悖”
0028	備	 H565（宾）	
0029	悖	见（0027）誖	
0030	背	见（0024）北	
【ben】			
0031	奔	 H6544（宾）  H13764（宾）  H24442（出）  H34677（历）	

【bi】			
0032	［偪］逼	 H27991  T4197	
0033	鼻	 H1098（宾）  H8189  H21988	
0034	比	 H6（宾）  T3551（历）  H22636（出）  H35345（黄）  D416（花）  D449（花）  H27885 正（何）	
0035	匕	 H33（宾）  T608（历）  H25162（出）  H26899（何）  D494（花）  H438（宾）	卜辞用“匕”作“妣”
0036	筆	见（1174）聿	
0037	畀	 H1430 甲（宾）  T2229（历）  D425（花）  H6770 正（宾）	

0038	閉*	 H12164	
0039	敝	 H584 正甲（宾）  H8250 正（宾）  H36936（黄）  H28869	
0040	［啚］鄙	 H6057 反（宾）  H32982（历）  Y2525（黄）  H36490（黄）	
0041	必	 H4242（宾）  H3335（宾）  H25937（出）  H32835（历）  W962（黄）  D375（花）	
0042	庇	 H4730 正（宾）  H6407（宾）  H6943（宾）	或释“依”
0043	婢	 H35361（黄）  H26956	
0044	辟	 H5584（宾）  H27937（何）  H37468（黄）  D275（花）	

0045	璧	 H8108  D37（花）  D198（花）  D490（花）	
0046	妣	见（0035）匕	
【bian】			
0047	邊	 H28058	
0048	編	 H26801（出）	
0049	鞭	 H20842	
0050	［釆］辨	 Y380 反（宾）  H20340	
【bie】			
0051	别	 H593（宾）  H33160（历）  H29400	
0052	鼈	 H8996 正（宾）	

【bin】			
0053	賓	 H896 正（圆）  H32（宾）  Y199 正（宾）  H3168（宾）  H13405（宾）  Y1152（宾）  H2638（宾）  H2638（宾）  H23432（出）  H23520（出）  H25259（出）  H25440（出）  H27107（何）  H27042 正（何）  H27153（何）  H30345（何）  H34344（历）  H34349（历）  H32799（历）  H34241（历）  H34349（历）  H35455（黄）  H35627（黄）  H35536（黄）  H38410（黄）  H896 正（圆）  D173（花）  D480（花）  D480（花）	同“儐”
0054	濒 *	 H1051 正（宾）  H1051 正（宾）  H21256	

0055	儐	见（0053）賓	
		【bing】	
0056	并	 H10959（宾）  T3723（历）  H36987（黄）  H33174	
0057	冰	 H8251（宾）	
0058	兵	 H7204（宾）  H18329（宾）	
0059	丙	 H655 正甲（圆）  H1075 正（宾）  H23823（出）  H36642（黄）  D16（花）  D355（花）	
0060	柄*	 H585（宾）  H585（宾）	
0061	秉	 H519（宾）  H17444（宾）  H17445（宾）	
0062	並	 H4393（宾）  H23439（出）  T2907（历）  D53（花）	

0063	檳	 H21482	
		【bo】	
0064	泊	 H36812（黄）	
0065	伯	见（0008）白	
0066	帛	 H36842（黄）	
0067	博	 H36422（黄）	
0068	駁	 H36836（黄）  H36987（黄）	
0069	撥	见（0006）癶	
		【bu】	
0070	卜	 H11503（宾）  H5611 正（宾）  D3（花）  H39412（黄）  H31686（何）  H32330（历）  H24241（出）	通“外”
0071	不	 H184（宾）  H10406 反（宾）  H22537（出）	通“否”

		 H27152（何）  H32327（历）  H36346（黄）  D36（花）  H31981（历）  H655 正甲（圆）  H5298 正（圆）	
0072	步	 H25（宾）  H24347（出）  H36483（黄）  H31995（历）  D262（花）	
		【cai】	
0073	才	 H137 正（宾）  H24358（出）  H32413（历）  D410（花）  H38223（黄）  H35343（黄）  H1055（宾）  D9（花）	同“在”
0074	采	 H12810（宾）  H11726（宾）	
		【can】	
0075	殘	见（0405）戔	

【cang】			
0076	倉	 T3731（历）  H9645（宾）  H18664（宾）	
0077	藏	见（1220）臧	
【cao】			
0078	曹	 H6942（宾）  H36828（黄）	
0079	草	见（0089）屮	
【ce】			
0080	册	 H438 正（宾）  H5820 反（宾）  H7387（宾）  H24133（出）  H32285（历）  D449（花）	
【chan】			
0081	蟬*	 H34410（历）	
【chang】			
0082	昌	 H19924	通“唱”

0083	長	 H28195（何）  H27641	
0084	鬯	 H1506 正（宾）  H301（宾）  H22925（出）  H22546（出）  H27255（何）  H32272（历）  H35153（历）  D34（花）  D249（花）  H35350（黄）	通“暢”
0085	唱	见（0082）昌	
0086	暢	见（0084）鬯	
		【chao】	
0087	漅	 H28096  H28095  T667	
		【che】	
0088	車	 H584 正甲（宾）  H11449（宾）  H6834 正（圆）  H36481（黄）  D416（花）  10405 正（宾）	

0089	屮	 H6732（宾）  J690（黄）  H27218	通“草”
0090	徹	 H8073（宾）  H23627（出）  H36567（黄）	
		【chen】	
0091	臣	 H10405 正（宾）  H635 反（宾）  H27937（何）  H33249（历）  D53（花）  D183（花）  H628 正（宾）  H20354	
0092	辰	 H137 反（宾）  H27302（何）  H35549（黄）  H31976（历）  H36065（黄）  D17（花）  H11697 正乙（圆）  H23020（历）	通“蜃”
0093	晨	 H9492（宾）  H9495（宾）  H10976 正（宾）  H23475（出）  H25178（出）	
0094	沈	 H779 正（宾）  H780（宾）  H16186（宾）  H22594（出）  H26907（何）  T2667（历）	同“沉”

		 T890（历）  T123	
0095	沉	见（0094）沈	
		【cheng】	
0096	爯	 H6162（宾）  H4307（宾）  H38232（黄）  H32849（历）  D286（花）	
0097	偁	 H10405 正（宾）  H25020（出）	同“稱”
0098	稱	见（0097）偁	
0099	成	 H19619 正（宾）  H1248 正（宾）  H39465（黄）  H32052（历）  D437（花）	
0100	丞	 H2279 正（宾）  H763（宾）	“拯”初文
0101	承	 H4094  H9175	
0102	呈*	 J116（宾）  H37544（黄）	

		 H29351	
0103	乘	 H171（宾）  H6485（宾）  H6486 正（宾）  H32019（历）  H32896（历）	
		【chi】	
0104	赤	 H3313（宾）  H28195（何）  H28196（何）  H33003（历）	
0105	齒	 H94（宾）  H6482（宾）  H13643（宾）  H17295（宾）  H419 正（宾）  D28（花）  D28（花）  D284（花）	
0106	遲	 H27800  H31676  D37（花）  D429（花）	
		【chong】	
0107	寵	 B407	

0108	沖	 H32906	
0109	春	 H17078（宾）  H26898	
		【chou】	
0110	瘳	见（0617）繆	
0111	丑	 H6834（圆）  H6834 正（圆）  H6060 反（宾）  H495（宾）  H31329（何）  H31416（何）  H35350（黄）  H36642（黄）  H32054（历）  T1244（历）  D21（花）  D37（花）	
0112	稠	 H10056	
0113	疇	 H1183（宾）  H1654（宾）  H23614（出）  D159（花）  D336（花）	常用作“壽”
0114	躊	 H95（宾）  H27073（何）  H27088（何）	

0115	醜	 H4654（宾）  H12878 正（宾）	
	【chu】		
0116	出	 H20259（宾）  H1582 正（宾）  H5058（宾）  H6689（宾）  H22537（出）  H22742（出）  H26611 正（出）  D26（花）  H36518（黄）  H37852（黄）  H32030（历）  H33050（历）	
0117	初	 H31801  H345	
0118	芻	 H137 正（宾）  H96（宾）  H10279（宾）  H32008（历）	
0119	畜	 H29415（历）  H29416（历）  T3121	
0120	楚	 H32986（历）  H34220（历）  H29984	
0121	除*	 H18755	
0122	雛*	 H116 正（宾）  H116 正（宾）	

【chuan】			
0123	川	 H3748（宾）  H10161（宾）  H33352（历）	
0124	傳	 H9100  H8383  D113（花）	
【chuang】			
0125	闖	 H26065（出）  H18064	
0126	[爿] 牀	 H43（宾）  H32982（历）  H36969（黄）  D286（花）	
【chui】			
0127	吹	 H9359  H9362  Y2674  H20301	
0128	[梠] 槌	 H24389（出）	
0129	垂*	 H780（宾）  H779（宾）  H924 正（宾）	

【chun】			
0130	春	 H4672（宾）  H6073（宾）  H8582 正（宾）  H4852 正（宾）  H11533（宾）  H17314（宾）  H37852（黄）  H29715	
0131	辜	 H4723（宾）  H9783 正（宾）  H4722（宾）  H24231（出）  H36578（黄）  H37579（黄）  H37421（黄）  H33027（历）  T1099（历）  D249（花）  D249（花）  D467（花）	同“敦”
0132	純	见（0913）屯	
【ci】			
0133	［朿］ 刺	 H4787（宾）  H169（宾）  H19540 正（宾）  H4978（宾）  H32967（历）  H33203（历）  H26858（出）  D9（花）  D9（花）	

0134	此	 H32300（历）  H28258  H5524（宾）  H31191	
0135	辭	 D286（花）	
0136	辝	 H248（宾）  H248 正（宾）	
0137	雌	 H3321（宾）  H5730（宾）  H9965（宾）  H4730 正（宾）	
0138	次*	 H6131 正（宾）  H7358（宾）  H6536（宾）  H36522（黄）  H33056（历）	
0139	賜	见（1107）易	
【cong】			
0140	从	 H1434（宾）  H199（宾）  H36425（黄）	

		 H31996 正（历）  D289（花）  D290（花）  D290（花）  H29006（何）	
0141	從	 H27435（历）  H5716（宾）	
0142	悤	 H5346（宾）	同“匆”
0143	匆	见（0142）悤	
		【da】	
0144	大	 H11499 正（圆）  H11499 正（圆）  H13362 正（宾）  H31290（出）  H32329（历）  H35424（黄）  H37848（黄）  D184（花）	通“太”
0145	达	 H21099  H22303  H27745	
0146	罘	 H269（宾）  H22702（出）  H24417（出）	古“涕”字

		 H27305（何）  H36355（黄）  H36387（黄）  H32912（历）  T639（历）  D275（花）	
		【dai】	
0147	帶	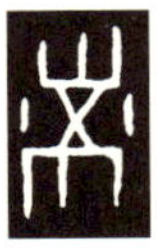 H35242（历）  D451（花）  H20502  H28035	
0148	戴	 H2274（宾）  H3193（宾）  Y314（宾）	
0149	代	见（1104）弋	
		【dan】	
0150	撣	 H27302（何）  H31787（何）	
0151	丹	 H716 正（宾）  H1623 正（宾）  D455（花）	
0152	旦	 H1074 正（宾）  H34601（历）  H34071（历）  H29776（何）  H29773（何）	

0153	單	 Y754（宾）  H11501（宾）  H137 正（宾）  H34220（历）	
0154	伹	 H1074（宾）	
0155	彈	见（0989）弦	
		【dang】	
0156	宕	 H8977（宾）  H23432（出）	
		【dao】	
0157	刀	 H32625（历）  H33035（历）  H33036（历）	
0158	島*	 T4565（历）	
0159	盜	 H8315（宾）	
0160	衍*	 H4909 正（宾）  H4910（宾）  H33190  H28712	同“道”
0161	道	见（0160）	

【de】			
0162	得	 H66（宾）  H510（宾）  H4719（宾）  H24555（出）  H30000	
0163	德	见（1276）值	
【deng】			
0164	登	 H8564（宾）  H8957（宾）  H9521（宾）  H7384 正（宾）  T2619（历）  H22925（出）  H27456（何）	
【di】			
0165	翟	 H37439（黄）	
0166	弟	 H9817（宾）  H31810（何）  Y2274  H22258	通“第”

0167	帝	 H2334（宾）  H217（宾）  H32112（历）  H34148（历）  H27437（何）  H27438（何）  H34147（历）  H36168（黄）  H24980（出）	通“蒂”
0168	迪	 H24550（出）	
0169	第	见（0166）弟	
0170	蒂	见（0167）帝	
【dian】			
0171	典	 H5945 正（宾）  H7414（宾）  H24387（出）  H38305（黄）  H38307（黄）  H33020（历）	
0172	奠	 H2137（宾）  H7878（宾）  H17005 反（宾）  H23534（出）  H24258（出）  H36772（黄）  Y2525（黄）  H32048（历）  H32850（历）  D28（花）  D61（花）  D162（花）  D284（花）	通“鄭”
0173	電	见（0788）申	

【diao】			
0174	弔	 H6637 正（宾）  H31807  D247（花）  D247（花）	
0175	釣*	见（0305）鯀	
【die】			
0176	耋	 H17938	
【ding】			
0177	丁	 H896 正（圆）  H6834 正（圆）  H43（宾）  H35942（黄）  H33710（历）  D3（花）  D410（花）	
0178	鼎	 H1248 正（宾）  H1363（宾）  H13404（宾）  H11499（圆）  H11499 正（圆）  H20576 正（历）  D149（花）  D550（花）	
0179	頂	 H21025	

0180	定	 H36537（黄）  H36581（黄）  H36918（黄）	
		【dong】	
0181	東	 H10302 正甲（圆）  H6058（宾）  H33068（历）  H33422（历）  D113（花）  D28（花）	
0182	冬	 H6057 反（宾）  H36775（黄）  D61（花）	同“終”
		【dou】	
0183	斗	 H21340  H21341  H21344	
0184	陡*	 D33（花）	
0185	豆	 H18587  H29364  T740（历）	
0186	鬥	 H152 正（宾）  H20231  H21524	
		【du】	
0187	督	 H30599（何）  H30894  H30365	
0188	度	 T4178（历）  T4178（历）  H31009	

		 H21289 反	
0189	杜	 H21458	
0190	妬	 H282（宾）	同“妒”
0191	妒	见（0190）妬	
【duan】			
0192	耑	 H20070  H8266  H6843  H6842	同“端”
0193	端	见（0192）耑	
【dui】			
0194	隹	 H4837（宾）  H8744（宾）  H33149（历）  H33150（历）	
0195	兑	 H27945  T637  H28633	通“說”“悦”。
0196	對	 H36790（黄）  T4529	

【dun】			
0197	敦	见（0131）	
0198	盾 *	 H7991（宾）  H3354（宾）  H6971（宾）  H10514	或释“毌”
【duo】			
0199	多	 H628 正（宾）  H808（宾）  H23012（出）  H23543（出）  H27042 反（何）  H27649（何）  H31981（历）  H32993（历）  H35404（黄）  D34（花）	
【e】			
0200	娥	 H732（宾）  H1617 正（宾）  H14788	
【er】			
0201	兒	 H1075（正）宾  H3397（宾）  H14681（宾）	通“倪”
0202	而 *	 H412（宾）  H499（宾）  H673（宾）	

		 H10689（宾）  H10989（宾）  B6233  D181（花）  D273（花）  D409（花）	或释“戠”
0203	爾	 H3297（宾）  H5527 正（宾）  H8884（宾）	
0204	邇	 T341（历）  T3759  Y2302  H30273	
0205	耳	 H3942（宾）  H4059（宾）  H9395（宾）  Y2251（出）  D39（花）	
0206	二	 H903 正（圆）  H11498 正（圆）  H17055 正（宾）  H26907 正（何）	
【fa】			
0207	發	 H4468 正（宾）  H10405（宾）  H34669（历）	
0208	伐	 H6427（宾）  H11498 正（圆）  H11497 正（圆）  H903 正（圆）  H897（圆）  H6834 正（圆）  H22560 反（出）  H22552（出）	

		 H35368（黄）  H31977（历）  H32218（历）  D236（花）  D144（花）  D275（花）  D29（花）	
		【fan】	
0209	凡	 H33568  H29383  H29383  H29990	
0210	反	 H36537（黄）  H36819（黄）	
		【fang】	
0211	方	 H137反（宾）  H6441（宾）  H15983（宾）  H20461（宾）  H24892（出）  H30999（何）  H28001（何）  H31978（历）  H33020（历）  H36488（黄）  H38759（黄）  D88（花）	

0212	彷	 H556 反（宾）  H18700（宾）  T756  H33235（历）	
		【fei】	
0213	非	 B6479（宾）  H24266（出）  H24892（出）  H36922（黄） 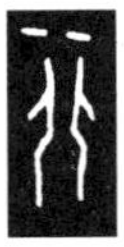 H32126（历）  H34479（历）  D5（花）  D401（花）	
0214	妃	 H2864（宾）  H6197（宾）	
0215	扉	 H15844	
		【fen】	
0216	分	 D391（花）  D391（花）  H11398	
0217	焚	 H583 反（宾）  H11007（宾）  H36492（黄）	
0218	粪	 H3239（宾）  Y361 正（宾）  H35273（历）	

		 D498（花）	
		【feng】	
0219	封	 Y403 正（宾）  H26752（出）  H32287（历）  H36528 反（黄）  D172（花）  H27893	
0220	豐	 H137 正（宾）  H137 正（宾）  H6068 正（宾）  H22289	
0221	楓	 H18416	
0222	逢	 H36914（黄）  H36916（黄）	
0223	奉	 选自《新编》（黄）	
0224	鳳	 H137 正（宾）  H367 正（宾）  H1166 甲（宾）  H7369（宾）  H24369（出）  H24935（出）  H34137（历）  H34138（历）  H34150（历）  H34151（历）  H34483（历）  H37527（黄）	通“風”

		 H38186（黄）  H38187（黄）  H38189（黄）	
0225	凨	见（0224）鳳	
【fou】			
0226	缶	 H4490（宾）  H14188（宾）  Y781 反（宾）	
0227	否	见（0071）不	
【fu】			
0228	夫	 H8836（宾）  H19507（宾）  H36740（黄）  D57（花）	
0229	福*	 H15848（宾）  H15835  H15836	
0230	扶	 D280（花）  D380（花）	
0231	阜	 H14161 正（宾）  H18328	
0232	弗	 H32 正（宾）  H8472 正甲（宾）  H6834 正（圆）  H6834 正（圆）  H27107（何）  H27084（何）  H27205（何）	

		 H24450（出）  H24449（出）  H37517（黄）  H36518（黄）  H33012（历）  D38（花） 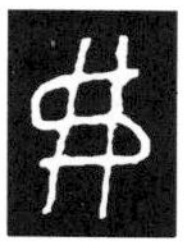 D321（花）  D113（花）  D290（花）	
0233	伏*	 H14295  H14294	或释“勹”
0234	孚	 H903 正（宾）  H11499 反（圆）  T1078（历）  H765（宾）  H13362 反（宾）	“俘”初文
0235	俘	见（0234）孚	
0236	甫	 H900 正（宾）  H7242（宾）  H7896（宾）	同“圃”
0237	斧	 H3212（宾）  H21073  H5810	
0238	𠬝	 H762（宾）  H22589（出）  H32173（历）  D181（花）	用作“服”
0239	服	 H36924（宾）  L361（黄）	
0240	復	 H5408（宾）  H15755（宾）  H5409（宾）	

		 H15483（宾）  D21（花）  401（花）	
0241	父	 H2128（宾）  H130 正（宾）  H32225（历）  H19951	
0242	腹	 H5373（宾）  H31759	
0243	阜	 H19790（宾）  H7859 正（宾）  H10405（宾）  H24356（出）	
0244	婦	 H14025  H18060	用于人名
		见（1288）帚	
【gai】			
0245	改	 H36481（黄）  H39465（黄）  H39471（黄）	
0246	匄	 H17055 正（宾）  H23443（出）  H32315（历）  H32315（历）  D146（花）	同“丐”

		 D179（花）  D385（花）	
0247	丐	见（0246）匄	
		【gan】	
0248	干	 H4942（宾）  H28059  H4947（宾）	
0249	甘	 H8001 正（宾）  H8002（宾）  H27147（何）  H36481（黄）  D428（花）	
0250	敢*	 H1021（宾）  H224（宾）  H10718（宾）  H8216（宾）	
		【gang】	
0251	剛	 H3236（宾）  H10771（宾）  H32597（历）  H33210（历）	
0252	綱	 T199（历）  H27254	

		【gao】	
0253	高	 H33（宾）  H28143（何）  H36518（黄）  H32312（历）  H32087（历）	
0254	羔	 T2892  D240（花）	
0255	膏	 H37643（黄）  H28188  H7926	
0256	槁	 W824	
0257	杲	 H20592  H12324	
0258	告	 H39（宾）  H137 正（宾）  H6057（宾）  H22755（出）  H22747（出）  H35345（黄）  H36424（黄）  T2707（历）  H32415（历）  D494（花）  D28（花）  D80（花）	
		【ge】	
0259	戈	 H584 正（宾）  H775（宾）  H32048（历）	

0260	洛	 H31164  H31230	同“格”
0261	或	 H142（宾）  H32879（历）  T19（历）  D81（花） 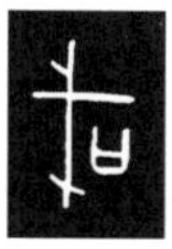 D275（花）	
0262	革	 T19（历）D474（花）  D491（花）	
0263	各	 H5439 正（宾）  H10406 反（宾）  H38727（黄）  H36388（黄）  D34（花）  D420（花）  D288（花）	
0264	格	见（0260）	
		【geng】	
0265	更	 H10951（宾）  H10951（宾）  H10952（宾）	通“鞭”
0266	庚	 H522 反（宾）  H17086（宾）  H22646（出）  H27179（何）  H27166（何）  H31970（历）	

		 H32192（历）  H32418（历）  H32942（历）  H36646（黄）  H36647（黄）  H35560（黄）  H35875（黄）  H38565（黄）  D7（花）  D441（花）  D420（花）	
【gong】			
0267	工	 H128（宾）  H11484（宾）  H4632 正（宾）  H24387（出）  H23644（出）  H26864（出）  H30373（何）  H35335（历）  H35398（黄）	
0268	公	 H26877（出）  H36541（黄）  H36545（黄）  H36547（黄）	
0269	弓	 H940 正（宾）  H685 正（宾）  H7932（宾）  H4811（宾）  D288（花）	
0270	宫	 H4290（宾）  H7928 反（宾）  H24462（出）  H24463（出）  H36541（黄）  H33161（历）	

		 H36542（黄）  H30375	
0271	肱	 H1772（宾）  H5532 正（宾）  H1772 正（宾）  H10419（宾）	通“宏”
0272	龏	 H5624（宾）  H6595（宾）  H7352 正（宾）  Y836（宾）  H24951（出）  H23615（出）  H36926（黄）	通“恭”
0273	収	 H387 反（宾）  H6412（宾）  H296（宾）  H36518（黄）	“拱”初文
0274	共	 H2795 正（宾）  H13962（宾）	
0275	恭	见（0272）龏	
0276	拱	见（0273）	
		【gou】	
0277	句	 H9378  选自《字编》	
0278	冓	 H17055 正（宾）  H3813（宾）  H24635（出）	

		 H24833（出）  H27382（何）  H30105（何）  H32108（历）  H32264（历）  D14（花）  D14（花）	
0279	遘	 H22715（出）  H22644（出）  H27282（何）  H38170（黄）  H32381（历）	
【gu】			
0280	骨	见（0288）冎	
0281	古	 H14（宾）  H52（宾）  H128（宾）  H23682（出）	
0282	谷	 H17536 正（宾）  H24471（出）	
0283	賈	见（1301）貯	
0284	鼓	 H891 正（宾）  H22749（出）  H23603（出）  H33184（历）  H35333（历）	
0285	蠱	 H5775（宾）  H13658（宾）  H17183（宾）	

		 H17186（宾）	
0286	瞽	 H16013（宾）  H16040（宾）  H5299 反（宾）  H1066（历）  T1082（历）	
0287	雇	 H7901（宾）  H13925（宾）  H13619（宾）  H24347（出）  H24348（出）  H36485（黄）  H36487（黄）	
		【gua】	
0288	冎	 H3236（宾）  H18837  T912	用作“骨”
0289	剐	 H17230 正（宾）	
		【guan】	
0290	官	 H1916（宾）  H4576（宾）  D80（花）  D81（花）	

0291	冠	 H6947 正（宾）  H6947 正（宾）	
0292	雚	 H24425（出）  H38310（黄）  H38311（黄）  H32137（历）  H32138（历）	用作“觀”
0293	盥	 H18524（宾）  H6807（宾）  T4429  H20308	
0294	觀	见（0292）雚	
0295	毌	见（0198）盾	
		【guang】	
0296	光	 H94 正（宾）  H140 正（宾）  H182（宾）  H4882（宾）  H13799（宾）	
0297	廣	 H10405 正（宾）  H15100（宾）  H17088（宾）  H4881（宾）	
		【gui】	
0298	歸	 H296（宾）  H1253（宾）  H5191（宾）	

		 H23705（出）  Y1948（出）  H28002（何）  T4400（历）  H33980（历）  H36766（黄）  D132（花）	
0299	鼅	 H8994（宾）  H8996 正（宾）  H8995 正（宾）  H9000（宾）  H33329（历）  T859（历）  D499（花）  H18366	
0300	圭	 H1950（宾）  D193（花）  D480（花）	
0301	癸	 H6057（宾）  H6（宾）  H6834 正（圆）  H26541（出）  H32400（历）  H35406（黄）  H36324（黄）  D5（花）  D29（花）	
0302	𣪘	 H24956（出）  H23571（出）  H25239（出）  T2682（历）	同“簋”
0303	鬼	 H137 正（宾）  H1086 反（宾）  H25001（出）	

		 H25006（出）  T4338（历）  H34146（历）  H8591  H8592	
0304	簋	见（0302）	
【gun】			
0305	鲧	 H48（宾）  H24384（宾）  H36923（黄）  H33162（历）  H24382（出）	或释“鈞”
【guo】			
0306	郭	 H6（宾）  H4866（宾）  H31970（历）  H31981（历）	
0307	虢	 H4531  H18187 正	
0308	馘	见（0202）而	
【hai】			
0309	亥	 H1263（宾）  H8310 正（宾）  H6（宾）  H61（宾）  H257（宾）	

		 H11968 正（宾）  H17680 正（宾）  H6834 正（圆）  H655 正（圆）  H22646（出）  H26541（出）  H26899（何）  H27107（何）  H35371（黄）  H35655（黄）  H36394（黄）  H37743（黄）  H36129（黄）  D5（花）  D275（花）	
0310	害	见（0985）搴	
		【han】	
0311	涵	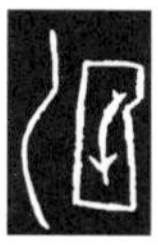 H29344  H29345  H31826	
0312	函	 H10244 正（宾）  H37545（黄）  H28373	
0313	寒	 H892 正（宾）  H3086（宾）  H611（宾）  H28982（何）  H28873（何）  H28371（何）  T2386  B9223  H28129	
0314	熯	 H9815（宾）  H10186（宾）  H10195（宾）	通“旱”

		 H25971（出）  H28297（何）	
0315	旱	见（0314）熯	
【hao】			
0316	蒿	 H36534（黄）  H38152（黄）  H29375	
0317	好	 H94（宾）  H201 正（宾）  H938 反（宾）  H5532 反（宾）  H4710（宾）  H6135（宾）  B3031 正（宾）  H32759（历）  H32760（历）  T4191（历）  D3（花）  D5（花）  D195（花）  D63（花）  D451（花）	
【he】			
0318	禾	 H32001（历）  H32028（历）  H32176（历）  H33209（历）  H33240（历）  H34177（历）  T2105（历）  D146（花）  H19804  H9615	

0319	盉	 H13515	
0320	合	 H1076 正甲（宾）  H3297 正（宾）  Y1256（宾）  H3298（宾）  D370（花）	
0321	龢	 H1240（宾）  H30693	同“和”
0322	何	 H113 正甲（宾）  H3449（宾）  H7001（宾）  H19037（宾）  H27042 正（何）  H31310（何）  H31324（何） 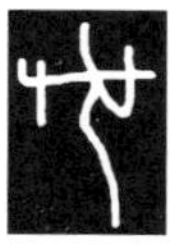 H27150（何）  H26953（何）  H27153（何）  H31323（何）  D320（花）	通“荷”
0323	閤	 T2273（历）	
0324	河	 H177（宾）  H418 正（宾）  H683（宾）  H8331（宾）  H13442 正（宾）  H8324（宾）  H24609（出）  H26907 正（何）  B8795（何）  H32028（历）  H32028（历）	

		 D36（花）  D36（花）	
0325	闔	 H4853（宾）  H4854（宾）	
0326	隺	 H33384	同“鶴”
0327	和	见（0321）龢	
0328	荷	见（0322）何	
0329	鶴	见（0326）隺	
		【hei】	
0330	黑	 H10171 正（宾）  H10179（宾）  H1142 正（宾）  H10192（宾）  H25811（出）  D49（花）  D67（花）  D123（花）  D150（花）	
		【heng】	
0331	亨	见（1002）享	
0332	恆	 H14749（宾）  H14762（宾）  H14769（宾）	
		【hong】	
0333	弘	 H269（宾）  H667（宾）  H6057 正（宾）	

		 H23532（出）  H23533（出）  H667（宾）  H4997（宾）  H3440（宾）  H3441（宾）  H35673（黄）	
0334	虹	 H10405 反（宾）  H13444（宾）	
0335	宏	见（0271）肱	
0336	鴻	 H36555（黄）  H36565（黄）  H36567（黄）	
【hou】			
0337	［矦］侯	 H6（宾）  H517 正（宾）  H401（宾）  H23558（出）  H23559（出）  H32805（历）  H32086（历）  T1066（历）  H33979（历）  H36348（黄）  H36483（黄）  D284（花）  D284（花）	
0338	後	 H25948（出）  T4397（历）  T2358	

0339	后	见（1176）毓	
0340	厚	 H34124（历）  H34123	

【hu】

0341	乎	 H14 正（宾）  H94 正（宾）  H548（宾）  H4311（宾）  H6034（宾）  H23666（出）  H23671（出）  H23686（出）  H26907（何）  H32994（历）  H34306（历）  H36522（黄）  H36518（黄）  D34（花）  D275（花）  D37（花）	
0342	桒	 H695（宾）  H801（宾）  H1243（宾）  H1416（宾）  H1439（宾）  H14429（宾）  H22637（出）  H22913（出）  H25640（出）  H26854（出）  H27080（何）  H31987（历）	

		 H34092（历）  H35803（黄）  H36506（黄）  H38679（黄）  H38680（黄）  D187（花）	
0343	壶	 Y751（宾）  Y153（宾）  H18559  H18560  H18561	
0344	狐	 H37362（黄）  H37363（黄）  H37471（黄）  H10254  H10258	
0345	虎	 H671 正（宾）  H3305（宾）  H11018 正（宾）  H17392 正（宾）  H23690（出）  H37362（黄）  H37848 反（黄）	
0346	唬	 H18312	
0347	户	 H30294（历）  T3185（历）  H31230（何）  W1267（出）	

		【hua】	
0348	芣	 H18404  H5568 正（宾）  H13582（宾）  H17391（宾）  H11979	今作“鏵”
0349	鏵	见（0348）	
0350	崋*	見（1200）岳	
0351	化	 H150 正（宾）  H151 正（宾）  H1100 正（宾）  H33195（历）	
0352	畫	 H687 臼（宾）  H6828 正（宾）  H32774（历）  H32856 正（历）  H1075 正（宾）  H17584 臼（宾）  H32772（历）  H32773（历）  H23530（出）  D493（花）  D247（花）	
		【huai】	
0353	淮	 H23558（出）  H36591（黄）  H36968（黄）  Y2564（黄）	
		【huan】	
0354	萑	 H454 正（宾）  H8080（宾）  H190 正（宾）	

		 H3210（宾）  H30959（何）  H28001（何）  H34529（历）  H34172（历）  H34398（历）  D259（花）  D351（花）	
0355	洹	 H7854（宾）  H8315（宾）  H8317（宾）  H7853（宾）  H24413（出）  H34165（历）  H34165（历）	
【huang】			
0356	皇	 H6354（宾）  H6960  H6961	
0357	潢	 H36589（黄）  H37514（黄）  H37534（黄）	
0358	黄	 H22（宾）  H418 正（宾）  H3475（宾）  H26663（出）  B8209（出）  H26662（出）  T700（历）  H32930（历）  H33167（历）  T216（历）  H36484（黄）  D180（花）	

【hui】

0359	虫	 H23110（出）  H27703（何）  H17051	
0360	回	见（1041）亘	
0361	悔	见（0584）每	
0362	晦	见（0584）每	
0363	會	 H1030 正（宾）	
0364	叀	 H151 反（宾）  H6209（宾）  H24992（出）  H30999（何）  H32014（历）  H32272（历）  H32578（历）  H35815（黄）  H35828（黄）  D32（花）	通“惠”
0365	彗	 H210 反（宾）  H9780（宾）  H409（宾）  H9690（宾）  H23680 反（出）  H23803（出）  H31579（何）  H32000（历）  H32918（历）  H34056（历）  T3797（历）  H32484（历）  H32916（历）  H32967（历）	
0366	惠	见（0364）叀	

		【hun】	
0367	昏	 H29328  H29794  H29803	
		【huo】	
0368	火	 H11503（宾）  D179（花）  D59（花）  H20271  H34797（历）	
0369	［隻］獲	 H171（宾）  H181（宾）  H5740（宾）  B6351 正（宾）  H24345（出）  H24449（出）  H33379（历）  T3055（历）  H37365（黄）  H37383（黄）  H37398（黄）  D108（花）  D113（花）  D113（花）	
0370	霍	 H13009  H35887（黄）  H36784（黄）	
		【ji】	
0371	躋	 H8984  H1656 正（宾）  H1899 正	

0372	姬	 H33291（历）  H34217（历）  H27547（何）  H36319（黄）	
0373	基	 H6570  H6570  H6571  H8448	
0374	鷄	 H18341（宾）  H37471（黄）  H37363（黄）  H37472（黄）  H37734（黄）  H37848 反（黄）  H5452	
0375	羈	 H28161  H28158	
0376	稽	 D183（花）  D277（花）  D366（花）	
0377	箕	见（0684）其	
0378	疾	 H137 正（宾）  H233（宾）  H13711（宾）  H23531（出）  H33112（历）  H34075（历）  D40（花）  D69（花）  D69（花）	疾病之“疾”
		 H21053  H21054	疾速之“疾”

0379	彶	 H21653	
0380	吉	 H16（宾）  H3187（宾）  H4307 反（宾）  H17275 反（宾）  H22913（出）  H24027（出）  H27114（何）  H27382（何）  H31221（何）  H27269（何）  H35347（黄）  H38232（黄）  H35641（黄）  H35644（黄）  D181（花）  D53（花）  D299（花）	
0381	及	 H256 正（宾）  H6342（宾）  H7983 正（宾）  B2194（宾）  H33063（历）  H33291（历）  T3340（历）  H32815（历）  H36425（黄）	

		 H37520（黄）  D43（花）	
0382	集	 H18333	
0383	亟	 H13617 反（宾）	“極”初文
0384	極	见（0383）亟	
0385	耤	 H7002（宾）  H900 反（宾）  H5604（宾）  H9503 正（宾）  H8725（宾）  D365（花）	
0386	即	 H151 正（宾）  H1963（宾）  H7634 正（宾）  H24115（出）  H38289（黄）  H27456 正（何）  H29704（何）  H32019（历）  H32277（历）  H32616（历）  H32887（历）  H32924（历）  H32440（历）  H32228（历）  H38232（黄）  D181（花）	
0387	苟	 H21091  H16336  H32294	通“敬”

		 H34283	
0388	棘	 H31957	
0389	脊	 H21892	
0390	己	 H17680 正（宾）  H163（宾）  H14036（宾）  H25229（出）  H32656（历）  H37743（黄）  D7（花）	
0391	洎	 H7047	
0392	繼	 H2940（宾）  H17166 正（宾）  Y126（宾）	
0393	既	 H163（宾）  H808 正（宾）  H5859（宾）  H25892（出） 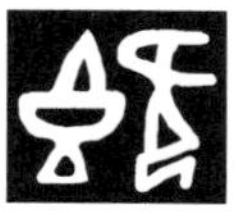 H26063（出）  H22859（出）  H34225（历）  T2414（历）  H38290（黄）  H11497 正（圆）  H11498 正（圆）  D244（花）  D381（花）  D361（花）	
0394	季	 H941（宾）  H14710（宾）  H14717（宾）	

		 H14720（宾）  Y996（宾）  H24973（出）  D140（花）  D249（花）  H21119	
0395	跽	 H26698（出）  H26701（出）  Y2088（出）	
0396	祭	 H1051 正（宾）  H1652（宾）  H15023（宾）  H22630（出）  H22788（出）  H22838（出）  H26004（出）  Y1938（出）  H27223（何）  H32625（历）  H32677（历）  T174（历）  H35410（黄）  H35411（黄）  H35407（黄）  H35441（黄）  D4（花）  D4（花）  D170（花）  D214（花）	
0397	几	 H242  H32035（历）  H32330（历）  H26972（何）  H31128（何）  H25996（出）  H26063（出）	

【jia】			
0398	嘉	 H7854 正（宾）  H181（宾）  H37855（黄）  H38244（黄）  D87（花）  D480（花）  H36527（黄）  H36840（黄）  H37487（黄）	卜辞用“㚣”为“嘉”
0399	家	 H6063 反（宾）  H13582（宾）  H13584 正甲（宾）  B1265（宾）  H28001（何）  T332（历）  T332（历）  D61（花）  D226（花）  D236（花）  D236（花）  D490（花）	
0400	夾	 H5634（宾）  H6063 正（宾）  H7075 正（宾）  H24241（出）  H24242（出）  H24245（出）  H37387（黄）	
0401	甲	 H6（宾）  H268 正（宾）  H6834 正（圆）  H32329（历）  D17（花）  D4（花）	

0402	罕	 H19791  H18579  H18580	
0403	稼	 H9616（宾）  H9617（宾）  Y398（宾）	
【jian】			
0404	兼*	 H5319（宾）  T2414（历）  H28804  H32127	或释“睫”
0405	戋	 H667 反（宾）  H822 反（宾）  H6335（宾）  H7321（宾）	通“殘”、“戰”
0406	肩	 H98 正（宾）  H709 正（宾）  H13505 正（宾）  H223（宾）  H595 正（宾）  H22929（出）  H23633（出）  H27933（何）  H20576 正（历）  H32415（历）  H31521（历）  H31523（历）  H33389（历）  H26879  H36515（黄）  D38（花）  D243（花）	

0407	殲	 H96（宾）  H1086 正（宾）  B1989（宾）  H96（宾）  H32033（历）  H32920（历）  H32996（历）	
0408	艱	 H137 正（宾）  H2837（宾）  H4288 反（宾）  H7102（宾）  H137 反（宾）  H8144（宾）  H22537（出）  Y2040（出）  H24146（出）  H24162（出）  H24163（出）  D5（花）  D39（花）	
0409	堅	见（0701）臤	
0410	翦 *	 H6057 反（宾）  H7691（宾）  H5809（宾）  H18758（宾）  H6834 正（圆）  H6834 正（圆）  H6834 正（圆）  H24156 正（出）  H24156 正（出）  H33028（历）  H31972（历）  T298（历）  T10（历）  H33050（历）	

		 H36344（黄）  Y2523（黄）  D316（花）	
0411	箭	 H26889  H26889  H31809  H26893	
0412	建	 H36908（黄）	
0413	見	 H568 正（宾）  H584 反甲（宾）  H7189 正（宾）  H16313（宾）  H12466 反（宾）  H16941（宾）  H23581（出）  H23679（出）  H33132（历）  H35291（历）  T81（历）  D26（花）  26（花）  D37（花）  D63（花）  D63（花）  D237（花）	同“現”
0414	薦	 H35502（黄）  H35554（黄）  H33689（黄）	
0415	監	 H27704  H27742  D88（花）	通“鑑”
0416	鑑	见（0415）監	
		【jiang】	
0417	姜	 H32160（历）	
0418	疆	见（0710）彊	

0419	將	 H809（宾）  H8402（宾）  H32237（历）  H32730（历）  H32767（历）  H32768（历）  H31056（何）  D195（花）  D304（花）  D496（花）  D496（花）	
0420	降	 H371 正（宾）  H808 正（宾）  H6498（宾）  H32112（历）  H18812（宾）  H34712（历）  H34146（历）  H34711（历）	
		【jiao】	
0421	膠	 H353（宾）	
0422	角	 H112（宾）  H5495（宾）  H6057 正（宾）  T2688（历）	
0423	教	 H10（宾）  H27732（何）  H31482（何）  H31622（何）	

0424	郊	 H7061 正（宾）  Y2524（黄）  H37394（黄）  H32675（历）	
		【jie】	
0425	皆	 H25228（出）  D401（花）  H27445  H31182  H30044  Y2366	通“偕”
0426	睫	见（0404）兼	
0427	街	 H4908（宾）	
0428	階	 H36937（黄）  H36938（黄）	
0429	卩	 H2235 正乙（宾）  H27673 反（何）  H32700（历）  H35354（黄）  D355（花）	通“節”
0430	解	 H18387（宾）  H18388（宾）	

0431	截	 T2232	
0432	介	 H1800（宾）  H2339（宾）  H2619（宾）  H19027（宾）  H1623 反（宾）	
0433	戒	 H7060（宾）  H20558	通“械”
0434	節	见（0429）卩	
		【jin】	
0435	巾	 H11446（宾） 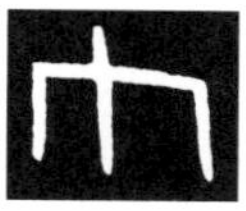 H19690 反	
0436	斤	 H21954  选自《新编》	
0437	今	 H18（宾）  H37（宾）  H94 正（宾）  H3523（宾）  H6486 正（宾）  H6834 正（圆）  H24731（出）  H26899（何）  H32330（历）  H32854（历）  D87（花）  D290（花）	
0438	金*	 H23573（出）  D2（花）  D75（花）	

		 D152（花）  D122（花）	
0439	晉	 H19568	
0440	盡	 H3519（宾）  H3521 正（宾）  H3515（宾）  H3520（宾）	
0441	進	 H32535  H21749  H22384	
		【jing】	
0442	晶	 H11505（宾）  H5444（宾）  H7426 反（宾）  H11503 反（宾）  H16124 反（宾）	
0443	京	 H13981 正（宾）  H317（宾）  H3132（宾）  H6477 正（宾）  H24446（出）  H22616（出）  H24400（出） 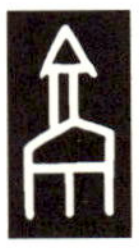 H26869（出）  H32864（历）  H33221（历）  H36481（黄）  D363（花）	通“景”

0444	井	 H116 反（宾）  H2279 反（宾） 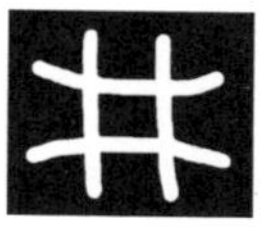 H4725（宾）  H33044（历）	
0445	頸*	 Y97 正（宾）  T463	或释“項”
0446	競	 H1487（宾）  B5936（宾）  H22596（出）  H31787（何）	
0447	竟	 H35224（历）  Z319	
0448	敬	见（0387）苟	
0449	景	见（0443）京	

【jiong】

0450	冏	 H10（宾）  H695（宾）  H32024（历）  H33225（历）  H34165（历）	

【jiu】

0451	鳩	 H20741  T2064  H36486（黄）	

0452	糾	 H11018 正（宾）  H17261（宾）  H6170 反（宾）	
0453	九	 H1055（宾）  H7139（宾）  H32029（历） 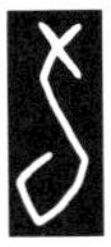 H33177  H35399（黄） 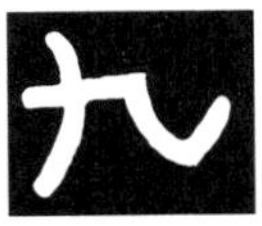 H36126（黄）  H37743（黄） 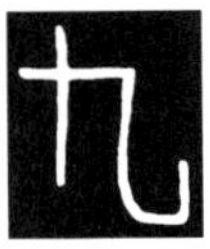 D176（花）  D480（花）	
0454	酒	 J628 正（历）  H28231  H9560	
0455	咎	 H795 正（宾）  H795 正（宾）  H902 反（宾）  H2252（宾）  H4421（宾）  H6032 反（宾）  H17944（宾）  H21838	
0456	舊	 H3522 正（宾）  Y1186（宾）  H26845（出）  H28195（何）  H32235（历）	
0457	就*	 H3138（宾）  H3141（宾）  H32692（历）  T3309（历）	

		【jü】	
0458	拘	见（0655）奴	
0459	鞠*	 H6566 反（宾）  H32183（历）	
0460	具	 D6（花）  D92（花）  D333（花）  H22153	
0461	舁	 H6341（宾）  H5769 正（宾）	“舉”初文
0462	舉	见（0461）	
		【jue】	
0463	厥	 H1045 正（宾）  H1046 正（宾）	
0464	絶*	 H152 正（宾）  H152 正（宾）  H36953（黄）  D286（花）	或释“紹”
0465	爵	 H2863（宾）  H6589 正（宾）  T2233（历）  H36537（黄）  D449（出）	

0466	珏	 H1052 正（宾）  H14588（宾）  H826（宾）  H24951（出）  H32486（历）  H33201（历）  H32487（历）	
【jun】			
0467	君	 H24132（出）  H24133（出）  H24134（出）	
【kan】			
0468	侃	 H29273  H26888  H27828  H27878	
【kang】			
0469	康	 H35982（黄）  H36014（黄）  H36281（黄）  H36101（黄）	“糠”初文
0470	亢	 T312（历）  H10302 甲正（圆）	通“抗”
0471	糠	见（0469）康	
0472	抗	见（0470）亢	

【kao】			
0473	考	见（0497）老	
【ke】			
0474	柯	 H1075（宾）  H3297 正（宾）  H4014（宾）	
0475	可	 H18890（宾）  T3245（历）  H18897  H18898	
0476	克	 H36417（黄）  H36909（黄）  H641 正（宾）  H27796（何）  Y199 正（宾）  H13709 正（宾）  H20576 正（历）  H20576（正）  H35362（黄）	
【ken】			
0477	墾	见（0481）圣	
【kou】			
0478	口	 H26899（何）  H27080（何）  H31437（何）  D102（花）	
0479	叩	 H32048（历）  T1239	

0480	寇	 H555 正（宾）  H13572（宾）  H537（宾）  H540（宾）  H594 反（宾）  H564 正（宾）  H604（宾）  H548（宾）  T857（历）	
		【ku】	
0481	圣	 H18194（宾）  H9473（宾）  H9475（宾）  H33210（历）  H33211（历）  T499（历）  T65（历）	用作“墾”
0482	哭	 H7815（宾）  H23705（出）  Y1996（出）  H39437（黄）	
		【kua】	
0483	夸	 H4813（宾）  H19117	
0484	誇	 H30373（何）  H30373（何）	
		【kuang】	
0485	匡*	 H474（宾）  Y721（宾）  H18652	

0486	狂	 H29234  H29236	
【kui】			
0487	窺	 H18075（宾）  H23670（出）  H18076	
0488	媿	 D113（花）  D113（花）  D349（花）  D352（花）	同“愧”
0489	愧	见（0488）媿	
【kun】			
0490	困	 H34235（历）  T885（历）	
【la】			
0491	剌	 H27885（何）  Y2567（黄）  H18514	
【lai】			
0492	來	 H97（宾）  H12（宾）  H6834 正（圆）  H25371（出）  H22539（出）  H23685（出）  H24170（出）  H27075（何）  H26899（何）	

		 H27929（何）  H32211（历）  H33723（历）  H33724（历）  T2539（历）  H36362（黄）  H36366（黄）  H36534（黄）  D16（花）  D85（花）  D480（花）	
		【lan】	
0493	婪	 H10298	
		【lang】	
0494	狼	 D108（花）  D108（花）  H11228	
		【lao】	
0495	劳	 H24276（出）  H24297（出）  H24300（出）	
0496	牢	 H8（宾）  H321（宾）  H1449（宾）  H32054（历）  H33671（历）  H34165（历）  H35351（黄）  H35436（黄）  H37265（黄）  D17（花）  D34（花）  D311（花）	

0497	老	 H13758 反（宾）  H23708（出）  H23717（出）  H23716（出）  H36416（黄）  H20280  H21054  H22322	通“考”
		【lei】	
0498	雷	 H14 正（宾）  H1086 反（宾）  H13406（宾）  H13409（宾）  H14128 正（宾）  H14129 正（宾）  H13417（宾）  H13418（宾）  H24364 正（出）  H24367（出）  H27223（何）  Y13415（黄）	
		【li】	
0499	離*	 H16（宾）  H9504 正（宾）  H10819（宾）  Y2432（历）  D9（花）	
0500	釐	 H26833（出）  H28001（何）  H26975（何）  H27385（何）  H37382（黄）  H39433（黄）  H32046	

0501	豊	 H16085（宾）  H27931（何）  H32557（历）  H34610（历）  D501（花）  D505（花）  D501（花）	通“禮”
0502	禮	见（0501）豊	
0503	李	 Y1013（何）	
0504	立	 H24（宾）  H3594（宾）  H14254（宾）  Y680（宾）  H23668（出）  H32786（历）  H36442（黄）  Y2564（黄）  D50（花）  D136（花）	通“位”
0505	吏	见（0809）史	
0506	力	 Y751（宾）  H22099 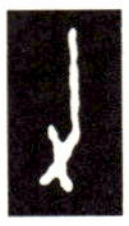 D288（花）  D1969（花）	
0507	麗	 J576 正	
0508	濿	 H4222（宾）  H37786（黄）  H36931（黄）  D352（花）	

0509	利	 H2774 臼（宾）  H3651 臼（宾）  H17614（宾）  H18401（宾）  H7042（宾）  H7043（宾）  Y2264（何）  H33401（历）  H36536（黄）  H36536（黄）	
0510	栗	 H5477 正（宾）  H36745（黄）  H36902（黄）  H10934	
0511	鬲	 H1975（宾）  H24280（出）  H32235（历）	
0512	歷	 H10425（宾）  H32815（历）  H32819（历）  T457（历）	
【lian】			
0513	聯 *	 H4070 臼（宾）  H32176（历）  H32176（历）  D203（花）  D480（花）	
0514	憐	 H4310（宾）	

【liang】

0515	良	 H938（宾）  H4956（宾）  H1628 反（宾）  H17527（宾）  H9810 反（宾）  H24472（出）  D178（花）  D475（花）	
0516	梁	见（0569）梥	
0517	量	 H18507  H22094  H18506  H22094	

【liao】

0518	遼	 H28190	
0519	寮	 H24272（出）  H24330（出）  H36423（黄）  H30909（黄）  D257（花）	
0520	潦	 H24422（出）  H24423（出）  H30775	
0521	燎	 H96（宾）  H1350（宾）  H32306（历）  H32028（历）  H32387（历）  H33249（历）  T1102（历）  H2975 正（宾）  H19712（宾）  H35477（黄）  D286（花）	

		【lie】	
0522	烈	 T999（历）  H27465	
0523	洌	 H18772  H18773	
		【lin】	
0524	林	 H34544（历）  H36547（黄）  H36749（黄）	
0525	粼	 H2607（宾）  T1111（历）	
0526	粦	 H261（宾）  H33040	“遴”初文
0527	霖 *	 H13010	
0528	遴	见（0526）粦	
0529	臨 *	 H36418（黄）	
0530	麐	 H36836（黄）  H36481 正（宾）	同“麟”
0531	麟	见（0530）麐	
0532	廪	 H583（宾）  Y411（宾）  H584 甲（宾）	

		 Y758（宾）  H33236（历）	
0533	吝	 H25216（出）  H4990  H35356	
【ling】			
0534	夌	 H16047（宾）  H18684（宾）	
0535	霝	 H592（宾） 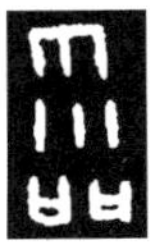 H2864（宾）  H32509（历）  H2869 正（宾）	通“靈”
0536	靈	见（0535）霝	
0537	令	 H5（宾）  H4774（宾）  H4853（宾）  H23701（出）  H26899（何）  H26907 正（何）  H32774（历）  H32994（历）  H36518（黄）  H36909（黄）  D409（花）  D3（花）	通“命”

【liu】			
0538	柳	 H36526（黄）  Y2566（黄）  T88	
0539	六	 H137 反（宾）  H93（宾）  H23984（出）  H32302（历）  H34451（历）  H32329 正（历）  H23882（何）  H35368（黄）  H35422（黄）  B11299 反（黄）  D83（花）  D208（花）  D20（花）	
【long】			
0540	龍	 H272 反（宾）  H506 正（宾）  H4658（宾）  H14153 反乙（宾）  H9076（宾）  H8283（宾）  H6589 正（宾）  H31972（历）  H9552	
0541	龔	 H21099	
0542	嚨	 H4659（宾）  B6255（宾）  D255（花）	
0543	弄	 H1034（宾）  H6980（宾）  B6211（宾）	

【lu】

0544	盧	 T496（历）  H32350（历）  H33185（历）  H38763（黄）  H32903（历）  T1009（历）  H3929（宾）  H1950 正（宾）	通“鑪”
0545	鑪	见（0544）盧	
0546	櫓	 H20397	
0547	鹵	 H2753（宾）  H5596（宾）  H26752（出）  H36756（黄）  H202（花）	
0548	魯	 H9300 正（宾）  H10133 反（宾）	
0549	彔	 H137 正（宾）  B13375 正（宾）  H25942（出）  H27933（何）  H33177（历）  H37848 反（黄）  H39427（黄）  D286（花）	

0550	鹿	 H10263（宾）  H10274（宾）  Y844（宾）  H24447（出）  H26907正（何）  H28325（何）  T997（历）  H37408（黄）  H37408（黄）  D288（花）  D14（花）	
0551	麓	 H35501（黄）  B11300反（黄）  H37452（黄）  H30268	
0552	陸	 H36825（黄）	
		【luan】	
0553	亂	 D159（花）	
		【lü】	
0554	吕	 H3823（宾）  H6567（宾）  Y2567（黄）  D7（花）	
0555	旅	 H4029（宾）  H5821（宾）  H22653（出）	

		 H25059（出）  H22798（出）  H36425（黄）	
0556	履	 H35273  H33284（历）	
0557	律	 H28953  T119（历）	
0558	綠	 选自《字编》	
		【lun】	
0559	侖	 H18690	
		【luo】	
0560	羅 *	 H880（宾）  H6016	
0561	洛	 H36959（黄）  H36960（黄）	
0562	雒	 H24257（出）	通“落”
0563	落	见（0562）	
		【ma】	
0564	馬	 H500 正（宾）  H584 正甲（宾）	

		 H11041 正（宾）  H5709（宾）  H24506（出）  H23602（出）  H27882（何）  H29415（历）  T4029（历）  D60（花）  D179（花）  D391（花）	
【mai】			
0565	霾	 H13465（宾）  H13466（宾）  H13467（宾）	
0566	買	 H10976 正（宾）  H10976 正（宾）  D98（花）	
0567	麥	 H6016 正（宾）  H24404（出）  H37448（黄）  B11300 反（黄）  B11299 反（黄）  D149（花）  D475（花）	
【man】			
0568	曼	 H583 反（宾）  H234 正（宾）  H4508（宾）	

		 H23685（出）  Y1978（出）  H35309（历）  T740（历）  D249（花）  D286（花）	
		【mang】	
0569	宋	 H36901（黄）	同“梁”
0570	汒	 H27884  H27884	同“茫”
0571	莽	 H18409（宾）  H21437  H18430	
0572	茫	见（0570）汒	
		【mao】	
0573	卯	 H6（宾）  H137 正（宾）  H11497 正（宾）  H11499 正（圆）  H11499 正（圆）  H32310（历）  H35379（黄）  H35529（黄）  D7（花）  D39（花）  D4（花） 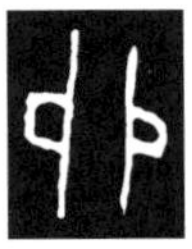 D23（花）	

0574	髦	 H3100（宾）  H3101（宾）  H33008（历）  H36481（黄）  H36481（黄）	
0576	懋	 H29004	
0575	冃	 H8427（宾）  H8423（宾）  H6542（宾）  H8420 正（宾）  H35410（黄）  H37840（黄）	今“帽”字
0577	皃	 H21881	今“貌”字
0578	帽	见（0575）冃	
0579	貌	见（0577）皃	
		【mei】	
0580	枚	 H26852（出）  H33690（历）  H33215（历）	
0581	眉	 H3198（宾）  H3420（宾）  H673（宾）  H27931（何） 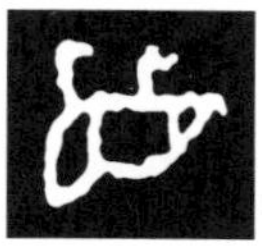 T142（历）	
0582	湄	 H27899（何）  H28514（何）  H28513（何）	

		 H37728（黄）  H38135（黄）  H38160（黄）	
0583	美	 H35346（黄）  H36971（黄）  H22044	
0584	每	 H27767（何）  H36416（黄）  H36492（黄）  H36518（黄）	通“晦”“悔”
0585	媚	 H707 反（宾）  H2897（宾）  H14035 正甲（宾）  H14795 正（宾）  D290（花）  H14799	
0586	寐	 H20966  D331（花）	
0587	妹	 H2605（宾）  H23673（出）  H38191（黄）  H38214（黄）  D44（花）  D108（花）	
0588	鬽	 H13751 正（宾）  H14287（宾）  H14288（宾）	同“魅”
0589	魅	见（0588）鬽	
【men】			
0590	門	 H12814 正（宾）  H13605（宾）  H30282（何）	

		 H34126（历）	
【meng】			
0591	冡	 H4761	
0592	蒙	见（0591）冡	
0593	盟	 H22857（出）  H25168（出）  H32391（历）  H34103（历）  T4146（历）  H32330（历）	
0594	孟	 H33014（历）	
0595	夢	 H17381（宾）  H17450（宾）  H17441（宾）  H32212（历）  D26（花）  D5（花）	
【mi】			
0596	麋	 H15（宾）  H10345 正（宾）  H10355（宾）  H10358（宾）  H25979（出）  H26899（何）  H33361（历）  T2626（历）  H37459（黄）	
0597	米	 H71（宾）  B5936（宾）  H70（宾）	

		 Y191（宾）  H32024（历）  H32024（历）  H32540（历）  H33230（历）	
0598	宓	 H4813（宾）  H4885（宾）  T307（历）	
0599	汨	 D37（花）  D137	
		【mian】	
0600	冕	 H33069	
0601	娩	见（0611）冥	
0602	面	 H21427  H21428  D113（花）  D195（花）  D226（花）	
		【mie】	
0603	烕	 H1397（宾）  H17103（宾）	同“滅”
0604	蔑	 H6610 正（宾）  H6653 正（宾）  H970（宾）  H8308（宾）  H14801（宾）  H17358（宾）  H24901（出）  T2361（历）	
0605	滅	见（0603）烕	

【min】

0606	民	 H20231  H13629	
0607	皿	 H2941（宾）  H13753（宾）  H10964 正（宾）  H24625（出）  H26786（出）  H23434（出）  H30999（何）  H36542（黄）  D87（花）	
0608	敏	 H532（宾）  H39459（黄）  H36765（黄）	

【ming】

0609	名	 H5118（宾）  H7269 正（宾）  H9503 正（宾）  T668（历）	
0610	明	 H14 正（宾）  H102（宾）  H721 正（宾）  H2223（宾）  H6037 正（宾）  H12807（宾）  H16057（宾）  H11708 正（宾）  H11497（圆）  H11498（圆）  H11499 正（圆）	

0611	冥	 H635 正（宾）  H181（宾）  H775 正（宾）	用作“娩”
0612	鳴	 H522 反（宾）  H1110 正（宾）  H4722（宾）  H4724（宾）  H17366 反（宾）  H23684（出）  D53（花）  D53（花）  D450（花）	
0613	命	见（0537）令	
		【mo】	
0614	殁	 D26（花）	
0615	莫	 H10227（宾）  H1867（宾）  H10729（宾）  H33743（历）  T1087（历）  D265（花）  H27397	“暮”初文
		【mou】	
0616	牟	 H14313（宾）  H18275（宾）  Y1289（宾）	
0617	繆	 D3（花）  D241（花）	卜辞读作“瘳”

【mu】			
0618	母	 H588 正（宾）  H2281 正（宾）  H439（宾）  H673（宾）  H22589（出）  H22906（出）  H23274（出）  H23348（出）  H32297（历）  D288（花）  D349（花）  D475（花）	通“毋”
0619	牡	 H2565（宾）  H11149（宾）  H23163（出）  H23167（出）  H34081（历）  H34359（历）  D37（花）  D39（花）	
0620	牧	 H148（宾）  H376 正（宾）  H409（宾）  H4849 正（宾）  H5597（宾）  H11002（宾）  H32031（历）  T149（历）  H36969（黄）  H35345（黄）  H774（宾）  H5842（宾）  H32982（历）  T1024（历）  D21（花）	从羊者 可通 “養”

0621	木	 H5749（宾）  H27694（何）  H33193（历）  H36750（黄）	
0622	目	 H229（宾）  H456 正（宾）  H630（宾）  H4091（宾）  H6195（宾）  T4400（历）  D59（花）	
0623	暮	见（0615）莫	
0624	穆	 H33373  T4451	
		【na】	
0625	呐	 H31227  H27313	同“訥”
0626	納	见（0633）内	
		【nai】	
0627	乃	 H10405 正（宾）  H10405 正（宾）  H16949 反（宾）  H655 正甲（圆）  H32855（历）  D16（花）  D377（花）	
0628	迺	 H10132 反（宾）  H15807（宾）  H5417（宾）	

		 H24869（出）  H22918（出）  H32812（历）  D113（花）  D16（花）	
【nan】			
0629	南	 H806（宾）  H1481（宾）  H35737（黄）  H36387（黄）  H32411（历）  H32700（历）  H7076 正（宾）  H22543（出）  H24147（出）  D270（花）  D159（花）	
0630	男	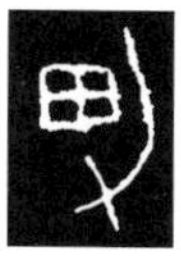 H3451（宾）  H3453（宾）  D3454（宾）  H3452（宾）  H21954（宾）	
【nao】			
0631	夒	 H63 正（宾）  H8984（宾）  H24962（出）  H24964（出）  H34172（历）  T2369（历）  H30401（何）	

		【ne】	
0632	訥	见（0625）吶	
		【nei】	
0633	内	 H17561 臼（宾）  H475（宾）	通“納”
		【neng】	
0634	能	见（1033）熊	
		【ni】	
0635	麑	 H10308（宾）  H10386 正（宾）  H10389（宾）  H10394（宾）  H10500（宾）  H24446（出）  H37368（黄）  H37408（黄）  H37456（黄）  D234（花）  D395（花）	
0636	倪	见（0201）兒	
0637	溺	 H8344	
0638	匿	 T3566	
0639	屰	 H2960 正（宾）  H23644（出）  H33230（历）  T37（历）  D236（花）  D236（花）	

		 D294（花）  D236（花）	
0640	逆	 H112（宾）  H270 反（宾）  H7054（宾）  H12341（宾）  H17099（宾）  H185（宾）  H4914（宾）  H4915（宾）  H5951 正（宾）  H26907 正（何）  H31485（何）  B10069（何）  H32035（历）  H32035（历）  H32036（历）  HH36475（黄）	通“迎”
		【nian】	
0641	年	 H1（宾）  H641 正（宾）  H787（宾）  H3659 反（宾）  H9693（宾）  H9753（宾）  H36979（黄）  T37（历）  T37（历）	

0642	輦	 H31181	
0643	廿	 H286（宾）  H333（宾）  H463 反（宾）  H564 反（宾）  T51（历） 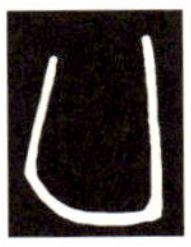 D120（花）	
0644	念	 H4720（宾）  H9261 反（宾）  H9471（宾）  H18118 正（宾）  B10337	
【niang】			
0645	娘	 H10137 反（宾）  H11423（宾）  B412（宾）	
【niao】			
0646	鳥	 H116 正（宾）  H116 正（宾）  H3457（宾）  H9011（宾）  H6528（宾）  H8239（宾）  H17864（宾）  H17865（宾）  H18344（宾）  H11489（圆）  H11500 正（圆）  H11497 正（圆）  H23691（出）  H27042 反（何）	

0647	尿*	 H5512 正（宾）  H13887（宾）  H23340（出）  H23626（出）	
		【nie】	
0648	孽	 H110 正（宾）  H248 正（宾）  H6131 反（宾）  H3983（宾）  H23709（出）  H23710（出）  T2273（历）  H36422（黄）	
0649	臬	 H6333（宾）	
		【ning】	
0650	寧	 H13696 正（宾）  H36450（黄）  H36457（黄）  H36480（黄）  H36459（黄）  H1314（宾）  H5884 正（宾）  H26161（出）	

		 H23599（出）  H28196（何）  H32022（历）  H34142（历）  H39467（黄）	
0651	濘	 H32277（历）  H34041（历）  H34042（历）  D467 花	
		【niu】	
0652	妞*	 H37485（黄）	
0653	牛	 H43（宾）  H387（宾）  H6072（宾）  H1614（宾）  H22641（出）  H23400（出）  H27186（何）  H28593 正（何）  H32013（历）  H32022（历）  H32044（历）  H36002（黄）  H37003（黄）  H36081（黄）  D27（花）  D29（花）  D286（花）  D142（花）	

		 D286（花）	
【nong】			
0654	農*	 H583 反（宾）  H9498 反（宾）  H9497	
【nu】			
0655	奴	 Y646（宾）  H22462  H8251 正（宾）	或释“拘”
【nü】			
0656	女	 H585 正（宾）  H668（宾）  H670（宾）  H14001 正（宾）  H2538（宾）  H22605（出）  H32393（历）  D205（花）  D401（花）	
【nue】			
0657	虐	 H14315 反（宾）  H17946（宾）	
【pan】			
0658	盤	见（0012）般	

【pang】			
0659	旁	 Y643（宾）  H5776 正（宾）  H5776 正（宾）  H26953（何）  H33198（历）  H36945（黄）  H37791（黄）	
0660	龐	 H1035（宾）  H1899 正（宾）  H7358（宾）  Y2422（历）	
【pei】			
0661	轡	 H6352（宾）  H8178（宾）  H8177（宾）  H9776（宾）  H33145（历）  T1229（历）  H33147（历）  H33100（历）	
0662	配	 H5007（宾）  H14238（宾）  D220（花）  D5（花）  D379（花）  D441（花）	

【pai】			
0663	派	见（1136）永	
【peng】			
0664	烹	见（1002）享	
0665	彭	 H7073 正（宾）  H8283（宾）  H23241 反（出）  H26907 正（何）  H26907 正（何）  H30766（何）  H31366（何）  H31403（何）  H31432（何）  T1066（历）  T1082（历）	
0666	朋	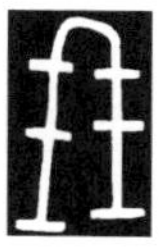 H11445（宾）  H11441  H21773	
0667	倗	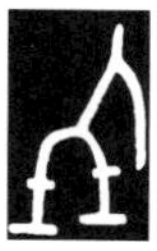 H12（宾）  H13  H7563	
【pi】			
0668	皮	 D550（花）  D149（花）	
0669	貔	 H28319	

0670	罷	 H95（宾）  H1112（宾）  H10739（宾）  H5840（宾）  H5844 正（宾）	
		【pin】	
0671	品	 H2811（宾）  H23712（出）  H24400（出）  H38717（黄）  H32384（历）	
0672	牝	 H7399 反（宾）  H11018 反（宾）  H23006（出）  H23364（出）  H24537（出）  D9（花）  D37（花）  D37（花）  D132（花）	
		【pu】	
0673	攴	 Y1330（宾）  H22536	“撲”初文
0674	僕	 H17961	
0675	圃	见（0236）甫	
0676	璞	 H6812 正  H6816	

0677	瀑	 H36828（黄）  H36955（黄）	
0678	撲	见（0673）攴	
		【qi】	
0679	七	 H6057 正（宾）  H23717（出）  H23439（出）  H31085（何）  H36557（黄）  D32（花）	
0680	霋	 H38198（黄）  H38192（黄）  H38199（黄）	
0681	妻	 H689（宾）  H331（宾）  H686（宾）  H6057 反（宾）  H272 正（宾）  J534（出）  H34085（历）  H34086（历）	
0682	戚	 H34287（历）  H31036  H31036  T2194	
0683	齊	 H14356（宾）  Y1994（出）  H36943（黄）	通“齋”
0684	其	 H174（宾）  H6834（圆）	

		 H22537（出）  H24665（出）  H32057（历）  H33807（历）  H38732（黄）  D3（花）  D7（花）	“箕”初文
0685	棋	 H8189	
0686	祈	 H7915（宾）  H7917 正（宾）  H7920（宾）  H7912（宾）  H13536 正（宾）  H7914（宾）  H32903（历）  H32997（历）	
0687	旗	见（1065）	
0688	箕	见（0684）其	
0689	企	 D312（花）  H18983  H18984 反	
0690	乞	 H29（宾）  H583 反（宾）  H22647（出）  H35166（历）	通“气” “訖” “迄”

0691	杞	 H13890（宾）  H24473（出）  H36751（黄）	
0692	起	 H456 正（宾）  H7244（宾）  D294（花）	
0693	啓	 H4113（宾）  H5725 正（宾）  H10863 正（宾）  H6461 正（宾）  H6461 正（宾）  H33034（历）  H35345（黄）  H36518（黄）	
0694	契	见（0699）	
0695	棄	 H8451  H18492  H21430	
0696	气	见（0690）乞	
0697	訖	见（0690）乞	
0698	迄	见（0690）乞	
【qia】			
0699	㓞	 H14176（宾）	通“契”

【qian】			
0700	千	 H6409（宾）  H14207 反（宾）  H32009（历）  H32008（历）	
0701	臤	 H18143（宾）  H8461	可用作“堅”“賢”
0702	牽	 B2676（宾）  H34675（历）  H34675（历）	
0703	前 *	 H667 反（宾）  H1380（宾）  B1957（宾）  H6569（宾）  H5559（宾）  H8616（宾）	
0704	遣	 H4387（宾）  H5317（宾）  H4307 反（宾）  Y312（宾）  Y1948（出）	
0705	欠	 H9099（宾）  H914 反（宾）  H32344（历）  H18008	

【qiang】			
0706	羌	 H94（宾）  H1806（宾）  H519（宾）  H22547（出）  H2259（出）  H26907（何）  H26953（何）  H32028（历）  H32014（历）  H32015（历）  H32151（历）  H32121（历）  H35351（黄）  D84（花）  D241（花）  D56（花）	
0707	戕	 H35301（历）  H7689 反	
0708	牆	 H36481 正（黄）  H27888	
0709	彊	 H37831（黄）	“疆”初文同“强”
0710	强	见（0709）彊	
【qie】			
0711	且	 H95（宾）  H356（宾）  H424 正（宾）  H23395（出）  H27179（何）  H30959（何）  H32014（历）  H32031（历）  H32087（历）	“祖”初文

		 D4（花）  D4（花）  D7（花）	
0712	妾	 H13937（宾）  H658（宾）  H32164（历）  Y2446（历）  D265（花）  D409（花）	
【qin】			
0713	侵	 H6057 正（宾）  H6057 正（宾）	
0714	亲	 H30324  H30805  H27111	同“親”
0715	秦	 H299（宾）  H4532 反（宾）  H27315（历）  H34064（历）	
0716	禽	 H9225（宾）  H79（宾）  H156（宾）  H10308（宾）  H27961（何）  H28325（何）  H33362（历）  H33384（历）  H36481（黄）  H37528（黄）  D35（花）  D378（花）	
0717	寝	 H9815（宾）  H22548（出）  H23532（出）	

		 H23980（历）  H34068（历）  H35673（黄）  B11299 反（黄）  D372（花）	
0718	沁	 H2815（宾）  H20738	
0719	親	见（0714）	
【qing】			
0720	卿	见（1001）饗	
0721	晴	见（1025）星	
0722	慶	 H24474（出）  H24474（出）  H36550（宾）	
0723	磬	 H10500（宾）  H317（宾）  H7370（宾）  H8035（宾）  H25213（出）  T1334（历）  H37727（黄）  D265（花）  H25213（出）	
【qiu】			
0724	秋	 H6016 正（宾）  H7343（宾）  H6352（宾）  H32028（历）  H32854（历）  H33233 正（历）	

		 H28001（何）  H36522（黄）	
0725	丘	 H140 正（宾）  H152 正（宾）  H875 正（宾）  H8389（宾）  H9529（宾）  H24367（出）  D14（花）  D14（花）	
0726	裘	 H2853（宾）  H4537（宾）  H7921（宾）	
0727	求*	 H137 正（宾）  H139 反（宾）  H583 反（宾）  H586（宾）  H24358（出）  H26097（出）  H26098（出）  H32315（历）  H32509（历）  H32509（历）  H32509（历）  H11497 正（圆）  D249（花）  D16（花）	
0728	泅	 H21973  H19362	
		【qū】	
0729	曲	 H1022 甲（宾）	

0730	區	 H685 正（宾）  H34679（历）  H32020（历）  H34676（历）  T300（历）	
0731	驅	 H31997  D14（花）  H30998	
0732	取	 H6（宾）  H115（宾）  H6920（宾）  H8879（宾）  Y757（宾）  H27961（何）  H31996 正（历）  H34216（历）  H26901（历）  D80（花）  D286（花）  D321（花）  D437（花）	
0733	娶	 H3297（宾）	
0734	齲	 H13662（宾）  H13663 正甲（宾）	
0735	去	 H169（宾）  H5134（宾）  H5137（宾）  H24398（出）  H24398（出）	

【quan】			
0736	泉	 H8371（宾）  H10175（宾）  H24426（出）  H27798（何）  T1178（历）  H34165（历）  H34165（历）	
0737	犬	 H371 正（宾）  H565（宾）  H1045（宾）  H2133（宾）  H15983（宾）  H23489（出）  H24413（出）  H32030（历）  H33359（历）  H34137（历）  D316（花）  D451（花）	
【que】			
0738	雀	 H110 正（宾）  H190 反（宾）  H387 反（宾）  H574（宾）  H585 反（宾）  H1051（宾）  H4128（宾）  H32842（历）	
【ran】			
0739	冉	 H7434（宾）  H8088（宾）  H28078	

【ren】

0740	人	 H1（宾）  H5（宾）  H6（宾）  H37（宾）  1055（宾）  H24892（出）  H26907（何）  H31989（历）  H32005（历）  H32277（历）  H36181（黄）  D14（花）  D183（花）  D183（花）	
0741	壬	 H10（宾）  H98 反（宾）  H13375 正（宾）  H11697 正乙（圆）  H32397（历） 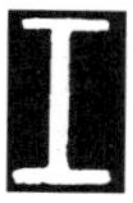 H35345（黄）  B11299 反（黄）  D3（花）  D35（花）	
0742	任	 H1248 正（宾）  H7854 正（宾）  H4889（宾）  H34409（历）  T668（历）  H27746（何）	
0743	刃	 H117（宾） 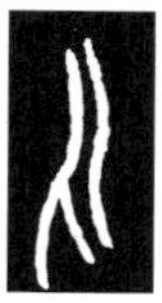 H5837（宾）	
0744	妊	 H21725  H21557  H926（宾）  H2800（宾）	

【reng】			
0745	扔	 H21050	
【ri】			
0746	日	 H137 反（宾）  H6058 正（宾）  H6834 正（圆）  H10302 正甲（圆）  H22543（出）  H24731（出）  H27315（何）  H27084（何）  H27166（何）  H33704（历）  H33694（历）  H36168（黄）  H36123（黄）  D34（花） 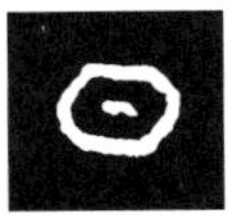 D420（花）	
【rong】			
0747	戎	 H151 正（宾）  H24363（出）  H32315（历）  T1049（历）  H20555  T2286	
0748	融	 H23612（出）	

0749	冗	 H2730（历）  T1050（历）	
【rou】			
0750	肉	 Y153 反（宾）  H24869（出）	
【ru】			
0751	如	 H32227（历）  H21785	
0752	汝	 H2791 反（宾）  H14026（宾）  H15935 臼（宾）	
0753	辱	 T125  T474	
0754	乳	 H22246  H22247	
0755	入	 H83 反（宾）  H19725（宾）  H23706（出）	
【ruo】			
0756	若	 H94（宾）  H559 正（宾）  H2668（宾）  H22592（出）  H22720（出）  H24156 正（出）	

		 H35913（黄）  H37860（黄）  H32035（历）  H32185（历）  H34353（历）  D26（花）  D409（花）  D420（花）	
【sa】			
0757	卅	 H21（宾）  H234（宾）  H321（宾）  H32050（历）  H32058（宾）  D38（花）  D94（花）  D113（花）	
【sai】			
0758	塞	 H29365	
【san】			
0759	三	 H43（宾）  H94 正（宾）  H26907（何）  H32915（历）  H37848 反（黄） 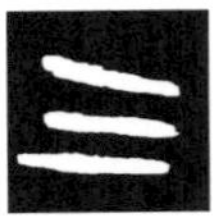 D6（花）	
0760	散	 H8183（宾）  H10908（宾）  T149（历）  H31786  H28828	

		【sang】	
0761	喪	 H8（宾）  H50 正（宾）  H51（宾）  H59（宾）  H22537（出）  H23711（出）  H31998（历）  H32001（历）  H32002（历）  H32886（历）  H36640（黄）  H36553（黄）  H37579（黄）	
0762	桑	 H6959（宾）  Y395（宾）  H29363（何）  H35435（黄）	
		【sao】	
0763	掃	 H33（宾）  H493 臼（宾）  H583 反（宾）  H24976（出）	
		【se】	
0764	瑟	 D130（花）  D372（花）	

0765	色*	 H15479（宾）  D262（花）  D416（花）	
0766	啬	 H4874（宾）  H5790（宾）  Y399（宾）	
【sen】			
0767	森	 Y1288（宾）  H11323	
【sha】			
0768	沙	 H27996	
【shan】			
0769	删	 H22075	
0770	杉	 H8027（宾）  H8027（宾）  H8127（宾）	
0771	山	 H96（宾）  H1363（宾）  H5831（宾）  H16205（宾）  Y836（宾）  H32967（历）  H33233（历）  H34711（历）	
0772	羴	 H4625（宾）  H25817（出）  H6996（宾）	同“膻”
0773	善*	 H18303	

0774	朣	见（0772）龏	
		【shang】	
0775	商	 H4740（宾）  H1899 反（宾）  H27673 反（何）  H32968（历）  H32924（历）  T740（历）  H36416（黄）  H36501（黄）  H36535（黄）  B11299 反（商星专字）  D86（花）  D87（花）  D247（花）	
0776	傷*	 H14208 正（宾）  H14211 正（宾）  H11018 正（宾）  H14217（宾）  D377（花）	
0777	上	 H808 正（宾）  H32348（历）  32615（历） 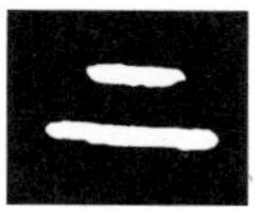 H102（宾）	
		【shao】	
0778	少	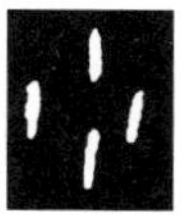 H3411（宾）  Y419（宾）	
0779	卲	 D237（花）  D449（花）  D467（花）	
0780	紹	见（0464）絕	

【she】			
0781	舌	 H5532 正（宾）  H5760 正（宾）  H13635（宾）  H10163（宾）  H424 正（宾）  H2202（宾）  H15156（宾）  H2561（宾）	
0782	蛇	见（0875）它	
0783	社	见（0910）土	
0784	涉	 H35（宾）  H480（宾）  H641（宾）  H801（宾）  H22893（出）  H31983（历）  H32903（历）  T2539（历）  D28（花）  D28（花）  D36（花）  D429（花）	
0785	射	 H165（宾）  H698 正（宾）  H3297 正（宾）  H5788（宾）  H6618 正（宾）  H5779（宾）  H23501（出）  H24156 正（出）  H24222（出）  H26907（何）  H26907（何）  H32801（历）	

		 Y2673（黄）  H37528（黄）  D2（花）  D467（花）	
0786	𪊨	 T2539（历）  T2539（历）	
【shen】			
0787	身	 H822（宾）  H13666（宾）	
0788	申	 H137 反（宾）  H1248 正（宾）  H6530（宾）  H6441（宾）  H22598（出）  H22734（出）  H22885（出）  H27166（何）  H28627（何）  H32543（历）  H35345（黄）  H36763（黄）  D35（花）  D95（花）  D316（花）	通"電""神"
0789	紳	 Y2415 反（宾）	
0790	深	 H5362（宾）  H557  H18765	

0791	罙	 H3657（宾）  H7082（宾）  Y1179 正（宾）	“探”初文
0792	娠	 H14070	
0793	蜃	见（0092）辰	
0794	神	见（0788）申	
		【sheng】	
0795	升	 H35913（黄）  H35980（黄）  H35985（黄）  H38736（黄）	
0796	生	 H2646（宾）  H24142（出）  32545（历）  H38165（黄）  D159（花）	
0797	聲	 H6016 正（宾）  H32926（历）  2551T（历）  H27632	
0798	聖	 Y1802  H14295	
0799	盛*	 H26764（出）  B8293（出）  H18803	

【shi】

0800	尸	 H828 正（宾）  H830（宾）  H6459（宾）  H456（宾）  H36489（黄）	
0801	師	 H181（宾）  H826（宾）  H17055（宾）  H23705（出）  H24249（出）  H32020（历）  H32273（历）  H32277（历）  H32487（历）  H36518（黄）  H36909（黄）  D236（花）	
0802	溼*	 H24415（出）  H38179（黄）  H8354（宾）  H8356（宾）	
0803	施*	 H1066 反（宾）  H113 正甲（宾）  H190 正（宾）  H303（宾）  H11497 正（圆）  H11498 正（圆）  H11499（圆）  H26061（出）  H23220（出）  H38719（黄）  H38720（黄）  D320（花）	
0804	十	 H137（宾）  H6057（宾）  H896 正（圆）	

		 H903 正（圆）  H32308（历）  H26907（何）  H37848 反（黄）  D420（花）	
0805	石	 H6952 正（宾）  H7695（宾）  13505（宾）  H33916（历）	
0806	時*	 H5281  H18803	
0807	食	 H914（宾）  H10483（宾）  H11485（宾）  H19504（宾）  H33145（历）  H31990（历）  D63（花）  D37（花）	
0808	識	见（1260）戠	
0809	史	 H5446 正（宾）  H5498（宾）  H177（宾）  H667 正（宾）  H27932（何）  H27456（何）  H32894（历）  T992（历）  H36423（黄）  H37468（黄）  D114（花）  D231（花）	通“吏”“事”“使”

		 H25935（出）	
0810	豕	 H995（宾）  H1497（宾）  H1525（宾）  H1761（宾）  H32674（历）  H33362（历）  H34387（历）  H34462（历）  H33615（历）  D3（花）  D37（花）  D14（花）	
0811	矢	 H4787（宾）  H69（宾）  H24279（出）  H32193（历）  H36481 正（黄）  H30810（何）  D149（花）	
0812	駛	 H28195（何）  H28195（何）  H28195（何）	
0813	屎*	 H9576（宾）  H9580（宾）  H13625 正  Y830（宾）  Y1995（出）	
0814	使	见（0809）史	
0815	士*	 H28195（何）	

0816	氏	 H20006	
0817	示	 H116 反（宾）  H1166 甲（宾）  H11499 正（圆）  H27456（何）  H32008（历）  H32036（历）  H36511（黄）  H36182（黄）  H36507（黄）  D106（花）  D184（花）	
0818	市	 H28002（何）  H27641  H30646	
0819	室	 H806（宾）  H12813 反（宾）  H22543（出）  H23433（出）  Y2177（出）  Y2346（何）  H30347（何）  H34069（历）  H35366（黄）  D3（花）  D236（花）	
0820	视	 H3303（宾）  H4356（宾）  H5805（宾）  T15623（历）  D367（花）	

		 D7（花）	
0821	釋	 H5922（宾）  H5923（宾）	
0822	事	见（0809）史	
【shou】			
0823	首	 Y1123（宾）  H6032（宾）  H6037（宾）  H24956（出）  Y2526（黄）  D304（花）  D446（花）	
0824	守	 B6420（宾）  H33407（历）  Z453	
0825	受	 H1（宾）  H303（宾）  H540（宾）  H6169（宾）  H22771（出）  H31793（何）  H31974（历）  H33020（历）  H33116（历）	同“授”

		 H35913（黄）  H36125（黄）  D262（花）  D191（花）	
0826	壽	见（0113）疇	
0827	獸	 H7139（宾）  H6547（宾）  H10588（宾）  H24444（出）  H22620（出）  H32903（历）  H33383（历）  H32270（历）  H35266（历）  H34573（历）  D36（花）  D480（花）	同“狩”
0828	授	见（0825）受	
0829	狩	见（0827）獸	
		【shu】	
0830	疋	 H190 正（宾）  H4584（宾）  H4585（宾）  H6977（宾）  H24983（出）  D329（花）	同“足”
0831	殊	 H10406 反（宾）  H17056（宾）  H17058（宾）	

0832	尗*	 H7932（宾）  H29185  T2064  T2064	“叔”初文
0833	叔	见（0832）尗	
0834	埶	 H17936（宾）  H30286	
0835	黍	 H547（宾）  H9600正（宾）  H9603（宾）  H9962（宾）  H9947（宾）  H11（宾）  H303（宾）  H9534正（宾）  H9937（宾）  H30345（何）  H34587（历）  H32459（历）  H36982（黄）	
0836	鼠	 H2804（宾）  H2807（宾）  Y174（宾）  T3847（历）	
0837	朮	 H3238（宾）  H16267（宾）	“秫”初文通“述”

0838	戍	 H6（宾）  H25877（出）  H24219（出）  H28041（何）  H27970（何）  H36538（黄）  H38758（黄）	
0839	束	 H893 正（宾）  H18513（宾）  H25949（出）  H28191（何）  H36417（黄）	
0840	庶	 H4292（宾）  H16270（宾）	
0841	竪 *	 H7707（宾）  H5353（宾）  Y359 正（宾）	
0842	樹 *	 H862（宾）  H18159	
0843	秫	见（0837）朮	
0844	述	见（0837）朮	
		【shuai】	
0845	衰	 H9096（宾）	
0846	率	 H95（宾）  H97 正（宾）  H25172（出）	

		 H26051（出） 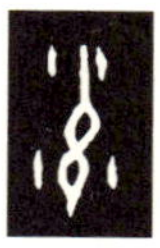 T4233（历）  H36508（黄）  D454（花）  D35（花）  D237（花）	
0847	帥*	 H841（宾）  H7076（宾）  H8947（宾）	
		【shuang】	
0848	爽	 H409（宾）  H23304（出）  H27177（何）  T1007（历）  H36234（黄）  H36237（黄）  H36222（黄）	
		【shui】	
0849	水	 H10151（宾）  H10153（宾）  H23532（出）  H24443（出）  H26907（何）  T3212（历）  H33355（历）  Y2593（黄） 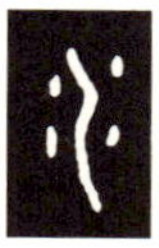 D59（花）  D59（花）	

【shun】			
0850	順	 T2080（历）	
【si】			
0851	司	 H113 正（宾）  H6057（圆）  H26070（出）  H26630（出）  H32050（历）  H32548（历）  H37862（黄）  H37863（黄）  D441（花）  D103（花）	
0852	絲	 H3336 正（宾）  H23560（出）	
0853	死	 D3（花）  D21（花）  D60（花）  D60（花）  D294（花）	
0854	巳	 H2214（宾）  H15196（宾）  H30810（何）	同“祀”。地支巳，见 1322。
0855	汜	 H8367（宾）	
0856	四	 H1055（宾）  H35400（黄）  D320（花）	
0857	兕	 H10397 正（宾）  H10398 正（宾）	

		 H10405 正（宾）  H24445（出）  H32631（历）  H33423（历）  T1128（历）  H37398（黄）  H37383（黄）	
0858	祀	 H2231（宾）  H5949（宾）  H9658 正（宾）  H15490（宾）  Y1923（出）  H30768（何） 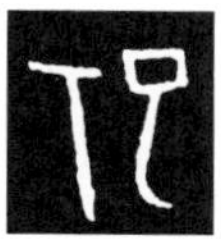 H32661（历）  H37840（黄）  H37866（黄）	
0859	肆	 H1306（宾）  H9419 正（宾）  H25223（出）  H38243（黄）  H30999（何）  D236（花）	
		【song】	
0860	宋	 H8686（宾）  H20075  H20075	
		【sou】	
0861	叟	 H8185 反（宾）  H5881 反（宾）  T1024（历）	“搜”初文

0862	搜	见（0861）叟	
0863	嗽	 H34073（历）  H34072	
		【su】	
0864	夙	 H529（宾）  D39（花）  H15357  H20346 反	
0865	速	 H15109（宾）  H15110（宾）  D113（花）  D475（花）	
0866	宿	 H33567  D451（花）  D60（花）  H29351	
0867	粟	 D60（花）T2040（历）	
		【sui】	
0868	豙	 H7653  H10863	同“遂”
0869	綏	见（0918）妥	
0870	歲	 H13475（宾）  H1292（宾）	

		 H641 正（宾）  H22548（出）  H22551（出）  H26975（何）  H32014（历）  H34627（历）  H35440（黄）  H36977（黄）  D114（花）  D170（花）  D240（花）	
0871	遂	见（0868）	
		【sun】	
0872	孫	 H10554  H30527	
		【suo】	
0873	索	 H387 反（宾） 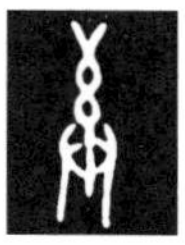 D125（花）	
0874	所*	 H9389（宾） 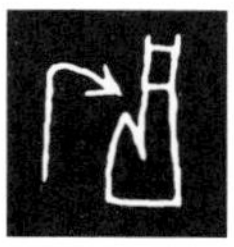 D35（花）	
		【ta】	
0875	它	 H672 正（宾）  H4813（宾）  H32033（历）  H32509（历）	同“蛇” 通“也”
0876	沓	 T2597	

0877	逫	 H9339	
		【tai】	
0878	臺*	 D502（花）	
0879	汏	 H657（宾）  13716（宾）  H4258（宾）  H33201（历）  T1059（历）  D228（花）	同“汰”
0880	太	见（0144）大	
0881	汰	见（0879）汏	
		【tan】	
0882	貪	 H17468（宾）  Y732（宾）	
0883	潭	 H10474  W347	
0884	覃	 D370（花）	
0885	檀	 H29408	
0886	探	见（0791）罙	
		【tang】	
0887	唐	 H303（宾）  H13405 正（宾）  H22544（出）	

		 H22546（出）  H22741（出）  H22752（出）  H27153（何）	
		【tao】	
0888	濤	 H10984	
0889	陶	 H5788（宾）  H8844（宾）	
		【ti】	
0890	替	 H32892（历）	
0891	涕 *	见（0146）罙	
		【tian】	
0892	天	 H36535（黄）  H22054  H22094  H20975	
0893	田	 H3（宾）  H110 正（宾）  H6057 正（宾）  H27929（何）  H33222（历）  H33223（历）  H32700（历）  H32992（历）  H33211（历）	

		 T2260（历）  H37743（黄）  B11359（黄）  D9（花）  D80（花）  D23（花）	
【ting】			
0894	汀	 D257（花）	
0895	聽	 H5844 反（宾）  H10048（宾）  H1773 正（宾）  H5313（宾）  H5298 正（圆）  H23466（出）  H23265（出）	
0896	廳	 H10405 正（宾）  H8088 反（宾）  H14588（宾）  H7153 正（宾）  H17514（宾）  H24402（出）  H26830（出）  T675（历）  T723（历）  H37468（黄）  D363（花）	通“庭”
0897	壬	 H17975（宾）  Y409（宾）	通“挺”
0898	庭	见（0896）廳	
0899	挺	见（0897）	
【tong】			
0900	通	 H31793（何）  H20512  H20516	

		 D441（花）	
0901	同	 H24118（宾）  H26870（出）  H37517（黄）	
0902	桐	 H20975	
0903	童	 T650  Y1886	
【tou】			
0904	殳	 H35364（黄）  H36276（黄）  T2259	今“投”字
0905	投	见（0904）	
【tu】			
0906	突	 B6162（宾）  H33568  H21224	
0907	途	 H6033（宾）  H6030（宾）  H32773（历）  H32911（历）	
0908	涂	 H15484  H17168（宾）  H28167	
0909	徒	 H3405（宾）  H7657（宾）	

0910	土	 H456 正（宾）  H6057 反（宾）  H8475（宾）  H3298（宾）  H6413（宾）  H34183（历）  T726（历）  H36975（黄）	通“社”
0911	兔	 H201（宾）  H10408 正（宾）  H10458（宾）  H32912（历）  H37372（黄）	
		【tui】	
0912	退	 H34119（历）  H34445（历）  H34601（历）  H35236（历）	
		【tun】	
0913	屯	 H390 臼（宾）  H17568（宾）  H687 臼（宾）  Y154 臼（宾）  D130（花）  D220（花）	通“純”
0914	豚	 H685 正（宾）  B4261（宾）  H30411	
0915	臀	 H3183 正乙（宾）  H9947（宾）  H17976 正（宾）  D209（花）  D336（花）	

		【tuo】	
0916	鼉	 H6163（宾）  H17869（宾）	
0917	橐	 H2752（宾）  H9423 反（宾）  H4741（宾）  H23705（出）  H36417（黄）  H2915（历）	
0918	妥	 H228（宾）  H5578（宾）  H945（宾）正  H36548（黄）	通“綏”
		【wa】	
0919	洼	 H15678	
0920	娃	 H4464 正（宾）  H4465 正（宾）  H17437 反（宾）	
		【wai】	
0921	外	见（0070）卜	
		【wan】	
0923	宛	 H30268  T2636	

0922	萬	 H6477 正（宾）  H17914（宾）  H9812	
【wang】			
0924	王	 H6（宾）  H94 正（宾）  H22745（出）  H667 正（出）  H27153（何）  H27107（何）  H32486（历）  H33361（历）  H36123（黄）  H36378（黄）  H36534（黄）  H5298 正（圆）  H6834 正（圆）  D33367（花）  D420（花）	
0925	亡	 H137（宾）  H914 正（宾）  H22643（出）  H23649（出）  H27107（何）  H32064（历）  H32760（历）  H35349（黄）  H36394（黄）  D53（花）	古读“無”
0926	网	 H10976 正（宾）  H10976 正（宾）  H10514  H16203  H10754	

0927	往	 H10（宾）  H10234（宾）  H24262（出）  H27929（何）  H28593 反（何）  H32989（历）  H33437（历）  H36384（黄）  H36642（黄）  D181（花）	
	望	 H171（宾）  H171（宾）  H6187（宾）  H7218（宾）  H13506（宾）  H33112（历）  H6188（历）  H7222（历）  H36058（黄）  H36058（黄）	
【wei】			
0929	卢	 H6426（宾）  H6427（宾）  H8492（宾）  H4197 反甲（宾）  H14220（宾）  H6484 正（宾）  H24395（出）  H28001（出）  H32896（历）  H6487（历）  H36481 正（黄）  H36961（黄）	今“危”字

0930	微	 H17942（宾）  B6003 正（宾）	
0931	韋	 H515（宾）  H2606（宾）  H30909（黄）  D195 花  H3861（宾）  H9743 正（宾）  H10026 正（宾）	通“違”
0932	圍	 H6（宾）  H137 反（宾）  H584 正甲（宾）  6679 正（宾）  H6677（宾）  H7651（宾）  H19957 正（历）  H19957 正（历）  H33023（历）  H6057 正（圆）  H20558  H20624	
0933	唯	 H36418（黄）  H36423（黄）  H37387（黄）  H38729（黄）	
0934	惟	见（1311）隹	
0935	違	见（0931）韋	
0936	尾	 H136 正（宾）	
0937	委*	 H20195  H20413  H19754	
0938	危	见（0929）产	

0939	衛	 H4923（宾）  H10060  B1406（宾）  H32937（历）  H20074  20504	同“防”
0940	爲	 H1855 正（宾）  H2953 正（宾）  H13584 正甲（宾）  H15179（宾）  Y1708（宾）	
0941	未	 H26（宾）  H6058（宾）正  H23855（出）  H22580（出）  H32028（历）  H32497（历）  H38015 反（黄）  H19957 正（黄）  D9（花）  D395（花）	
0942	位	见（0504）立	
0943	畏	 H14173（宾）  H17442（宾）	
【wen】			
0944	温	 H137 正（宾）  H151 正（宾）  H25162（出）	

		 H1824 正（宾）  H18527	
0945	文	 H946 正（宾）  H4611 反（宾）  H36128（黄）  H36168（黄）  H36151（黄）	
0946	聞	 H7326 反（宾）  H1075 反（宾）  H1136（宾）  H1318（宾）  H2422（宾）  H32902（历）  D38（花）	
0947	問	 H16419  H21490	
0948	紊	 H27456（何）	
【wo】			
0949	我	 H137 反（宾）  H673（宾）  H6834 正（宾）  H26039（出）  H26022（出）  H32829（历）  H32831（历）  T2785（历）  HH35913（黄）  36524（黄）  D34（花）  D183（花）	

		 D420（花）	
【wu】			
0950	巫	 H8115（宾）  Y1957（历）  H32012（历）  H35607（黄）	
0951	舞	 H795（宾）  H7696（宾）  H15996（宾）  H32986（历）  T197（历）  D181（花）  D474（花）  D206（花）  D391（花）	
0952	侮	 H35321（历）	
0953	吾	 H8788	
0954	吴	 H4448	
0955	毋	见（0618）母	
0956	五	 H137（宾）  H23984（出）  H26907 正（何）  H26907 正（何）  H903 正（圆）  H897（圆）  H34148（历）  H35400（黄）	

		 D470（花）	
0957	午	 H6（宾）  H24502（出）  H27321（何）  H34148（历）  H32008（历）  H35412（黄）  D288（花）  D288（花）	
0958	武	 H456 正（宾）  T3564（宾）  H35380（黄）  H36168（黄）	
0959	戊	 H137（宾）  H255（宾）  H23769（出）  H26907 正（何）  H27302（何）  H32486（历）  H35644（黄）  D26（花）  D2（花）	
0960	勿	 H938 正（宾）  H3826（宾）  H24554（出）  H26907 正（何）  H27186（何）  H33604（历）  H35244（历）  D163（花）  D329（花）	
0961	物	 H23217（出）  H23218（出）  H24542（出）	

		 H37097（黄）	
0962	無	见（0925）亡	
		【xi】	
0963	兮	 H13173（宾）  H23666（出）  H33694（历）  H32212（历）  H35343（黄）  H38244（黄）  H24388（出）	
0964	析	 H4742（宾）  J182（宾） 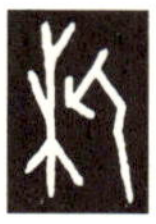 H14294	
0965	夕	 H137（宾）  H629（宾）  H17680（宾）  H6834 正（宾）  H12951（圆）  H22721（出）  H23181（出）  H24770（出）  H24857（出）  H30544（何）  H30546（何）  H33717（历）  T2391（历）  H35422（黄）  D6（花）  D39（花）	
0966	西	 H102（宾）  H584 正甲（宾）  H1574 正（宾）	

		 H9744（宾）  H23340（出）  H24146（出）  H33704（历）  H33207（历）  H28791（历）  D55（花）  D401（花）  D4（花）  D4（花）	
0967	膝	 H13670	
0968	昔	 H137 反（宾）  H302（宾）  H1772 正（宾）  H14229（宾）  H36317（黄）  D35（花）  D548（花）	
0969	息	 H2354 臼（宾）  H3449（宾）  J994（黄）	
0970	奚	 H5717 臼（宾）  H17104（宾）  H6477 正（宾）  H654（宾）  H650（宾）  H811 正（宾）  H644（宾）  H645（宾）  H32159（历）  H32126（历）  H32905（历）  H37474（黄）	

		 D78（花）  D78（花）  D464（花）  D464（花）	
0971	羲	 H36754（黄）  H37504（黄）	
0972	嬉	 H2726 反（宾）  H3097（宾）	
0973	襲	 H27959	
0974	熹	 H15669 正（宾）  H34468（历）	
0975	喜	 H390 臼（宾）  H9976 反（宾）  H17520（宾）  H26621 正（出）  H22801（出）  H36483（黄）	
0976	習	 H39441（黄）  H31669	
0977	徙	 H16301（宾）  H19276（宾）	
0978	洒	 H36789（黄）  H36809（黄）	
0979	㣊	 H33871	同"隙"

0980	係	 H1104（宾）  H1105（宾）  H1098（宾）  H495（宾）  H30810（何）  H18463 正	
0981	系*	 H11028（宾）  H6（宾）  H22782（出）  H32932（历）	
0982	隙	见（0979）	
【xia】			
0983	下	 H32（宾）  H1166 甲（宾）  H24980（出）  H32615（历）  H897（圆）	
0984	夏	 H27552（何）  H30567（何）	
0985	舝	 H235 正（宾）  H455 正（宾）  H709 正（宾）  H26039（出）  H22668（出）  H27150（何）  H27153（何）  H33342（历）  H34520（历）  H17048 正（宾）  H22646（出）  H37864（黄）	用作“害”

		 H32625（历）  D113（花）  H4083（宾）	
		【xian】	
0986	汊	 H5559（宾）  H8317（宾）	同“涎” 通“羡”
0987	先	 H974（宾）  H177（宾）  H6344（宾）  H22752（出）  H23487（出）  H27321（何）  H32398（历）  Y2401（历）  H32252（历）  H35430（黄）  H38731（黄）  D109（花）  D154（花）	
0988	賢	见（0701）臤	
0989	弦*	 H25（宾）  H9283 正（宾）  H9410 正（宾）  B10657（历）  D252（花）  H13523 正	或释 “彈”

0990	咸	 H248 正（宾）  H1822 正（宾）  H1394 反（宾）  H32443（圆）  H22758（出）  H32146（历）  H33256（历）  D403（花）  H11499 正（圆）	
0991	现	见（0413）見	
0992	獻	 H36345（黄）  H31812	
0993	臽	 H14610（宾）  H16197（宾）  H10659（宾）  H3223（宾）  H10361（宾）  H13875（宾）  H10662 正（宾）  H33404（历）  D165（花）  H22374  H15664  H22374  H22277	“陷”初文
0994	陷	见（0993）臽	
0995	涎	见（0986）	
0996	羡	见（0986）	

【xiang】

0997	香	 H36501（黄）  Y2565（黄）  H36752（黄）  H36553（黄）	
0998	相	 H18793  H18410	
0999	襄	 H10990（宾）  H3458 反（宾）  H23787（出）  D195（花）	
1000	祥	 H104（宾）  H105（宾）	另见 “羊”
1001	饗	 H1403（宾）  H5236（宾）  H12797（宾）  H16050（宾）  H24117 正（出）  H25967（出）  H27138（何）  H27147 反（何）  H32681（历）  H37468（花）  D197（花）  D321（花）	通“鄉” “卿” “嚮” “響”
1002	享	 H13619（宾）  H32227（历）  H35333（历）  H32986（历）  D502（花）	通“亨” “烹”

1003	向	 H12434（宾）  H36537（黄）  H36851（黄）  H36917（黄）	
1004	項*	见（0445）頸	
1005	象	 H1052 正（宾）  H4611 正（宾）  H10222（宾）  Y322（宾）  J401（出）  T2539（历）	
1006	鄉	见（1001）饗	
1007	響	见（1001）饗	
1008	嚮	见（1001）饗	
		【xiao】	
1009	小	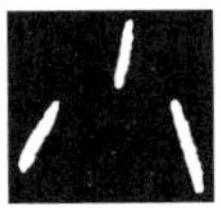 H1661 臼（宾）  H4790（宾）  H23711（出）  H32835（历）  H32543（历）  H39465（黄）  B11299 反（黄）  D14（花）	
1010	效*	 H194（宾）  H3093（宾）  DH32782（历）  H32782（历）	

		【xie】	
1011	劦	 H22654（出）  T423（历）	同“協”
1012	械	见（0433）戒	
1013	燮	 B6455（宾）  H18793  H18178	
1014	協	见（1011）劦	
1015	偕	见（0425）皆	
		【xin】	
1016	心	 H6（宾）  H12（宾）  J398（出）  D102（花）  D401（花）	
1017	辛	 H6057 反（宾）  H1770（宾）  H22598（出）  H26975（何）  H27042 正（何）  H32020（历）  H321839（历）  H36214（黄）  H36649（黄）  D3（花）  D9（花）	
1018	訢	 T656  T4544	同“欣”
1019	昕	 H22987（出）  选自《字编》	
1020	新	 H360（宾）  H724 反（宾）  H9446（宾）	

		 H24951（出）  H30800（何）  H32996（历）  H32998（历）  H34522（历）  H34594（历）  D7（花）  D11（花）  D367（花）	“薪”初文
1021	忻	 H34594（历）选自《新编》	
1022	囟	 H26725（出）  B8265（宾）  H36387（黄）	
1023	薪	见（1020）新	
1024	欣	见（1018）訢	

【xing】

1025	星	 Y887（宾）  H11501（宾）  H11500（圆）  H11491（圆）	通“晴”
1026	興	 H270 正（宾）  H16083（宾）  H25180（出）  H34083（历）  H34428（历）  D181（花）  D512（花）  T3752	
1027	行	 H4037（宾） 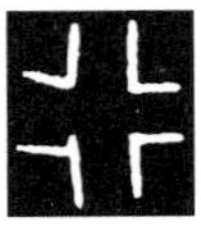 H4903 反（宾）  H22550 反（出）	

		 H23649（出）  H33033（历）  屯 300（历）  D73（花）	
1028	省	 H564 正（宾）  H5116（宾）  Y459（宾）  H33713（历）  H36363（黄）  H36364（黄）  H37811（黄）  H33237（历）	
1029	杏	 H17524（宾）	
1030	姓	 H2861（宾）  H18052	
		【xiong】	
1031	兄	 H1534 正（宾）  H2870（宾）  H26628（出）  H26630（出）  H23525（出）	
1032	凶	 H14790	
1033	熊	 H309 正（宾）  H10457（宾） 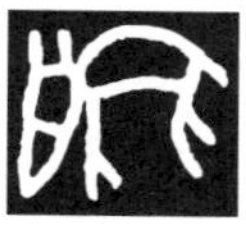 H19703 正（宾）	通“能”
		【xiu】	
1034	休	 H3360（宾）  H8155（宾）  H32961（历）	

		 D53（花）  D75（花）	
1035	羞	 H111 正（宾）  H1048（宾）  Y217（宾）  H30768（何）  H32768（历）  H33986（历）  H37392（黄）  D286（花）	
1036	修	见（1140）攸	
1037	臭	 H4651（宾）  H4650（宾）  H4649（宾）	
【xu】			
1038	须	 H816 反（宾）  H858（宾）  H675 正（宾）  B6167（宾）	
1039	戌	 H6（宾）  H14（出）  H22561（出）  H29743（何）  H31622（何）  H31657（何）  H32002（历）  H33256（历）  T646（历）  H33349（历）  H36534（黄）  H37794（黄）	

		 D26（花）  D132（花）  D290（花）  D490（花）	
		【xuan】	
1040	宣	 H28003  H30374	
1041	亘	 H94 正（宾）  H94 正（宾）  H224（宾）  H14573 反（宾）  H16442（宾）	通“回”
1042	旋	 H21482  H27747	
1043	玄	见（1080）幺	
1044	縣	 H3286 正（宾）  H18918  H18072  D63（花）  H195（花）	同“懸”
1045	懸	见（1044）縣	
		【xue】	
1046	學	 H27712（何）  T60（何）  H952 正（宾）  H3511（宾）  D150（花）  D450（花）	

		 D474（花）  D487（花）	
1047	雪	 T769（历）  D400（花）  H20914  H21023	
1048	血	 H34148（历）  H34430（历）	
【xun】			
1049	旬	 H94 正（宾）  H137 正（宾）  H6058 正（宾）  H18729（宾）  H6834 正（宾） 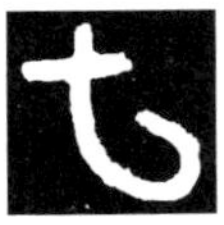 H24358（出）  H26658（出）  H26685（出）  H29726（何）  H34735（历）  T115（历）  H35402（黄）  H35541（黄）  H37953（黄）  D183（花）  D266（花）	
1050	尋	 H707 正（宾）  H6406（宾）  H3807（宾）  H24609（出）  H23694（出）  H32439（历）	

		 H33230（历）  D53（花）  D297（花）  D409（花）	
1051	巡	 Y1896  H21795  H21526  H21739	
1052	循*	见（1276）徝	
1053	迅	 H18277  H31792  T2845  H36824（黄）	
1054	訊	 H659（宾）  H5377（宾）  H6746（宾）  H19126（宾）  H19127 正（宾）  H36389（黄）	
【ya】			
1055	亞	 H1941（宾）  H43（宾）  H26899（何）  H27931（何）  H32272（历）  T502（历）  H36346（黄）  D28（花）  D500（花）	

【yan】

1056	焉*	 H17366（宾）  H17866 正（宾）	
1057	燕	 H5280  H5281	
1058	延	 H641 正（宾）  H12763（宾）  H22560（出）  H22587（出）  H27174（何）  H27302（何）  H32030（历）  H32137（历）  H32468（历）  H35435（黄）  H36492（黄）  D3（花）  D4（花）  D409（花）	
1059	妍	 H3277（宾）  H3273（宾）  H32170（历）  H34543（历）  H27250	
1060	言	 H440（宾）  H13638（宾）  H13636（宾）  H24132（出）  H26729（出）  D59（花）  D285（花）	同“音”

1061	嵒	 H5574（宾）  H9432	通“岩”
1062	炎	 H36509（黄）  H36511（黄）	
1063	嚴*	 H15515 反（宾）  H17599 反	
1064	衍	 H563（宾）  H239（宾）  H3753 正（宾）  H491（宾）  H23663（出）  H27827（何）  Y2396（何）  H32297（历）  T149（黄）  H35751（黄）  H38971（黄）	
1065	㫃	 H17159 反（宾）  H4934（宾）  H22758（出）	用作“旗”
1066	㬅	 H4510	通“晏”
1067	㕣	 H762（宾）  T31（历）	
1068	𡸁	 H22132  H22131  H22130	
1069	岩	见（1061）嵒	
1070	晏	见（1066）㬅	

【yang】			
1071	央	 H10404（宾）  H17555 正（宾）  H11170 臼（宾）	通“殃”
1072	昜	 H3380（宾）  H3392（宾）  H7410（宾）	通“揚”
1073	陽	 T4529	
1074	揚	 H3138（宾）  H3139（宾）  H3141（宾）  H3142（宾）  H3157（宾）  H3138（宾）  H3139（宾）  H3141（宾）  H3157（宾）	另见“昜”
1075	羊	 H1924（宾）  H672 正（宾）  H22590（出）  H25907（出）  H27321（何）  H32348（历）  H34461（历）  H35986（黄）  H36090（黄）  D113（花）  D304（花）	
1076	徉	 H33705（历）  H20306	
1077	養	见（0620）牧从“羊”之形	

1078	恙	 H8877  H21870	
1079	殃	见（1071）央	
【yao】			
1080	幺	 H25885（出）  D286（花）	同“玄”
1081	杳	 T2682（历）	
1082	爻	 H138（宾）  H139（宾）  H24909（出）	
1083	堯	 H9379（宾）	
1084	要	 H18094	
【ye】			
1085	野	 H18006  H18419	
1086	也	见（0875）它	
1087	枼	 H14018（宾）  H13625 正（宾）  H33151（历）	同“葉”

		 H19956（历）  H33149	
1088	頁	 H22217  H22216  H22215	
1089	夜	见（1114）亦	
1090	葉	见（1087）枼	
【yi】			
1091	一	 H93（宾）  H903 正（宾）  H6834 正（宾）	
1092	衣	 H7897（宾）  H9523（宾）  H22621（出）  H22640（出）  H22685（出）  H31099（何）  H33986（历）  H34654（历）  H35428（黄）  H36511（黄）  H35437（黄）  H36541（黄）	
1093	依*	见（0042）庇	
1094	伊	 H5792（宾）  H5792（宾）  H23562（宾）  H23818（出）  H32103（历）  H32790（历）  H33694（历）	

1095	彝	 B8662（出）  H36390（黄）  H36747（黄）  H38223（黄）  H14294（宾）	
1096	夷	 H17027（宾）	
1097	宜	 H388（宾）  H7320（宾）  H5132（宾）  H23399（出）  H23502（出）  H27214（何）  H33292（历）  H32028（历）  H33697（历）  H34208（历）  H35367（黄）  D9（花）  D26（花）  D226（花）	亦释“俎”
1098	疑	 J169（宾）  H12532 正（宾）  H13465（宾）  H23590（出）  H26382（出）  H32908（历）  H32909（历）  H26675（出）	

1099	乙	 H137 正（宾）  H11497 反（圆）  H32020（历）  H35343（黄） 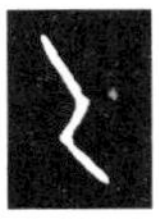 D5（花）	
1100	以	 H94（宾）  H1100 正（宾）  H23708（出）  H22542（出）  H26953（何）  H31979（历）  H32430（历）  H32509（历）  H36416（黄）  H36524（黄）  H35344（黄）  D37（花）  D90（花）  D6（花）	通“矣”
1101	矣	见（1100）以	
1102	医	 H5375（宾）  H36641（黄）  H37468（黄）	
1103	艾	 H8015（宾）  H31267	
1104	弋	 H4284（宾）  H4443（宾）  H4775（宾）  H10937 正（宾）  D235（花）	通“代”

1105	義	 H17620（宾）  H32982（历）  H38762（黄）  T2179	
1106	邑	 H94 正（宾）  H1181 反（宾）  H32176（历）  H32344（历）  H33241（历）  H36535（黄）  H36542（黄）	
1107	易	 H268 正（宾）  H1075 正（宾）  H655 正甲（圆）  H655 正甲（圆）  H22543（出）  H22954（出）  H23715（出）  H24929（出）  H25934（出）  H26907 正（历）  H32107（历）  H32494（历）  H32942（历）  H35673（黄）	通“賜”
1108	逸	 H5928（宾）  H137 正（宾）  H521 反（宾）	
1109	翊	 H27466（何）  H27724（何）  H27726（何）	又释

		 H36123（黄）  H36416（黄）  H38178（黄）	“翌”
1110	疫	 D181（花）  H31993	
1111	異	 Y315（宾）  H4611 正（宾）  H27148（何）  H31902（何）  H32915（历）	
1112	益	 H7695 反（宾）  H11798（宾）  H12983（宾）  B6291（宾）  Y1363（宾）  H18541（宾）  H26767（出）  H26769（出）  H26802（出）  D53（花）	“溢”初文
1113	藝*	 H1965（宾）  H2543（宾）  H3131（宾）  H11500 正（圆）  H23002（出）  H25377 反（出）  H25446（出）  H25453（出）  H27042 反（何）  H27382（何）  H35230（历）  T68（历）  H32992 反（历）	

		 D223（花）  D236（花）	
1114	亦	 H137 正（宾）  H9690（宾）  H11498 正（圆）  H11499 正（圆）  H23694（出）  H32035（历）  D59（花）  D173（花）	“腋”初文通“夜”
1115	役	 H32112（历）  T3594（历）	
1116	伇	 H3909（宾）  H5363（宾）  H13658 正（宾） 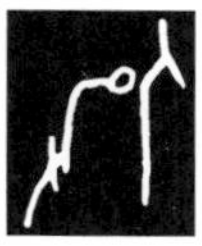 H17939	
1117	肄	 H22758（出）  H26832（出）  Y2147（出）  H26907（何）  H26975（何）  H32191（历）  H35396（黄）  H36425（黄）  D247（花）	
1118	溢	见（1112）益	
1119	抑	见（1129）印	
1120	翼	见（1172）羽	

【yin】			
1121	陰	 H456 正（宾）  H641 反（宾）  H11483（宾）  T2866（历）	
1122	殷	 H15733  H17979	
1123	音	见（1060）言	
1124	因	 H5651（宾）  H12359（宾）	
1125	寅	 H137（宾）  H23823（出）  B8379（出）  H32218（历）  H655 正甲（圆）  H896 正（圆）  H35528（黄）  H35969（黄）  D4（花）  D149（花）  D237（花）	
1126	引	 H1752（宾）  H3099（宾）  H7693（宾）  H13031（宾）  D53（花）  H23368（出）	

		 H32531（历）  H32892（历）  H34381（历）	
1127	尹	 H1631（宾）  H3484（宾）  H9790 正（宾）  H22630（出）  H23564（出）  H32054（历）  H32785（历）  D113（花）  D113（花）	
1128	飲	 H10405 反（宾）  H10137 正（宾）  H18014（宾）  H6057（宾）	
1129	印	 H763（宾）  H797（宾）  H13404（宾）  H22590（出）  T4310（历）  T4310（历）  H36481（黄）	“抑”本字
【ying】			
1130	膺	 H8239（宾）  H18338	通“鹰”
1131	迎	见（0640）逆	

1132	鹰	见（1130）膺	
		【yong】	
1133	雝	 H9799（宾）  H3131（宾）  H3122（宾）  H3130（宾） 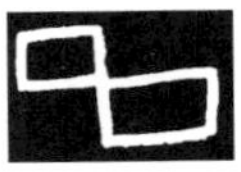 H32723（历）  D294（花）  D419（花）  H36593（黄）  H36600（黄）  H36426（黄）	同"雍"
1134	庸	 H35248（历）  H34612（历）  T1022（历）  T1022（历）	"鏞"初文
1135	踊	 H12830  H22249	
1136	永	 H178（宾）  H623（宾）  H656（宾）  H23782（出）  H23439（出）  H23671（出）  T723（历）  T3594（历）  H36484（黄）	通"派"

		 Y2562 正（黄）  D5（花）  D84（花）	
1137	用	 H6（宾）  H228 正（宾）  H15821（宾）  H22946（出）  H25915（出）  H26953（何）  H27199（何）  H32022（历）  H34413（历）  T9（历）  H35823（黄）  H38762（黄）  D10（花）  D14（花）  D506（花）	
1138	鏞	见（1134）庸	
1139	雍	见（1133）雝	
【you】			
1140	攸	 H553（宾）  H5760 正（宾）  H22585（出）  H24260（出）  H32982（历）  H35345（黄）  H36822（黄）	通"修"
1141	幽	 H14951 正（宾）  D198（花）  D237（花）	
1142	尤*	 H1977（宾）  H4992（宾）  H22550 反（出）	

		 H22704（出）  H26899（何）  H27042 正（何）  H34722（历）  H35531（黄）  H36128（黄）	
1143	猶	 H33076  D286（花）  H33076  H33076	同“猷”
1144	游	 H303（宾）  H5079（宾）  H5769 正（宾）  H23701（出）  H24410（出）  H24418（出）  H33399（历）  H37550（黄）  H39420（黄）	
1145	由	 H595 正（宾）  H1366（宾）  H655 正甲（圆）  H26186（出）  T2691（历）  D3（花）  D28（花）  D494（花）	
1146	有	 H6（宾）  H11497 正（圆）  H11497 反（圆）  H25026（出）  H27513（何）  H22047	又用作“侑”
1147	祐	 H25030（出）  H36850（黄）  H38152（黄）	

1148	幼	 H52（宾）  H22736（出）  H37867（黄）  H35397（黄）	
1149	卣	 H3583（宾）  H14128 正（宾）  H33292（历）	
1150	酉	 H226 正（宾）  H6058 正（宾）  H10405 正（宾）  H22598（出）  H22606（出）  H22609（出）  H23665（出）  H27438（何）  H31301（何）  H31983（历）  H32268（历）  H35541（黄）  H35754（黄）  D7（花）  D457（花）	
1151	友	 H685 正（宾）  H6057 正（宾）  H4380（宾）  H38762（黄）  D2（花）  D21（花）	
1152	又	 H390（宾）  H394（宾）  H24351（出）  H23028（出）  H27088（何）	“右”本字卜辞用作“有”、

		 H28021（历）  H32128（历）  D14（花）  D336（花）  H36981（黄）  H37520（黄）	"佑"、"祐"
1153	圃	 H9489（宾）  H9488（宾）	
1154	猷	见（1143）猶	
1155	佑	见（1146）有、（1152）又	
1156	右	见（1152）又	
1157	祐	见（1152）又	
【yu】			
1158	迂	 H30623	
1159	于	 H137 反（宾）  H387 正（宾）  H6834 正（圆）  H11497（圆）  H23035（出）  H22911（出）  H26907（何）  H27085（何）  H32028（历）  H36397（黄）  H38762  H37398（黄）  D400（花）  D29（花）	

1160	竽	 Y365（宾）  H22912（出）  H18635	
1161	俞	 H10405 正（宾）  H10406 正（宾）  H18675（宾）	
1162	榆	 H7936（宾）  H23711（出）  H37511（黄）  H37631  H37635（黄）	
1163	魚	 H7896（宾）  H12921 正（宾）  H24911（出）  H26842（出）  H27456 正（何）  T1054（历）  T2342（历）  T1054（历）  D236（花）  D236（花）  D26（花）	
1164	漁	 H9980 反（宾）  H13723（宾）  H14536 正（宾）  H10475（宾）  H32780（历）	
1165	余	 H6404 反（宾）  H17440（宾）  H4997（宾）	

		 H36182（黄）  H36482（黄）  D410（花）  D420（花）  H24135（出）  H24980（出）	
1166	臾	 H1107（宾）  H1107（宾）  H32509（历）	
1167	圉	 H5927（宾）  H522 反（宾）  H5976（宾）  H584 反甲（宾）  H5978（宾）  D320（花）  D118（花）	
1168	盂	 Y366（宾）  H3527（历）  H35330（历）  H36181（黄）  H36512（黄）  H36520（黄）  H37398（黄）	
1169	虞	 D3（花）  D249（花）  D183（花）	
1170	雩	 H828 反（宾）  H191 臼（宾）  H5717 臼（宾）  H6740 臼（宾）  H9413（宾）  H9416 臼（宾）	

1171	禦	 H27559  H30297	
1172	羽	 H511（宾）  H593（宾）  H903（宾）  H1248 正（宾）  H22554（出）  H23638（出）  H22677（出）  H26975（何）  H27224（何）  H30568（何）  H32422（历）  H32176（历）  T2391（历）  H35404（黄）  H35812（黄）  H35489（黄）  D274（花）  D457（花）  D427（花）	“翼”初文
1173	雨	 H11497 正（圆）  H22539（出）  H22539（出）  H23454（出）  H24829（出）  H23181（出）  H27153（何） 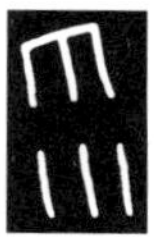 H27382  H32327（历）  H33811（历）  H37646（黄）  H38118（黄）  H38165（黄）	

		 H38178（黄）  D10（花）  D103（花）  D123（花）	
1174	御	 H6158（宾）  H6760（宾）  H28013	
1175	聿	 H32791  H28169	“筆”初文
1176	毓	 H2097（宾）  H8251（宾）  H19066（宾）  H22622（出）  H22940（出）  H23151（出）  H30810（何）  H27321（何）  H32632（历）  T37（历）  H32317（历）  H35437（黄）  H37836（黄）  H35404（黄）  H35428（黄）  H37841（黄）  D161（花）	用为“育”或“后”
1177	玉	 H3990（宾）  H3068（宾）  H4720（宾）	

		 Y1610 正（宾）  H9505（宾）  H34184（历）	
1178	鬱	 H5426（宾）  H8182（宾）	
1179	昱	 H102 正（宾）  H1626（宾）  H4858（宾）  H22655（出）  H22764（出）  H23126 正（出）  H27086（何）  H27213（何）  H30105（何）  H33398（历）  H34512（历）  D290（花）  D381（花）	
1180	遇	 H22258	
1181	或	 H171（宾）  H174（宾）  H2728（宾）  T2260（历）  T2291（历）  H35913（黄）	“国”、“域”初文
1182	育	见（1176）毓	

【yuan】

1183	鳶	 H5739（宾）  H5740（宾）	
1184	淵	 T722	
1185	元	 H722（宾）  H5856（宾）  H32193（历）  T130（历）	
1186	爰	 H6473 正（宾）  H13555（宾）  H19238（宾）  H34133（历）  H30757（何）  H30757（何）	通“援”
1187	員	 H10978  H20592  Y1782	通“圓”
1188	袁	 H27756（何）  H33033（历）  H30085  H18165（宾）	
1189	遠	 T3759  T2061	

1190	邍	 H3298（宾）  H6128（宾）  H6129（宾）  H6946 正（宾）  H33114（历）  H33114（历）  D59（花）	同“原”
1191	苑	 H9506（宾）	
1192	援	见（1186）爰	
1193	圓	见（1187）員	
1194	原	见（1190）邍	
【yue】			
1195	曰	 H1（宾）  H94（宾）  H655 正甲（圆）  H6834 正（圆）  H23680 正（出）  H24980（出）  H24980（出）  H32869（历）  H36426（黄）  H35501（黄）  D271（花）  D286（花）	
1196	月	 H94 正（宾）  H137 反（宾）  H410 正（宾）	

		 H22722（出）  H34544（历）  H33694（历）  H35400（黄）  H35372（黄）  H35400（黄）  H37743（黄）  D146（花）  D159（花）  D262（花）	
1197	戉	 D206（花）  D206（花）	通“越”
1198	説	见（0195）兑	
1199	悦	见（0195）兑	
1200	岳	 H390 臼（宾）  H5521（宾）  H8852 臼（宾）  H9530 臼（宾）  H1824 正（宾）  H2325 反（宾）  H4632 正（宾）  H32833（历）  T2322（历）  H32028（历）  H12855  H14587 臼	或释“羋”
1201	龠	 H4720（宾）  H22730（出）  H27178（何）	

1202	樂	 H33153（历）  H36501（黄）  H36904（黄）	
1203	越	见（1197）戉	
		【yun】	
1204	暈	 H7923（宾）  H13047（宾）  H20984	
1205	雲	 H1051 正（宾）  H10406 反（宾）  H13397（宾）  Y2525（黄）  H33273（历）  T1493（历）  D161（花）	
1206	匀	 M619（宾）	
1207	允	 H94 正（宾）  H137 正（宾）  H137 反（宾）  H6058 正（宾）  H22539（出）  H24253（出）	

		 H31970（历）  H33778（历）  H32978（历）  D59（花）  D290（花）  D410（花）	
1208	孕	 H709 正（宾）  H2680 正（宾）  H10136 正（宾）  H21071	
【za】			
1209	雥	 H27151	同“雜”
1210	雜	见（1209）雥	
【zai】			
1211	𢦏	 H17230 正（宾）  H6811（宾）  H6746（宾）  H33361（历）  H33413（历）  H33417（历）  H33430（历）  D316（花）	兵灾之“灾”通“哉”

1212	灾	 H7968 反（宾）  H3755（宾）	火灾之“灾”
1213	災	 H1824 正（宾）  H3982（宾）  H4016（宾）  H12836 正（宾）  H23778（出）  H23797（出）  H24227（出）  H27700（何）  H28450（何）  H27928（何）  H27783（何）  H28459（何）  H36646（黄）  H37802（黄）  H36369（黄）  D247（花）	水灾之“灾”
1214	宰	 H1229 反（宾）  H35501（黄）  B11300 反（黄）	
1215	栽	 T3029	
1216	𢦏	 Y1923（出）  H22644（出）  H22706（出）  H22779（出）  H27042 反（何）  H26899（何）	可用作“載”

		 H36270（黄）  H39458（黄）  Y2562 正（黄）  H31764	
1217	載	见（1216）	
1218	再	 H7660（宾）	
1219	在	见（0073）才	
【zang】			
1220	臧	 H3297 反（宾）  H6404 反（宾）	通“藏”
1221	葬	 H6943（宾）  H17180（宾）  H6043 反（宾）  H17171（宾）  Y2251（出）  H32829（历）  H32831（历）  D195（花）  D372（花）  H20578	
【zao】			
1222	鑿 *	 H3473（宾）  H7333 反（宾）  H17269（宾）	

		 H17271（宾）  H11497 正（圆）  H11497 反（圆）  H22600（出）  B10477（历）  H32885（历）  H39466（黄）	
1223	早*	 H199（宾）  H6690（宾）  H25370（出）  H11513  H6461  H6399	“草”的表意初文卜辞读“早”
1224	枣	 H17444（宾）  D206（花）	
1225	藻	 T765	
		【ze】	
1226	責	 H22214  H21306 甲	
1227	昃	 H13442 正（宾）  H10406 反（宾）  H13312（宾）  D226（花）  D437（花）	
1228	擇	 H122（宾）  H176（宾）  H126（宾）	

		 H33202（历）  T1150（历）  D262（花）	
		【zeng】	
1229	曾	 H487（宾）  H19095（宾）  H1012（宾）  H32164（历）  D294（花）	
		【zha】	
1230	乍	 H904 正（宾）  H1404（宾）  H3458 正（宾）  H3743（宾）  H11525（宾）  H23586（出）  H23711（出）  H32557（历）  H31981（历）  H36483（黄）  D16（花）  D113（花）  D236（花）	“作”初文
1231	栅	 H906（宾）  H6647 正（宾）  H18420	

【zhai】			
1232	宅	 H685 正（宾）  H14206 正（宾）  H24951（出）  D3（花）	
1233	齋	见（0683）齊	
【zhan】			
1234	占	 H3815（宾）  H19886	
1235	展*	 H264 反（宾）  H3879  H16583	
1236	戰	见（0405）戔	
【zhao】			
1237	昭*	 H33747（历）  H34272 正（历）  T4400  H22484	同“照”
1238	朝	 H23148（出）  33130（历）  23148（出）  H29092（何）	

1239	爪	 H975 正（宾）  H22050	
1240	召	 H8441 正（宾）  H33020（历）  H36640（黄）  H36667（黄）  H36677（黄）  H36646（黄）  H36735（黄）  D239（花）	
1241	罩	 H6959（宾）  H33080（历）  H33078（历）  D14（花）  D401（花）	
1242	兆	 H1330（宾）  H9509  H33178（历）  T111（历）	
1243	肇	 H8（宾）  H5776 正（宾）  D37（花）  D203（花）	
1244	照	见（1237）昭	

【zhe】			
1245	折	 H7923（宾）  H7924（宾）	
1246	者	 T2701	通“諸”
【zhen】			
1247	貞	 H137 正（宾）  H655 正甲（圆）  H22549（出）  H22579（出）  H22539（出）  H26899（何）  H27086（何）  H26907 正（何）  H31973（历）  H32547（历）  H32815（历）  H33107（历）  H35346（黄）  H37896（黄）  D3（花）	
1248	真	 H27226  H30995	
1249	震	 H14211 反（宾）  H17364 正（宾）	

		 H17360 正（宾）  H17363（宾）  H34715（历）  H34717（历）  H34718（历）  H36427（黄）  H36428（黄）  H36429（黄）  D286（花）  D466（花）	
1250	振	 H36426（黄）	
1251	朕	 H1197（宾）  H17691 反（宾）  H23606（出）  H36482（黄）  D173（花）  D367（花）	
【zheng】			
1252	征	 825（宾）  H31791	
1253	爭	 H7（宾）  H137 正（宾）  J133（宾）  H11499 正（圆）	

1254	徵	 H4242（宾）  H5663（宾）  H6057 正（宾）  H7986 反（宾）  H32290（历）  H36775（黄）  D208（花）  D427（花）	
1255	拯	见（0100）丞	
1256	正	 H644（宾）  H6441（宾）  H22722（出）  H23114（出）  H30813（何）  H33694（历）  H35411（黄）  H36534（黄）  D161（花）  D37（花）	
1257	鄭	见（0172）奠	
		【zhi】	
1258	之	 H6834 正（宾）  H11917（宾）  H23680 正（出）  H24813（出）	

		 H27080（何）  D5（花）  D14（花）	
1259	智	 H30688  H30429  H30691  Y2518（黄）  H38289（黄）	同“知”
1260	戠	 H1535（宾）  H8969（宾）  H22878（出）  H25673（出）  H27042反（何）  H30546（何）  H31979（历）  H33697（历）  H33685（历）  H33710（历）  H36002（黄）  H37387（黄）  D28（花）  D157（花）  D552（花）	通“識”
1261	直	 H21535  H22103	通“值”
1262	姪	 H18055（宾）  H14067	
1263	執	 H223（宾）  H184（宾）  H802（宾）	

		 Y534（宾）  T502（历）  H32184（历）  H22596（出）  H22592（出）	
1264	祇	 H26787（出）  H26789（出）  H29365  T3897	
1265	止	 H10936 正（宾）  H24801（出）  H35242（历）  H27302（何）  H21408  D11（花）	同“趾”
1266	旨	 H5478（宾）  H5637（宾）  D88（花）	
1267	趾	见（1265）止	
1268	址	 H21921  D50（花）	
1269	祉	 H5639 正	
1270	黹	 H5401（宾）  D480（花）  H8286	

		 H28135	
1271	稚	 选自《字编》	
1272	陟	 H15364（宾）  Y408（宾）  H24365（出）  H26396（出）  H26397（历）  H34286（历）  D178（花）  D178（花）	
1273	置	 Y365（宾）  H1989（宾）  H22543（出）  H25901（出）  H23603（出）  H34478（历）  D455（花）	
1274	致	 H27890	
1275	至	 H583 反（宾）  H6834 正（圆）  H22646（出）  H32113（历）  H35426（黄）  H36317（黄）	

		 D5（花）  D208（花）	
1276	徝	 H32 正（宾）  H438（宾）  H559 正（宾）  H5995 正（宾）  D123（花）  D333（花）	或释“德”、“循”
1277	㚁	 H110 正（宾）  H9013 正（宾）  H14621（宾）  H14929 正（宾）  H11259（宾）  H15942（宾）	
1278	雉	 H7153 正（宾）  H7352 正（宾）  H24446（出）  H37437（黄）  H37455（黄）  H35345（黄）	
1279	值	见（1261）直	
【zhong】			
1280	中	 H389（宾）  H3871 反（宾）  H5807（宾）	

		 H7569 反（宾）  H4931（宾）  H1488（宾）  H22587（出）  H23650（出）  H32227（历）  H32982（历）  D198（花）  D286（花）	
1281	終	见（0182）冬	
1282	仲	 H1498（宾）  H10405 正（宾）  Y2367（何）  H35246（历）	
1283	重	 H17950	
1284	衆	 H1（宾）  H5（宾）  H14 正（宾）  H41 正（宾）  H22537（出）  H26899（何）  H31977（历）  H31994（历）  H35345（黄）  H35345（黄）	

【zhou】			
1285	舟	 H16940（宾）  H5844 正（宾）  H6073（宾）  H11460 正甲（宾）  H32522（历）  H32852（历）  H32850（历）  D183（花）  D255（花）	
1286	州	 H659（宾）  H849 正（宾）  H17577 正（宾）	
1287	周	 H4884（宾）  H590（宾）  H1086 正（宾）  H23510（出）  H32885（历）  D102（花）  D108（花）	
1288	帚	 H181（宾）  H201 正（宾）  H2818（宾）  H24951（出）  H28238（何）  H32760（历）  H32896（历）  D37（花）  D195（花）	卜辞用作“婦”
1289	肘	 H13676 正（宾）  H11018 正（宾）  H4899（宾）	

1290	胄	 H4078（宾）  H36492（黄）	
1291	晝	 H22942（出）  T2392	
1292	呪	 T3035（历）	
1293	驟	见（1326）掫	
【zhu】			
1294	朱	 H36743（黄）  H37363（黄）	
1295	蛛	 H19124（宾）  H809 正（宾）  H9187（宾）  H36417（黄）  D288（花）	
1296	諸	见（1246）者	
1297	竹	 H1111 正（宾）  H24409（出）  T2915（历）	
1298	誅	 H27378（宾）  H27376	

1299	逐	 H10234（宾）  H10292（宾）  H10653（宾）  H18240（宾）  H22714（出）  H23659（出）  T997（历）  H37531（黄）  H39422（黄）  D108（花）  D108（花）  D259（花）	
1300	主*	 H10912（宾）  H8063（宾）  H24472（宾）  D262（花）	
1301	貯	 H4696（宾）  H1090（宾）  H28195（何）  D7（花）  D60（花）  D314（花）  D367（花）	或释“賈”
1302	宁	 H4713（宾）  T1994（出）  H27885 正（何）  H34547（历）  T4379（历）  D26（花）	

1303	注	 H5458（宾）  H8253（宾）  H15827（宾）	
1304	祝	 H8093（宾）  H15280（宾）  H15398（宾）  H22919（出）  H25918（出）  H32327（历）  T2122（历）  D7（花）  D13（花）	
1305	鑄	 Y2567（黄）  H29687	
		【zhuan】	
1306	專	 H7099 反（宾）  H19488（宾）  H4975（宾）  H7603 正（宾）  H34528（历）  H35035（历）	通“轉”
1307	轉	见（1306）專	
		【zhuang】	
1308	妝	 H5652  D241（花）  D241（花）	
1309	椿	 D11（花）	

【zhui】

1310	追	 H493 正（宾）  H628 正（宾）  H24554（出）  H32815（出）	
1311	隹	 H32 正（宾）  H17055 正（宾）  H6032（宾）  H18716（宾）  H11497 正（圆）  H11498 正（圆）  H23708（出）  H26186（出）  H25628（历）  H27147（何）  H26975（何）  H32415（历）  H31998（历）  T740（历）  H35532（黄）  H36509（黄）  H36539（黄）  H37743（黄）  D3（花）  D28（花）  D420（花）	卜辞用为“惟”
1312	椎	 H13159 反（宾）	
1313	隊	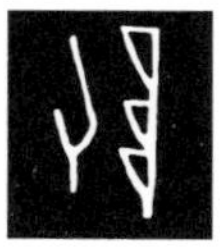 H10405（宾）  H18789（宾）	同“墜”

1314	墜	见（1313）隊	
【zhuo】			
1315	斫	 H9339	
1316	酌	 H26039（出）	
1317	涿	 Y837（宾）  H22621（出）  H22693（出）  H25418（出）  D36（花）	
【zi】			
1318	兹	 H10405（宾）  H23712（出）  H32054（历）  H655 正甲（圆） 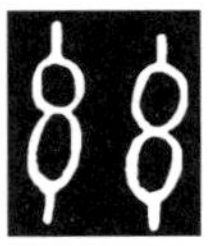 H33241（历） 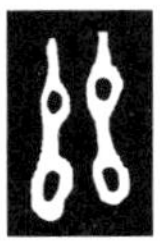 H35823（黄）  H37794（黄）  D173（花）	
1319	甾	 H36348（黄）  H36514（黄））  H36347（黄）  H36512（黄	
1320	淄	 H10163（宾）  H15230	

1321	滋	 H8294	
1322	子	 H137 正（宾）  H3138（宾）  H6834 正（圆）  H27649（何）  H32773（历）  H32782（历）  D6（花）  D16（花）	地支用作“巳”其它用作“子”
		 H137 反（宾）  H6834（圆）  H10302（圆）  H22655（出）  H31655（何）  H27179（何）  H32329 正（历）  H32773（历）  H32547（历）  H36152（黄）  H36642（黄）  D26（花）  D294（花）	地支专用字
1323	自	 H12（宾）  H102（宾）  H6834 正（圆）  H22647（出）  H24148（出）  H27302（何）  H28143（何）  H32016（历）  H32208（历）  H32329 正（历）  H35404（黄）	

		 H36344（黄）  D4（花）  D60（花）  D428（花）	
1324	梓	 D440（花）  D483（花）	
		【zong】	
1325	宗	 H13538（宾）  H20（宾）  H24955（出）  H25217（出）  H27315（何）  H32052（历）  H32121（历）  H38228（黄）  H35942（黄）  H38229（黄）  H36159（黄）  D292（花）  D234（花）	
		【zou】	
1326	掫	 H137（宾）  H1166 甲（宾）  Y1097（宾）	通“驟”
1327	走	 H17230 正（宾）  H27939（何）	
1328	奏	 H6（宾）  Y1284（宾）  H1352（宾）	

		 H23256（出）  H26012（出）  H26014（出）  H22625（出）  H26011（出）  H26016（出）  H32164（历）  T417（历）  H34125（历）  H34125（历）  D382（花）	
【zu】			
1329	卒	 H44（宾）  H739（宾）  H1901（宾）  H5165（宾）  H8190 正（宾）	
1330	族	 H5453（宾）  H6438（宾）  H32815（历）  D294（花）	
1331	足	见（0830）疋	
1332	祖	见（0711）且	
1333	組	见（1097）宜	

【zui】			
1334	冣	 H37676（历）  H30386	同“最”
1335	最	见（1334）冣	
【zun】			
1336	尊	 H999（宾）  H23505（出）  H32235（历）  H33140（历）	同“樽”
1337	樽	见（1336）尊	
【zuo】			
1338	左	 H137 正（宾）  H27107（何）  T1024（历）  H36425（黄）  D50（花）  D367（花）	通“佐”
1339	佐	见（1338）左	
1340	作	见（1230）乍	
1341	坐	 H975 反（宾）  H5357（宾）  H16998 正（宾）  H16998 正（宾）	

附：

著录代码明细表

代码	意义	原著全称
H	“合”的拼音首字	《甲骨文合集》
B	“补”的拼音首字	《甲骨文合集补编》
T	“屯”的拼音首字	《小屯南地甲骨》
Y	“英”的拼音首字	《英国所藏甲骨集》
D	“东”的拼音首字	《殷墟花园庄东地甲骨》
Z	“中”的拼音首字	《殷墟小屯村中村南甲骨》
W	“怀”的英文首字	《怀特氏等收藏甲骨文集》
L	“鲁”的拼音首字	《山东省博物馆珍藏甲骨墨拓集》
J	“辑”的拼音首字	《殷墟甲骨辑佚—安阳民间藏甲骨》
M	“美”的拼音首字	《美国所藏甲骨录》

笔画检索

（括号内数码为字编序号）

六画

七画

八画

九画

十画

十一画

十二画

十三画

十四画

十五画

十六画

殷墟甲骨文書法探賾

卷三　甲骨文书体分类拓片萃编

贾书晟　主编

文物出版社

编撰委员会

主　　编：贾书晟

卷一　综论

撰　　稿：贾书晟　李颖伯　肖兴华　齐　陆
　　　　　赵洪喜

审　　订：贾书晟　李颖伯　肖兴华　齐　陆
　　　　　王长远

卷二　甲骨文常用字书体分类字编

编　　录：宋连运

审　　订：宋连运　李其煌　贾书晟

图表制作：宋乐燕　王树梁

图版制作：刘丽萍　王长远　李争艳　宋乐燕
　　　　　李德英　郭世祥　张伍林　王树梁

卷三　甲骨文常用字书体分类拓片萃编

编　　录：贾书晟　李颖伯　肖兴华　齐　陆
　　　　　赵洪喜　付艳晖

审　　订：贾书晟　付艳晖

图版制作：付艳晖

说　明

本卷《甲骨文书体分类拓片萃编》，是为了给学习者提供足够数量的临习范本。在编选的过程中，我们力求做到以下三原则：

一、书体分类力求准确。目前学界对按书体进行分类的原则，基本达成共识，但落实到具体拓片，仍有认识上的差别。我们在遴选各组书体拓片时，主要参考了以下学术专著：李学勤、彭裕商：《殷墟甲骨分期研究》（上海古籍出版社，1995 年）；黄天树：《殷墟王卜辞的分类与断代》（科学出版社，2007 年）；王蕴智：《殷商甲骨文研究》（科学出版社，2010 年）；杨郁彦：《甲骨文合集分组分类总表》（艺文印书馆股份有限公司，2015 年）。凡是上述专著中公认的、或至少有两家以上认为属于同一类书体的，则定为选择对象。还有的通过卜辞中的单字，到李宗焜的《甲骨文字编》中加以印证。尽管编者主观上力求分类准确，但毕竟甲骨文逐片分类工作还在进行中。读者如发现问题，恳请提出宝贵意见。

二、书法特征比较明显。编选的拓片，要体现该类书体的书法特征。尽可能使读者通过临习这些拓片，能够汲取更多的艺术营养。作者主观上是这样想的，客观上是否有这样的效果，还有待于实践的检验。

三、字口清楚。由于此编是供读者使用的临习范本，因此必须字口清楚。

根据上述三原则，本卷共收录了 201 版拓片，其中宾组 36 版，宾圆 14 版，出组 37 版，何组 34 版，历组 23 版，黄组 38 版，花东 19 版。

每一版拓片之后，附有该版卜辞的释文。释文全部选自曹锦炎、沈建华编著的《甲骨文校释总集》（上海辞书出版社，2006 年）。在此，除向作者表示感谢之外，同时也要告诉读者，由于近十年来新释或改释的甲骨文字大量涌现，因此，这里引用的释文也可能与读者在别的地方所见不同，这是很正常的现象。好在，这不是一本卜辞读本，不会影响我们对书法的学习。

目　录

三　出组拓片（37 版）…… 55

四　何组拓片（34 版）…… 95

五　历组拓片（23 版） …… 135

六　黄组拓片（38 版） …… 163

一　宾组拓片　(36 版)

00137 反

(1)〔癸未〕卜，□，〔貞旬〕亡囚。王固曰：㞢祟，㞢夢，其㞢來嬉。七日己丑，允㞢來嬉〔自北，㪇〕戈化乎〔告〕：方征于我示…

(2) 四日庚申亦㞢來嬉自北，子𡚬告曰：昔甲辰，方征于𡆥，俘人十㞢五人。五日戊申，方亦征，俘人十㞢六人。六月才〔𦎫〕。

(3) 甲子允㞢來自東…亡于夸。

00137 正

（1）□□卜，□，貞〔旬〕亡囚。二告

（2）癸卯卜，爭，貞旬亡囚。甲辰□大𧶠风，之夕⿱止皿。乙巳□𡧊□五人。五月才〔𦎫〕。

（3）癸丑卜，爭，貞旬亡囚。王固曰：㞢帚，㞢夢。甲寅，允㞢來嬉。左告曰：㞢壴芻自⿱𣥠豆，十人㞢二。

（4）癸丑卜，爭，貞旬亡囚。三日乙卯□㞢嬉，单丁人豐〔介〕于彔…丁巳龟子豐介…鬼亦导导疾。

小告　三　三　三　三　三

00367 正

(1) 癸未卜，㱿，貞旬亡𡆥。三月。三

(2) 癸卯卜，㱿，貞〔旬亡𡆥〕。王固曰：㞢𠂤…〔大〕𩰫风，之〔夕𡆥〕…羌五。三。

(3) 癸丑卜，㱿，貞旬亡𡆥。

(4) 貞其㞢來𡛥。三

(5) …䶂…亡…

(6) 王固〔曰〕…

00540 + Y00554 + 00545（参见《补编》1805 甲、乙）

（1）［戊］辰卜，𣪊，貞翌辛未令伐𢀛方，受㞢又。一月。

（2）□□卜，𣪊，貞乎多网伐𢀛方，受㞢又。

（3）癸酉卜，𣪊，貞乎多网伐𢀛方，受㞢〔又〕。

二　　三　　三

00559 正

(1) □子卜，殻，貞五百僕〔用〕。

(2) 貞五百僕勿用。

(3)〔癸〕丑卜，殻，貞五百〔僕〕…

(4) 癸丑卜，殻，貞五百僕用。旬壬戌㞢用僕百。三月。

(5) 甲子卜，殻，貞告若。

(6) 戊辰卜，殻，貞下徝土方。

(7) 癸巳卜，亘，貞𢦏。七月。

(8) 癸巳卜，亘，貞曰□。

小告

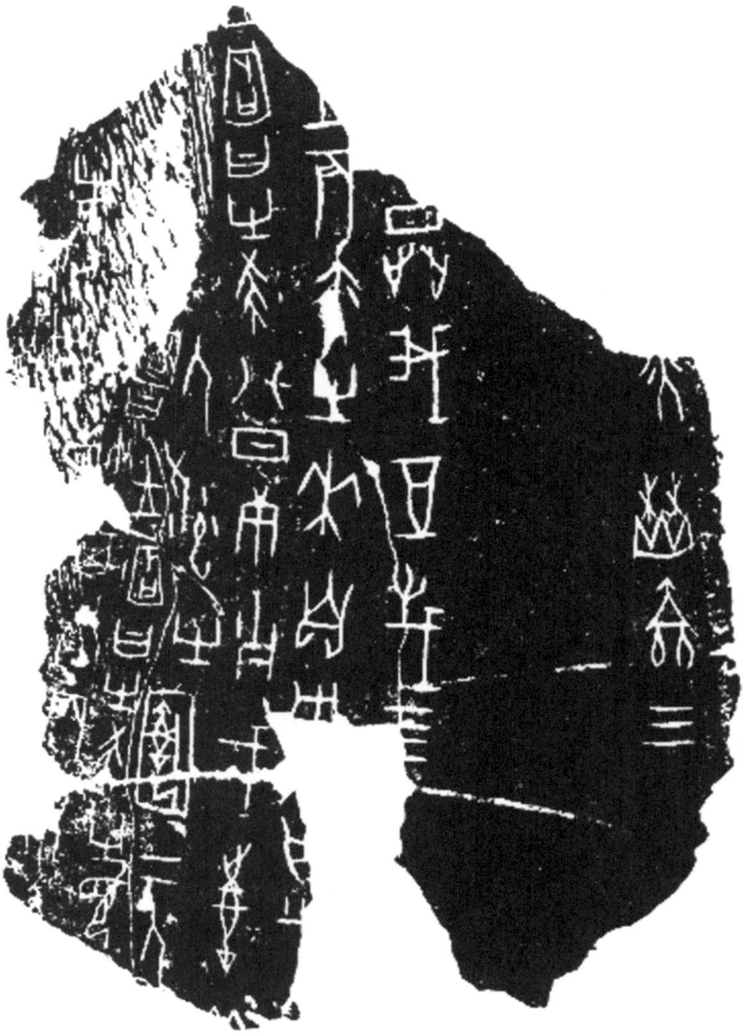

00584 反甲

(1)〔王〕固曰：㞢祟，八日庚子戈䇂〔羌〕□人，㱿㞢𢦏二人。

(2) 王固曰：㞢祟，㞢見。

(3) 王固曰：嬉，其隹丙〔不〕…

(4) …㞢…

(5) …壬辰亦㞢來自〔西〕，〔𠭯乎告曰：𢀛方〕征我奠，𢦏四〔邑〕。

(6) …亦焚亩三。

00584 正甲

(1)〔癸〕亥卜，㱿，貞旬亡𡆥。王固〔曰〕…丁卯，王獸敝𢀛車…才車，𡆥馬亦…

(2) 癸未卜，㱿，貞旬亡（𡆥。王固曰：㞢）𥎦，其㞢來嬉，气至□日□□，允㞢來嬉自西，𡸁戈□告曰：𢀛方征于我奠…　一

(3)〔癸〕亥卜，□，〔貞〕旬亡𡆥。　一

01075 正

（1）…羌…人…宰…于…

（2）甲午卜，㱿，貞㞢于羌甲。

（3）甲午卜，亘，貞翌乙未易日。王固曰：㞢希，丙其㞢來嬉。三日丙申允㞢來嬉自東，妻告曰：儿…

（4）庚子卜，王，貞。王固曰：其㞢來闻。其隹甲不…　一　二告　二　不玄黽　不玄黽

01336 正

（1）壬子卜，㱿，貞來辛酉㞢于祖辛。　一

（2）乙丑卜，㱿，貞勿巂㞢于唐。十月。

02037 正 +17615 正（参见《缀续》376）

（1）貞隹祖庚㞢。 二 二

（2）貞隹父庚㞢王。 二 二

一 二告 二 二 三 二告 一

02496

癸巳卜，爭，貞虫白彘于妣癸，不〔左〕。王固曰：吉。勿左。

03286 正 +04570（参见《补编》495 正）

（1）貞…其…

（2）貞宊亡囚。

（3）丙戌卜，亘，貞倉厌豹其钔。三

（4）貞  兹…　一

05203

（1）翌癸亥王步

（2）于翌甲子步

（3）王窒咎。

05468 正 +40521 正（重见 B00531 正）

（1）貞亡…

（2）貞翌己巳宜。

（3）貞翌己巳宜。　一

（4）貞亡𡆥。　二　不玄黽

（5）貞亡𡆥。　一　二告

（6）癸酉卜，𡧊，貞自般甾王史。　三　五

（7）…勿…祉。

一　二告　二　二告　三

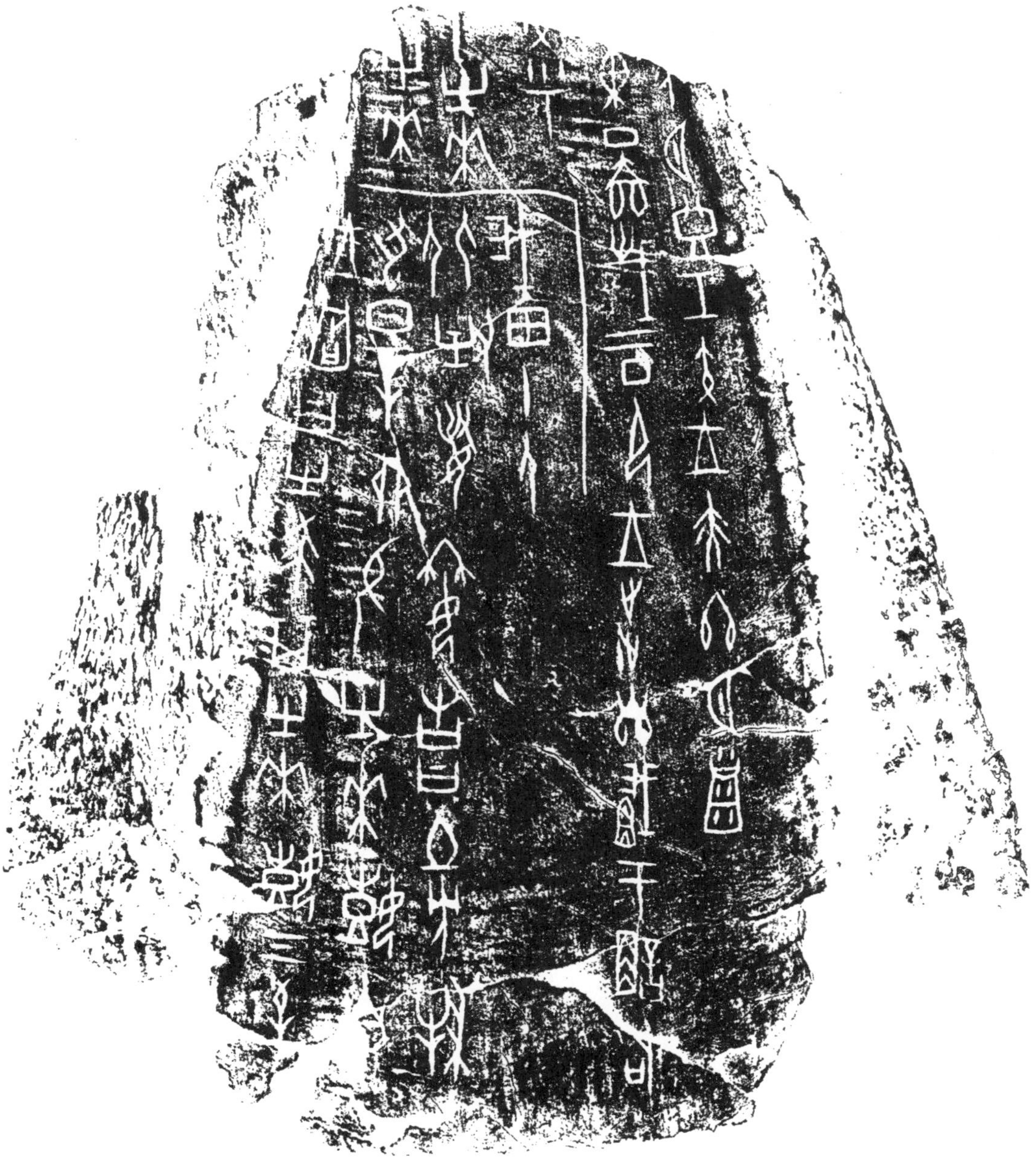

06057 反

(1) 王固曰：㞢希，其㞢來嬉。气至九日辛卯，允㞢來嬉自北。㞢又妻妥告曰：土方侵我田十人。

(2) …〔其〕㞢來〔嬉〕…〔允〕㞢來〔嬉〕…乎…東啚，𢦏二邑。王步自餓，于䑵司…□夕豈，壬寅王亦冬夕亯。

06057 正

（1）王固曰：㞢祟，其㞢來嬉。气至七日己巳，允㞢來嬉自西。𢀛友角告曰：𢀛方出，𠬝我示𥼶田七十人五。

（2）癸未卜，㱿，〔貞旬亡囚〕。　一

（3）癸巳卜，㱿，貞旬亡囚。王固曰：㞢〔祟〕，其㞢來嬉。气至五日丁酉，允㞢來〔嬉自〕西。沚𢦔告曰：土方征于我東啚，〔𢦏〕二邑。𢀛方亦帚我西啚田。

（4）癸卯卜，㱿，貞旬亡囚。王固曰：㞢祟，其㞢來嬉。五日丁未允㞢來嬉，飲𢀛〔圉〕自𠭞圉六〔人〕…　一

（5）□□卜，□，〔貞旬亡囚〕。五月。

06087 正 +06402（参考《补编》1852 正甲、乙遥缀）

（1）壬子卜，㱿，貞𢀛方出，不隹我㞢乍囚。五月。

（2）壬子卜，㱿，貞𢀛方出，隹我㞢乍囚。

（3）乙卯卜，爭，貞沚㦰爯册，王比伐土方，受㞢又。

（4）貞王勿比沚㦰。　三

06441

戊午卜，㱿，貞今者王正土方。王𡆥曰：甲申其㞢設，吉。其隹甲戌㞢設于東…隹甲戌㞢設…

06567

(1) 丙戌卜，葡，貞其用正。

(2) 丁亥卜，亘，貞乎取吕。

(3) 貞勿乎取吕。王固曰：吉，其取。

(4)〔丁亥卜〕，□，貞受王。

(5) □□〔卜〕，〔亘〕，貞戉其伐𢀛方，𢦏。

(6) 貞戉弗其𢦏𢀛〔方〕。一　二　三　二告

一　一　小告　　一　二告　二　二告　三　小告

07139 +00583 正　　（参见《补编》4923 正）

（1）□□〔卜〕，爭，貞旬亡囚。王固曰：㞢希，〔其〕㞢來嬉。沚戠乎告曰：…

（2）癸丑卜，爭，貞旬亡囚。〔王固曰〕：㞢希，嬉。九日辛（酉）…

（3）癸亥卜，爭，貞旬亡囚。〔王固曰：㞢希〕，嬉。五日丁卯王獸…亦奴，才〔車〕…

07369

…丙子其立中亡風。八月…亡風，易日。

09956

（1）九牛。　三

（2）九牛。　五　不𢆶黽

（3）貞我不其受黍年。二　二告

（4）…　〔黍年〕。　不𢆶黽

10076

（1）乙卯卜，宂，貞巤龜翌日。十三月。　三

（2）戊午卜，宂，貞酌桒年于岳、河、夒。　二　三

10222

（1）…今夕其雨…其雨。之夕允不雨。

（2）…隻象。

10405 反

(1) 癸亥卜，㱿，貞旬亡𡆥。王固〔曰：㞢帚〕，其亦㞢來嬉。五日丁卯子[illegible]𡠩，不𡆥。

(2) 王固曰：㞢帚。

(3) 工固曰：乃若偁。

(4) 王固曰：㞢帚。八日庚戌㞢各云自東面母，昃〔亦〕㞢出虹自北㱃于河。□月。

10405 正

（1）癸酉卜，㱿，貞旬亡𡆥。王二曰：匄。王固曰：俞，㞢祟㞢夢。五日丁丑王賓中丁，𢀛险才𠂤阜。十月。

（2）已卯媟子寅入宜羌十。

（3）癸未卜，㱿，貞旬亡𡆥。王固曰：茍，乃兹㞢祟。六日戊子子弢𡆥。一月。

（4）癸巳卜，㱿，貞旬亡𡆥。王固曰：乃兹亦㞢祟，若偁。甲午王往逐兕，小臣甾事馬硪𡆥王車，子央亦墜。

（5）癸巳。一月。　一

（6）□□〔卜〕，□，〔貞〕旬亡〔𡆥〕…〔㞢祟〕…八日…來嬉。

10406 反

(1) 癸亥卜，㱿，貞旬亡𡆥。王𡆥曰：㞢希，〔其亦㞢來嬉〕。五日丁卯子𠙵𢀛，不𡆥。

(2) 王𡆥曰：㞢希。八日庚戌㞢各云自東面母，昃亦㞢出虹自北㱃于〔河〕。

12532 正

貞今…王固曰：Ⓒ。兹气雨。之日允雨。三月。

12814 正

（1）辛亥卜，㱿，貞… 一

（2）辛亥卜，㱿，貞于乙門令。

（3）辛亥卜，㱿，貞勿于乙門令。

（4）乙卯卜，㱿，貞今日王往于𦎫…之日大采雨，王不〔步〕…

13399 正

己亥卜，永，貞翌庚子酌…王固曰：兹隹庚雨卜。之〔夕〕雨，庚子酌三嗇云，𩁹〔其〕…既䄄，启。

14002 正

(1) 甲申卜，㱿，貞〔帚〕好冥，𡠧。王固曰：其隹丁冥，𡠧。其隹庚冥，引吉。三旬㞢一日甲寅冥，不𡠧，隹女。　一

(2) 甲申卜，㱿，〔貞〕帚好冥，不其𡠧。三旬㞢一日甲寅冥，允不𡠧，隹女。　一

一　二　一　二告　二　　一　二　三　四　五　六　　一　二　三　四　五　〔六〕

14294

（1）東方曰析風曰劦。（2）南方曰因風曰兇。

（3）西方曰朿風曰彝。

（4）〔北方曰〕伏風曰役。

16013

(1) 癸卯卜，㱿，貞乎多〔老舞〕…王固曰：其㞢雨。甲辰…丙午亦雨，多…

(2) 貞勿乎多老舞。

16943 正 + Y01590 正 （参见《缀续》428　重见 16646）

（1）癸巳。

（2）癸亥卜，爭，貞旬亡囚。一月。

（3）癸酉卜，爭，貞旬亡囚。

17055 正 +17681 +18799（参考《补编》5101 甲、乙、丙遥缀）

（1）丙午卜，𣪘，貞乎自往見㞢自。王〔固〕曰：隹老隹人，𡕒𦥑若。〔兹〕卜，隹其匄。二旬㞢八日𠂤。壬〔申〕自夕𣪘。

（2）己卯卜，𣪘，貞…

17366 反

…之日夕出鳴鳥。

二　宾圆拓片　(14 版)

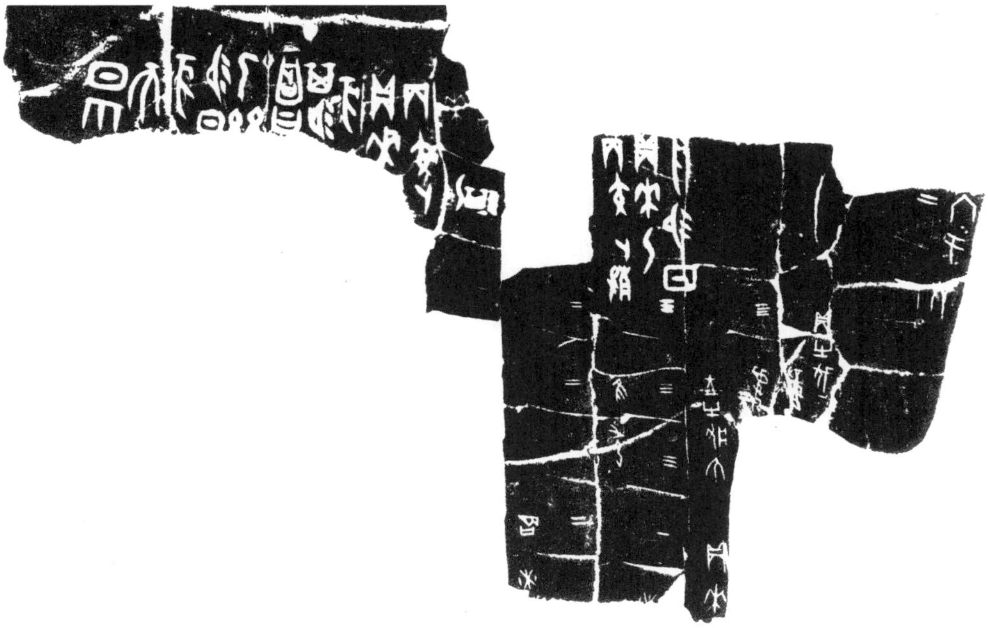

00655 正甲

(10) 丙寅卜，㱿，貞來乙亥易日。一　二　三　四

(11) 丙寅卜，〔㱿〕，貞來〔乙〕亥〔不〕其易〔日。王〕固曰：〔吉〕，乃茲〔不〕易日。〔乙〕亥〔允〕不〔易〕日，雨。

00896 正

丁未卜，穷，〔貞來〕甲寅酌〔大〕甲十伐㞢五，卯十宰。八日甲寅不酌，雨。

00897

癸丑卜，㱿，貞來乙亥酌下乙十伐㞢五，卯十宰。乙亥不酌…

00903 正

（3）乙卯卜，散，貞來乙亥酌下乙十伐出五，卯十宰。二旬出一日乙亥不酌，雨。五月。二

（4）勿莆隹乙亥酌下乙十伐出五，卯十宰，四…　二

05298 正

(1) 貞王䎽隹囚。　一

(1) 貞王䎽不隹囚。　一

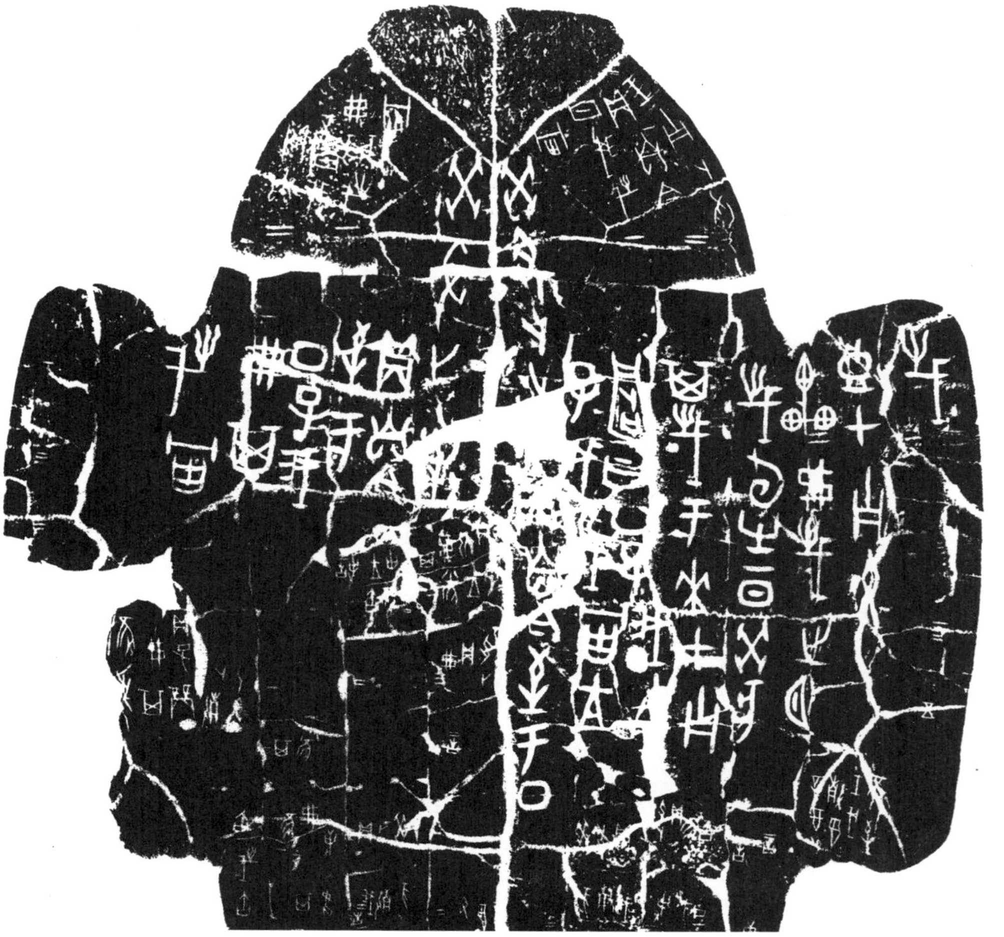

06834 正

（3）癸丑卜，〔爭〕，貞自今至于丁巳我𢦏宙。王𡆥曰：丁巳我毋其𢦏，于來甲子𢦏。旬㞢一日癸亥車弗𢦏，之夕壴，甲子允𢦏。 一 二

（4）癸丑卜，爭，貞自今至于丁巳我弗其𢦏宙。 一 二

10302 正甲

（6）五日甲子允酌，㞢設于東…　一　二　三

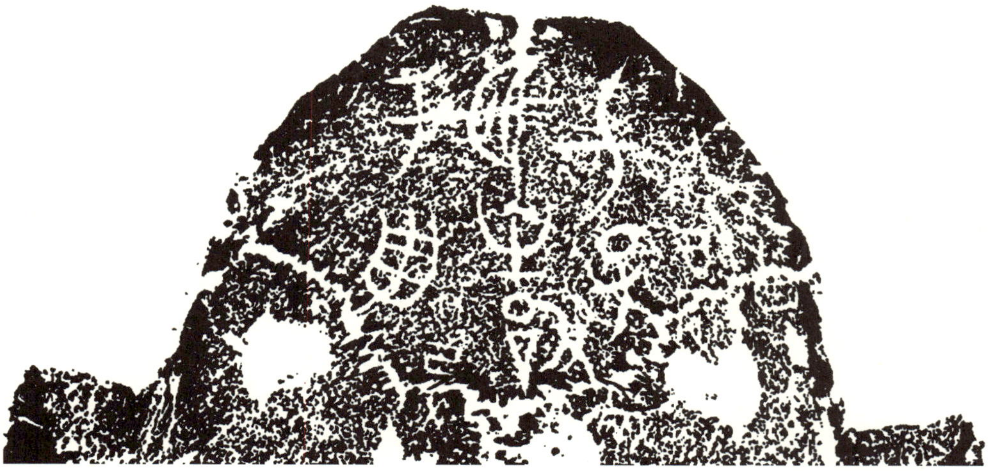

11497 反

（2）九月甲寅酌，不雨。乙巳夕㞢設于西。

11497 正

(3) 丙申卜，㱿，貞來乙巳酌下乙。王固曰：酌，隹㞢祟，其㞢設。乙巳酌，明雨，伐既，雨，咸伐，亦雨，攺卯鳥，星。　一

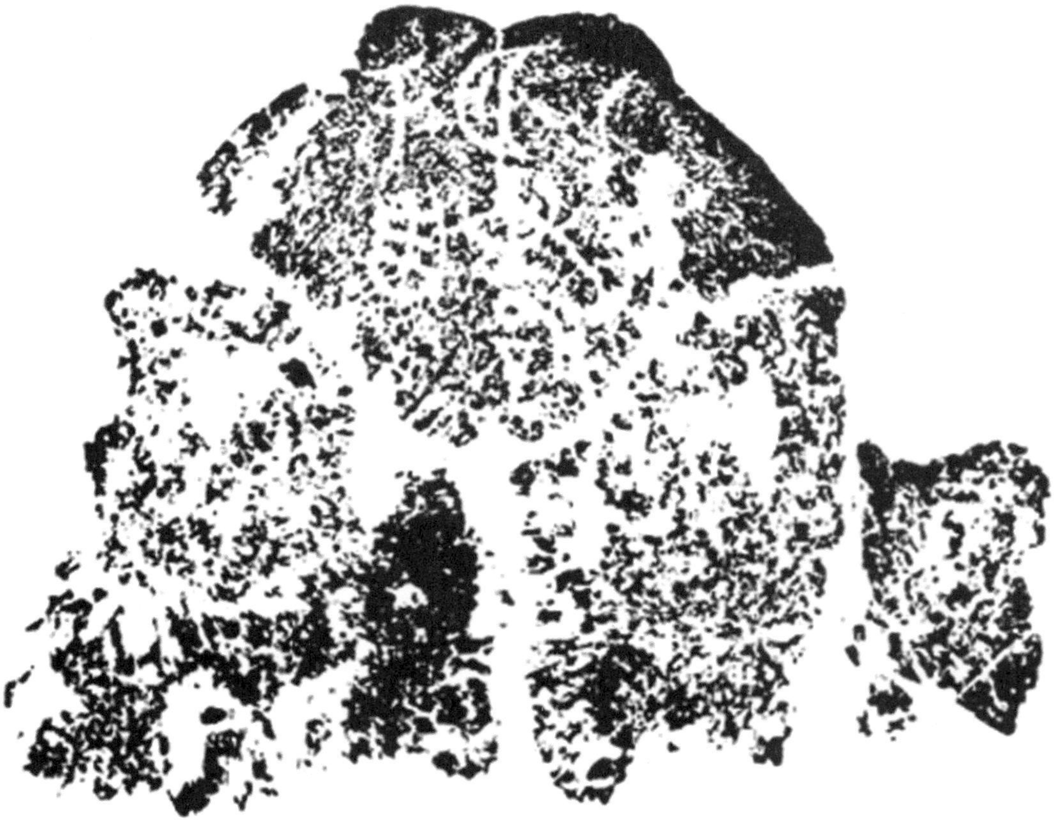

11498 反

乙巳夕㞢設于西。

11498 正

(1) 翌庚寅㞢于大〔庚〕。　二

(2) 翌辛〔卯〕㞢〔于祖辛〕。　二

(3) 丙申卜，㱿，貞〔來〕乙巳酢下乙。王固曰：酢，隹㞢𡆥，其㞢設。乙巳明雨，伐既，雨，咸伐，亦雨，㱾鳥，星。

(4)〔㞢于〕上甲。　二

(5) 丙午卜，㱿，貞王〔𥄎〕隹𡆥。　一

(6)〔丙午卜〕，〔㱿〕，〔貞王〕𥄎不隹𡆥。

(7) 丙午卜，㱿，貞三羌多妣。　一

11499 正

（1）癸卯卜，爭，貞下乙其㞢鼎。王固曰：㞢鼎，上隹大示，〔王〕亥亦鬯。　一

（2）…〔酌〕，明雨，伐〔既〕，雨，咸伐，亦〔雨〕，𢼄卯鳥，大啓，昜。

11500 正

（1）翌乙未㞢于下乙一牛，用。　一

（2）…雲。庚子𢦔鳥，星。七月。　二　二

11697 正甲部分＋乙补 6683＋1002＋乙 5694（参见《缀续》496）

(1) 丁未〔卜〕，□，〔貞〕…勿…日…

(2) …日…〔雨〕…

11697 正乙

壬辰〔卜〕，㱿，〔貞〕來甲寅酌〔大甲〕…二旬㞢…

三　出组拓片　(37 版)

22560

（1）丁卯卜，旅，貞王室小丁歲眔父丁，𠂤伐羌五。

（2）庚午卜，旅，貞王室妣庚歲眔兄庚，亡尤。

（3）□□卜，旅，〔貞〕…歲祉…

22644

（1）□□卜，旅，〔貞〕…十二月。

（2）甲午𣪘上甲遘示癸祭亡囚。

22716

癸亥卜，大，貞王㝵示癸日亡尤。

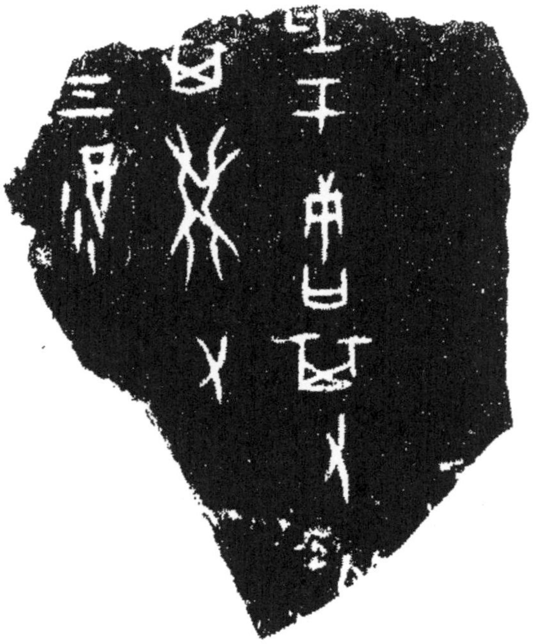

22743

…气酌，其冓又歲于唐，其又〔羌〕…

22760 +24332（参见《补编》6965）

（1）丁巳卜，□，貞其又…大丁。才…〔月〕。才自□〔卜〕。　一

（2）丁巳卜，行，貞其又于小丁一牛。　一

（3）貞牢。

（4）…丁歲…

22765

（1）丙子〔卜〕,〔王〕，貞翌丁〔丑〕…于大丁…

（2）丙子卜，王，貞其又囙。才二月。

（3）丙子卜，王，貞曰雨。

22798

（1）己亥卜，〔旅〕，貞翌庚子魯于大庚亡壱。〔才〕八月。

（2）□亥卜，旅，〔貞〕…

22838

戊申卜，尹，貞王賓大戊祭叙亡尤。　一

22962

□戌卜，出，貞翿㞢于祖辛。二月。

23143

（1）乙卯卜，即，貞王室毓祖乙、父丁歲亡尤。　一

（2）□□〔卜〕，〔即〕，〔貞王〕室…亡尤。

23532

（1）辛亥卜，出，貞今日王其水寧。五月。

（2）癸亥卜，出，貞丁卯子㠯弗疾，㞢疾。

（3）丁卯卜，大，貞今日攺。

（4）…其…

23685

（1）庚午卜，大，貞叀來叀今日乎祉。

（2）□□卜，□，〔貞翌辛〕丑翌。…不…

23712

（1）丙申卜，出，貞，𢦏小𤔲日叀癸。八月。

（2）丁酉卜，祝，貞其品司才兹。八月。

（3）貞其品司于王出。

（4）戊申卜…

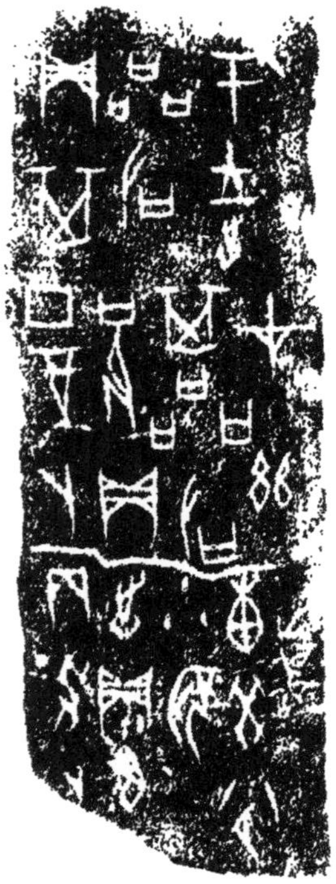

23713

（1）丙申卜，出，貞𦬊小𠬝叀癸。八月。

（2）丁酉卜，祝，貞其品司才茲。

（3）貞其品司于王出。

23714

（1）戊…

（2）丙申卜，出，貞𢦔小𠦪日叀癸。八月。

（3）丁酉卜，祝，貞其品司才兹。八月。

（4）貞其品司于王出。

（5）□□卜…

23717

(1) 己酉卜，祝，貞𠦪年于高祖。四月。

(2) 辛卯卜，大，貞洹引，弗𦎫邑。七月。

(3) 丁酉卜，□,〔貞〕…小帚老。八月。　二告

(4) 己巳卜，大，貞翌辛未𩵦，㳄𪔂。

(5) 甲申卜，出，貞翌□□子𠃬其㞢于妣辛冎歲，其…

(6) □巳。

23730

（1）丙子卜，行，貞王出亡囚。

（2）貞亡尤。

23753

(1) 戊戌〔卜〕,〔尹〕,貞王賓叙亡尤。

(2) 戊戌卜,尹,貞王出亡囚。

(3) 貞亡尤。

23754

(1) 戊戌卜，尹，貞今夕亡𡆥。

(2) 戊申卜，尹，貞王出亡𡆥。

(3) □□〔卜〕，□，〔貞〕亡〔尤〕。

23811

（1）甲子卜，王。才十月。

（2）甲子卜，王。

（3）甲子卜，王。

24234＋23243（参见《补编》8136）

（1）□寅卜，〔行〕，〔貞〕今〔夕〕亡〔囚〕。〔才〕十二月。〔才〕襄。

（2）辛卯卜，行，貞今夕亡囚。

（3）壬辰卜，行，貞今夕亡囚。

（4）癸巳卜，行，貞今夕亡囚。才十二月。才襄卜。　一

24294

（1）壬子卜，王。才自椉卜。　一

（2）壬子卜，王。

24399

（1）癸未卜，□，貞王其步自尋，亡災。　一

（2）□巳卜，□，貞王〔其步〕自□，亡災。才…

24426＋24262（参见《补编》7262）

（1）丁未〔卜〕,〔行〕, 貞〔王〕…于田…

（2）己酉卜, 行, 貞王其雚于𣅀泉, 亡災。才𣲑。

（3）□□卜, 行,〔貞〕王其往〔于〕田, 亡災。〔于〕□泉祉往。

24804

（1）辛未卜，行，貞今夕不雨。　一

（2）□□卜，行，〔貞今〕夕□雨。

（3）乙亥卜，行，貞今夕不雨。

（4）貞其雨。才五月。　二

（5）…雨…五月。

（6）…雨…五月。

24868

乙酉卜，大，貞及茲二月㞢大雨。　二

24913

（1）貞不其攺。

（2）戊戌卜，貞今夕攺。八月。

（3）貞不其攺。

24939

（1）丁…

（2）乙酉卜，祝，貞叀今夕告于南室。

24940

(1) 乙酉卜，祝，〔貞〕翌丁亥史其酌告〔于〕南室。

(2) 壬寅。

(3) 丁亥。

24945

戊戌卜，出，貞其㞢匚于保，于[illegible]室酌。

25263

（1）庚辰卜，尹，貞王宊叙亡尤。　一

（2）…〔亡〕尤。

25268

(1) 己酉卜，尹，貞王宮歲牛亡尤。

(2) 己酉卜，尹，貞王宮𠬝亡尤。

(3) 庚戌卜，尹，貞王宮𠬝亡尤。

(4)〔辛〕亥卜，尹，〔貞〕王宮□亡尤。〔才〕四月。

25375

（1）戊午〔卜〕，即，〔貞〕…　二

（2）貞…

（3）貞亡尤。

（4）戊寅卜，即，貞王宾䢅禱亡囚。五月。　二

25709

(1) 壬子〔卜〕，□，貞…亡□。 一

(2) 貞〔亡〕尤。 二

(3) 癸丑卜，行，貞王室戠亡囚。 一

(4)〔貞〕亡〔尤〕。

25918

（1）甲子〔卜〕，□，貞歲〔叀〕王祝。

（2）□□卜，□，貞…王…歲…

25971＋13195（参见《补编》7469）

（1）乙亥卜，大，貞來丁亥酌，其熯丁巳。十一月。

（2）乙亥卜，大，貞來丁亥易日。十一月。

（3）〔貞〕不其〔易〕日。十一月。

（4）丁丑。

（5）貞…〔㱿〕。

（6）戊寅卜，貞㞢㱿。　一

26039

甲子卜，□，貞翌乙丑我酢衣〔亡〕壱。三月。

四　何组拓片　（34 版）

26899

（1）貞其又□父己。　二

（2）貞叀今夕。　三

（3）貞于來日。　四

（4）癸亥卜，□，貞其祝 于妣叀 禱用。　一

（5）貞其祝妣叀。　（“貞”、“其”字有缺刻）

（6）貞叀歲。

（7）貞其令馬亞射麋。

（8）貞其又眾。

（9）貞勿巳。

（10）𡧊 嫠 。

（11）貞其𩛥，今𢀛亡尤。

（12）貞其𩛥，今𢀛亡尤。

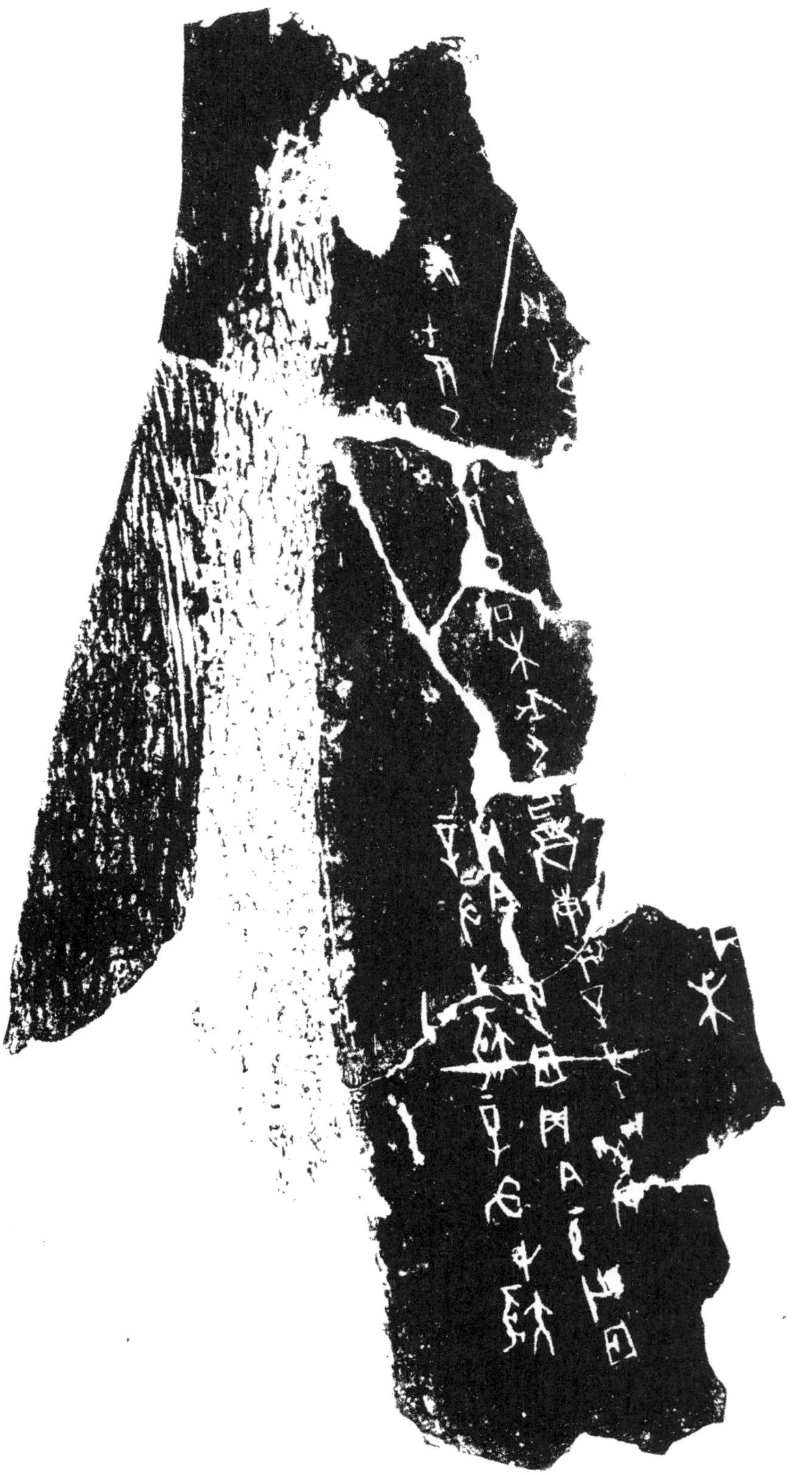

26907 反（重见 31553、B09874 反）

（1）辛丑卜，狄，貞今夕亡囚。

（2）辛丑卜，狄，貞今夕亡囚。

（3）甲辰。乙〔巳〕。丙〔午〕。丁未。戊申。己酉。庚戌。辛亥。壬〔子〕。癸丑。

（4）丙午…

（5）☐未貞…

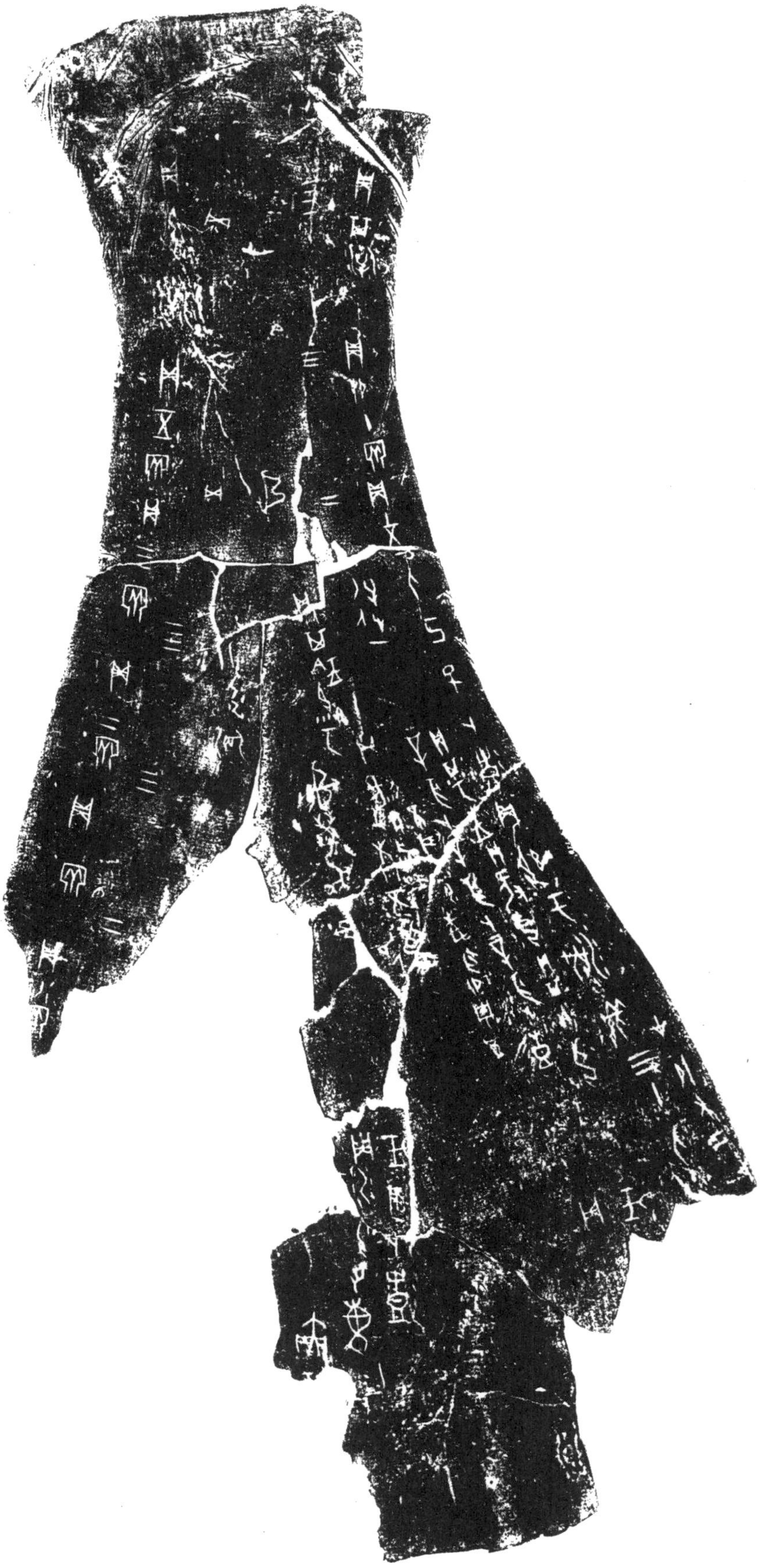

26907 正（重见 B09874 正）

（1）辛亥卜，彭，貞其易卩。

（2）辛亥卜，貞㲋每。

（3）辛亥卜，貞其乎往。

（4）戊辰卜，彭，貞水□□叀。

（5）戊〔辰卜，彭〕，貞…

（6）貞王其令乎射鹿射。

（7）（習刻）

（8）（習刻）

（9）己巳卜，彭，貞钔于河羌三十人。才十月又二卜。　一

（10）貞五十人。　二

（11）貞卯十宰。三

（12）貞其沈。　四

（13）貞勿沈。　五

（14）勿。

（15）弓逆。

（16）貞小宰。　二

（17）貞宰。　三

（18）貞二宰。　四

（19）貞三宰。　五

（20）貞五宰。　六

26975

（1）庚戌〔卜〕，□，〔貞〕…辛亥…　一

（2）庚戌卜，何，貞妣辛歲。其㲋釐。　二

（3）庚戌卜，何，貞其于來辛酉。　三

（4）庚申卜，何，貞翌辛酉䰠其佳。　一

（5）庚申卜，何。　二

（6）庚申卜，何。　三

（7）庚申卜，何。　四

（8）庚申卜，何。　五

（9）甲申。乙酉。丙戌。丁亥。戊子。己丑…　六

（10）乙巳。丙午。丁未…

27138

（1）己酉〔卜〕，□，貞翌…其又〔彳〕歲…　一

（2）己酉卜，何，貞其宰。　二

（3）己酉卜，何，貞貞其宰又一牛，鄉。　三　　（衍一“貞”字）

（4）□□〔卜〕，□，貞…王…于…　一

（5）乙亥…大乙。　二

27147

（1）癸亥卜，彭，貞大乙、祖乙、祖丁眔鄉。

（2）癸亥卜，彭，貞隹大乙眔祖乙即。

（3）〔癸〕亥卜，〔貞〕…祖丁其…日鄉。

（4）〔癸亥卜〕，貞大乙，祖丁眔鄉。

（5）…鄉。

27166

庚申卜，壴，貞王室大庚日。

27274

□□卜，祖丁莫歲二牢，王受〔又〕。

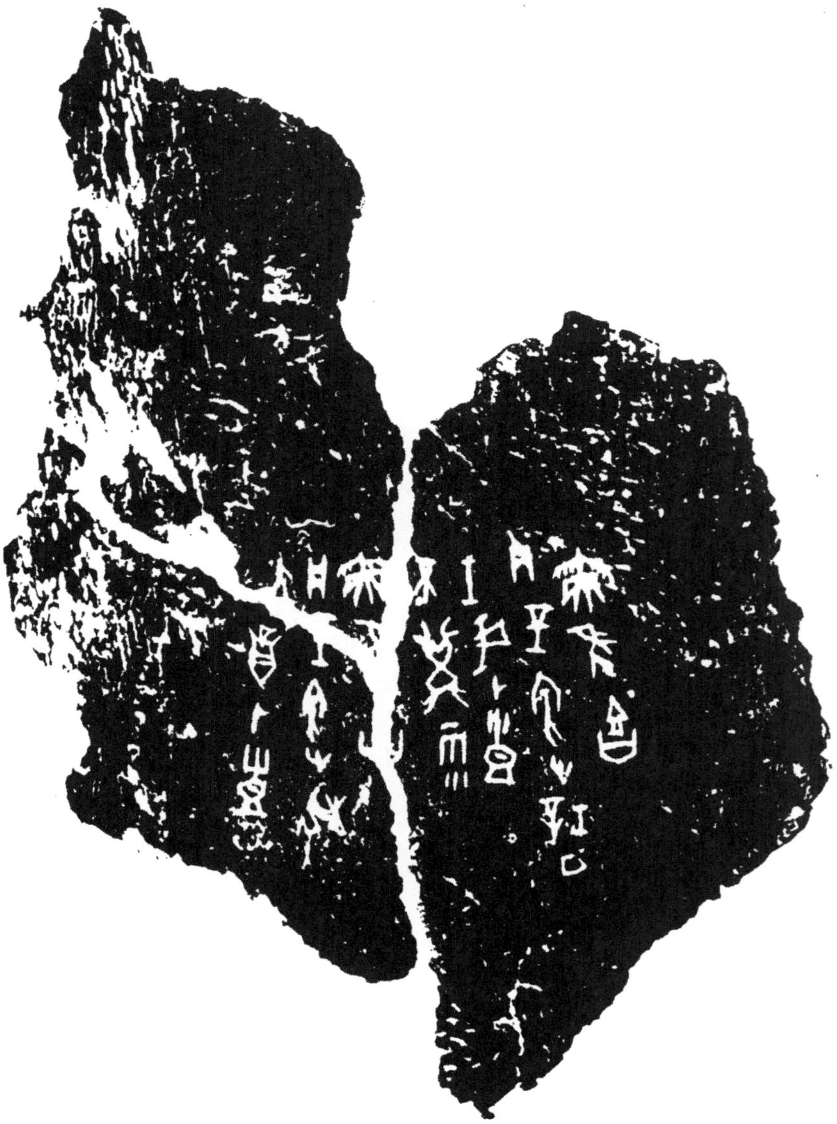

27382

（1）辛酉卜，壴，貞王室𢦏□隹吉，不冓雨。

（2）壬戌卜，壴，貞王室辛、壬、丁、□隹吉。

27424

（1）癸□〔卜〕，貞…

（2）己亥卜，何，貞翌庚子𢆶歲，其祉于父庚。　一

27456 正

（1）癸酉卜，何，貞翌甲午彔于父甲乡。

（2）甲戌卜，宁。

（3）戊寅卜，貞其祝。

（4）戊寅卜，宁，貞王宩。

（5）甲辰卜，王，貞翌日其□。（“其”字倒刻）

（6）丁未卜，何，貞莫其宰。

（7）丁未卜，何，貞𢒼十，人其之□豖。

（8）貞其即日。

（9）貞其示□。

（10）貞其示□魚。

（11）戊寅卜，貞其…

（12）庚戌卜，何，貞翌辛亥其又毓妣辛鄉。

（13）庚戌卜，何，貞翌辛亥其又毓妣辛鄉。

（14）〔庚〕戌卜，何，〔貞〕其宰鄉。

（15）貞其即日。

（16）壬子卜，何，〔貞〕其祝之。　二

（17）祝。　一

（18）壬子卜，何，貞翌癸丑其又妣癸鄉。

（19）癸巳卜，何，貞

（20）丁未卜，何，貞㞢于小乙奭妣庚，其宩鄉。

（21）丁未卜，何，貞其𠬝史。

27607

□□卜，賓，貞□又司母。

27726

丁酉卜，賈，貞翌戊戌…

27827

(1) 辛未卜，貫，貞今日王永。　一

(2)〔辛〕未卜，貫，貞〔王〕其宧戠。

(3) □□〔卜〕，□，貞…日…

27885 正

（1）庚午卜，正，貞其乎小臣剌比。才曾。

（2）庚午卜，王…

（3）辛酉卜，宁，〔貞〕尤。

（4）…剌…曾。

（5）…尤。

（6）□□〔卜〕，宁，〔貞〕…

27931

丙戌卜，戉亞其障其豊…茲雨，湄日。

28002

(1) 癸酉卜，貫，貞其歸市方于[illegible][illegible]示。　（“歸”字倒刻）

(2) 貞其叔，才不射。

(3) …二卜…[illegible]。

30282

（1）己丑卜，彭，貞其鹰祖丁門，于𣪘衣，𢓊彡。 一

（2）㝑。

（3）〔衣〕。

30347

（1）辛□〔卜〕，□，貞…

（2）貞于家。

（3）癸亥卜，彭，貞𡧊其又于宊。

（4）□亥卜，〔貞〕于家。

30549

（1）乙卯…

（2）丁巳卜，宁，貞王室叔，亡尤。

（3）癸亥卜，宁，貞王室叔，〔亡〕尤。

30550（重见 41150）

（1）丁卯〔卜〕，□，貞〔王室〕叙，亡尤。

（2）□子卜，宁，貞王室叙，亡尤。

30551

□□卜，宁，〔貞〕王賓叙，亡尤。

31300

（1）癸酉卜，〔何〕，貞旬亡𡆥。

（2）癸未卜，何，貞旬亡𡆥。

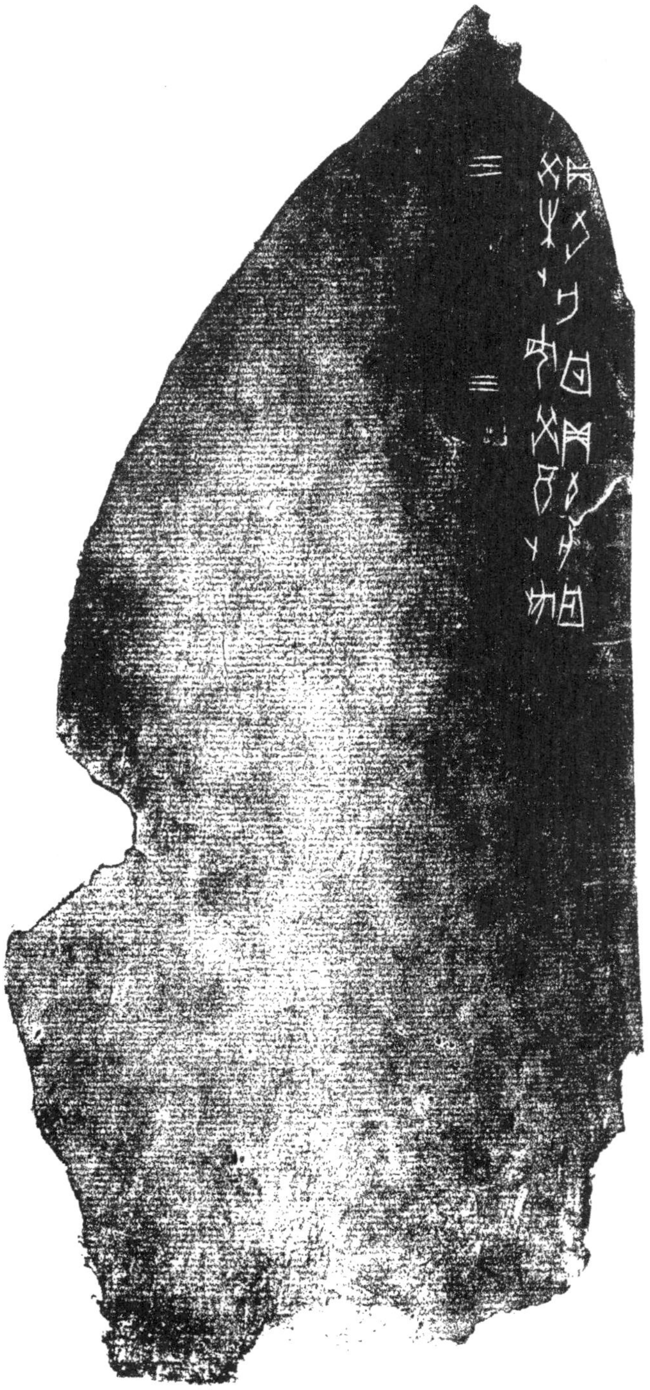

31310

（1）癸酉卜，〔何〕，貞旬亡𡆥。　三

（2）癸未卜，〔何〕，貞旬亡𡆥。　三

31324

(1) 癸己〔卜〕，何，貞〔旬亡囚〕。

(2) 癸卯卜，何，貞旬亡囚。

(3) 癸丑卜，貞旬亡囚。

(4)〔癸〕□卜，何，〔貞旬亡囚〕。

31329＋B09980（参见《缀续》369）

（1）癸巳〔卜〕，□，貞旬亡〔囚〕。

（2）癸卯卜，何，貞旬亡囚。

（3）癸丑卜，何，貞旬亡囚。

（4）癸亥卜，何，貞旬亡囚。

31358 正＋施上 9 正（参见《补编》9986　正）

（1）癸亥卜，何，貞旬亡囚。

（2）癸酉，貞旬亡囚。　三

（3）〔癸〕酉卜，何，〔貞〕旬亡囚。　三

（4）〔癸〕□〔卜〕，彭，〔貞〕…

31400 +31394 +31520

（参见《补编》10071）

（1）癸亥卜，狄，貞旬亡𡆥。　三

（2）癸酉卜，貞旬亡𡆥。　三

（3）癸未卜，貞旬亡𡆥。　三

（4）癸巳卜，貞旬亡𡆥。

（5）癸卯卜，狄，貞旬亡𡆥。

31401 +31375（参见《补编》10072）

(1) 癸□卜，□，貞旬〔亡囚〕。

(2) 癸亥卜，狄，貞旬亡囚。　二

(3) 癸酉卜，貞旬亡囚。　二

(4) 癸未卜，貞旬亡囚。　二

(5)〔癸〕巳卜，狄，〔貞旬〕亡囚。

31432

(1) 癸亥卜，彭，貞旬亡𡆥。

(2) 癸酉卜，彭，貞旬亡𡆥。

(3) □□〔卜〕，□，〔貞旬亡〕𡆥。

31482＋31505＋B10106（参见《缀续》364）

（1）癸亥卜，教，貞旬亡𡆥。

（2）癸酉卜，貞旬亡𡆥。

（3）癸未卜，貞旬亡𡆥。

31485

(1) 癸亥卜，逆，貞旬亡囚。

(2) 癸未卜，□，貞旬亡囚。

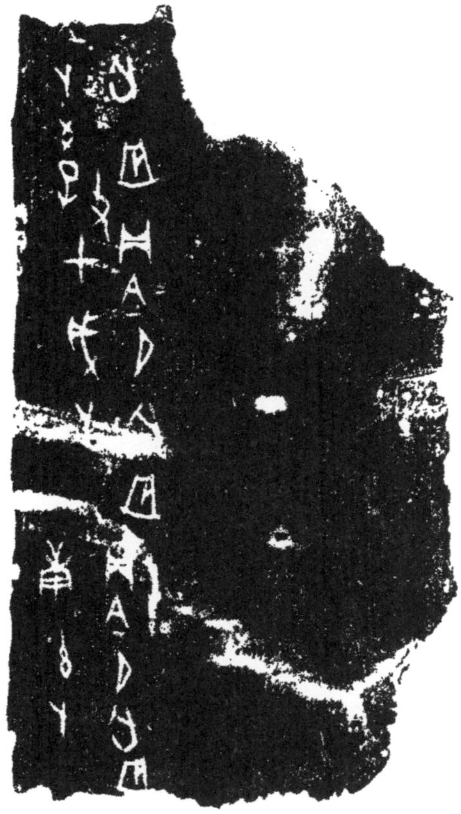

31622

（1）庚午卜，貞今夕亡囚。

（2）甲戌卜，貞今夕亡囚。

（3）□□卜，教，〔貞今夕〕亡囚。

32663

（1）□戌卜，彭，貞其又桒于河眔上甲，才十月又二，小臣…

（2）□□〔卜〕,〔彭〕,〔貞〕…桒…眔𣪕……父辛。

五　历组拓片　(23 版)

31970

（1）庚申卜，翌辛攺。允攺。

（2）□□，貞章以眾田，又𢦏。

31974

丁亥，貞王令𠦪眾𡆥伐召方，受又。　二　二

31981

（1）乙亥，貞隹大庚𠦪壱。　三

（2）大庚不𠦪壱。　三

（3）乎多尹往𡆥。　三

（4）乙亥，貞𠂤令𦎫以眔𡆥，幸，受又。　三

32028

（1）丁卯，貞𠧴以𧾷其用自上甲汎至于父丁。　一

（2）丁卯，貞𠧴以𧾷于父丁。

（3）辛未，貞于河桒禾。　一

（4）辛未，貞桒禾高祖河，于辛巳耏尞。

（5）辛未，貞桒禾于河，尞三牢，沈三牛，宜牢。　一

（6）辛未，貞桒禾于岳。

（7）辛未，貞桒禾于高祖，尞五十牛。　一

（7）辛未，貞其桒禾于高祖。

（8）乙亥卜，其𠕁秋于𡘨。　一

32035 + 32037 + 32039 + 34129（参见《补编》10421）

（1）辛酉其若，亦氿伐。

（2）辛□，貞王其逆…　一

（3）壬戌，貞王逆卒以羌。　一

（4）于滴，王逆以羌。　一

（5）王于宗门逆羌。　一

32050

（1）丙寅卜，又伐于司餇三十羗，卯三十豕。　三

（2）丁卯卜，今日令[illegible]。　三

二　　三

32087

甲午，貞乙未酌高祖亥…大乙尞五、牛三，祖乙〔尞〕…小乙尞三、牛二、父丁尞五、牛三，亡壱。　兹〔用〕

32113

（1）癸丑，貞王又歲于祖乙。

（2）于父丁又歲。

（3）甲寅，貞自祖乙至毓。

（4）丁巳，小雨，不征。　三

（5）戊午，貞衩多宁以鬯自上甲。　三

（6）甲子，貞又伐于上甲羌一，大乙羌一，大甲羌。茲用　三

（7）丙寅，貞王又彳歲于祖乙牢一牛。　三

（8）丙寅，貞王又彳歲于父丁牢。　三

（9）丙寅，貞王又彳歲于父丁牢。　三　二　三

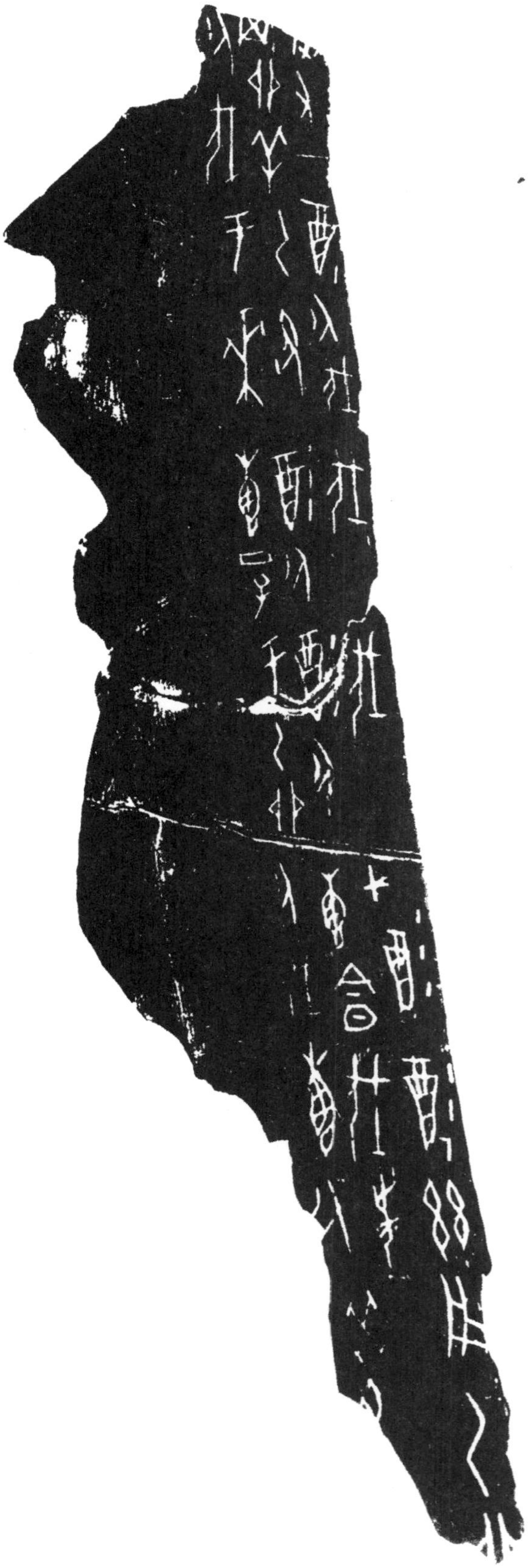

32252

（1）癸丑…

（2）乙卯…

（3）叀𢆶伐，先酌。　兹用

（4）𢆶伐今叀伐日甲酌。

（5）于乙卯酌𢆶伐。

（6）叀丁巳酌𢆶伐。

（7）于來乙丑酌𢆶伐。

（8）𢆶伐，其卯羊…又一。

32302

（1）癸卯，貞其又于高祖，尞六牛。

（2）□□，〔貞〕其又于高祖，尞九牛。

32360

（1）癸亥，貞四子酌彳歲于上甲五牛。　茲用　三

（2）甲戌卜，乙亥王其彝于大乙宗。　不用　二

（3）王于祖乙宗彝。　三

（4）壬辰卜，于乙㲋。乙未允㲋。　茲用　三

32384

乙未酌茲品上甲十、匚乙三、匚丙三、匚丁三、

示壬三、示癸三、大乙十、大丁十、大甲十、

大庚七、小甲三…三、祖乙…

32509

（1）庚□，〔貞〕

（2）□□，貞令步以臾，𢀛交〔𢀛〕。

（3）庚午，貞令䨓以才它，𢀛交𢀛。

（4）甲戌，貞令雞，𢀛交𢀛。

（5）甲戌，貞令䨓以才它，𢀛交𢀛。

（6）甲戌，貞令步，𢀛交𢀛。

（7）乙亥，貞又彳歲于祖乙大牢一牛。

（8）□丑，〔貞〕…王…

33017 +32815（参见《补编》10519）

（1）己亥，貞令王旂追召方，及于□。

（2）己亥卜，告于父丁三牛。　三

（3）五牛。

三　三

33145

（1）癸巳，貞旬亡𡆥。　三

（2）癸卯，貞旬亡𡆥。才矦旬。　三

（3）癸丑，貞旬亡𡆥。才𩁹。

（4）癸亥，貞旬亡𡆥。才䜌旬。

（5）〔癸酉〕，〔貞〕旬〔亡〕𡆥。〔才〕食旬。

33234

（1）庚辰，貞其罙秋于☐。　二

（2）庚辰，貞其…　二

（3）癸巳，貞…　二

一　二

33273 +41660（参见《补编》10639 部分重见 34707）

（1）丙寅，貞𡏳三小宰，卯牛□于□。　三

（2）丙寅，貞又彳歲于伊尹二牢。　三

（3）丙寅，貞叀丁卯酌于夒。　三

（4）丙寅，貞于庚午酌于夒。　三

（5）丁卯，貞于庚午酌、𡏳于夒。　三

（6）戊辰卜，及今夕雨。　三

（7）弗及今夕雨。　三

（8）己巳，貞[illegible]冎。

（9）己巳，貞庚午酌、𡏳于夒。

（10）庚午，𡏳于岳，又从才雨。　三

（11）𡏳于岳，亡从才雨。　三

（12）壬申，貞𠦪禾于夒。　三

（13）壬申，貞𠦪于河。

（14）壬申，剛于伊奭。

（15）癸酉卜，又𡏳于六云五豕，卯五羊。　三

（16）癸酉卜，又𡏳于六云六豕，卯羊六。　三

（17）隹其雨。

（18）今日雨。二

33277

（1）壬申，貞桒禾于河，尞三牛，沈三牛。

（2）壬申，貞桒禾于夒，尞三牛，卯三牛。

（3）□□，貞…桒禾。

33417

（1）壬辰，貞王往田，亡𢦏。

（2）不雨。

（3）戊申，貞王往田，亡𢦏。

（4）不雨。　一

（5）其雨。

（6）辛酉，貞王往田，亡𢦏。

（7）不〔雨〕。

33694

（1）□□，貞…三〔牛〕…

（2）癸酉，貞于上甲。

（3）于南兮。

（4）于正京北。

（5）癸酉，貞日夕又食，隹若。

（6）癸酉，貞日夕又食，非若。

（7）乙亥，貞又伊尹。

（8）乙亥，貞其又伊尹二牛。

（9）…王…出。

34102

(1) 于十示又二桒。

(2) 丁丑，貞桒其即丁。

(3) 桒即宗。

(4) 庚辰，貞峷以大示。

(5) …丁。

34103

（1）癸卯，貞其…豭九，下示汎…

（2）甲辰，貞其大钔王自上甲，盟用白豭九，下示汎…

（3）癸丑，貞其大钔，叀甲子酌。

（4）于甲申酌钔。

34163

（1）丁巳，貞酌彳歲于伊…　二

（2）丁巳卜，又出日。

（3）丁巳卜，又入日。

（4）己未卜，貞庚申酌𡆥于…宜大牢，雨。

（5）…〔𡕰〕…

六　黄组拓片　（38 版）

35399

（1）癸巳〔王卜〕,〔貞〕旬亡𡆥。〔王𠧞〕曰：吉。才九月。

（2）癸卯王卜，貞旬亡𡆥。才九月。甲辰工典其𠂤其翌。

（3）癸丑王卜，貞旬亡𡆥。才九月。甲寅翌上甲。

35529 +37840（参见《补编》10943）

（1）癸巳〔王卜〕，貞旬〔亡𡆥〕。王𠧞〔曰〕：〔吉〕。才十〔月二〕。甲午〔𡧊上甲、工典其𠢆〕。

（2）癸卯王卜，貞旬亡𡆥。王𠧞曰：吉。才十二月。甲辰祭大甲、𠢆上甲。

（3）癸丑王卜，貞旬亡𡆥。王𠧞曰：吉。才正月。甲寅祭小甲、𡧊大甲。

（4）〔癸亥〕王卜，〔貞旬亡〕𡆥。〔王𠧞曰〕：吉。才〔正月〕。〔甲〕子〔𡧊小甲〕、𠢆〔大甲〕。

35530

（1）癸未〔王卜〕，貞旬〔亡𡆥〕。王𠂤〔曰〕：〔吉〕。才十二月。〔甲申𢦔〕上甲、工〔典其𠭯〕。

（2）癸巳王卜，貞旬亡𡆥。王𠂤曰：吉。才十月又二。甲午𠭯日上甲、祭大甲。

（3）癸卯王卜，貞旬亡𡆥。王𠂤曰：吉。才十月又二。甲辰𠭯大甲、𢦔小甲。

（4）癸丑王卜，貞旬亡𡆥。王𠂤曰：吉。才正月。甲寅𠭯大甲、𢦔小甲。

（5）〔癸〕亥王卜，貞〔旬亡〕𡆥。王𠂤〔曰〕：〔吉〕。才正月。甲〔子祭〕戔甲、𠭯〔小甲〕。

35588 +35758（参考《补编》10970 遥缀）

（1）癸丑卜，𢓊，貞王旬亡𡆥。才五月。甲寅彡日小甲。

（2）〔癸亥卜〕，𢓊，〔貞王旬亡〕𡆥。

35589

(1)〔癸卯王卜〕,〔貞〕旬〔亡畎〕。〔才〕□月…

(2) 癸丑王卜，貞旬亡畎。王卟曰：吉。才五月。

(3) 癸亥王卜，貞旬亡畎。王卟曰：吉。才五月。甲子彡大甲。

(4) 癸酉王卜，貞旬亡畎。才六月，甲戌彡小甲。王卟曰：吉。

(5) 癸未王卜，貞旬亡畎。王卟曰：吉。才六月。

(6) 癸巳王卜，貞旬亡畎。王卟曰：吉。才六月。甲午彡戔甲。

(7) 癸卯王卜，貞旬亡畎。王卟曰：吉。才七月。甲辰彡羗甲。

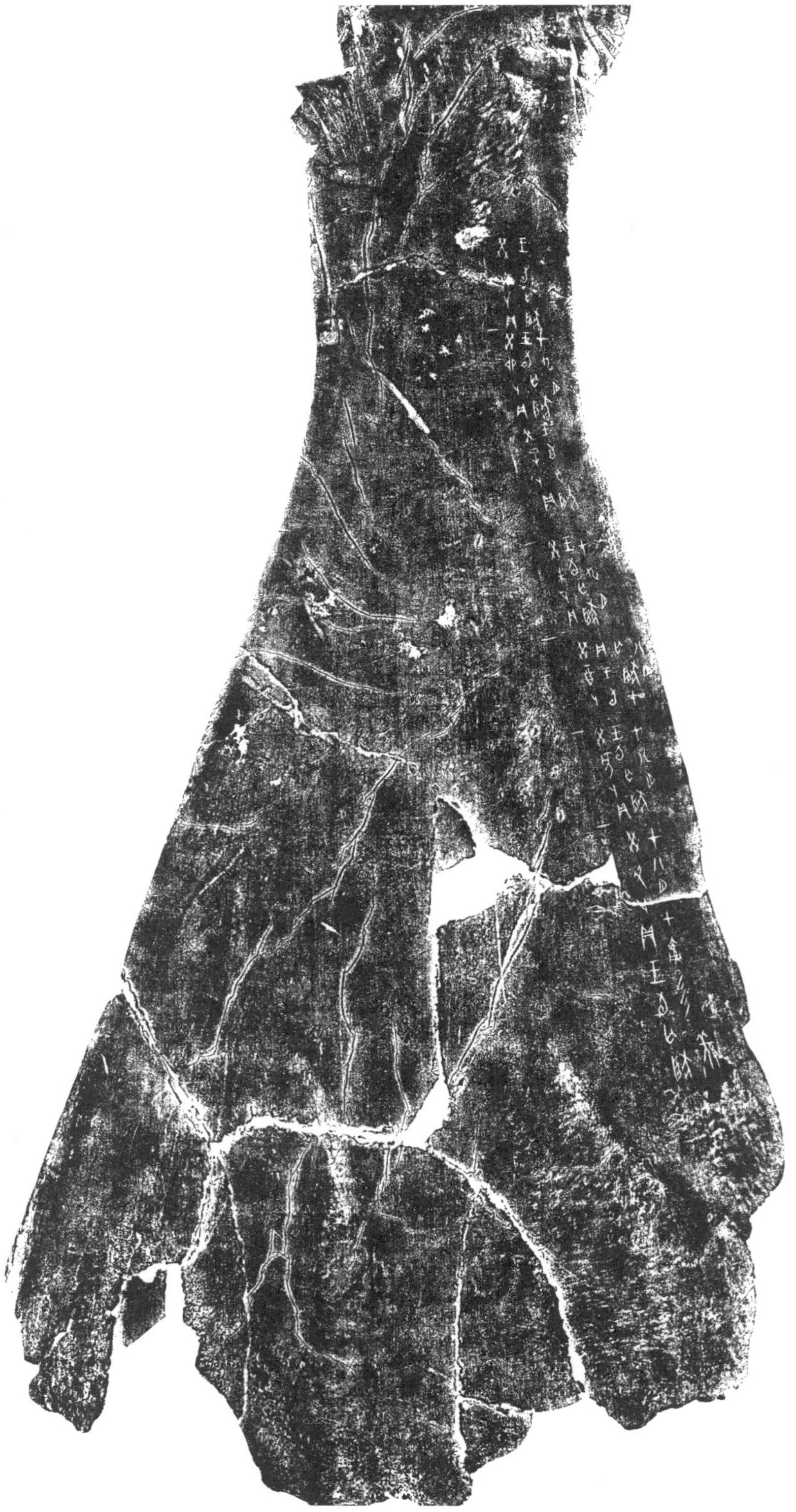

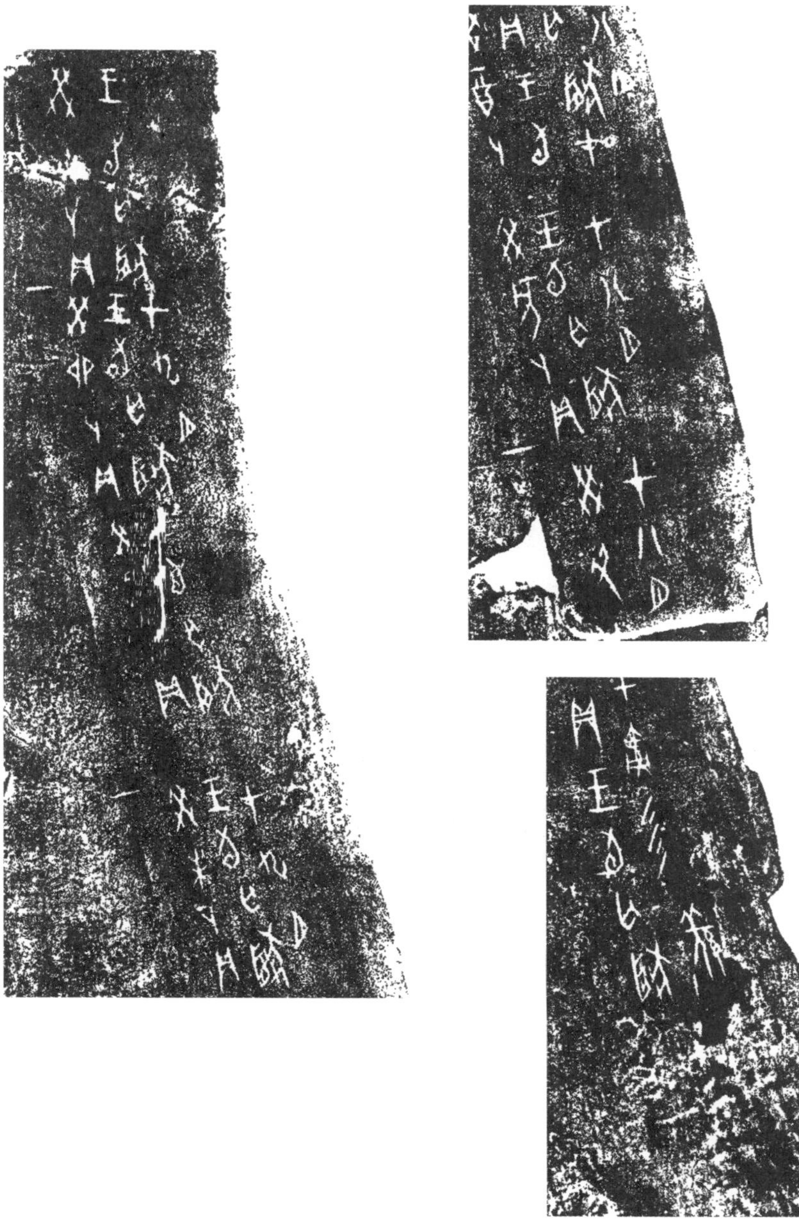

35706

（1）癸丑卜，貞王旬亡𡆥。才八月。甲寅彡羗甲。　一（“羗甲”之“甲”缺刻横畫）

（2）癸亥卜，貞王旬亡𡆥。才八月。　一

（3）癸酉卜，貞王旬亡𡆥。才八月。　一

（4）癸未卜，貞王旬亡𡆥。才九月。　一

（5）癸巳卜，貞王旬亡𡆥。

（6）癸卯卜，貞王旬亡𡆥。才九月。　一

（7）癸〔丑〕卜，貞王旬亡𡆥。

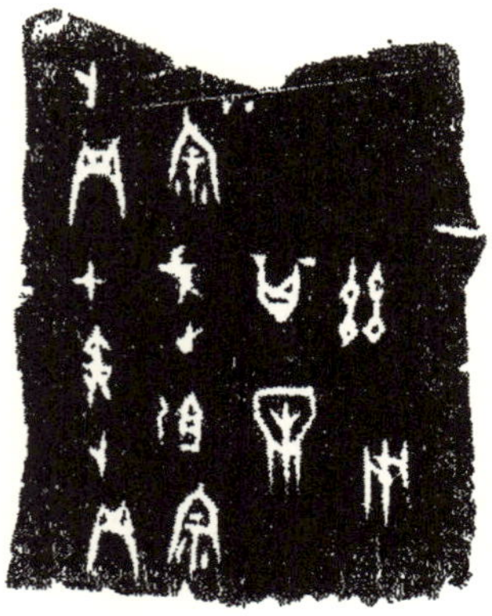

36093

（1）甲寅卜，貞武祖乙宗祊其牢。　茲用　一

（2）□□卜，貞…宗〔祊其牢〕。

36123

（1）癸酉卜，貞翌日乙亥王其又彳于武乙升正，王受又又。

（2）…又彳于〔武〕乙升其正，王受又。

36168

（1）丙戌卜，貞翌日丁亥王其又彳于文武帝正，王受又又。

（2）……正〔王受〕又又。

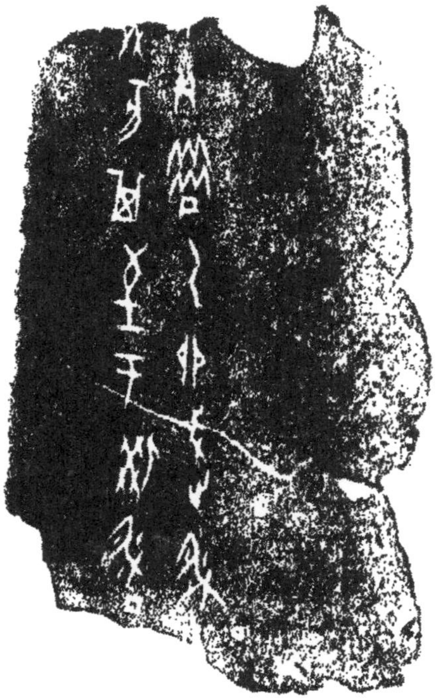

36317

□□〔卜〕，貞昔乙卯武升…癸亥其至于妣癸升〔正〕，〔王受又又〕。

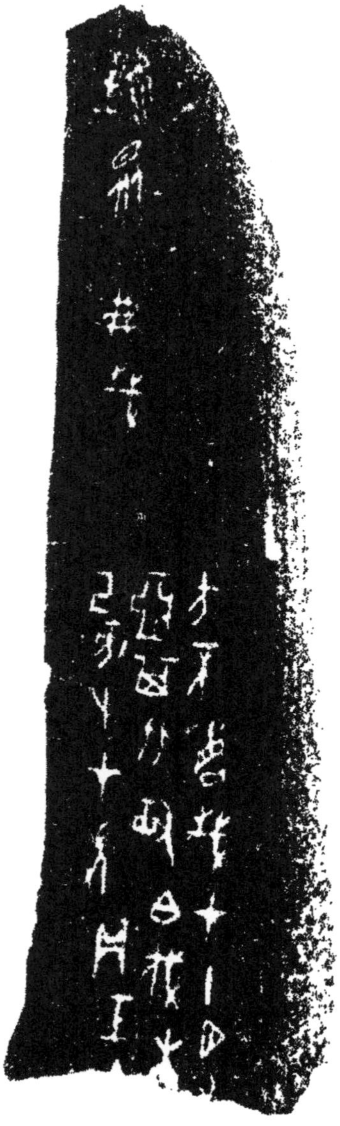

36346

（1）己亥卜，才岇，貞王〔令〕□亞其比𠂤白伐…方，不沓𢦏。才十月又□。

（2）弗𢦏。

（3）雉衆。

36395

(1) 辛巳卜,〔貞王〕逘,往來〔亡災〕。 一

(2) 丁亥卜,貞王逘,往來亡災。 一

(3) 壬辰卜,貞王逘,往來亡災。 一

(4) 辛丑卜,貞王逘,往來亡災。

(5) □□〔卜〕,〔貞王逘〕,〔往來亡〕災。

36426

(1) 丁丑王卜，貞其遏旅，征迖〔于〕盂，往來亡災。王𠃬曰：吉。才…　一

(2) …卜，〔貞〕…于…〔亡〕災。

36480

（1）丁丑卜，貞王今夕寧。

（2）戊寅卜，貞王今夕寧。

（3）己卯卜，貞王今夕寧。

36518

乙巳，王，貞啓，乎祝曰：盂方収〔人〕，其出伐，屯自高。其令東迖〔于〕高，弗每。不𢦏戋。王𠃬曰：吉。

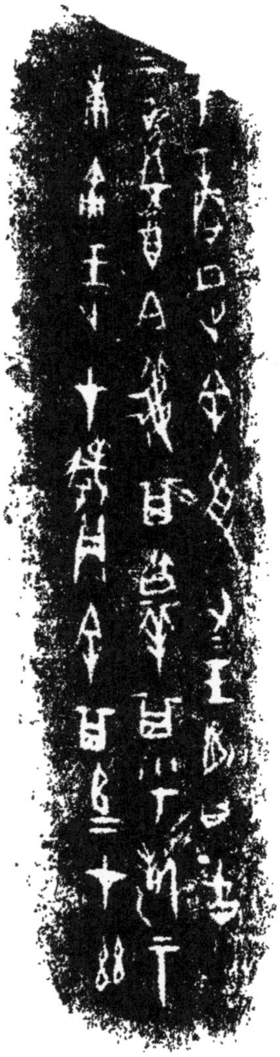

36522

庚寅王卜，才𡴄，貞余其𠂤，才茲上𩰫。

今秋其𦎫，其乎𣶃示于商，正，余受又又。王𠧞曰：吉。

36537

(1) 癸巳卜，才𡿺，貞王旬亡𡆥。才五月。王迖于上𩰫。

(2) 癸卯卜，才□，貞王旬亡𡆥。才六月。王迖于上𩰫。

(3) 癸丑卜，才𡿺，貞王旬亡𡆥。才六月。王迖于上𩰫。

(4) 癸亥卜，才向，貞王旬亡𡆥。才六月。王迖于上𩰫。

(5) 癸酉卜，才上𩰫，貞王旬亡𡆥。才七月。

(6) 癸未卜，貞王旬亡𡆥。才七月。王正𣪕，戔商，才爵。

(7) 癸巳卜，才上𩰫，貞王旬亡𡆥。才七月。

36851

(1) 癸□〔卜〕,〔才〕𠣎,〔貞王旬亡𡆥〕。 三

(2) 癸亥卜，才向，貞王旬亡𡆥。 三

(3) 癸酉卜，才上𩰫，貞旬亡𡆥。 三

(4) 癸未卜，才潹，貞王旬亡𡆥。

36871 + Y02530（参见《补编》11257）

(1)〔癸丑王卜〕，貞〔旬亡畎〕。王〔𠩄曰〕:〔吉〕。〔才〕王𩁹。

(2) 癸亥王卜，貞旬亡畎。王𠩄曰：吉。才王𩁹。

(3) 癸酉王卜，貞旬亡畎。王𠩄曰：吉。才王𩁹。

(4) 癸未王卜，貞旬亡畎。王𠩄曰：吉。才□。

(5)〔癸〕□王卜，貞〔旬〕亡畎。吉。

36872

（1）癸巳〔王卜〕，貞旬〔亡畎〕。王才…王𠧞〔曰〕：〔吉〕。

（2）癸卯王卜，貞旬亡畎。王𠧞曰：吉。才𠐴。

（3）癸丑王卜，貞旬亡畎。王𠧞曰：吉。王才𠐴。

（4）癸亥王卜，貞旬亡畎。王𠧞曰：吉。才𠐴。

36909

(1) 丁亥卜，才𥂴師，貞韋自賓，妹…又𡆥，王其令𡆥，不每。克甾王〔令〕。

(2) 韋自賓，弜改，亡𡆥。王其乎𡆥示京自，又用，若。 二 二

36975

（1）己巳王卜，貞〔今〕歲商受〔年〕。王⿵日：吉。　一

（2）東土受年。

（3）南土受年。吉。

（4）西土受年。吉。

（5）北土受年。吉。

37379

（1）乙未王〔卜〕，貞… 往來亡〔災〕。〔隻〕兕二。

（2）丁酉王卜，貞其迖于宮，往來亡災。

（3）戊戌王卜，貞其田喪，往來亡災。

（4）〔壬〕寅王卜，貞其田于牢，往來亡災。

（5）□□〔王卜〕，〔貞〕…于盂，〔往〕來亡災。

37408

(1) 壬辰王卜，貞田㲋，往來亡災。王𠧞曰：吉。才十月。兹卬。隻鹿六。　一

(2) 乙巳王卜，貞田㬜，往來亡災。王𠧞曰：吉。兹卬。隻鹿四，麑一。

(3) 戊戌王卜，貞田𡴆，往來亡災。王𠧞曰：吉。兹卬。隻鹿四。

(4) □□〔王〕卜，貞〔田〕□，往來〔亡災〕。〔王〕𠧞曰：吉…鹿□。

37431

(1) 戊寅〔卜〕,〔貞〕王田□,〔往〕來〔亡災〕。

(2) 壬午〔卜〕,〔貞〕王田□,往〔來亡〕災。

(3) 乙未卜,貞王田疐,往來亡災。茲卬。隻鹿四,麑一。

(4) 辛丑卜,貞王田疐,往來亡災。

(5) □□卜,貞〔王田〕□,往來〔亡〕災。

(6) □□卜,貞〔王田〕宫,〔往來〕亡災。

37462 正

(1) 戊申〔王卜〕,〔貞田〕□, 往來〔亡災〕。〔王𠧞曰〕: 吉。茲卬。〔隻〕…

(2) 辛亥王卜, 貞田梌, 往来亡災。王𠧞曰: 吉。　　一

(3) 壬子王卜, 貞田𩆜, 往来亡災。　　一

(4) 戊午王卜, 貞田盂, 往来亡災。王𠧞曰: 大吉。隻狐五。

(5) □酉王卜, 貞〔田〕□, 往来〔亡災〕。〔王〕𠧞〔曰〕:〔吉〕。

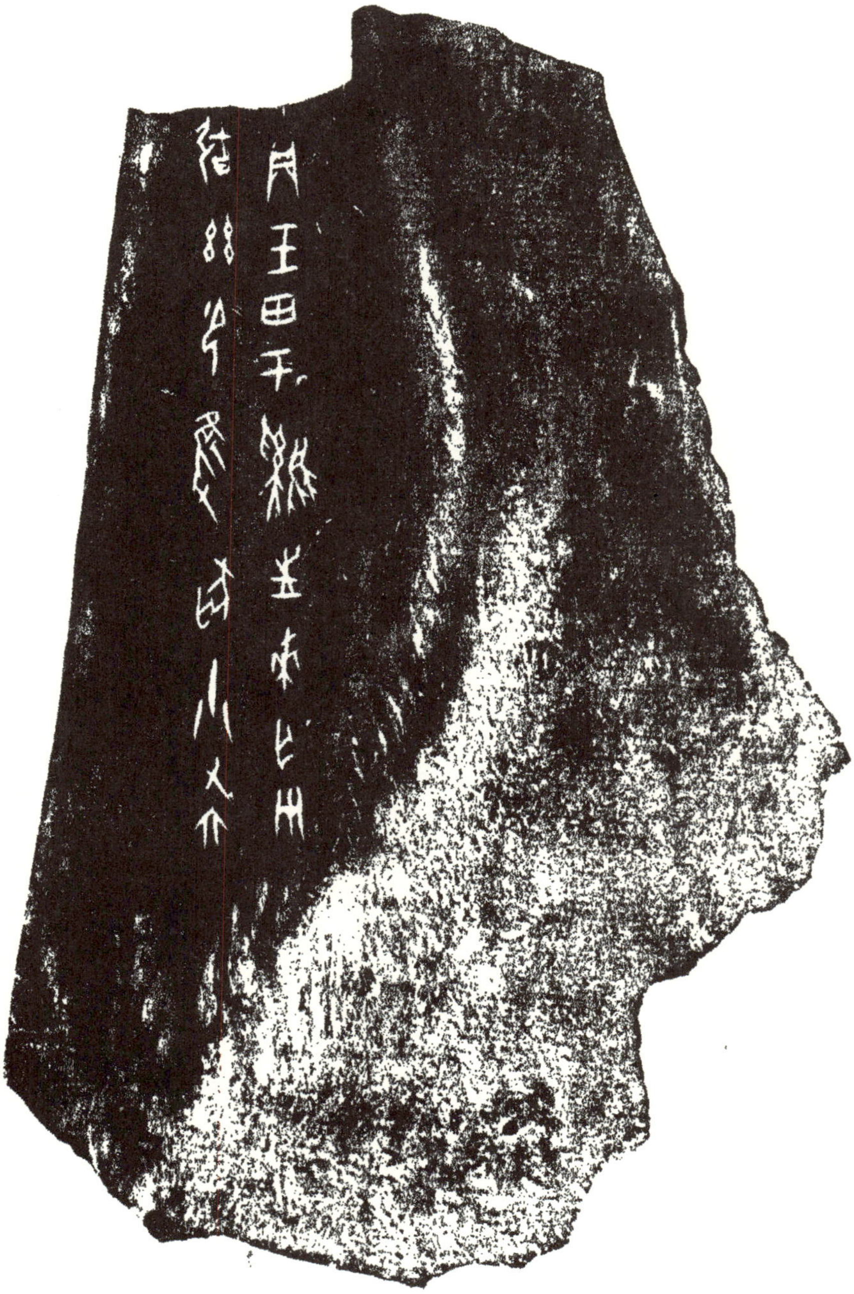

37471

□□〔卜〕，貞王田于雞，往來亡災。〔王𠃬曰〕：引吉。茲卬。隻狐八十又六。

37621

(1) 乙亥王卜，貞田梌，往來亡災。王凪曰：吉。

(2) 戊寅王卜，貞田𧯤，往來亡災。王凪曰：吉。

(3) 辛巳王卜，貞田𩅤，往來亡災。王凪曰：吉。

(4) 壬午王卜，貞田梌，往來亡災。王凪曰：吉。

(5) 戊子王卜，貞田𠷎，往來亡災。

37745

(1) 壬辰王〔卜〕，〔貞田〕□，往來〔亡災〕。 一

(2) 乙未王卜，貞田梌，往來亡災。王𢆶曰：〔吉〕。 一

(3) 丁酉王卜，貞田𠂤，往來亡災。王𢆶曰：吉。 一

(4) 戊戌王卜，貞田𠂤，往來亡災。王𢆶曰：吉。

(5) 辛丑王卜，貞田□，往來亡災。王𢆶〔曰〕：吉。 一

(6) 壬寅王卜，貞田𠂤，往來亡災。王𢆶曰：吉。 一

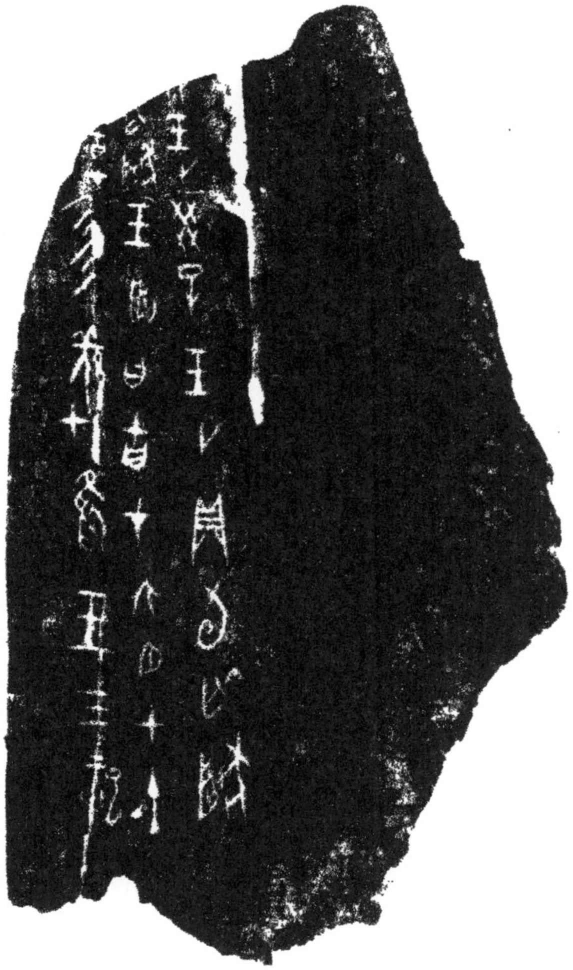

37838

(1) 癸巳王卜，貞旬亡𡆥。王𠭰曰：吉。才六月。甲午彡𥄎甲。隹王三祀。

(2)〔癸卯〕王卜，〔貞旬〕亡𡆥。〔王𠭰曰〕：吉。才□〔月〕。〔甲辰彡𦰩甲〕。

37846 +35422（参见《补编》11002）

(1) 癸未王卜，貞〔旬亡𡆥〕。王𠧞曰：吉。才五〔月〕。〔甲申〕[illegible]祖甲。隹王七〔祀〕。一

(2) 癸巳王卜，貞旬亡𡆥。王𠧞曰：吉。才五月，甲午濩祖甲。 一

(3)〔癸卯王卜〕，貞〔旬亡𡆥〕。〔王〕𠧞〔曰〕：〔吉〕。〔才〕□月。〔甲辰工〕典〔其酌〕彡。

37986

(1) 甲子。 乙丑。 丙寅。 丁卯。 戊辰。 己巳。 庚午。 辛未。 壬申。 癸酉。
(2) 甲戌。 乙亥。 丙子。 丁丑。 戊寅。 己卯。 庚辰。 辛巳。 壬午。 癸未。
(3) 甲申。 乙酉。 丙戌。 丁亥。 戊子。 己丑。 庚寅。 辛卯。 壬辰。 癸巳。
(4) 甲午。 乙未。 丙申。 丁酉。 戊戌。 己亥。 庚子。 辛丑。 壬寅。 癸卯。
(5) 甲辰。 乙巳。 丙午。 丁未。 戊申。 己酉。 庚戌。 辛亥。 壬子。 癸丑。
(6) 甲寅。 乙卯。 丙辰。 丁巳。 戊午。 己未。 庚申。 辛酉。 壬戌。 癸亥。

37986 局部

39005

（1）癸酉〔王卜〕，貞旬〔亡𡆥〕。　三

（2）癸未王卜，貞旬亡𡆥。　三

（3）癸巳王卜，貞旬亡𡆥。　三

（4）癸卯王卜，貞旬亡𡆥。　三

39006

（1）癸酉王〔卜〕，貞旬〔亡𡆥〕。　三

（2）癸未王卜，貞旬亡𡆥。　二

（3）癸巳王卜，貞旬亡𡆥。　二

39164 +39123（参见《补编》12827）

（1）癸卯〔卜〕,〔貞〕王旬〔亡𡆥〕。　二

（2）癸丑卜，貞王旬亡𡆥。　二

（3）癸亥卜，貞王旬亡𡆥。　二

（4）癸酉卜，貞王旬亡𡆥。　二

39168

（1）癸卯卜，貞王旬亡𡆥。　一

（2）癸丑卜，貞王旬亡𡆥。　一

（3）〔癸亥卜〕，貞〔王旬亡〕𡆥。

39393

(1)〔癸卯王卜〕，貞〔旬亡猷〕。〔王𠧞曰〕：〔吉〕。

(2) 癸丑王卜，貞旬亡猷。王𠧞曰：吉。

(3) 癸亥王卜，貞旬亡猷。王𠧞曰：吉。

(4) 癸酉王卜，貞旬亡猷。王𠧞曰：吉。

(5) 癸未王卜，貞旬亡猷。王𠧞曰：吉。　二

(6) 癸巳王卜，貞旬亡猷。王𠧞曰：吉。

(7) 癸卯王卜，貞旬亡猷。〔王〕𠧞曰：吉。

(8)〔癸丑〕壬卜，〔貞旬亡〕猷。〔王𠧞曰〕：〔吉〕。

七　花东拓片（19 版）

HD10

（1）乙未卜，子宿才[illegible]，冬夕□□自□。子[illegible]曰：不〔隽〕。　一

（2）乙未卜，才[illegible]，丙〔不雨〕。子[illegible]曰：不其雨。[illegible]

（3）其雨。不用。

HD21

（1）乙亥卜，貞子𨿸友𢼸又复，弗。　一

（2）丁丑卜，其钟子往田于小示。用。　一

（3）乙巳，歲祖乙白〔彘〕，又皀。　一　二

HD26

（1）自宁〔气〕。

（2）子其出宜。不用。　一

（3）戠，弜〔出宜。用〕　〔一〕

（4）甲戌卜，子其出宜。不用。　二

（5）戠，弜出宜。用。　二

（6）甲申卜，子其見帚好…　一

（7）甲申卜，子叀豕殁眔魚見丁。用。

（8）丙，歲妣庚羖，衩鬯，告夢。　一

（9）丙，歲妣庚羖，衩鬯，〔告〕夢。　二

（10）戊子卜，子陋宜一，于之若。　一

（11）戊子卜，子陋宜二，于之若。　一

HD37

(1) 癸酉卜，叀勹牡歲甲祖。用。 一
(2) 癸酉卜，叀勹牡歲甲祖。用。 二
(3) 己卯卜，子見𣄰以玉丁。用。 一
(4) 以一鬯見丁。用。 一
(5) 癸巳卜，子𩔷，叀白璧𢼄丁。用。
(6) 甲午卜，才麗，子其射，若。 一
(7) 甲午，弜射，于之若。 一
(8) 丁酉，歲祖甲㲋一，衩鬯一。才麗。 一
(9) 丁酉，歲祖甲㲋一，衩鬯一。才麗。 二
(10) 己亥卜，才吕，子其射，若。不用。
(11) 叀牝又鬯祖甲。 一
(12) 甲辰，歲妣庚㲋一，衩鬯。才麗。 二
(13) 甲辰，歲祖甲牡一，衩鬯。才麗。 三
(14) 乙巳卜，才麗，子其射，若。不用。
(15) 乙巳卜，才麗，子弜徲彝弓，出日。 一
(16) 叀丙弓用射。
(17) 叀丙弓用。不用。
(18) 丙午卜，子其射疾弓，于之若。 一
(19) 戊申卜，叀疾弓用射萑。用。
(20) 壬子卜，子以帚好入于𠰞，𢼄玟三，往𦤎。 一 二
(21) 壬子卜，子以帚好入于𠰞，子乎多宁見于帚好，𢼄紤八。 一
(22) 壬子卜，子以帚好入于𠰞，子乎多卬正見于帚好，𢼄紤十，往𦤎。 一 二 三 四 五
(23) 癸丑卜，歲食牝于祖甲。用。 二
(24) 乙卯卜，叀白豕祖乙。不用。 一
(25) 乙卯，歲祖乙豭，衩鬯一。 一
(26) 叀三人。 一

HD50

(1) 丁亥卜，子立于右。　一　二

(2) 丁亥卜，子立于左。　一　二

(3) 乙未卜，子其田，从𡈼帚豕冓。用。不豕。　一　二　三

(4) 乙未卜，子其〔往〕田，叀豕帚冓。子𠧟曰：其冓。不用。　一

(5) 乙未卜，子其往田，若。用。　一

(6) 乙未卜，子其往田，叀鹿帚冓。用。　一

HD53

（1）丙卜，子其往吕。曰：又帚。曰：往吕。

（2）戊卜，晋妣庚，湏于示叉。　一

（3）戊卜，晋妣庚，湏于示叉。　二

（4）戊卜，晋妣庚，才引自示叉。　一

（5）戊卜，晋妣庚，才引自示叉。　二

（6）戊卜，子其洫𢦏〔舞〕，晋…

（7）戊卜，子其洫𢦏舞，晋二牛妣庚。　一

（8）戊卜，于翌日己〔征〕休于丁。

（9）戊卜，以酉橧楙。　一

（10）戊卜，其橧楙。　一

（11）戊卜，晋妣庚，才並。

（12）己卜，叀豕于妣庚。　一

（13）己卜，叀彘妣庚。　一

（14）己卜，叀牝于妣庚。　一

（15）己卜，叀牝于妣庚。　二

（16）己卜，叀宰于妣庚。

（17）己卜，其彡卯妣庚。

（18）己卜，叀丁〔乍〕子興，尋丁。　一

（19）己卜，叀子興往妣庚。　一

（20）己卜，于官攸。　一

（21）己卜，叀多臣卯往妣庚。

（22）己卜，吉，又妣庚。　一

（23）歲妣庚白彘。　一

（24）癸〔卜〕，子夢，子于吉〔爰〕。　一

（25）癸卜，貞子耳鳴亡巷。　一

（26）癸卜，貞子耳鳴亡巷。　二

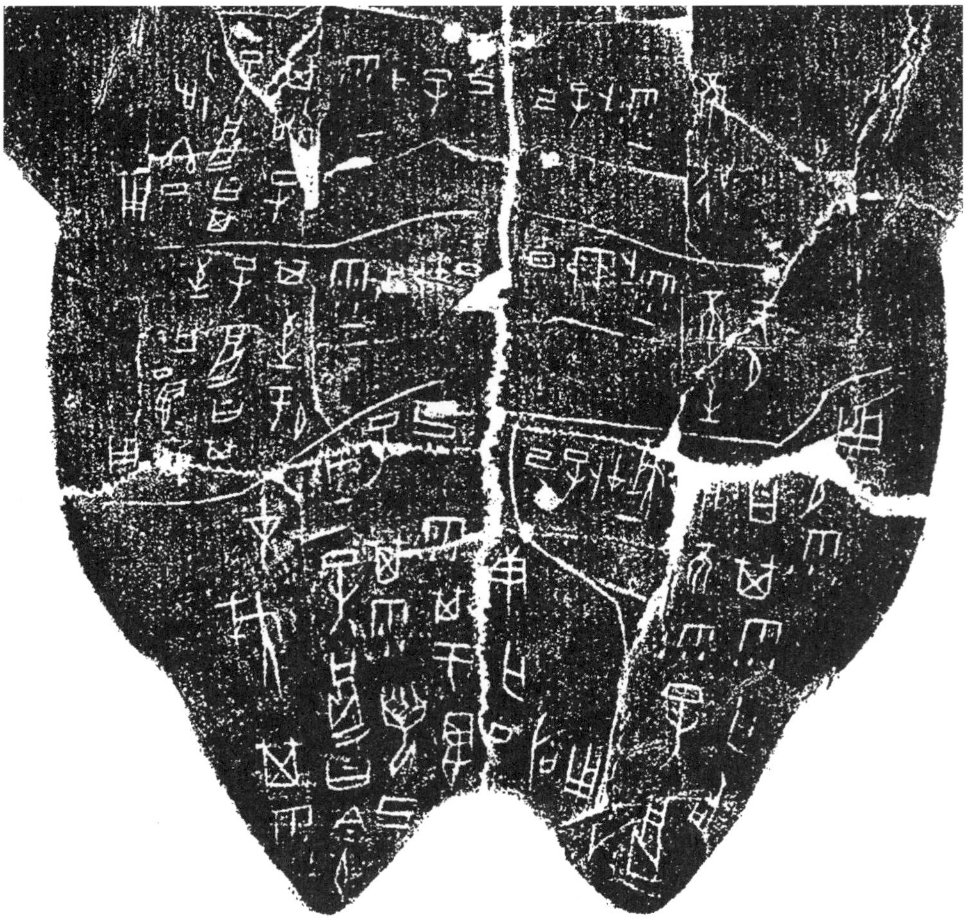

HD103

（1）丁卯卜，雨不至于夕。　一

（2）丁卯卜，雨不至于夕。子𠘧曰：其至，亡翌戊。用。　一

（3）己巳卜，雨不祉。　一

（4）己巳卜，雨其祉。子子𠘧曰：其祉冬日。用。　一　（衍一“子”字）

（5）己巳卜，才𫹉，庚不雨。子𠘧曰：其雨亡司，夕雨。用。　一

（6）己巳卜，才𫹉，其雨。子𠘧曰：今夕其雨，若。己雨，其于翌庚亡司。用。　一

HD108

（1）辛丑卜，子妹其隻狼。㚇。　一

（2）辛丑卜，叀今逐狼。　一　二

（3）辛丑卜，于翌逐狼。　一　二

（4）辛丑卜，其逐狼，隻。　一。

（5）辛丑卜，其逐狼，弗其隻。　一

（6）辛丑卜，翌壬，子其以□周于𫲨。子曰：不其□。〔㚇〕。　一

HD113

（1）子𤔲隻，𡾛。 一

（2）子𤔲隻，弗𡾛。 一

（3）子𤔲隻，弗𡾛。 二

（4）子𤔲隻，弗𡾛。 四

（5）𡋤丁。 一

（6）弜𡋤丁。 二

（7）𢼄𠦪𨑓𡋤丁。 一

（8）𡋤丁。 二

（9）弜𡋤丁。 二

（10）乙卜，丁又鬼夢，亡𡆥。 一

（11）丁又鬼夢，𢦔才田。 一

（12）多左才田，冎若。 一

（13）丙卜，貞多尹亡𡆥。 一

（14）貞多尹亡巷。 一

（15）面多尹四十牛妣庚。 三

（16）㞢四十牛妣庚，由〔𠦪〕，其于獸，若。

（17）五十牛入于丁。 一

（18）三十牛入。 一

（19）三十豕入。 一

（20）𠭯入豭，于若。 一

（21）丙，入肉。 一

（22）弜入肉。 一

（23）己卜，貞子亡不若。 一

（24）庚卜，子興又疾，子…

（25）入自丙弓。

（26）夕用五羊，辛𨑓用五豕。 一

（27）傳五牛，酌𠄞以〔生〕于庚。 四

（28）叀三牛于妣庚。 二

（29）其乍官𩵋東。 三

HD228

（1）辛巳卜，吉牛于宜。　一

（2）甲申，叀大歲又于祖甲。不用。　一　二

（3）甲申卜，叀小歲𢼄于祖甲。用。一羊。　一　二

（4）甲申卜，歲祖甲𤉲一。用。　一

（5）乙酉，歲祖乙𤉲一。　一

（6）乙酉，歲祖乙𤉲一。　三　四

（7）丁亥卜，𢦏，弜𨛭羊，又𠱱癸子。用。　一

（8）丁亥卜，吉牛柬于宜。　一

（9）丁亥卜，吉牛𠷎于宜。　一

（10）吉牛于宜。

（11）吉牛其于宜，子弗𦬂。　一

（12）丁亥卜，吉牛于宜。　一

（13）吉牛于宜。　一

（14）丁亥卜，吉牛于宜。　二

（15）戊子卜，吉牛于示，又刿，來又冊。　一

（16）戊子卜，吉牛其于示，亡其刿，于宜，若。　一

（17）戊子卜，吉牛于示。　一

（18）吉牛亦示。　一

（19）戊子卜，又吉牛弜障于宜。　一

HD237

(1) 甲寅，歲祖甲… 一

(2) 乙卯卜，叀…豕。不用。 一 二

(3) 丁巳，歲祖乙羏一，舌祖丁彡。 一

(4) 甲子，歲祖甲白豭，衩兦一。 二

(5) 叀白豭□祖甲。

(6) 辛未卜，丁隹好令比〔白〕或伐卲。 一

(7) 甲戌，歲祖甲牢、幽廌、白豭，衩一兦。 一

(8) 甲戌，歲祖甲牢、幽廌、白豭，衩二兦。 一 二 三

(9) 乙亥，歲祖乙牢、幽廌、白豭，衩二兦。 一 二 三

(10) 乙亥，歲祖乙牢、幽廌、白豭，衩兦二。 四

(11) 乙，歲祉祖乙。用。 一 二

(12) 庚寅，歲祖甲牝一，子雝見。 一 二 三 四

(13) 庚寅，歲祖甲牝一，子雝見。 一

(14) 弜告丁，肉弜入〔丁〕。用。 一

(15) 入肉丁。用。不率。 一

HD241

（1）壬寅卜，子又𫹉。子𠭰曰：其又𫹉。　一

（2）其又。

（3）亡。　一

（4）其又。　二

（5）亡。　二

（6）乙巳卜，于既𢼄𠯑，廼𢼄𢀛一祖乙。用。　一　二

（7）丁未卜，子其妝用，若。　一　二　三　四

（8）勿妝用。　一　二　三　四

（9）隹之疾子腹。　一　二

（10）非隹。　一　二

（11）辛亥卜，貞玉羌又疾，不死。子𠭰曰：羌其死隹今，其![]亦隹今。　一　二

（12）辛亥卜，其死。　一　二

（13）辛亥，歲妣庚𢀛一。　一

（14）癸丑，歲癸子𤉲一。　一

HD288

(1) 癸巳，〔歲〕癸子羌一。 一

(2) 乙酉卜，妠帚好六人，若，永。用。 一

(3) 乙酉卜…〔妠〕帚好…

(4)〔戊〕子卜，廼…眔峑。

(5) 戊子卜，其乎子妻匄〔馬〕，不死。用。 一

(6) 戊子卜，其匄馬，又力引。 一

(7) 甲午卜，子壼，不其各。子𠧢曰：不其各，乎鄉。用。舌祖甲彡。 一 二

(8) 甲午卜，丁其各，子叀㣪玉㪿丁。不用。舌祖甲彡。 三

(9) 乙未卜，子其往𨸏，隻。不嬰。隻三鹿。 一

(10) 乙未卜，子其往于𨸏，隻。子𠧢曰：其隻。用。隻三鹿。 二

(11) 乙未卜，子其入三弓，若，永。用。 一

(12) 己亥卜，母往于田，其又史。子𠧢曰：其又史。用。又宜。 一

HD289

(1) 叀㞢□又䍙，若。 一

(2) 癸亥，歲癸子。 二

(3) 癸亥，歲癸子羌。 一

(4) 丙卜，子其往于田，弜由㑹，若。用。 一 二

(5) 丙寅卜，宁馬〔異〕，弗馬。 一

(6) 丙寅，其钟，隹宁見馬于癸子，叀一伐、一牛、一鬯，册夢。用。 一 二

(7) 丁卯卜，子其往田，从阫西㹊，冓獸。子𠃬曰：不三，〔其〕一。卩。 一 二 三

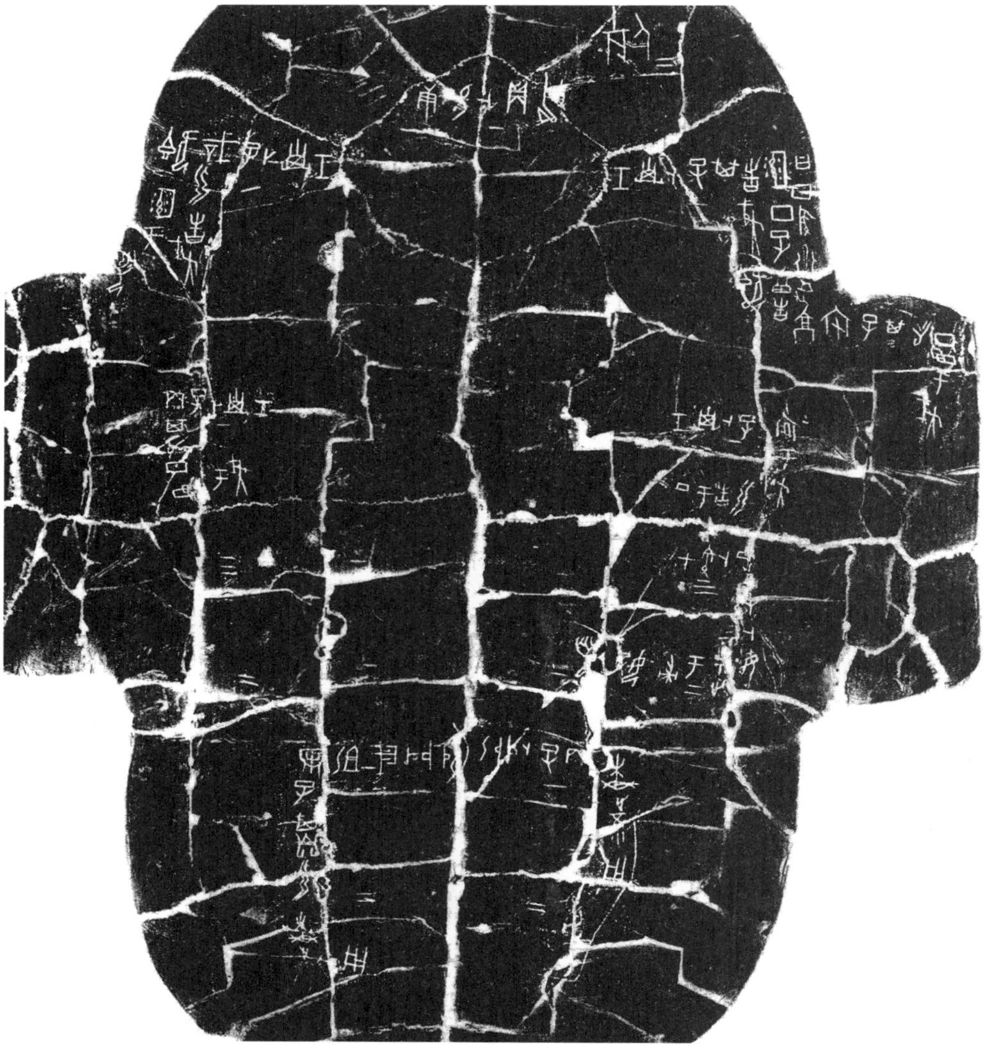

HD294

(1) 壬子卜，子其告𡧊既𤕺丁。子曾告曰：丁族盜𡨦宅，子其乍丁雝于𡧊。　一

(2) 壬子卜，子戠，弜告𡧊既𤕺于［丁］，若。　一

(3) 壬子卜，子穷于𡧊，弜告于丁。　一

(4) 壬子卜，子丙其乍丁雝于𡧊。　一

(5) 甲寅卜，子屰卜母孟于帚好，若。　一　二　三

(6) 乙卯卜，子丙𡧈。不用。　一　二

(7) 乙卯卜，歲祖乙牢，子其自，弜𡧈。用。　一　二

(8) 庚午卜，貞執死。　一　二

一　二　三

HD304

(1) 甲卜，子疾首亡征。 一

(2) 子疾首亡征。 二

(3) 乙卜，弜又于庚。 一

(4) 乙，歲于妣庚〔彘〕。 一

(5) 乙，歲于妣庚彘。 二

(6) 丙，宜羊。 一

(7) 丙，弜宜。 一

(8) 戊卜，叚妣己示眔妣丁，若。 一

HD314

(1) 甲戌卜，雚钕祖乙歲。用。 一

(2) 乙亥卜，叀貯見眔匕。用。 一

(3) 貯炅。 一

(4) 丙子，歲妣庚羊，告夢。 一

(5) 丙子卜，子夢，禓告妣庚。用。 一

(6) 子从钕羊，又㞢妣庚夢。用。

(7) 己卯，歲妣己豼一。 一

(8) 己卯，歲妣己豼一。 一 二 三

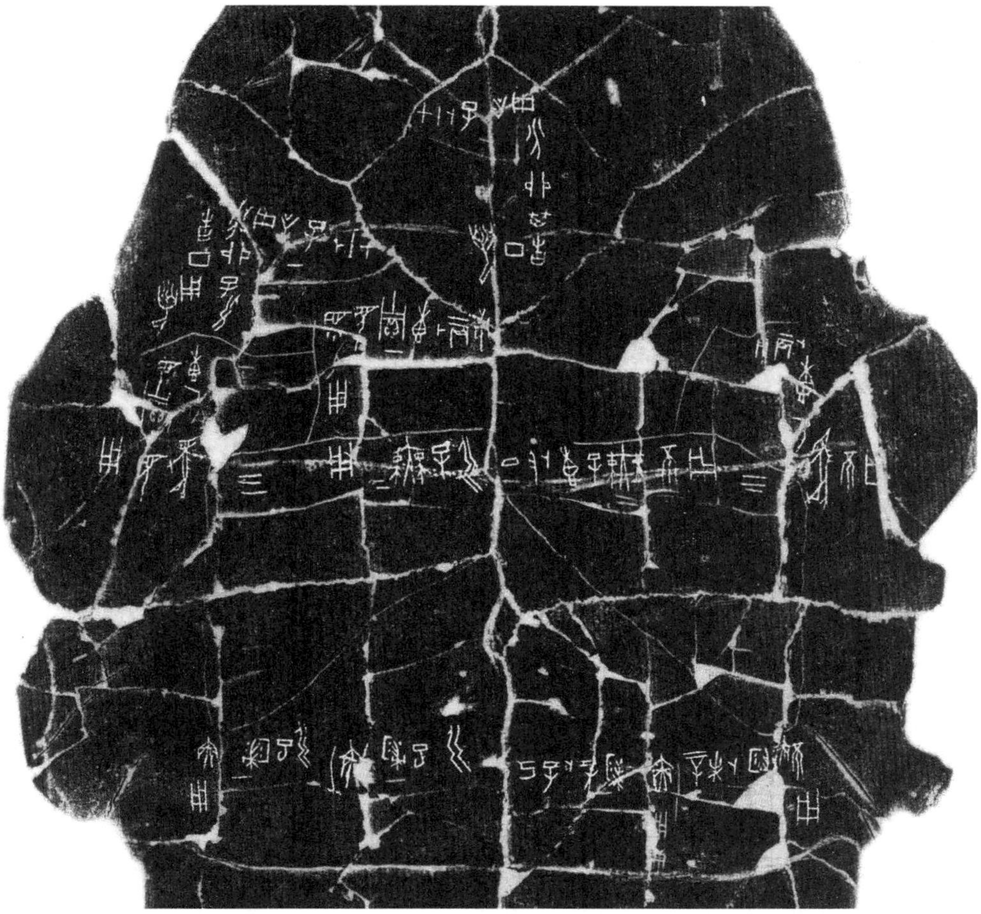

HD391

(1) 己巳卜，子匽□。用。庚。　一

(2) 弜巳。匽□。　一

(3) 辛未卜，匽□。不用。　一

(4) 弜巳。匽□。用。　一

(5) 丁丑卜，叀子□。不用。　二　三

(6) 弜子□。用。　二　三

(7) 庚辰卜，叀貯見眔匕。用。　一

(8) 庚辰卜，叀乃馬。不用。

(9) 叀乃馬眔貯見。用。　一

(10) 甲午卜，子乍玉分卯，其告丁，若。　一

(11) 甲午卜，子乍玉分卯，子弜告丁。用。若。　一

HD409

(1) 丙卜，其钔子而〔于〕妣庚。 一

(2) 丙卜，其钔子而于子癸。 一

(3) 丙卜，叀羊又鬯钔子而于子癸。 一

(4) 丙卜，叀牛又鬯钔子而于子癸。 一

(5) 丙卜，其钔子而妣丁牛。 一 二

(6) 丙卜，其钔子而妣丁牛。 三

(7) 丙卜，弜钔子而。 一

(8) 丙卜，叀小宰又艮妾钔子而妣丁。 一

(9) 丙〔卜〕，子其权妣庚，亡咎。 一

(10) 丙卜，吉，攺于妣丁。 二

(11) 丙卜，叀子興往于妣丁。 二

(12) 丙卜，叀羊于妣丁。 一

(13) 丙卜，叀子興往于妣丁。 一

(14) 歲妣丁豖。 一

(15) 丙卜，叀五羊又鬯钔子而于子癸。 二 四

(16) 丁卜，子令。 一

(17) 丁卜，子令。 一

(18) 丁卜，子令，由心。 一

(19) 丁卜，子令。 一 二

(20) 己卜，叀〔丁〕乍子興，尋丁。 一

(21) 己，又三鬯。 一

(22) 己卜，至钔子而羌妣庚。 一

(23) 己卜，叀三牛钔子而妣庚。 一

(24) 己卜，叀子興往妣庚。 二

(25) 己卜，又鬯又五帀钔子而妣庚。 一

(26) 己卜，吉，又妣庚。 二

(27) 己卜，叀艮臣又妾钔子而妣庚。 一

(28) 壬卜，子其屰匿丁。 一

(29) 壬卜，于乙祉休丁。 一

(30)〔甲〕卜，子其祉休，翌乙，若。 二

(31) 甲卜，子其祉休。 五

(32) 乙卜，其屰吕䄍于帚好。 一

附：

著录代码明细表

代码	意义	原著全称
H	“合”的拼音首字	《甲骨文合集》
B	“补”的拼音首字	《甲骨文合集补编》
T	“屯”的拼音首字	《小屯南地甲骨》
Y	“英”的拼音首字	《英国所藏甲骨集》
D	“东”的拼音首字	《殷墟花园庄东地甲骨》
Z	“中”的拼音首字	《殷墟小屯村中村南甲骨》
W	“怀”的英文首字	《怀特氏等收藏甲骨文集》
L	“鲁”的拼音首字	《山东省博物馆珍藏甲骨墨拓集》
J	“辑”的拼音首字	《殷墟甲骨辑佚—安阳民间藏甲骨》
M	“美”的拼音首字	《美国所藏甲骨录》